河北省社科基金资助项目
《农业科技创新风险投资运行机制研究》
(HB13JJ042)

农业科技创新风险投资：运行与制度创新

王秀芳　王建忠　王斌　著

中国财经出版传媒集团
中国财政经济出版社

图书在版编目（CIP）数据

农业科技创新风险投资：运行与制度创新/王秀芳，王建忠，王斌著．—北京：中国财政经济出版社，2016.6

ISBN 978－7－5095－6738－8

Ⅰ．①农…　Ⅱ．①王…②王…③王…　Ⅲ．①农业技术－技术革新－风险投资－研究－中国　Ⅳ．①F323.3

中国版本图书馆 CIP 数据核字（2016）第 104099 号

责任编辑：刘五书　林治滨　　　责任校对：黄亚青
封面设计：孙俪铭　　　版式设计：董生平

中国财政经济出版社 出版

URL：http：//www.cfeph.cn
E－mail：cfeph @ cfeph.cn

社址：北京市海淀区阜成路甲 28 号　邮政编码：100142
营销中心电话：88190406　北京财经书店电话：64033436　84041336
北京京华虎彩印刷有限公司印刷　　各地新华书店经销
787×960 毫米　16 开　28.5 印张　460 000 字
2016 年 10 月第 1 版　2016 年 10 月北京第 1 次印刷
定价：58.00 元
ISBN 978－7－5095－6738－8/F・5420
（图书出现印装问题，本社负责调换）
本社质量投诉电话：010－88190744
打击盗版举报热线：010－88190492，QQ：634579818

序

众所周知，我国农业现代化已经成为“四化同步”的短腿，主要农产品需求刚性增长的压力持续存在，而农业发展面临的资源与环境双重约束问题却日益严峻。同时，我国农业正处于全面深度融入全球化进程之中，国际农产品贸易竞争日益激烈，对农业持续发展的影响日益深刻。因此，适应农业经济发展新常态，依靠创新驱动加速农业转方式、调结构，利用科技创造农业发展的新业态、新方式，利用互联网＋现代农业、物理农业、精准农业、智慧农场、休闲农业、农产品物流、农产品品牌等形式，发展现代农业，孵化培育农业高新技术产业，建设农业高新技术产业示范区和现代农业产业科技创新中心，利用科技创新着力攻克粮食安全、食品安全、资源环境等方面的关键核心技术，培育具有自主知识产权的重大突破性品种，提高农业生产数字化、精准化和智能化水平，改善农业供给结构，支撑产业转型升级或形成新产业新业态，推动农村一二三产业融合，提升农业市场竞争力，实现农业的去库存、降成本、补短板，推进农业供给侧改革，实现农业现代化和农民收入水平的提高，成为我国农业科技创新最为紧迫而艰巨的任务。

但是，长期以来，我国农业科技创新除了存在条块分割、资源分散、低水平重复、协作不力、科技支撑产业发展的基本框架缺失、科技与产业之间缺乏有效的连接机制等突出问题以外，更重要的是缺乏长期稳定支持对于围绕产业发展需求、集聚优质资源而进行共性技术和关键技术研究、集成、试验和示范的资金来源，这样，投入不足是农业科技创新滞后的主要约束因素。

就农业科技创新的资金构成而言，无外乎财政资金、企业自身积累和金融资本三部分，虽然政府农业科技创新投入、企业研发投入增长迅速，并日渐成为农业科技创新的重要力量，但是，金融资本越来越成为农业科技创新的支撑要素。鉴于农业科技创新投资具有风险大、周期长、农业产业周期不同节点的科技创新投入资金需求不同等特征，以债权融资为主的传统金融服务模式无法满足农业科技创新的融资需求，难以成为农业科技创新融资的主要来源，这样，随着金融资源市场化配置的不断深化，以股权投资为服务特征的风险资本正在成为符合农业科技创新“高风险”特征的现代金融服务新模式。我国政府出台了多项鼓励民间资本进入金融领域、完善多层次资本市场建设、鼓励设立产业投资基金、股权投资基金、创业投资引导基金的政策措施，这对于我国农业科技创新风险投资发展有着极大的推动作用。

然而，什么农业科技创新风险投资？农业科技创新风险投资的构成要素有哪些？农业科技创新风险投资的运作模式怎么构建？农业科技创新风险投资的运作机制是什么？农业科技创新风险投资机制怎么完善？农业科技创新风险投资产业基金怎么构建与运作？我国农业科技创新风险投资发展状况如何？怎么构建与完善农业科技创新风险投资中介服务体系？如何构建可持续的现代农业科技创新体系和现代农业科技创新风险投资的制度性保障体系？等等，值得从理论与实证角度的深入研讨。

正是在这种背景下，作为河北省社会科学基金项目的研究成果，《农业科技创新风险投资：运行与制度创新》专著，对于我国农业科技创新领域的风险投资实践活动进行了梳理总结，对于农业科技风险投资、农业科技金融问题进行理论剖析，对于发展中存在的主要问题、制约因素进行系统阐释并提出发展的对策建议，就有着较为重要的理论价值和现实意义。

《农业科技创新风险投资：运行与制度创新》，以农业产业、科技与金融的三产融合为研究起点，指出三产融合的本质是农业科技金融问题，并对农业科技金融的内涵、理论范畴、市场定位等基本问题进行了初步探讨；同时从实践出发，总结提炼了农业科技创新风险投资概念、特征，我国农业科技创新风险投资的发展历程与发展模式；在此基础上，对我国农业科技创新风险投资发展的微观基础、外部环境、未来趋势、区域比较、内部运作机制、引导基金设立与运行、中介服务机构设立与运作模式、制度建设等方面的问题进行了系统性研究。该书较全面的解析了国内农业科技创新领域风险投资的发展状况与问题，提出的发展建议具有较强的可操作性，是该领域一部不可多得的农业科技金融著作。该项研究对于完善农业科技风险投资理论、农业科技金融理论有重要的贡献，对于创新财政资金支农方式，推动农业科技成果转化、健全农业科技创新金融服务体系等都有较强的现实指导意义。可以肯定，该书对于农业科技金融研究和实践者们具有重要的参考价值，对于农业科技金融创新研究与发展，无疑将做出不可忽视的贡献。

中国农业大学经济管理学院教授

2016 年季夏初于北京海淀圆明园西路 2 号院

目　　录

绪　论

1. 研究的背景与意义

科技创新是新常态下培育我国经济增长新动力的重要源泉。习近平总书记在2015年“两会”期间强调，“抓创新就是抓发展、谋创新就是谋未来。关键是依靠科技创新转化发展动力。”全球新一轮科技和产业变革与我国加快转变经济发展方式形成历史性交汇，为实施创新驱动发展战略提供了难得的机遇，也关系着我国能否顺利成为创新型国家。

2008年世界金融危机对我国经济带来的重大影响之一就是推动中国经济的发展方式由外转内，即由出口、投资拉动转向依靠内需和消费带动，扩大国内需求成为今后一段时期中国经济发展的主导方式。优化国内产业结构、培育新的经济增长点，是内需型经济增长方式的核心所在。从发展潜力比较大的领域来看，长期以来，我国农村经济发展滞后，推动农村农业科技创新，大力发展农业和农村经济，是缓解城乡二元经济结构矛盾、推动城镇化建设的重要内容，也是我国经济结构调整、扩大内需和转变经济增长方式的必然选择。从发展的动力机制来看，能够推动科技创新的风险资本已经成为这次经济结构转型与升级的重要推动力量。

2011年年底，我国城镇人口已经达到6.91亿人，城镇化率首次突破50%关口，达到了51.27%。表明我们已经告别了以乡村型社会为主体的时代，进入以城市型社会为主体的新时代。正是在此基础上，党的十八大首次提出了中国特色的“四化同步”目标，即坚持走中国特色的新型工业化、信息化、城镇化、农业现代化道路，推动信息化和工业化深度融合、工业化和城镇化良性互动、城镇化和农业现代化相互协调，促进工业化、信息化、城镇化、农业现代化同步发展。其中，城镇化与农业现代化之间的协调发展至关重要，没有农业现代化，城镇化就会成为无源之水、无本之木，而没有城镇化，农业现代化也会失去依托目标，广大农民向何处去就会成为一个大问题。农业现代化和城镇化发展，必将是我国实现工业化与信息化的基础条件。我国经济发展实践表明，实现“四化同步”的短腿在农业现代化，随着新型城镇化发展战略的实施，农业现代化发展滞后的问题日渐凸显。如果这一问题得不到解决，它必将成为城镇化发展战略实施的掣肘。

2012 年，中央一号文件《中共中央国务院关于加快推进农业科技创新，持续增强农产品供给保障能力的若干意见》（中发〔2012〕1 号）首次将“农业科技”放到突出的位置，文件特别提出了具体的财政和金融支持政策。财政投入方面，文件提出发挥政府在农业科技投入中的主导作用，保证财政农业科技投入增幅明显高于财政经常性收入增幅，逐步提高农业研发投入占农业增加值的比重，建立投入稳定增长的长效机制；金融支持方面，文件提出支持发展农业科技创新基金，积极引导和鼓励金融信贷、风险投资等社会资金参与农业科技创新创业。为此，财政部、科技部、农业部等中央部委及地方各级政府都在积极谋划推动农业科技创新与发展的具体措施。国家科技部于 2012 年 3 月 27 日提出了《关于贯彻落实中央一号文件精神，加快农村科技创新创业的意见》（简称《意见》）。《意见》的第 11 条明确指出，“推动农业科技与金融结合。要积极推进与金融机构的科技金融合作，积极引导金融信贷、风险投资等社会资金参与农业科技创新创业，支持金融加大对科技型农业企业与科技特派员下乡创业的信贷支持力度。引导商业银行对涉农科技型企业的信贷支持。制定政策措施，培育农业科技型企业进入不同层次资本市场融资。鼓励农业科技企业开展知识产权质押融资。稳步发展农业技术交易。”2012 年 10 月，科技部会同“一行三会”联合印发了《促进科技和金融结合试点实施方案》（国科发财〔2010〕720 号），提出要引导和促进各类资本创新金融产品、改进服务模式、搭建服务平台，实现科技创新与金融资本的有机结合，为科技企业提供差异化的金融服务。北京中关村、上海、天津等 16 个地区成为首批促进科技和金融结合的试点地区。2014 年 1 月，科技部会同“一行三会”和国家知识产权局联合印发了“关于促进科技和金融的深层次结合，支持国家创新体系建设”的指导意见，成为进一步指导农业科技创新与金融结合的重要指导性文件。

众所周知，若要实现农业领域的科技创新项目与商业信贷、风险资本以及其他资本市场等金融资本的高度融合，都需要政府部门给与一定程度的干预，以克服单纯市场机制配置必然产生的“市场失灵”现象。因此，农业科技创新与金融资本的有机结合对外部环境有着较高的要求。在当前我国农业科技创新依然以政府出资为主、企业少量出资、商业金融较少涉足的现实背景下，创造良好的外部环境以激励、引导风险资本进入农业科技创新领域就有着非常重要的现实意义。

风险资本也称创业资本，产生于20世纪40年代的美国。1946年由哈佛大学教授和一批企业家创建了美国研究开发公司，旨在支持实验室成果向市场产品快速转化。1971年，美国纳斯达克股票市场建立，风险投资的退出机制更加完善，风险投资在美国迅速发展起来。风险投资基金规模从1970年的1亿美元发展到2012年的300亿美元，并催生了一批诸如微软、英特尔、苹果、思科等在全球领先的高科技公司。因此，风险投资在美国硅谷科技的成长过程中发挥了巨大的推动作用，之后在英国、日本、韩国、以色列以及欧洲的其他国家获得了快速发展，成为全球科技创新与经济增长的强大推动力量。已故英国前首相撒切尔夫人曾经表示，因风险资本发展的滞后，导致英国经济落后美国经济10年。近年来，全球风险资本市场已进入新一轮快速发展的周期，除了成熟投资热点地区外，包括中国、印度和俄罗斯等新兴热点地区的风险投资市场发展快速升温。中国的风险投资起步于20世纪90年代，进入21世纪以来在互联网、电子商务等领域呈爆发式增长，推动了百度、阿里巴巴、腾讯、小米手机等企业的成长。在近30年的发展过程中，投资领域涵盖了互联网、电子信息技术、医药生物、金融服务、加工制造、农林牧渔等各个领域。就农业领域的风险投资发展而言，大到伊利、新希望、大北农、上海英利农庄等农业企业集团，小到一个刚刚起步的农业科技企业，均有获得风险资本的支持并成功获利的案例与经验。风投界人士普遍认为，中国的农业领域将是未来风险投资发展的新的价值高地。

正所谓“科技兴则民族兴、科技强则国家强”。党的十八大提出的“创新驱动发展战略”为我国科技发展和农业科技创新提供了强大的动力，研究农业科技创新的金融支持方式，促进农业科技和现代农业产业的发展，是科技强国的重要内容之一。本书以“农业科技创新风险投资运行”为主题，研究农业科技创新与风险投资相结合的运行机制，具体从农业科技风险投资内部运行机制与外部运行环境两个方面展开。农业科技自身一定程度的公益性特征决定了服务于农业科技的风险投资运行不仅存在着有别于一般风险投资的内部运行特征，包括资本筹集难度大、后续管理难度大、退出渠道少以及投资风险大、投资周期长等多个方面，而且存在着对政策的依赖性强、对政府资金的依赖性强、对中介服务的依赖性强等外部运行特征，这些特殊的需求要求政府部门能够提供良好的外部环境，主要包括风险投资立法、税收优惠政策、设置引导基金、成立专业化中介服务组织、完善农业产权交易市场等诸多方面。

本书的研究成果有重要的理论价值和现实意义。从理论价值来看，一是探讨农业科技创新的金融服务新方式、新机制，完善现代农业发展的金融服务体系；二是补充完善风险投资理论和农业科技金融理论，增加农业科技风险投资理论的内涵，包括农业科技风险投资概念、农业科技风险投资特征、农业科技金融内涵与理论范畴界定、农业科技金融表现形式、农业科技风险投资运作过程、农业科技风险投资中介组织与服务、农业科技风险投资引导基金与管理、农业科技风险投资制度保障等内容。本书研究成果的现实意义在于：一是有助于拓宽农业科技企业的融资渠道，增加社会资本对农业科技企业的投资；二是有助于提高农业科技企业的管理水平，加快农业企业成长；三是有助于改进财政资金支农方式，发挥财政资金的引导与杠杆作用；四是有助于推动风险投资行业向农业领域的拓展，推动现代农业的迅速发展；五是有助于提高我国农业科技成果的转化水平和农业发展方式的转变，推动我国创新型国家建设的发展。

2. 国内外研究述评

风险投资是英美等国家在发达的市场经济框架内逐渐内生的金融制度安排，与传统的融资方式相比，风险投资在推动高新技术产业科技创新、成果转化等方面具有不可比拟的优越性。在美国，正是风险投资掀起的竞争和创新的浪潮，培育出一批像 IBM、英特尔、微软、网易、雅虎等世界级高科技大公司。美国农业在生物技术领域的创新性突破与发展，同样得益于风险资本的大规模投入。国外专门针对“农业科技创新风险投资”问题的研究并没有形成一个明显的分支，研究成果较少，但是关于“风险投资”问题的研究已经较为成熟，在风险投资决策机制、项目筛选、风险控制与评估、退出等方面都进行了较为深入的研究。发达国家常常将农业科研与技术推广划分为公益性项目和商业性项目两大类，公益性农业科技项目作为公共产品由政府提供，商业性农业科技项目纳入市场运作范围，政府提供相应的政策支持社会投资。20世纪50年代，美国学者提出，农业科技创新具有公共产品性质，因此政府应该全面支持农业科技进步。兹维·格里利奇斯（Zvi Grlliehes，1958）、昌胜秋野和速水佑次郎（Masakatsu Akino and Yujiro Hayami，1975）用大量的数据证实，美国存在着对农业科研的投资不足，这一推论要求政府应持续关注在农业科研领域的投资下降的趋势。总的来说，国外针对农业科技投融资的研究都是建立在农业科技创新具有公共产品性质的基础之上的，虽然在农业科研公共投资领域进行了深入的探讨，但其研究方向比较单一，关于农业科技创新私人投融资的理论与实证研究尚未有突破性的进展（徐磊，2005）。

国内关于“农业风险投资”问题的研究与实践活动，是近十多年的事情。目前国内以“农业风险投资”、“农业高新技术风险投资”、“农业产业园区风险投资”、“农业高新技术产业风险投资”、“农业创业风险投资”等为主题的研究成果已不少，虽名称不统一，但本质上都是“农业科技创新风险投资”问题，这是由风险投资与科技创新之间的紧密关联性决定的。依据已有的研究成果，可以从农业科技创新引入风险投资的必要性与可行性、制约因素、内部运行机制和外部环境等几个方面进行述评。

早期的研究成果主要是围绕着引入风险投资的必要性与可行性问题展开。有学者认为，“在提高农业科技成果转化（或产业化）水平、提高农业科技研发水平、增加农业高新技术产业资金投入、提高农业科技企业创新与管理能力、培育农业产业龙头企业”等方面，风险投资都具有突出的作用，因此有必要引入风险投资（朱玉春1999，朱琪2000，杨同芝2000，许桂红、刘钟钦2003，郭立红2004，李军等2006，谢群2001等）。与此同时，我国农业高新技术园区建设、大量的农业高新技术成果、资本市场的不断成熟、政府对利用风险投资促进高新技术产业发展的重视和长期支农惠农政策等，都为农业科技创新风险投资机制的建立奠定了基础（许桂红、刘钟钦2003，张兵2007，刘明辉2008）。尽管学者们普遍认为，农业科技创新领域引入风险投资非常必要，且对引入风险投资的可行性、作用与意义等方面的认识已基本达成共识，但是实践中我国农业科技创新风险投资发展却很缓慢，究其原因，可归纳为农业科技项目供给不足、风险投资供给不足、政府功能缺位、服务体系及宏观配套环境不健全等方面（楚汴英2001，江华、邹帆2002，秦秀红2004，谢玉芳

2012 等）。

除此之外，有的学者对农业科技创新风险投资内部运行机制和外部运行环境问题也进行了初步的探讨，江华、邹帆（2002）认为，“农业高科技开发风险投资不仅要有客观的供需条件，更重要的是必须建立起特定的运行机制和内外部环境，即从建立成熟的项目市场到市场交易所必须的农业企业现代产权制度、从项目筛选到投资风险控制以及资本退出机制等内外部运行机制”。这是较早系统提出运行机制问题的成果，其他研究成果则是更多地停留在风险投资过程的某些具体环节，诸如风险投资发展模式与经营管理模式（谢群 2001，郭立红 2004，秦秀红 2004，李建民 2001）、风险资本投资定量分析（张旭波 2012）、风险资本退出（谢群 2001）、投资风险控制（房德东 2007，潘洪刚 2008）等。对外部运行环境问题的研究，部分成果提出应该重视法律环境、政策环境、中介服务、风险投资支撑体系（周衍平 2005，彭建华 2005，张兵 2007，张社梅、王慧莹 2004）的建设问题，至于如何建设少有论述；柏高原、陈士俊（2010）提出了发展农业产业风险投资引导基金的政策主张并就必要性和可行方案进行了初步探讨；陈彦玲、王景艳（2011）对建立地方政府（广东省）主导的农业产业风险投资引导基金问题进行了分析。

综上所述，学者们对农业科技创新领域引入风险投资的必要性、可行性、作用与意义等方面的认识已基本达成共识，对于制约农业科技创新风险投资因素的认识也在不断深入，但是，关于农业科技创新风险投资内部运行机制的研究还不系统、不深入，有关农业科技创新风险投资对象的选择、投资主体的明确、项目的筛选指标与评价标准、后续管理方式与方法、多元化退出渠道与制度保障等问题还没有解决；外部运行环境问题更是停留在表面，有关如何建立专业化的中介服务组织、如何培育项目市场、怎样设立引导基金问题还有待深入研究。农业科技创新风险投资属于跨学科研究领域，既属于农业经济与技术创新问题，也属于金融服务问题，已经受到社会与学者们的广泛关注，特别是近两年农业领域越来越受到风险资本的青睐，涉及农产品物流、种植业、畜牧业、水果业、农业信息技术等多个农业领域，但总体而言，还存在着投资规模小、投资波动大、投资结构不合理、政策支持力度不够等问题。我们认为，中国农业的基础地位和转变农业发展方式的现实要求，决定了今后一定时期现代农业发展离不开创新驱动，农业科技创新与风险投资的结合机制远不成熟，非常有必要跟踪农业科技风险投资发展实践进行理论研究，以便更好地指导农业科技创新与风险投资实践活动。

3. 研究的基本思路

基于对我国农业科技企业融资需求得不到满足的现实研判和创新驱动未来农业产业发展的动力机制进行深入思考，以提升农业产业创新能力和实现农业产业与科技、金融的深度融合为出发点，在全面梳理我国农业科技创新风险投资发展历程、发展模式、发展的微观基础、未来发展趋势的基础上，围绕着我国农业科技创新风险资本投资运作机制、发展的区域差异、引导基金运行方式、中介服务组织设立与运作、风险资本制度缺陷与改进、国外农业科技风险投资建设经验与启示等方面展开，本书研究的最终目标是构建具有中国特色的农业科技创新风险投资运行系统框架，形成农业科技创新风险投资内部循环系统和外部循环系统等两大系统；本书研究的最终目的是用于指导我国农业科技风险投资实践活动，并为政府部门制定鼓励农业科技风险投资发展的政策措施提供可参考性的依据。

4. 研究框架

全书共9章内容。

第1章农业产业、科技与金融结合的理论阐述。在辨析现代农业与农业产业化、农业产业化与科技化、农业科技与金融三个基本关系的基础上，以产业周期理论为基础，阐述农业产业周期不同阶段的科技特征和资金需求特征；运用现代金融供给理论，建立与不同资金需求相对应的资金供给机制，进而构建农业产业、科技与金融三者深度结合的技术路线图，形成农业科技金融理论框架。此部分将成为农业科技创新风险投资研究的理论支撑。

第2章我国农业科技创新风险投资发展实践。本章从我国农业科技创新风险投资发展实践出发，系统地梳理了我国农业科技风险投资从起步阶段到快速发展阶段再到调整发展阶段的发展历程，总结提炼了发展特征。

第3章我国农业科技创新风险投资的发展模式。依照投资发展的背景不同，农业科技风险投资分为政府背景农业科技风险投资和市场背景农业科技风险投资两种类型。本章利用理论分析与案例分析相结合的方法，详细分析了两种不同背景的农业科技风险投资发展模式的特征、作用等内容，构建了适合我国未来农业经济发展特征的农业科技风险投资发展模式。

第4章对我国农业科技创新风险投资发展的思考。本章重点分析了我国农业科技创新风险投资发展过程中存在的主要问题、制约因素、宏观环境、微观基础和未来发展展望。

第5章我国农业科技创新风险投资发展的区域差距与比较分析——以推动河北省农业科技风险投资发展为视角。本章以区域经济理论为指导，从推动河北农业大省农业科技创新风险投资发展为出发点，比较分析了以河北省为代表的农业大省与华东五省区在农业科技风险投资发展实践和发展外部环境方面存在的差距；提出了导致不发达区域差距产生的根本原因在于制度建设滞后的基本观点。

第6章我国农业科技创新风险投资内部运行机制。从农业科技风险投资的资金筹集、投资与项目筛选、投资管理、投资退出四个环节出发，系统分析了各环节的运行情况、基本特征和存在的主要问题，构建了农业科技风险投资项目筛选评价指标体系，最后从政策环境建设和内部运行机制两方面提出了对策建议。

第7章我国农业科技创新风险投资引导基金的设立与运作。我国国情和农业的基础地位决定了有必要设立农业科技创新风险投资引导基金。围绕设立引导基金的必要性、可行性、资金的筹集、投资与运作管理、退出机制等方面进行系统研究。

第8章我国农业科技创新风险投资中介服务组织建设。农业科技创新的准公共产品特性决定了需要一个体现政府意图的专业化服务机构，来为风险投资和农业科技项目的对接提供服务，包括组织对接活动、提供企业与科技成果信息、开展项目或企业培训等培育项目市场的活动。讨论这类专业化组织的机构性质、运作方式、服务内容、盈利模式等具体内容。

第9章我国农业科技创新风险投资发展的制度缺陷与改进。本章以制度创新理论为指导，梳理了我国农业科技创新风险投资制度需求、制度供给及制度变迁的内在逻辑，系统分析了我国农业科技创新风险投资自身制度约束、外部环境制度建设不完善的问题；在借鉴国外经验的基础上，提出完善我国农业科技风险投资的制度改进对策与建议。

5. 主要观点

(1) 依据产业生命周期理论，提出农业产业不同发展阶段的科技特征、资金需求特征是有区别的，与此相适应，借助于庞大而完善的财政金融供给体系，建立起与农业产业周期不同阶段相适应的资金供给机制，这是现代农业产业发展的资金保障。

（2）农业科技创新的发展需要风险资本的支撑。我国农业在国民经济中的地位和发展困境决定了在中国应大力发展农业科技创新风险投资，以确保农业发展获得更多的资金支持，进而保障我国粮食等主要农产品的有效供给，完善现代农业发展的金融服务体系。

（3）农业产业、科技、金融深度结合的实质是农业科技金融问题，从属于现代金融发展理论。传统金融发展理论着重讨论的是发展中国家或经济相对落后地区金融发展与经济增长之间的关系，其金融问题主要是指货币供给、金融机构以及金融政策，不涉及风险资本等现代资本形式。现代金融发展理论阐述的是在改造传统产业的过程中，将现代产业发展所包含的产业特征、科技特征、信息技术与金融服务实现紧密结合的机制问题，金融服务中吸收了现代资本形式——风险资本、私募股权投资、产业发展基金等，即通过一系列的金融工具创新、金融制度安排、金融政策措施与其他金融服务，实现产业和科技的深度融合。农业科技金融则是在增强农业科技创新能力、实现农产品有效供给的过程中，通过一系列的金融工具创新、金融制度安排、金融政策措施与其他金融服务，实现农业产业和科技创新的深度融合，进而推动现代农业发展。

（4）农业科技创新风险投资需要获得政府的特殊支持。风险资本具有逐利性，农业科技创新自身的公益性特征决定了完全依靠市场机制配置社会资源必然产生“市场失灵”，这就需要政府进行干预。我们认为，一是需要设立农业科技创新风险投资引导基金，以引导风险资本投资于种子期和初创期的农业科技企业，改进现阶段的农业科技风险投资结构；二是需要设立专门的农业科技创新风险投资中介机构，为农业科技企业和风险资本牵线搭桥，培育项目市场。

（5）我国政府对农业科技风险投资的支持已经由早期的财政直接投资转变为间接投资和政策引导，其中，间接的投资是指政府通过设置农业科技创新风险投资引导基金、农业产业投资基金或者农业产业发展基金等形式，发挥财政资金的杠杆作用，引导社会资本投向农业科技创新领域，这样既提高财政资金的使用效率，又引导社会资本的投资走向，提高社会资金资源配置效率；政策引导是指通过风险补偿、财政贴息、降低税率等办法，加大对农业科技风险投资的支持力度。

（6）农业科技创新风险投资具有自身的运行特征。农业科技风险投资除了具备一般风险投资高风险、高投入和高收益等特点外，还有以下几点特征：一是对政策的高度依赖，二是对政府资金投入的高度依赖，三是对中介服务的高度依赖，四是对除资金注入以外的其他服务的高度依赖。这就决定了农业科技创新风险投资，不论项目筛选机制，还是项目评价、尽职调查内容、参与企业管理以及退出等环节，都必然呈现出自身的运行特征。

（7）设置专门的农业科技创新风险投资引导基金，目的是发挥政府资金的杠杆放大效应，增加投资于农业的风险资本供给，并克服单纯通过市场配置风险资本而导致的农业领域市场失灵问题。特别是通过鼓励风险投资企业投资处于种子期、起步期等创业早期的农业科技创新企业，弥补一般风险投资企业主要投资于成长期、成熟期和重建企业的不足。

（8）设立专业化的农业科技创新风险投资中介服务机构，是指依托科技部拥有的农业科技成果信息资源和掌控的大批农业科技企业，并吸纳农业部批设的农业产业化龙头企业以及从事农业科技领域风险投资的风投机构，建立一个涵盖信息、风投、企业三方的农业科技金融信息数据库，成为农业科技风险投资中介服务机构提供服务的基础数据源；中介机构的主要任务有两个，一是为数据库中的农业科技成果寻找转化渠道、为农业科技企业和风投机构的对接牵线搭桥，成为强化现代农业科技创新与推广体系建设的重要组成部分；二是负责对农业科技风险投资为主的农业科技金融活动提供中介服务，包括科技金融政策辅导、信息（成果信息、企业信息、涉农风投信息）发布、组织各类对接活动以及对接技能培训、投资咨询与引导等服务。

（9）农业科技创新风险投资制度建设是其发展的保障，包括正式制度和非正式制度。风险投资作为制度敏感性行业，税负、资本管制、产权交易等制度环境对风险投资业的发展影响巨大。通过优化制度设计，可以促进风险资本流入，鼓励和刺激风险投资活动。在制度的规范、保护与激励之下，我国风险投资行业获得了前所未有的发展，为科技创新提供了重要的资金支撑。在科技创新领域发挥了重要作用。受农业产业基础性、公共性、社会性特征的影响，农业领域的风险投资至今发展缓慢，农业科技创新还没有利用好“风险资本”这支重要资金力量。从我国国情出发，有必要从加强制度建设的层面来保护、激励农业科技创新风险投资的发展。

（10）从系统论角度讲，农业科技创新风险投资运行包括内部运行系统和外部运行系统两大系统，内部运行系统以契约关系为纽带，实现资金筹集、项目选择、投资管理、市场退出的运动过程；外部运行系统以制度建设为纽带，包括政策支持、中介服务平台建设、引导基金建设、法律法规建设；内外运行系统紧密衔接，形成农业产业、科技创新与风险资本深度结合的现代运行机制。

6. 概念界定

（1）农业科技企业。在我国，关于农业科技企业的认定还没有统一的标准。一般认为，农业科技型企业是指在现代农业产业领域内，具有较高技术与管理水平，持续进行研究开发与技术成果转化，拥有企业核心自主知识产权，对提升现代农业特色产业水平和规模、促进当地农民增收具有较强示范和带动作用的企业。以此为标准，凡在我国境内依法注册的种养殖业及与其相配套的农产品深加工企业以及种子种苗、农村资源开发、农用机械设备、农用化工、农林牧渔、疾病防治、食品安全、生物质能源产业、农村物流和服务业、农村循环经济和环保技术产业等研发和生产企业以及其他涉农的具有科技研发与技术推广特征的企业，都应包含在农业科技企业范围之内。农业科技企业的成长一般会经历种子期、初创期、成长期和成熟期四个阶段。处于种子期或初创期的农业科技企业需要创业风险投资，政策性信贷以及场外交易市场的支持；处于成长期和成熟期的农业科技企业需要商业信贷和资本市场的支持；农业科技企业在融资过程中有时也会需要农业科技保险、科技担保的支持。

（2）农业科技风险投资。农业科技风险投资就是风险资本在农业科技的研发、生产、成果转化及推广过程中的应用，把风险资本这一新型的融资工具应用于农业科技创新领域，通过向农业科技创新企业进行投资，对其进行后期管理，并在农业科技企业成熟后通过 IPO、股权转让、回购等方式退出，以获得风险收益的过程。农业科技风险投资是风险资金进入农业领域的一个有效途径，同其他领域的风险投资一样，农业科技风险投资是一种通过积极的管理风险来获得高的风险收益的过程。在对农业科技进行风险投资的过程中，面临着高于一般的科技风险投资的风险，既有来自经济运行的系统风险，即自然风险、政治风险、利率、汇率风险、市场风险等，又有项目本身的非系统风险，包括技术风险、管理风险、财务风险、退出风险等。农业科技风险投资的参与主体除了风险投资者、风险企业家及农业科技企业之外，还包括政府和农户的参与。这些参与主体在分享农业科技风险投资带来的收益的同时，共同承担着投资项目失败所带来的风险。

（3）农业科技创新风险投资中介机构。广义上讲，中介机构泛指那些在社会及经济生活中提供中间产品或服务、起媒介作用的组织，“是介于政府与市场主体（企业）之间、商品生产者与经营者之间以及个人与单位之间，从事咨询、协调、评价等服务活动的机构和个人”。①

风险投资中介机构是指通过设计、创立以及运用各种金融、投资工具和手段，为风险企业发展及风险投资公司运作提供融资、财务、科技及法律等咨询服务的独立性中介组织②。作为服务机构，以消除风险投资领域投融资者之间的信息不对称为目的，提供资金供求双方的匹配、信息咨询、培训等服务的信息服务平台③。风险投资中介机构具有更强的专业性、全面性、独立性。

农业科技创新风险投资中介机构是在农业科技企业（项目）与风险投资对接过程中起到媒介服务作用的机构。按机构服务内容划分，可分为一般性中介机构和特殊性中介机构，前者如投资银行、律师事务所、会计师事务所、投资咨询机构，后者包括标准认证机构、知识产权估值机构、科技项目评估机构等。特殊性中介机构也是专业性中介机构，按创办主体不同划分为政府主导的各级农业技术推广站、高校和科研院所创办的农业科技中介组织、民间科技中介服务组织（包括合作组织、农业产业化龙头企业、种养大户、家庭农场）等。农业科技风险投资中介机构一方面消除信息的不对称性，另一方面以实现农业科技企业（项目）与风险投资的对接为目的，既是媒介也是桥梁。由于农业科技企业管理不规范、利润水平低等特点，需要对农业科技企业进行必要的培训，如企业管理、人员配备、商业计划书的起草等方面。因此，农业科技风险投资中介服务组织除了具有很强的专业性、全面性和独立性之外，还要有很强的政策性和公共性。

（4）农业科技创新风险投资引导基金。2008 年 10 月，国家发展和改革委员会、财政部、商务部联合颁布的《关于创业投资引导基金规范设立与运作

① 伍中信. 资本市场机构财务运作［M］. 高等教育出版社. 2000（7）.

② 张昕光，尤天慧，樊治平. 发展我国风险投资中介机构的思考［J］. 经济纵横，2001（9）.

③ 安实，梁健. 我国风险投资中介机构的设立模式与运营策略［J］. 中国软科学，2001（10）.

的指导意见》明确规定："引导基金是由政府设立并按市场化方式运作的政策性基金，主要通过扶持风险投资企业发展，引导社会资金进入风险投资领域。引导基金本身不直接从事风险投资业务"。风险投资引导基金包含三个重要特征：一是不以营利为目的政策性基金，而非商业性基金；二是由专业管理团队按市场化模式运作，而非财政无偿资助；三是作用传导的机制是"通过扶持风险投资企业发展，引导社会资金进入风险投资领域"。引导基金的设立主要是为了发挥政府资金的杠杆放大效应，增加风险资本的供给，并克服单纯通过市场配置风险资本的市场失灵问题。特别是通过鼓励风险投资企业投资处于种子期、起步期等创业早期的企业，弥补一般风险投资企业主要投资于成长期、成熟期和重建企业的不足。

依据对引导基金的一般理解，农业科技创新风险投资引导基金可解释为"由政府设立的、旨在扶持农业科技创业企业发展而设立的引导风险投资的政策性基金。基金采取市场化运作方式，利用政府资金的杠杆作用引导社会资金进入农业科技风险投资领域，达到扶持农业科技创新、农业高新技术企业发展的目的。政府作为引导基金的出资人自身不直接从事风险投资活动"。这一政府出资设立的农业科技创新风险投资引导基金，既不同于政府通过直接出资创办创业风险投资公司的政府主导型基金，又区别于政府出资设立的高新技术产业投资基金。从严格意义上讲，农业科技创新风险投资引导基金是一种"政府承担主要风险，社会承担主体资金投入"的基金组织形式。基于此，农业科技创新风险投资引导基金的特征体现在以下几点：

一是出资主体是中央或地方政府，而不是其他任何营利性组织，以确保基金使用的非营利性和引导性，达到增强农业科技项目对风险资本的吸引能力之目的。

二是扶持对象为农业科技企业，而不是一般农业企业。风险资本追逐企业的高成长性和未来财富的放大效应，只有蕴含着未来巨大财富的高科技农业技术才有可能获得风险资本的青睐。此时，如果政府设置专门的引导基金，就有能力将这种可能变成现实。

三是基金性质为非营利的政策性基金，不与市场争利，甚至也不需要追求保本微利，而是通过一定的让利机制，发挥财政资金的杠杆放大作用，最大限度地引导社会资本进入农业科技领域，引导风险投资企业增加对种子期、初创期等农业科技创业企业的投资。

四是基金的运行遵循市场化原则，区别于以往通过拨款、贴息或风险补贴等无偿资助性质的政府基金或产业基金，农业科技创新风险投资引导基金按照一定比例匹配社会资金共同投资于农业科技风险投资领域，在投资成功后实现有偿回收，使资金得以循环发挥引导作用，经营获利的绝大部分留给风险投资企业，以激励投资者的投资热情。基金委托专业的投资机构按市场化运作，政府不直接参与具体的投资管理活动。

7. 本书的创新之处

本书在以下几方面的研究具有一定的挑战性：

(1) 依据现代农业产业理论，系统阐述农业产业不同发展阶段的科技特征和资金需求特征，结合风险投资理论和金融供给理论，探讨不同阶段上与科技、融资需求相适应的资金供给方式，在此基础上构建农业产业、科技与金融结合的新机制，搭建了农业科技金融理论框架，以此形成农业科技创新风险投资研究的理论支撑。

(2) 首次提出农业产业、科技、金融深度结合的实质是农业科技金融问题，并就农业科技金融的理论归属、农业科技金融的市场定位进行厘定。同时指出，农业科技金融从属于现代金融发展理论，农业科技金融是农村金融体系的组成部分，是政策性金融与商业金融、民间金融的有机结合体。

(3) 系统梳理了我国农业科技创新风险投资发展实践，这在国内尚属首次。按照我国农业科技风险投资的投资规模、案例数量、投资领域、政策环境变化等，将其发展历程划分为起步与缓慢发展阶段、快速发展、调整发展三个阶段，总结每个阶段的发展特征；以此为基础，总结提炼了我国农业科技创新风险投资发展的基本特征；依照投资主体的区别，总结了我国农业科技创新风险投资发展的几种模式，并利用案例分析，进一步佐证了我国农业科技风险投资发展的基本特征；利用比较分析法，对河北省与华东五省区的农业科技风险投资实践进行比较分析，指出了河北省发展的差距所在，进而提出发展建议。

(4) 以区域经济增长理论为基础，以助力河北省农业科技风险投资发展为切入点，分析了河北省与华东五省区发展的差距，指出河北省农业科技风险投资发展缓慢的根本原因在于制度建设严重滞后。

(5) 首次从对我国农业科技创新风险投资的内部运行机制与外部运行环境进行系统研究。结合中国农业科技风险投资发展实践，从资金筹资、投资决策与项目筛选、投资管理、退出渠道等四个环节，全面分析了我国农业科技风险投资运行实践与存在的主要问题；分别从农业科技风险投资的中介服务机构建设、引导基金设立、制度建设等三个层面，分析了农业科技风险投资的外部运行环境，并就中介服务机构建设、引导基金设立、制度建设等三个方面设计了实施方案。

（6）首次系统分析了我国农业科技创新风险投资中介服务机构的发展情况、不同类别、发挥的作用与存在的问题，通过全国农业科技创新创业大赛、陕西杨凌高新农产品展销会与农业投资大会、“三农”资本等不同类型中介服务平台的实践活动，进一步说明中介机构服务的重要作用，首次创造性地提出在国家科技部设立农业科技金融服务中心，由该服务中心负责全国的农业科技信息服务、投资项目对接服务、企业与人才培训等中介服务活动的设想，同时就公司的出资、管理及运作机制进行了初步探讨。

（7）就设立农业科技创新风险投资引导基金的问题进行了深入探讨，包括设立引导基金的现实依据、理论基础、实施方案等内容。

（8）首次对我国农业科技创新风险投资制度问题进行研究。以现有我国农业科技创新风险投资的制度需求、制度供给、制度变迁的内在机制为基础，从制度缺陷与制度改进两方面对农业科技创新风险投资的制度保障进行了初步探讨。

上述研究丰富了我国的风险投资理论和农业科技金融理论，对指导我国农业科技创新风险投资实践有重要的参考价值。

第1章 农业产业、科技与金融结合的理论阐述

科技与金融是经济发展的两大支撑力量，实现产业、科技与金融三者之间的深度结合，是经济发展理论长期关注的永恒话题。就全球产业革命而言，每一次产业革命的兴起无不源于科技创新，成于金融创新。实践证明，科技创新和金融创新紧密结合是社会变革生产方式和生活方式的重要引擎。在当前全球孕育新一轮创新竞争高潮、我国加快转变经济发展方式的关键时期，加强引导金融资源向科技领域配置，促进科技和金融结合，是加快科技成果转化和培育战略性新兴产业以及改造传统产业的重要举措，是深化科技体制和金融体制改革的根本要求，是提高我国自主创新能力和建设创新型国家的战略选择。在我国，农业现代化是四化同步建设的短腿，改造传统农业，实现农业现代化与产业化，离不开技术、资金、信息、人才、政策等要素，其中科技与金融依然是转变农业发展方式、提升农业产业效益的核心要素。

1.1 现代农业、农业产业化与科技创新

1.1.1 现代农业与农业产业化

与传统农业相比较，现代农业是指农业生产物质装备机械化、生产技术科

技化、经营管理组织化和信息化、形成完整的产—加—销（或研发—生产—加工—销售）一体化链条、能够及时获得常态化的金融及其他市场化服务的现代产业。高素质的职业农民是现代农业的组织者和经营者，能够充分利用农业高新技术、信息与金融服务体系，将农业内容与工业化生产方式、现代服务业紧密结合起来，实现第一产业、第二产业和第三产业的融合发展。现代农业的发展需要现代服务业的引领，现代服务业的关键就在于科技、金融与信息等综合服务。从长远来看，现代农业发展的终极目标是提高土地产出率、资源利用率和农业劳动生产率，提高农业的整体素质、效益和竞争力。

发达国家（或地区）现代农业发展模式大体分两类，一类是以美国为代表的家庭农场式的规模化农业，包括种植农场、养殖农场等，大规模农田种植和养殖，便于利用机械化作业和现代信息技术进行管理，有少量的农场工人完成机械操作，像一般工业品生产一样，分工细致，密切合作，形成稳定的产—加—销一条龙的产业化链条；另一类是以中国台湾为代表的东南亚地区的家庭式小规模农业，由于地块小，发展休闲农业和观光旅游农业以及区域特色农业为主。我国是一个农业大国，人多地少，以家庭农户为单位分散经营，近年来随着土地流转，规模化经营越来越成为发展趋势。我国现代农业的建设也呈现多样性特征，适宜规模化经营的平原地区，土地向种植大户集中的速度较快，涌现出大量的规模化的家庭农场、种养大户；而一些有地域特色、资源优势的山区或半山区，则产生了一批有地域特色的休闲农业、观光旅游农业、区域特色农业等，并迅速成为农村经济发展的新亮点。

现代农业至少体现以下四个方面的突出特征：产业化、信息化、科技化、金融化，四者缺一不可，其中，产业化是现代农业发展的基础，信息化、科技化、金融化都是重要支撑。唯有在产业化、规模化的基础上，才能实现高新技术的推广与应用、现代信息技术的硬件和软件建设以及获得现代金融服务体系的支持。反过来，科技、信息、金融作为现代服务业又为现代农业发展提供重要支撑：只有实现信息化、数字化，才能做到信息通畅，提高生产管理和商品流通效率；只有实现科技化，才能实现产品的数量增加与品质提升，满足市场不断增长的差异化需求；只有实现金融化，才能够提供产业化发展所需的全方位资金供给与其他金融服务。同时，科技、信息、金融等现代服务业也是现代农业发展的不息引擎，是引导现代农业形成产业化、市场化的引导力量。

农业产业化是指把农业的经营看做是包含了种质资源的研究与开发、种养殖生产、农产品初加工与深加工、仓储与物流运输、产品策划与销售等环节在内的全产业链的经营，而不仅仅局限于种植养殖本身和简单的农产品加工，产业链的各节点之间以市场机制相链接。在农业产业链形成的基础上，现代农业与工业产业一样，也是一个拥有U形曲线特征的产业，曲线左端是种子研发、中间是种植养殖与加工、右端是仓储运输物流配送和国际大市场中的品牌建设。依照库兹涅茨的U形曲线理论，两端才是效益最高的，中间是大众化技术，经济效益最低。只有对农业以产业链的形态进行经营与管理，才能够获得较高的经济效益。

“纵观发达国家农业现代化的发展路径，普遍都是用工业的方式发展农业。农业不向产业化发展，农业现代化就失去了支撑；反过来，也只有根本转变农业发展方式，农民增收增效才有保障。”① 所谓用工业的方式发展农业，其核心内容则是农业产业各环节分工细化，相互依存，彼此链接，合作共赢。以产业化思维经营农业，充分运用市场机制，打通农业全产业链的各个环节，实现农业产业链条各节点的有效衔接（图1－1）。

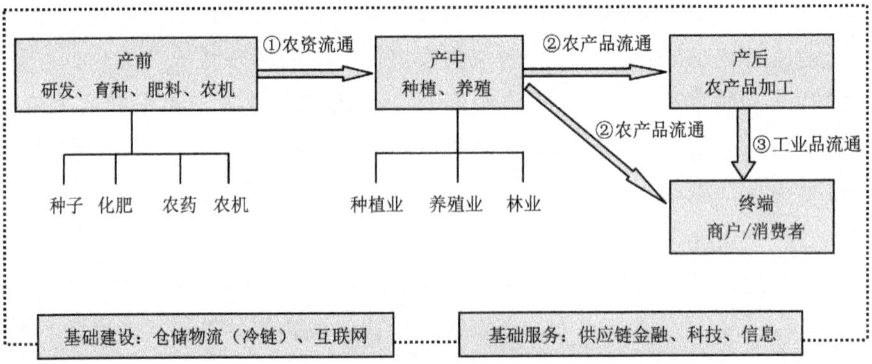

图1－1 农业产业化示意图

农业信息化是指在农业社会化再生产过程中，通过普遍地采用以通讯技术、网络技术、光电技术、微电子技术、遥感技术和信息技术等为主要内容的高新技术，更加充分有效地开发和利用农业信息资源，推动农业经济可持续发展和农村社会进步。

① 李克强总理在2015年7月22日主持召开的国务院常务会议上的讲话：以工业方式发展现代农业.

信息业与现代农业的结合突出表现在两个重要环节：一是结合数字技术、传感技术和空间地理技术，更为精准地进行种植和养殖作业的“精准农业”；二是农业生产部门和市场需求紧密连接的“信息服务系统”。两者皆离不开强大的数据搜集和分析处理平台。因此，农业高新技术与强大的电子计算机处理技术、互联网技术的紧密结合，成为实现农业信息化发展的物质基础。目前，一些发达国家的农业信息化服务水平已经很高，美国与法国完善的农业信息化服务体系、英国的“精准农业”、德国的“数字农业”、日本的“网络农场”等都已经成为世界现代农业发展的典范。

农业信息化的发展离不开政府的支持，发达国家政府每年都会拨付较大数额的预算经费来支付农业高新技术的开发和农业信息服务系统的运行。从 20 世纪 90 年代开始，美国政府每年拨款 10 多亿美元建设农业信息网络，进行技术推广和在线应用，农村高速上网日益普及；英国政府于 2013 年专门启动了“农业技术战略”，该战略高度重视利用“大数据”和信息技术提升农业生产效率，建立了以“农业信息技术和可持续发展指标中心”为基础的一系列农业创新中心，大数据和信息技术为先导的“精准农业”正在成为英国未来农业发展的主流①。

整体而言，我国农业信息化建设相对落后，至今未建立起全国统一的农业信息服务网络，农村的互联网基础设施还未实现全覆盖。近年来，我国政府也加快了农业信息化建设步伐。2015 年 7 月份国务院印发了《关于积极推进“互联网 +”行动的指导意见》，明确了“互联网 + 农业”在内的 11 项重点行动，除了“互联网 + 农业”之外，“护林网 + 电子商务”、“互联网 + 高效物流”、“互联网 + 便捷交通”等，都与农业信息化紧密相关。“互联网 +”是一个非常新的技术领域，必将成为解决农业信息不对称问题并推动现代农业迅速发展的重要技术手段。

农业科技化是指以农业科学技术为依托，开发出先进的、成熟的、能推动农业生产力发展的、有较高经济效益的农业科技成果，并及时地将科技成果转化为农业生产急需的技术产品，应用于农业生产的整个过程，农业科技化要求把农业科研、技术推广与农业生产活动紧密结合起来，实现由传统农业向现代农业的转变，农业科技作为农村经济发展的重要生产要素，在农业生产过程中

① 蒋华栋等，国外如何推进农业信息化发展，经济日报，2015 年 8 月 19 日.

发挥重要作用。

现代农业科技突出表现在生命科学、工程科学和信息科学三大领域，“要说成‘化’的话，就是生物化、机械化、信息化。”[①] 抛开信息化前述已讨论之外，现代生物技术和农业机械化水平是衡量农业科技水平的重要标志。随着经济全球化的进一步发展，许多国家纷纷采取增加投入、改革体制和组织重大科技行动等措施，加速农业科技进步与创新，推动新的世界性农业科技革命蓬勃兴起，尤其是生物技术不断取得重大突破并迅速产业化，在此方面美国、日本、法国、荷兰、德国等发达国家已远远走在前列，包括优质种子种苗培育、病虫害防治高新技术、改良土壤与生态环境保护技术等。另外，各种新型灌溉技术与节水技术的发明、多种适宜农机设备的改造、以及能源再生技术的创新等等，不断被引入现代农业生产之中。

目前我国农业科技进步贡献率虽然达到59%左右，但同发达国家平均75%的水平相比差距依然很大。早在20世纪70年代初，美国农业生产总值的81%和劳动生产率提高的71%就是依靠农业技术创新实现的。目前发达国家农业科技对农业生产的贡献率已达到75%以上，其中德国、法国、英国、以色列等国甚至高达90%。

农业金融化是指在现代农业产业的服务体系中，金融服务体系作为重要组成部分，包括商业信贷、农业保险、农商品期货、信用担保、股权融资、风险资本、产权交易市场等，能够及时地为现代农业提供各种金融服务。特别是随着经济资本化的发展，金融资本绕开传统债权融资需要严格担保或抵押的局限，在“收益共享、风险共担”原则下，以私募股权、互联网众筹等股权资本形式，直接投资于农业生产，资金拥有者以股东的身份成为地道的农业投资者和农业生产者。近年来，这种新型的股权融资方式在农业产业融资中越来越多地被应用，直接推高了农业产业的金融化水平。从产业化角度而言，农业产业各环节依据资金需求规模、经营风险的差异获得不同组合形式的金融服务；从农业经营主体来看，不同经营主体的差异化金融服务需求也能够获得满足。农业金融化的广度表现为农业产业的各种金融服务方式及其合作机制，农业金融化的深度则表现为金融参与到农业产业的生产与经营，各种农业产业股权投

① 柯炳生，中国农业产业化的挑战与机遇，中农富通《农业概览（周刊）》2015年第21期总第261期.

资、风险投资以及私募基金、众筹投资均体现为参与的深度。

世界经济发展的实践表明，一个国家或地区的经济货币化、金融化水平，与其经济发展水平呈正相关关系，经济越发达的国家，金融化水平就越高。从一个国家内部来看，经济发达地区的金融服务水平要高于经济相对落后地区。在我国城乡二元经济结构下，城市地区的金融服务水平远高于农村。近年来，随着农村金融改革的深入和多样化金融机构的建设，农业、农村的金融服务水平在不断提高，未来现代农业的建设，获得多样化的金融服务是重要的战略方向。

1.1.2 农业产业与科技创新

1.1.2.1 农业科技的一般论述

传统观念认为，农业科技主要是指用于农业生产方面的科学技术以及专门针对农村生活方面的一些简单的农产品加工技术。随着农业产业化的发展和现代信息技术的提高，农业科技范畴所涵盖的内容进一步放大，除上述传统农业技术之外，包括生物工程技术、农业生态与环境保护技术在内的现代农业高新技术。有数据显示，美国农业科技创新技术中，80%是农业生物工程技术。根据《中华人民共和国农业技术推广法》修改方案（2012年）的定义，“本法所称农业技术，是指应用于种植业、林业、畜牧业、渔业的科研成果和实用技术，包括：良种繁育、栽培、肥料施用和养殖技术，植物病虫害、动物疫病和其他有害生物防治技术，农产品收获、加工、包装、贮藏、运输技术，农业投入品安全使用、农产品质量安全技术，农田水利、农村供排水、土壤改良与水土保持技术，农业机械化、农用航空、农业气象和农业信息技术，农业防灾减灾、农业资源与农业生态安全和农村能源开发利用技术，其他农业技术。”“本法所称农业技术推广，是指通过试验、示范、培训、指导以及咨询服务等，把农业技术普及应用于农业产前、产中、产后全过程的活动。”可见，农业科技是指应用于农产品种质资源开发、生产加工、仓储运输、品种建设与销售、技术包装等整个产业过程的农业科技创新，是农业产业化发展中不可缺少的技术支撑。

2008年，我国国家科技部、财政部、国家税务总局共同颁布《高新技术企业认定管理办法》，并首次公布《国家重点支持的高新技术领域目录》。2015年公布的《国家重点支持的高新技术领域目录》中关于“现代农业技术”的表述如下：

（1）农林植物优良新品种与优质高效安全生产技术。优质、高效、高产优良新品种技术；水肥资源高效利用型新品种技术；抗病虫、抗寒、抗旱、耐盐碱等抗逆新品种技术；新型、环保肥料与植物生长调节剂及高效安全施用技术。

（2）畜禽水产优良新品种与健康养殖技术。畜禽水产优良新品种及快繁技术；珍稀动物、珍稀水产养殖技术；畜牧业、水产业健康养殖技术和模式；畜牧水产业环境调控和修复技术与模式；安全、优质、专用、新型饲料及饲料添加剂生产和高效利用技术；畜牧水产业质量安全监控、评价、检测技术；优质奶牛新品种及规模化、集约化饲养与管理技术。

（3）重大农林植物灾害与动物疫病防控技术。重大农林植物病虫鼠草害、重大旱涝等气象灾害以及森林火灾监测、预警、防控新技术；主要植物病虫害及抗药性检测、诊断技术；环保型农药创制、高效安全施用与区域性农林重大生物灾害可持续控制技术；畜禽水产重大疾病监测预警、预防控制、快速诊断、应急处理技术；烈性动物传染病、动物源性人畜共患病高效特异性疫苗生产技术；高效安全新型兽药及技术质量监测等技术。

（4）农产品精深加工与现代储运。农业产业链综合开发和利用技术；农产品加工资源节约和综合利用技术；农产品分级、包装和品牌管理技术；农业产业链标准化管理技术；大宗粮油绿色储运、鲜活农产品保鲜及物流配送、农林产品及特种资源增值加工、农林副产品资源化利用；农副产品精深加工和清洁生态型加工技术与设备；农产品质量安全评价、快速检测、全程质量控制等技术。

（5）现代农业装备与信息化技术。新型农作物、牧草、林木种子收获、清选、加工设备；新型农田作业机械、设施农业技术装备与高效施肥、施药机械和设备；新型畜禽、水产规模化养殖以及牧草、饲料加工、林产机械和新型农产品产地处理技术装备；农业生产过程监测、控制及决策系统与技术；精准农业技术、遥感技术与估产及农村信息化服务系统与技术。

（6）水资源可持续利用与节水农业。水源保护、水环境修复、节水灌溉、非常规水源灌溉利用、旱作节水和农作物高效保水等新技术、新材料、新工艺和新产品。

（7）农业生物技术。新型畜禽生物兽药和生物疫苗，生物肥料，生物农药及生物饲料等。

1.1.2.2 农业产业与科技创新的关系

美国著名经济学家熊彼特在其 1912 年出版的《经济发展理论》一书中提出了创新理论。他认为创新是经济发展的实质，而科技创新是其中重要的组成部分。20 世纪 70 年代，美国经济学家西奥多·威廉·舒尔茨在其著名的《改造传统农业》一书中，就突出强调了科技创新对改造传统农业的重要意义。舒尔茨提出，改造传统农业的关键是要引进新的现代农业生产要素，也就是许多经济学家反复强调的、促进经济增长的关键因素——技术变化。

农业科技对于农业的发展有着巨大的推动作用。农业科学技术的每一次突破性进展，都引起农业生产力水平的提高，使农业生产获得大幅度的提高。随着经济全球化的发展和世界人口急剧增加带来的对农产品需求的递增以及地球生态环境的恶化提出的必须改善农业的生产方式的要求，世界上越来越多的国家都在利用科学技术改造传统农业，打破资源约束，谋求持久的增长和繁荣。把农业科技作为发展农业的主要途径。通过农业科技的进步可以突破资源的约束，带动经济的增长。

美国作为一个农业大国，长期坚持农业立国、农业兴国、农业富国的战略，依靠科技进步，在实行农业机械化以替代大量劳动力的同时，通过改良土壤，兴修水利，投入大量现代科技要素，使农作物产量不断提高；日本是人多地少的典型国家，在制定了一系列支持农业发展的法律法规的同时，广泛运用先进的科学技术，扩大规模经营，实行土壤改良，降低生产成本和培育推广优良品种，建立了一大批现代化科研、教育设施，使日本的农业取得了长足的发展；荷兰是欧洲人口密度最大、土地资源最稀缺、因地势低洼历史上常遭水涝的国家，它以高度密集的现代技术，大力发展“农业工业”，成为世界农产品第三大出口国；法国依靠丰富的农业资源，大力推广以品种改良为主要内容的科技进步，发展创汇农业；以色列国土面积狭小，土地贫瘠干旱，依靠以节水为中心的科技进步，通过建设水利工程，实施节水灌溉，强化水资源管理等措施，农业发展取得了巨大成就；印度以引进、改良和推广优良品种、合理实施农田灌溉、提高化肥利用率、鼓励采用农业机械以及开展病虫杂草的综合防治为主要技术支撑，以强化农业教育和科技成果推广为依托，使得印度的农业获得飞速发展。

结合我国改革开放30多年的发展进程和农村经济发展的实际需求，2012年我党中央1号文件对农业科技的定位、定性和定向给予了科学阐述：从定位看，明确了实现农业持续稳定发展、确保农产品长期有效供给，根本出路在科技；从定性看，农业科技具有明显的公共性、基础性、社会性，在此基础上，提出要大幅度增加农业科技投入，保证财政农业科技投入增幅高于财政经常性收入增幅，稳定支持农业基础性、前沿性、公益性科技研究；从定向看，要着眼长远发展，超前部署农业前沿技术和基础研究，力争在世界农业科技前沿领域占有重要位置。要面向产业需求，着力突破重大关键技术和共性技术，切实解决科技为经济繁荣社会发展服务这一根本命题。上述科学论述，表明我国已到了必须更加依靠科技进步促进现代农业发展的历史新阶段。

1.1.3 世界农业科技的最新发展

世界农业科技创新体现在农业高新技术的开发与应用。世界农业高新技术包括的范围相当广泛，如培育转基因作物及畜禽品种技术、克隆动物技术、制造生物制剂技术、运用电子设备和卫星进行农业生产过程控制技术、用于产量和病虫害测报的激光技术和遥感遥测技术、超高产品种培育技术、节肥节水技术、各类农产品深度加工技术、持续高效农业技术、专家智慧咨询技术、网络资源优化技术等等。最具代表性的世界农业高新技术有两大类：一是以培育转基因作物及其他转基因食品为主要目的生物技术；二是以发展精确农业为主的信息技术。

1.1.3.1 转基因生物技术发展

目前，转基因技术主要应用于作物育种、动物育种和微生物开发三大领域，其中的转基因作物育种是现代生物技术发展的前沿性技术。自20世纪80年代转基因作物在美国诞生开始，这项新兴的转基因生物技术迅速席卷了整个世界。目前，各国已试种的转基因植物超过上万种，已批准商业化种植的上百种，常见的转基因食品有玉米、大豆、西红柿、油菜、马铃薯等，其他作物包括抗虫和抗除草剂的棉花、大豆、玉米，提高了有效成分的油菜，抗病毒的南瓜、木瓜等各种农作物也已经进入市场。美国及加拿大等国的转基因产业最为发达。据国际农业生物技术应用服务组织（ISAAA）发布的2012年年度报告，全球转基因作物种植面积已由1996年的170万公顷发展到2012年的1.7亿公顷，17年间增长了100倍。截至2012年年底，包括美国、欧盟、日本在内的全球59个国家和地区批准转基因作物进口用于食品、饲料或种植。其中，已有28个国家批准了25种转基因作物的商业化种植。值得一提的是，巴西、阿根廷等国种植转基因大豆后产量大幅度提高，分别成为全球第二、第三大大豆出口国；南非推广种植转基因抗虫玉米后，单产提高了一倍，由玉米进口国变成了出口国；印度引进转基因抗虫棉后，也由棉花进口国变成了出口国。

在美国、加拿大和欧盟等国家和地区，抗病虫、耐除草剂转基因玉米、棉花、大豆、油菜等的育成和推广，转基因“超级猪”、基因工程鱼、动物生物反应器、动物抗病基因工程育种、动物克隆技术的应用，生物农药、基因工程疫苗、动植物生长调节的施用和普及，已经对这些国家的农业生产产生了巨大影响。种植转基因作物和应用动物生物技术最多、最广泛的美国，近3年来有2亿多人一直在食用转基因食品。

以色列运用各种先进的生物技术进行种子开发，用细胞和组织培养方法，繁殖各种蔬菜脱毒秧苗。用基因工程技术，培育抗病、耐贮藏的西红柿，色泽艳丽，保鲜期长，商品性好；无籽西瓜新品种，可以根据客户对西瓜个体和色泽的要求进行控制性栽培。同时运用生物技术选育出了许多番茄和甜椒的超级品种，番茄的单果重达500克以上，番茄的单产由每亩32吨提高到63吨，若采用滴灌可达80吨；甜椒单果重200克以上的很多，且果肉厚、耐贮运。用生物工程改造番茄，不但产量倍增，而且口味好、耐储存，现已开发出40多种，种子出口每公斤价格达数千美元，现在欧洲40%的西红柿种子来自以色列。以色列每年向世界市场出口达3000万美元的种子。每个品种的优质高产，带来了十分显著的经济效益，农产品不仅满足本国消费者的需要，还大批出口欧洲、北美乃至远东市场。以色列每年出口价值6亿美元鲜活农产品和6亿美元的加工食品，每年农产品出口环节得到的利润达1.5亿美元。

1.1.3.2 农业信息技术发展

在当今世界信息技术变革日新月异的时代，信息技术已经成为现代生产力发展中最具代表性的先进技术。从现代农业发展的信息技术而言，信息技术与农业生产的结合产生了一种新型农业——精确农业。“精确农业”是指广泛采用全球定位、农田地理信息（包括土壤、水肥等）、农作物信息采集、农业遥感监测、农业专家咨询、智能化农业机具、网络化管理和培训等先进技术，充分运用系统理论和思想，根据作物生长的土壤性状调节对作物的投入，根据产量目标进行定位的系统诊断、优化配方、技术组装、科学管理，在充分保护生态环境和人类对农产品品质要求的前提下，高效利用各类农业资源，最大限度地获取经济和生态效益。比如，“精确农业”可以通过获取某一地块的土壤成分、地形、植物营养、含水量、病虫草害等农作物生长的环境因素差异性信息，分析影响产量的原因，确立最佳控制时间、控制点和技术路线，实施定时、定位调控。目前，“精确农业”已经成为当今世界农业尤其是发达国家农业发展的新潮流，不少发展中国家也在积极酝酿实施精确农业技术。

美国为实施“精确农业”，建成并投入运行了全球卫星定位系统 GPS，许多大公司向农户和农业企业提供可用于农田测量、定位信息采集和与智能化农业机械配套的 DGPS 产品。2000 年美国约有 20 个制造商供应谷物联合收割机产量计量系统，全国使用这一技术的联合收割机约有 17000 台，其中约有一半带 GPS 定位系统可支持产量分布图自动生成。

英国政府于 2013 年专门启动了“农业技术战略”，该战略高度重视利用“大数据”和信息技术提升农业生产效率。参与该战略制定的爱丁堡大学信息学院科林·亚当姆斯认为，农业可能是最后一个面临信息化和数字化的产业，大数据将是未来提升农业作物产量、畜牧业产量的关键，也是提升农业部门对市场理解的关键。未来的核心问题是将大量的数据融合起来进行适当、科学的分析，以此来推动农业的发展。

德国的“精准农业”表现在高度发达的数字化处理系统，德国政府称之为“数字农业”。“数字农业”基本理念与“工业 4.0”并无二致。通过大数据和云技术的应用，一块田地的天气、土壤、降水、温度、地理位置等数据上传到云端，在云平台上进行处理，然后将处理好的数据发送到智能化的大型农业机械上，指挥它们进行精细作业。拥有百年历史的德国农业机械制造商科乐收集团（CLAAS）与德国电信开展合作，借助“工业 4.0”技术实现收割过程的全面自动化。他们利用传感器技术加强机器之间的交流，使用第四代移动通信技术作为交流通道，使用云技术保障数据安全，并通过大数据技术进行数据分析。德国电信两年前推出了数字化奶牛养殖监控技术。农民购买温度计和传感器等设备在养殖场安装，这些设备可以监控奶牛何时受孕、何时产仔等信息，而且可以自动将监控信息以短信形式发送到养殖户的手机上，农民只需要将手机切换到GPS导航模式，查询卫星数据并借助云处理技术指挥农业机械精确作业，误差可以控制在几厘米之内。信息通讯技术的发展也让农民的工作更加高效便捷。柏林的一家名为“365FarmNet”的初创企业为小型农场主提供了一套包括种植、饲养和经营在内的全程服务软件。该软件可以提供详细的土地信息、种植和饲养规划、实时监控以及经营咨询等服务。而且通过该软件可以方便地与企业的合作伙伴取得联系，以便及时获取相应的服务帮助。

以色列的气候、水土、环境条件等方面对农业生产而言都不算作是良好的，但它却取得了令世界瞩目的成绩，农民年均纯收入达到1.8万美元，这在很大程度上得益于高效率的农业科技产业体系，突出表现在蔬菜产业标准化、自动化、机械化、信息化。近年来，以色列将先进的电子田间探测技术、计算机技术、GPS技术、卫星遥感技术、雷达技术、红外线扫描等技术系统组装配套，应用到大田、大棚蔬菜管理，农业机械耕作方面，开展现代精准农业的生产管理，大幅度提高了劳动生产力，提高了经济效益。

高新技术在农业上的应用，极大地改变了传统农业生产方式，促进了传统农业向现代农业的转变。与传统农业技术不同，农业高新技术具有更大的超前性、综合性、渗透性、长期性和风险性，属于高投入、高收益、高风险事业。所有这些特点，都决定了农业高新技术的研究与开发、技术推广都离不开政府的支持，但又不能完全否定其市场性而变成政府垄断，发达国家发展的实践已表明，农业高新技术的研究及其他农业科技创新活动是政府参与和市场机制相结合的系统工作，从资金运行来看，需要充分利用政府资金与社会资本的有机结合。

除转基因生物技术、现代信息技术之外，农产品加工技术、设施农业也是现代农业科技创新发展的重要表现形式，这里不再赘述。

1.2 农业科技创新与金融

1.2.1 农业科技与金融的关系

现代农业的特征是广泛应用现代科学技术、农业科技含量高、农业机械装备水平高，使得农业科技创新成为农业现代化的基础和条件。同时，农业生产经营的专业化、标准化、规模化程度的提高，都需要科技与资金的支撑。从科技本身与金融的关系来讲，科技创新更离不开金融的支持，只有将农业科技与金融服务结合起来进行融合创新，才能有效地推动农业科技创新、推进农业技术进步与农业现代化的进程。

关于科技与金融的关系及其如何实现科技和金融的有机结合问题，国内外学者进行了大量的研究工作。早期的研究主要是从创新开始，重点关注科技创新与金融的关系问题。熊彼特（Joseph A. Schumpeter，1912）在《经济发展理论》中提出，现代工业体系只有依靠创新才能建立，而信贷对于实现创新又是至关重要的。换句话说，金融是驱动创新和科技产业化的重要力量。希克斯（Hicks，1969）研究了金融市场和技术创新产业化之间的关系。他认为金融市场的缺乏和不健全会影响科技创新和创新成果的产业化。圣保罗（Saint－Paul，1992）提出金融市场的发展，有助于促进全社会对创新活动的投资，金融发展通过允许经济主体使用风险较大但生产率水平较高的技术，推动了技术进步。金和莱文（King and Levine，1993）指出，金融市场的发展，可以通过资产组合来分散和化解创新项目收益性风险。他们以熊彼特理论为基础，提出金融系统通过选择最有前景的企业和项目、增加信贷资金、提供分散风险工具和披露预期利润等方式，促进技术创新。莱文和洛艾萨（Levine and Louyza，2000）所做的一项研究成果证实，金融对长期经济增长的贡献在于提高全要素生产率，而不在于资本存量。而全要素生产率的提高包含着技术进步。卡洛塔·佩雷斯（Carlota Perez，2002）在其出版了《技术革命与金融资本》一书中，从产业变革的历史出发，深刻揭示了科技创新与金融资本之间的关系，她指出，“在每次技术革命及其扩散的过程当中，金融和信用制度起到了关键的作用，金融资本对于重大技术创新的发生和扩散有重要的意义。具体而言，由纺织技术革命引发的第一次产业革命中，股份制模式和现代银行制度功不可没；由蒸汽机发明和铁路系统的技术创新所引发的第二次产业革命中，资本市场的建立发挥了重大作用；由钢铁、电力等领域的技术创新所引发的第三次产业革命，与信托、保险等金融创新密不可分；由汽车、石油等领域的大规模生产技术创新所引发的第四次产业革命，与资本市场的国际化和规模化密切相关；由信息和远程通讯技术创新所引发的第五次产业革命，与始于硅谷的天使投资、创业投资、产业基金等紧紧地相伴相连。从这几次产业革命当中我们可以总结出：每一次的技术革命不仅伴随着技术的创新，还伴随着金融的创新”。该论述对科技与金融关系的研究做出了历史性总结。此后，研究的重点转向不同金融资本形式对创新的影响，重点则是风险投资对科技创新的作用问题。加里·杜希尼茨基（Gary Dushnitsky，2006）研究了风险投资对于创新的意义，指出风险投资对于追求基于公司创新的企业价值意义重大，为创造公司价值提供了一个宝贵的窗口。Hogskolen（2008）在研究挪威国内资本和创新状况后，指出挪威的技术研究因为缺少风险资本日渐式微，进而也就不存在技术产业化。布朗温和勒纳（Bronwyn H. Hall and Josh Lerner，2009）认为，美国风险资本对技术创新和公司成长发挥了重要作用，支持了许多成功的公司。特拉布勒西和加塞姆（Donia Trabelsi and Ghasem Shiri，2010）的实证研究表明，创新活动具有高成本和高风险的特点，需要外部风险资本的介入，同时指出大公司和小公司创新时面临不同形势，大公司有更多的内部资金和知识支持创新，小公司和新兴企业则更需要外部风险资本的支持。

国内学者关于科技与金融关系的研究是从科技金融开始，主要代表人物是赵昌文、房汉廷等。赵昌文指出，“科技金融是指促进科技开发、成果转化和高新技术产业发展的一系列金融工具、金融制度、金融政策和金融服务的系统性、创新性安排，是由向科技与技术创新活动提供金融资源的政府、企业、市场、社会中介机构等各种主体及其在科技创新融资过程中的行为活动共同组成的一个体系，是国家科技创新体系和金融体系的重要组成部分”（2009 年）；房汉廷在系统阐述科技金融本质强调，“科技金融是一种科学技术资本化过程，即科学技术被金融资本孵化为一种财富创造工具的过程”（2010 年），科技金融的本质就是金融如何服务科技创新的问题。肖干等（2012）用省级面板数据实证研究了我国农村金融与农业科技进步的关系问题，研究发现，在控制其他变量的前提下，农村金融发展的结构、规模和效率与农业科技进步贡献率呈正相关关系。另外，还有一些学者从我国的实际出发，对金融如何支持农业科技创新、农业高新技术产业问题进行了大量的对策研究，提出了很多可参考性的对策建议。

1.2.2 农业科技创新的资金来源

发展经济理论认为，资金、技术、政策是现代农业发展的基本要素，在各国不断加大农业支持保护力度的政策环境下，资金和技术两个要素对现代农业的推动作用就显得尤为突出。其中，农业科技创新是提升现代农业产业价值的核心力量，缺少高新技术的支撑，现代农业将无从谈起，而任何一项农业高新技术的产生与推广应用，又都离不开资金的支持。就支持农业高新技术的资金构成而言，无外乎财政资金、企业自身积累和金融资本三部分，发达国家现代农业发展的实践表明，政府财政支出对推动农业科技创新发展发挥着重要作用。

1.2.2.1 政府科研投入是农业科研投入的主要力量

农业科科技创新是具有很高外部经济效应的活动，仅靠市场很难使创新活动达到社会需求和最优水平，必须发挥政府的引导作用，而且农业科研工作属于社会公益性事业，它关乎国计民生和社会稳定，因此尽管各国的科研体制不尽相同，但在农业科研投入中发挥主导作用的仍然是政府，尤其是在农业基础性研究和应用性研究中，政府投入占据了农业科研投入的主要部分。美国将农业科研列入国家的公共服务体系，其农业部所属的研究中心和农业试验站科研经费全部来自联邦政府财政支持，州立农业试验站科研经费的84%来自联邦政府和州政府共同资助；法国农业研究中心几乎全部由政府管理，其国立农业科研院的资金主要来源于政府部门，占全部资金的97%；即便是印度这样的发展中国家农业研究经费也有60%来源于中央政府，20%来源于地方政府，两者占据了全部经费来源的80%；日本和韩国也是由国家政府提供引导基金，引导社会力量参与农业科研，形成由政府和市场主体共同参与的农业科研服务与推广体系。

我国多年来农业科研服务的研究经费主要以政府提供。表 1－1 显示了我国多年来的农业科研投资结构，在农业研发资金投入中，2008 年以来政府资金年均占到 87.2% 以上，国内重大动物疫病和植物病虫害防治、农业资源保护与高效利用、农业设施轻简化机械化生产技术、农产品精深加工等技术的研发与应用以及农业防灾减灾技术体系、节水及抗旱农业技术保障体系、循环农业及生态农业技术支撑体系等，都需要政府部门的强大支撑。但是，从投入力度来看，与发达国家相比差距还很大。

表 1－1　　我国农业 R&D 投入资金构成　　单位：万元

年份	总量	政府资金		企业资金		国外资金		其他资金	
		总量	占比	总量	占比	总量	占比	总量	占比
2008	531628	467952	88.0%	10000	1.9%	3314	0.6%	50361	9.5%
2009	701503	596999	85.1%	16088	2.3%	3874	0.6%	84543	12.1%
2010	810574	717800	88.6%	15673	1.9%	3679	0.5%	73421	9.1%
2011	883664	773785	87.6%	15315	1.7%	5943	0.7%	88621	10.0%
2012	1060115	915710	86.4%	23682	2.2%	6857	0.6%	113866	10.7%
2013	1134735	1011043	89.1%	25803	2.3%	8456	0.7%	89433	7.9%
合计	5533870	4827219	87.2%	121551	2.2%	36257	0.7%	548842	9.9%

资料来源：根据《中国科技统计年鉴》（2008—2014 年）数据整理得出。

发达国家政府对农业的投入一般占当年农业净产值的 40% 以上，在我国，2000 年中央财政支援农业支出占当年农业生产增加值的比重仅为 1.47%，尽管到 2014 年全国一般公共预算支出中农林水支出占比提高到 11.1%，但依然还远低于发达国家水平。科研投资强度通常被用来说明一个国家对科研的投入水平。根据联合国粮农组织的要求，农业科研投入占国内农业总产值的比重（即农业科研投资强度）应达到 2%，才能保证农业与国民经济其他部门的协调发展。而我国，1996 年的农业科技研发投资强度仅为 0.20%，农业技术推广投资强度仅为 0.18%，整个农业科研投资强度合计仅为 0.38%。同期发达国家农业科研投资强度均在 4% 以上，其中英国高达 6.09%。发展中国家印度 0.43%，泰国 0.79%，阿根廷 0.88%，巴西 0.95%。根据中国农业科学院黄季焜研究员的测算，我国农业科技投资强度要从0.38%上升到1%，政府对其投入要在原有的基础上提高3倍左右①。尽管我国每年的农业研发投入都在增加，但是，直至2009年，我国农业科技投资强度仅达到0.37%②，与其他国的投资强度相比较差距还很大。

1.2.2.2 企业研发投入增长迅速，日渐成为农业科技创新的主要力量

目前市场经济发达国家农业科研投资已有相当大部分转向了市场，农业高新技术投资基本上都是来自企业，由企业根据市场需要来决定资金筹措与投向、投量。以美国为例，在20世纪80年代私人对农业科研投入几乎同政府拨款相等，每年约21亿美元，其中95%用于公司自己的实验室，其余5%用于高等院校承担的研究项目。20世纪90年代美国粮食和农业研究投入，联邦政府占31%，州政府占16%，私人农业企业则占到53%。美国农业部农业研究中心的研究经费大部分来自有关企业，政府拨款只占20%，美国国家大豆实验室的科研经费95%来自社会。以种业投资为例，印度、巴西与阿根廷等发展中国家的私人投入水平不断提高，1985年至1995年的10年间，印度私人种业研究投入从95万美元增长到425万美元，涨幅约3.5倍。1996年以后，印度96%的转基因种业技术研究全部为私人种业公司所垄断。在巴西与阿根廷，其国内的种子市场基本为跨国公司所垄断，种子研发的投入主体也是这些跨国种业巨头③。从发展趋势看，国家的投资比例在减少，企业投资的比例在增加。从我国农业科研经费投入的变化来看，非公部门（主要是指农业企业）的农业科研投入也出现了不断增长之势，并逐渐成为我国农业科研的一支重要的力量。2000年非公部门投入资金总量仅占农业科研投入资金的1/10，到2006年，非公部门的科研资金总量增长近5倍，扣除政府投入（企业以项目等形式从国家获得的科研经费），农业科研中非政府投入已经占全部农业科研投入的1/4左右④。非公部门农业科研投入的增加是与我国企业整体科创新能

① 胡瑞法，时宽玉，崔永伟，黄季焜.中国农业科研投资变化及其与国际比较［J］.中国软科学.2007年.

② 数据转引自：袁学国，郑继业，李敬锁.中国农业科技投入分析，中国农业科技导报2012（11.2）

③ 詹琳.印度、巴西与阿根廷等发展中国家的私人投入水平不断提高［Z］.世界经济年鉴.2011－2012.pp.233－234.

④ 李强.中国农业科研的投入与回报分析，中国科技论坛，2012年第5期.

力提升密不可分的，2013 年我国企业研发经费已经占全社会总量的 76%，占全球企业科研经费总量的 13%[①]。我国农业企业依靠自身的力量参与的农业科研活动，主要在农业生产技术发明、申报专利等方面，尽管比重还不大，但从长期来看，企业的科技创新能力正在迅速提高并将会成为科技创新投入的重要力量。

1.2.2.3 金融资本越来越成为农业科技创新的重要支撑力量

金融资本包括直接融资资本和间接融资资本两种形式，传统的金融资本主要是指以银行为中介的间接融资资本。2013 年，中国证监会研究中心主任祁斌博士对 G20 国家过去 23 年的融资方式进行统计分析发现，“G20 国家直接融资比重在这段时期总体呈上升态势，目前大多集中在 65%—75% 区间内，美国显著高于其他国家，超过 80%，中国仅仅是 15.9% （2012 年数据）”[②]。近年来，随着金融资源市场化配置的不断深化，除了股票融资和债券发行这两种传统直接融资方式之外，一些新型的股权资本融资方式包括私募股权、风险资本、互联网众筹等不断涌现，特别是随着科技创新成为时代主流新时代的来临，这些新型的股权资本融资方式越来越成为高新技术企业、创新企业的首选外部融资方式。

表 1－1 中 6 年间年均接近 10% 的其他资金来源足以证明其他社会资本在农业科技创新中的地位与作用。从对我国农业企业研发经费来源的实地调研来看，其他资金部分无外乎就是私募股权资本、风险资本、社会捐助、科技贷款等形式，在我国现行的经济及金融体制之下，科技贷款、社会捐助毕竟是少数，因此，其他资金中的大部分应该是私募股权资本和风险资本。表 1－2、表 1－3 分别显示了近年来农业领域私募股权基金、风险资本投资的部分典型案例情况。

---

① 科技部所属的中国科学技术发展战略研究院最新发布的《国家创新指数报告 2014》显示，我国国家创新指数排名在全球 40 个主要国家中升至第 19 位，比上年提高 1 位。其中，中国企业创新取得长足进步，企业创新指数比 2000 年增长 2.2 倍。从具体指标来看，企业研发经费快速增长，占全社会总量的 76%，占全球企业科研经费总量的 13%，比 2000 年提升 11.5 个百分点。企业发明专利申请量达到 17.6 万件，万名就业人员发明专利拥有量达到 29.2 件，分别比 2000 年增长 21 倍和 9 倍。

② 祁斌，查向阳等，直接融资和间接融资的国际比较，资本市场研究网，http://www.bisf.cn/usoso/search.do。注：研究中所用的直接融资是指股票融资＋债券融资，间接融资是指银行信贷资金。

表 1-2　　2009—2015 年农业私募股权投资基金

基金名称	发起机构	成立时间	基金规模
富恩德粮食产业投资基金	富恩德粮食产业投资基金管理公司	2009 年 12 月	5000 万元
高成长绿色生态农业基金	奥信创投	2009 年 9 月	1 亿元
吉林省现代农业和生物技术产业基金	吉林投资集团、海通证券	2009 年 8 月	10 亿元
招商阡陌中国农业发展基金	众志阡陌、招商证券香港	2009 年 9 月	2 亿美元
北京农业产业投资基金	北京农投、金石投资	2009 年 9 月	10 亿元
河南农业产业投资基金	河南农开投资基金管理公司、中信集团	2010 年 1 月	48 亿元
新希望农业产业基金一期	新希望集团	2010 年 6 月	10 亿元
中粮农业产业基金一期	中粮集团	2011 年 4 月	2.22 亿美元
杨凌东方富海生物产业基金	东方富海	2011 年 6 月	25 亿元
中农科产业发展基金	中科院	2011 年 7 月	15 亿元
天堂硅谷大康并购基金	大康牧业、天堂硅谷	2011 年 8 月	3 亿元
同创艾格农业食品股权投资基金	同创伟业、艾格农业	2011 年 10 月	未披露
农银高特佳农业产业基金	高特佳、农银国际	2011 年 11 月	10 亿元
新希望农业产业基金二期	新希望集团	2011 年 11 月	2 亿美元
同创艾格农业基金	艾格资本	2011 年 7 月	1.5 亿元
华英农业产业并购基金	鼎力盛合投资	2015 年 7 月	10 亿元
中粮农业产业二期基金	中粮农业	2012 年 5 月	5 亿元 5 亿美元
国盛大农业发展基金	国盛集团	2012 年 6 月	10 亿元
久银客家农业基金	久银控股	2012 年 8 月	10 亿元
广东广垦现代农业基金	广垦合金	2012 年 9 月	10 亿元
富程荆州农业产业基金	富程基金	2012 年 9 月	5 亿元
无锡现代农业发展基金	国联资本	2013 年 12 月	5 亿元
象屿农业产业基金	建银国际	2014 年 12 月	13.5 亿元
大康海外农业并购基金	大康农业	2015 年 4 月	10 亿元

资料来源：Wind 资讯数据库。

表 1－3　近年来国内风投机构对农牧业投资的案例　单位：百万美元

风投机构	被投资企业	主营业务	投资规模	时　间
黑石/华平等	寿光农产品	蔬菜流通	600	2010 年 3 月 18 日
厚朴投资/淡马锡/惠理基金	亚洲果业	水果种植	200.02	2012 年 11 月 23 日
凯雷集团	中渔集团	水产养殖	190	2010 年 6 月 30 日
凯雷集团	卜蜂集团	饲料生产	175	2010 年 7 月 08 日
中科招商	吉粮集团	粮食流通	73.86	2011 年 4 月 22 日
黑石	中国动物保健品	动物药品	43.7	2010 年 7 月 3 日
联想投资/九州投资	立华畜禽	家禽养殖	43.39	2011 年 7 月 12 日
黄河三角洲投资	中澳集团	家禽养殖	29.54	2011 年 7 月 28 日
嘉石投资	天海绿洲	红枣生产	29.50	2010 年 7 月 21 日
深创投/优势资本	宏东远洋渔业	水产养殖	29.30	2009 年 9 月 1 日
天津九五	单迎农牧	食品加工和肉类	134	2012 年 3 月 27 日
天堂硅谷资产	和祥畜牧	食品加工和肉类	3690	2012 年 3 月 27 日
天堂硅谷资产	富华农业	农产品	3447	2012 年 7 月
邦创投资	池林股份	农产品	50	2012 年 8 月
融汇投资	刀郎枣业	食品加工	3500	2012 年 9 月
嘉富诚	邦豪种业	农产品	2000	2012 年 9 月
苏州思科投资	清河源食品	食品加工	2500	2012 年 10 月
天玑皇投资、天图投资、深圳同创伟业投资、IDG 资本	八马茶业	农产品	3500	2012 年 11 月
邦创投资	傲绿集团	农产品	142	2012 年 11 月
纪源资本、海纳亚洲	源森油茶	食品加工	4000	2013 年 3 月
山东高新投	明波水产	食品加工	4356	2013 年 4 月
海达投资	北川丰塑	农产品	2000	2013 年 7 月
深创投	小胡鸭	食品加工	1800	2013 年 10 月
中农高科投	科裕隆种业	农产品	2000	2013 年 11 月
红杉中国	好彩头	食品加工	20000	2014 年 2 月
天图投资	好福记食品	食品加工	10000	2014 年 3 月

续表

风投机构	被投资企业	主营业务	投资规模	时　间
英联投资	嘉士利集团	食品加工	—	2014 年 4 月
云锋基金、中信产业基金	内蒙古伊利畜牧	食品加工	100000、100000	2014 年 6 月
深圳同创伟业投资、汉理资本	新农哥	农产品	2500、2500	2014 年 7 月
敦澜投资	清河源食品	食品加工	3400	2014 年 9 月
英融华商投资	香百年	白酒、葡萄酒	500	2014 年 12 月
兴隆景泰	巨鹏食品	食品加工	2530	2015 年 4 月
国际创投、铠明投资	天天果园	农产品	2333、2333	2015 年 5 月
红杉中国	溜溜梅	食品加工	3000（美元）	2015 年 6 月
红杉中国	Farmlink 链农	农产品	15000	2015 年 5 月
汇君资本	派诺生物	农产品	2500	2015 年 7 月
海纳亚洲、零壹创投	比莱价	农产品	360、360	2015 年 9 月

资料来源：Wind 资讯数据库。

1.3 农业科技创新与风险投资

1.3.1　农业科技创新风险

现代农业产业的特点与科技产业类似，其主要属性就是存在“风险期”，现代农业产业只有经历了种子期和成长期的风险之后才会进入规模生产期。在市场经济发达的国家里，农业产业早期的科技创新风险是由更多的社会主体来分担的，而不是像我国那样，基本上由政府独自承担。实践表明，建立多元化的农业科技创新投入机制，有利于提高科技创新的动力和农业科技成果转化效率，进而转变农业发展方式和优化农业产业结构，提高农业科技水平。我国农业与发达国家农业的最重要的差别就是缺乏社会资本的进入，缺乏资本对处于“风险期”农业产品的帮助，而传统银行往往只专注于成熟的投资项目。风险投资作为现代金融资本的运作方式，将技术和资金引入现代企业中，已被发达国家和地区广泛运用。

1.3.2 农业科技创新需要引入风险投资

风险投资是一种专门把资金投向高投入、高效益、高风险技术开发领域的一种商业投资行为，其目的在于通过对高风险、高成长项目的高投入获取高额的投资回报。与传统的产业投资相比，其特点就在于高风险、高回报、时间长、规模大、参与程度高等多个方面。其运作机制是由风险投资公司通过私募等方式筹集资金并形成风险投资基金，用以扶持科技创新企业成功起步，有些企业风险投资基金参与期较长，直至扶持成为上市公司，多数企业则是进行阶段性投资，获得高额回报。风险投资高度关注的是企业或项目的高成长性，而不是投资期间的利润回报。风险投资借助于 20 世纪 80 年代欧、美、日等发达国家和地区的现代信息技术、生物技术和其他高新技术的发展而迅速发展起来，日渐成为世界各国高新技术领域获得资本支持的重要投资方式。农业领域因其存在着互联网信息技术的应用、生物技术的利用等也吸引了越来越多的风险资本的青睐。

农业高新技术研发周期长、风险大的特点决定了农业科技创新风险投资相对于一般风险投资而言，投入多、风险大，收益也可观。投入多是由于农业高新技术的研发周期长，涉及生物的自然生命周期、气候与温度等自然条件变化带来的适应性生产试验等多种影响因素。为此，世界各国都力图使农业研发经费保持较高水平。如前所述，目前世界平均农业研发经费都在农业总产值的 1% 左右，作为发达国家的美国，其农业研发经费占到农业总产值的 2% 左右。风险大主要是由于自然因素对农业高新技术研发的影响特别大，这就直接将那些商业信用贷款等风险厌恶者的投资拒之门外。但是，农业高新技术一旦研发成功，产品为市场所接受，其效益十分可观。比如，美国 20 世纪 70 年代普及用生物技术处理的作物种子，仅此一项就使农作物产量提高了 10%—20%，英国将卫星定位系统用于提高播种、喷洒农药和施肥的精度，仅此一项就使农产品生产成本降低了15%—20%，利用胚胎移植技术改良的奶牛，其饲料转化率是普通奶牛2.8倍。这种高收益又会对风险偏好资本产生强大吸引力量。正是基于农业高新技术和农业高新技术风险投资的这些特点，世界许多国家都在积极发展自己的农业高新技术风险投资事业，建立了较为完备的风险投资运作机制，尤其是资本筹措市场与退出机制最为健全和完善。从筹措看，建立允许银行资本、保险基金、共同基金进入风险资本市场的准入的法律制度和降低税率的税收鼓励政策；从退出机制看，建立多层次的资本市场，包括场外股权转让市场，特别是美国著名的纳斯达克市场已经成为创新创业资本退出的主要渠道。

1.3.3 农业科技创新风险投资特征

1.3.3.1 农业科技风险投资对政策的依赖性强

风险投资在选择投资企业（或项目）时，重点关注的是企业项目风险可控条件下的高成长性及其可带来的预期商业价值。农业科技项目虽然也具备高成长性，风险虽然较大但一般也能够控制，但其成长性往往体现在商业价值和社会价值两方面，这与风险投资追求商业价值的单一性目标有冲突，这就使得农业科技项目在获得风险投资时遇到困难。因此，农业科技项目要想获得风险投资，需要由政府部门的政策支持和引导，包括政府对一些基础性的农业科研的直接拨款、对能够带来直接商业利润的农业科研项目提供引导基金、建立农业科技企业与风险投资对接的长效机制、对支持农业科技企业的风险投资获利给予税收减免和再投资优惠等。

1.3.3.2 农业科技风险资本对政府资金的依赖性高

国外风险投资业发展的实践表明，风险投资的资本来源一般为大企业、大财团、保险基金、银行资本、投资基金、养老基金以及具备风险偏好的高收入群体的消费剩余等，对于特殊的行业和领域，政府也会提供一定数量的资金参与到风险投资之中。比如，美国中小企业管理局（SBA）以债权和股权担保形式对中小企业投资公司（SBIC）进行注资，以支持中小企业投资公司（SBIC）投资于早期中小企业的发展；我国政府于2005年实施《科技型中小企业技术创新基金项目管理暂行办法》，决定政府以无偿资助、贷款贴息和资本金投入等方式支持科技型中小企业的技术创新；2007 年颁布实施《科技型中小企业创业引导基金管理暂行办法》，决定政府以阶段参股、跟进投资、风险补助和投资保障等方式，引导创业投资机构向初创期科技型中小企业投资。农业科技企业作为风险大、公益性强的特殊企业，是现代农业发展的核心力量，但其自身很难直接吸引大规模信贷资金和的风险资本，因此，需要政府资金的高度支持与鼓励，尤其是需要政府更多资金的注入，引导风险资本投资于农业科技创新企业。

1.3.3.3 农业科技风险投资对中介服务的依赖性高

在我国除大型农业上市公司之外，大多数农业企业存在着管理模式、核心竞争力和财务管理三个方面的明显弱势：从管理模式来看，家族式农业科技企业的管理权、决策权高度集中在投资者、企业主手中，外部人才难以在企业中充分发挥应有作用，这种家族式管理模式客观上阻碍了企业的成长和升级，形成民营农业科技企业成长的桎梏；从农产品的竞争力来看，受食品安全的严格控制，稍有不慎就会招致破产倒闭的后果（比如三鹿奶粉事件、上海冠生园月饼事件等）。因此，农产品的市场持久竞争力远没办法与工业产品相提并论。当然，现实中一些农业科技企业陷入困境的主要原因，不在于产品缺乏竞争力，而在于自身的财务混乱，导致企业筹资困难甚至经营中资金链断裂而陷入困境。有鉴于农业科技企业的上述不足，风险投资公司在寻找农业科技项目时，往往借助中介机构，帮助企业进行现代企业制度改革、引进专业财务公司以健全财务管理制度等等。

1.3.3.4 农业科技风险投资的风险性更大、周期更长

农业是国民经济的弱质产业，对自然环境的依赖程度很高，农业科技企业产业化进程具有较大的不稳定性和脆弱性。另外，由于农业生产周期长、比较效益低、农业科技进步相对缓慢，因此，在以效益为原则的市场竞争中处于明显的不利地位。再有，就是我国农业科技推广制度的缺陷使得农业高新技术的推广风险很大。所以，农业科技风险投资除了要面临一般的投资运作风险外，还要面临自然风险、农业生产自身的风险、农业科技推广风险等特殊风险，风险程度更大，投资的周期也会更长。

1.4 农业产业周期不同节点的科技特征与资金需求

产业周期理论既适用于产业发展分析，也适用于企业成长周期和产品生存周期分析。在农业产业周期分析中，我们以农业科技产品（包括动、植物产品）的生存周期——种子期、初创期、成长期、成熟期和衰退期为主线，以农业产业链——从选育开始，经过技术推广、规模化种植与养殖、仓储运输、农产品加工，到品牌营销——为辅线，将两者结合起来，分析农业产业周期不同阶段的科技特征与资金需求问题。其中，种子期、初创期和成长期属于农业科技产品的开发与推广阶段，成熟期属于农业科技产品的规模化种植和养殖阶段，仓储运输、农产品加工、品牌营销、市场开拓都属于此阶段的主要业务活动，衰退期属于农业科技产品的更新换代阶段，新一轮的技术创新活动开始。

1.4.1 农业产业周期与工业产业周期的一般差异

在同样遵循种子期（初创期）、成长期、成熟期和衰退期四个阶段的基础上，现代农业产业的周期性与一般工业产业的周期性特征有所不同，其差异主要体现在几方面：一是种子期（也就是研究开发阶段）周期长、投资大、风险大，要经过种子研发、中试、推广应用几个阶段，每一个阶段中的每一次实验，都要受生物体生命成长期的约束，一般一个新开发的种质资源需要三年到五年甚至更长的时间才能获得推广应用；二是种子期和成长期需要大量的资金投入，如若完全依靠市场机制，必然出现市场失灵，因此需要政府投入的资金较多；三是处于衰退期的农产品初级产品受自身的自然属性影响较大，这主要是因为农产品自身的抗药性和抗病虫害能力具有自然减退的退化特征，农产品种质资源的更新换代是自然属性；四是农业加工产品反而衰退期还比较长，因为加工产品一旦被消费者普遍认同，便不会在短期内被其他产品替代而被退出市场，换句话说，农产品加工产品（一般指农副产品）的更新换代速度远比工业产品缓慢得多，比如各种老字号食品。而工业产品更新迅速，我国每年有100 多万个的专利产品获得批准，美国比我国更多，同样，每天都有数以万计的新型工业品诞生，旧的产品很快被市场淘汰。电子产品投放市场几个月就有可能被更新换代，而农产品受人的需求多样性和多层次性的影响，不会轻易退出市场，所以，尽管农产品加工产品也会层出不穷，但农业产业是人类自身生存产业的特征决定了其衰退期是一个长期缓慢的过程。有些农产品加工产品甚至成为百年老字号。

1.4.2 农业产业种子期、初创期的科技特征与融资需求

种子期、初创期，即为种子的选育与动物胚胎的培养阶段。动、植物品种的选育是一个漫长的过程，需要多次的试验，每一次实验都需要观察品种自身的一个完整生长周期，经过上百次甚至上千次的实验观察、基因组培等实验过程，最终培育出性能稳定的优良品种。新品种培育出来之后，还要从实验室走到实验田或实验农场，在实验田或实验农场中还要观察三个至五个生长周期，总结归纳优良品种的适宜生长环境与条件。

此阶段作为农业科技产品的开发阶段，是一个单纯的研究过程，科技特征突出，没有产出与效益可言，不仅需要购置大量的研究设备、实验材料和能源及建筑物等，而且研究周期长，自然属性突出，需要经过包括试验、示范在内的很多具体环节，资金需求量大，占用时间长，风险大。

1.4.3 农业产业成长期的科技特征与融资需求

成长期，即把技术转化成商业化产品的过程，属于技术推广阶段。农业技术推广是技术开发工作的重要环节，只有将科技成果推广出去，研究的价值才能得以实现。农业科技的推广具有公益性特征，需要政府的参与与推动。农业科技推广过程涉及两类不同主体：一是推广主体，即政府农业技术推广主体和市场化的农业科技推广主体；二是采纳主体，即农业企业和农户，农业科技单位需要将成熟的农业科技创新技术向农业生产企业和农户推广。因此，这个阶段的金融服务要针对农业科技推广主体和农业科技采纳主体两个层面。

以我国为例，我国农业科技推广存在着政府主导和市场主导两大体系。

政府主导的农业科技推广是按照行政组织体系建立的，从中央到地方分别建立了各级农业技术服务中心、服务站，在村一级建立了科技组和科技示范户，利用此体系把实用的农业技术推广到农业企业和农户中。我国各级财政每年用于农业研究与推广的经费上万亿元，各类农技推广人员达1000多万人。2009年起，农业部启动实施了“基层农技推广体系改革与建设示范县项目”，中央财政安排专项资金，推动农业科技示范县和示范户建设。在政府拨款支持的农业科技推广体系下，长期存在队伍臃肿、开支庞大、推广效率低的问题。近年来随着农业推广体制改革和运行方式的市场化以及互联网技术的发展，政府农业科技推广方式不断创新，比如搭建网络推广平台，设立“农技110”、“12316”农业服务网等现代农技服务咨询平台，实施农业科技特派员制度、实施“农业科技进村入户”工程、农技人员“包村联户”制度等。同时创新多种政府引导与市场主体相结合的农业科技推广方式，比如，2001年中央政府设立农业科技成果转化资金，每年中央财政预算安排4亿元的推广基金，推动农业科技成果推广与转化；2015年伊始，中央政府提出农业科技成果资本化的指导建议，旨在充分运用资本市场运作方式，以股权投资方式鼓励科技人员以科技成果入股并持股，改变研究与推广两条线导致的重科研、轻推广的状态，调动科技人员自身推广的积极性。各地方政府积极响应，出台相关具体措施以鼓励农业科技成果资本化的实施。

总体而言，政府主导的农业科技推广方式中，推广成本高，资金需求量大，在创新财政资金使用方式的条件下，通过引导社会资本进入，提高了推广效率。因此，财政资金、风险资本、股权资本成为政府主导和政府引导的农业科技推广方式的主要资金支持方式。

在市场化的农业技术推广体系中，农业科技企业和部分采用市场化运作机制的农业科研院所将研发的应用性很强的农业科技成果，采取多种方式推广技术产品。比如，农业科技企业常常以龙头企业的身份与农民合作经济组织、农户等签订技术使用协议，具体通过“公司+基地+农户”、“公司+合作社（协会）+基地+农户”等形式，依托农业产业链/价值链将农业技术推广到农户手中。农业科研院所与龙头企业或者专业合作组织签署合作协议，为企业和农户的新技术、新品种的使用提供种源和技术指导。另外，随着“互联网+”时代的来临，企业自主搭建网上技术交易与推广平台，实现技术的快速推广。总之，在农业科技推广的市场化运作模式中，不论是种子、农药的供给，还是互联网平台建设，都需要大量的资金支持，企业自筹资金、商业金融信贷、农户预付货款、技术产品赊销、风险资本等金融服务，都是推广单位获取资金的重要渠道。

从农业科技产品的采纳主体层面看，主要是农户和农业企业，随着农民专业合作组织、家庭农场、种养大户的出现，新型农业经营主体则成为农业科技的主要采纳者。包括龙头企业、专业合作社、家庭农场、种养大户在内的新型农业经营主体，不论是采用新型的农业机械设备、农业生产资料（种子、肥料、农药等）组织生产、先进的生产技术，还是现代化农业基础设施建设和完善，包括具有良好排灌功能、旱涝保收、适合机械化操作的高标准农田建设、设施农业中设施构建、规模化养殖设施建设等，都需要大量资金。前者除农机设备购置需要占用一部分长期资金外，基本上对流动资金的需求较多，后者则主要是需要长期的融资。这些融资需求一般能够获得普通商业信贷的金融服务。农业科技推广阶段属于科技创新的重要环节，推广工作本身技术性不很强，但需要大量的人力物力和资金，技术的应用与采纳都需要资金的支撑。因此，此阶段的资金需求量很大，资金供给渠道包括财政资金、风险资本、资本市场资金、商业信用与信贷、私募基金等。

1.4.4 农业产业成熟期的科技特征与金融需求

“成熟期”即科技的大规模市场化阶段。经过各农技推广单位的不懈努力，市场上的农业生产主体基本上采纳了新技术，进入规模化生产阶段。一个产业或者是科技产品以及新型技术进入成熟期的重要标志有两点：一是新型技术在生产上大规模采用，与之配套使用的现代化农机具、基本农田建设等都获得改进或更新，从技术层面来讲已经实现市场化和大众化；二是与生产相关的现代服务体系趋于完善，包括现代物流和现代金融服务体系，在产品销售方面具有稳定的国内外市场，稳定的产业链条已经形成。

此阶段科技研发、推广均进入次要环节，工作的重点在于农业新技术的应用和指导规模化生产，农户和农业企业成为资金的使用重点单位；由于技术娴熟，企业收益进入稳定增长期，资金需求主要体现为流动性需求较多，但需求数量相对稳定，因此商业性金融成为金融服务的主角，包括商业信贷、农业保险、民间借贷等；通过 IPO 上市融资成为现代企业获取金融服务的主要方式，因此，会有一些风险投资和战略投资型基金的进入。一些发展型基金（如私募股权基金 PE）从扶持企业上市融资的角度出发也参与到农业企业的资金运营和经营管理之中，推动农业企业成为上市公司。我国的蒙牛、伊利等大型畜牧业企业，都是在企业进入相对成熟期的时候引进了战略投资（风险资本），并很快获得上市融资，成为农业科技企业中的佼佼者。

从广义上讲，私募股权基金 PE 也是风险投资的一种，与典型的风险投资 VC 一样，都是对上市前的企业进行投资，但是投资于中后期的私募股权投资基金 PE 与投资于早期、成长期的风险投资 VC 还是有些差异，它们在投资规模、投资理念与投资特点方面有很多的不同，尽管现实中两种投资方式已交叉投资，业务中两者界限越来越模糊，比如著名的 PE 机构如凯雷（Carlyle）也涉及 VC 业务，其投资的携程网、聚众传媒等便是 VC 形式的投资。早期、成长期的风险投资 VC 投资属于直接投资，其规模偏小，以参股为主，无论成功与否，退出是风险投资的必然选择。扩张期、成熟期的发展型基金（私募投资基金 PE）投资属于战略性投资或者产业整合，其投资规模较大，可以直接投资，也可以通过融资渠道进行财务杠杆投资，常常控股，以推动企业 IPO 为主。风险投资 VC 的风险远高于私募股权投资 PE 的战略性投资风险。

1.4.5 农业产业衰退期（更新换代期）的科技特征与融资需求

衰退期是指农业科技产品的更新换代期，也是新一轮农业科技创新活动的开始。农产品的生存期有其自身的自然规律，植物和动物都需要更新换代，所以，农产品进入更新换代期具有自然属性；同时，随着经济的发展和科技的进步，新一代的农产品还可以替代上一代农产品，因此，农产品的更新换代还要遵循产品创新规律，体现其经济属性。此阶段的融资需求量变大，融资风险也加大。此阶段的金融服务往往是既有一般商业金融服务（这以企业能够继续生存为前提），也有战略投资者的投资参与，战略投资者常常采用收购、兼并等运作方式，将处于衰退期的企业收购，保留即将衰退企业或产品的原冷链物流、销售渠道等可利用资源，并培养出新的企业或产品。新一轮的产品生命周期或企业生命周期再次起始。

1.4.6 农业产业周期与科技特征、金融服务结合示意图

上述研究表明，农业产业在其周期性发展过程中的不同阶段上科技特征不同，资金需求不同，金融服务也是差异化的，如图 1－2 所示。

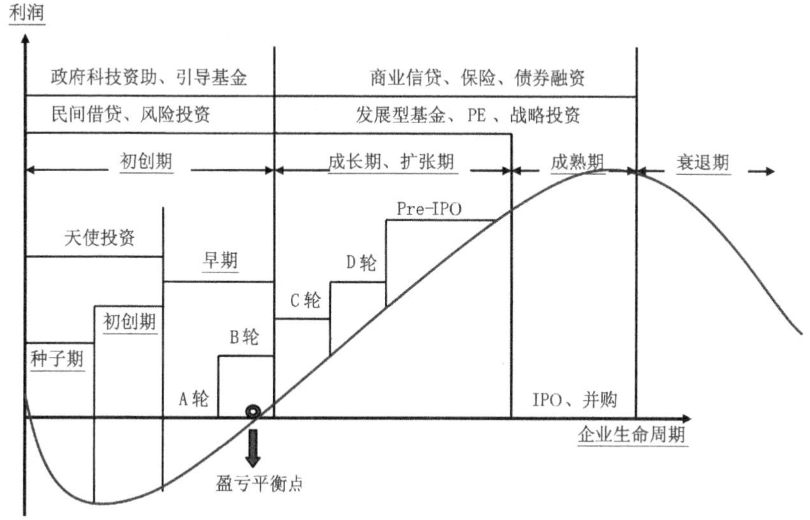

图 1－2 农业企业生命周期与金融服务示意图

总体而言，种子期、初创期的融资需求呈现数量大、周期长、风险大的特征，融资渠道主要来自财政拨款、企业自筹、天使投资或风险资本等，传统的农村金融服务因其倾向于投资周期短、风险不高、收益稳定的项目则很少涉及。成长期的融资需求呈现资金需求量很大、但风险相对变小的特征，因为此时企业生产已呈现出明显的成长性特征，这种成长性会吸引部分社会资本和商业资本进行投资；此阶段的资金供给渠道主要是财政资金、风险资本、资本市场资金、商业信用与信贷、私募基金等。扩张期的融资需求数量大，但需求规模相对稳定，生产技术稳定，风险变小，此时商业性金融成为金融服务的主角，包括商业信贷、农业保险、民间借贷等，通过 IPO 上市融资成为企业扩大生产规模的重要的资金获取方式，因此，会有一些风险投资和战略投资型基金的进入。一些发展型基金（如私募股权基金 PE）从扶持企业上市融资的角度

出发开始参与企业运营。衰退期的融资需求量变大，融资风险也加大。此阶段的金融服务有一般商业金融服务、战略投资者的投资参与，战略投资者常常采用收购、兼并等运作方式，将企业推入新一轮生命周期的开始。

1.5 农业产业、科技与金融结合的本质

1.5.1 农业产业、科技与金融结合的本质是农业科技金融

在科技与金融关系的研究方面，英国学者卡罗塔·佩雷斯作出了巨大的贡献，她揭示了技术创新与金融资本的基本范式，即技术—经济范式。国内学者房汉廷（2010）对科技与金融的关系问题有过较深刻的论述，他从科技金融活动的运动过程与活动性质出发，对技金融的本质作出如下总结：首先，科技金融是一种创新活动，是一种融资行为的总和；其次，科技金融是一种技术—经济范式；再次，科技金融是一种科学技术资本化的过程，即科学技术被金融资本孵化为财富创造工具的过程；最后，科技金融是金融资本获得高附加回报的过程。指出，科技与金融结合的本质是科技金融问题，从属于金融工作，即金融如何服务科技创新的问题。农业产业、科技、金融深度结合问题的实质是农业科技金融问题，从属于金融工作。

1.5.1.1 农业科技金融内涵

农业科技金融是科技金融理论与实践在农业农村领域的拓展，围绕着农业科技创新，一系列的金融工作对其进行的孵化、支持、服务与监督，以促进农业科技创新与成果转化，推动农业现代化。具体表现为农业科技风险投资、农业科技信贷、农业私募股权投资基金、农业科技创新产业投资基金、农业科技保险、农业科技信贷担保基金、农业产业投资引导基金等多种金融服务方式，这些金融服务方式一并构成农业科技金融服务体系。农业科技金融与一般科技金融相比较，其突出特征体现为政府参与程度相对较高，这是由农业科技的公共性、基础性和社会性特征所决定的。因此，农业科技金融具有一定的政策性

特征。

1.5.1.2 农业科技金融的理论范畴界定

理论上讲，农业科技金融理论从属于现代金融发展理论。传统金融发展理论着重讨论的是发展中国家或经济相对落后地区金融发展与经济增长之间的关系，其金融问题主要是指货币供给、金融机构以及金融政策，不涉及风险资本、私募基金等现代资本形式。现代金融发展理论阐述的是在改造传统产业的过程中，将现代产业发展所包含的产业特征、科技特征、信息技术与金融服务实现紧密结合的机制问题，金融服务中吸收了现代资本形式——风险资本、私募股权投资、产业发展基金、政策引导基金等金融服务方式，即通过一系列的金融工具创新、金融制度安排、金融政策措施与其他金融服务，实现产业和科技的深度融合。农业科技金融则是在增强农业科技创新能力、实现农产品有效供给的过程中，通过一系列的金融工具创新、金融制度安排、金融政策措施与其他金融服务，实现农业产业和科技创新的深度融合，进而推动现代农业发展。

1.5.1.3 农业科技金融的市场定位

实践中，农业科技金融是农村金融体系的组成部分，重点服务于从事农业及其相关联产业的科技特征突出的农业企业（包括农业产业化龙头企业、农民专业合作组织、家庭农场、规模化种养大户等），利用金融服务方式扶持企业进行农业科技创新活动、成果转化与市场拓展。从农村金融机构组织性质来看，农村金融体系包括商业金融、政策金融和合作金融，农业科技金融既不是单纯的商业金融，也不是单纯的政策性金融或合作金融，而是以创新农业政策性金融服务为前提，通过设立政策性引导基金，结合政府担保、农业政策性保险等信用担保机制，引导商业金融、合作金融以及其他社会资本参与到农业科技企业发展中来，服务于农业和农村。换句话说，农业科技金融的运行往往是政策性金融与商业金融、合作金融及其他社会资本的结合体，通过有效结合来提高金融服务效率进而实现对农业科技创新的金融支持，克服单独的商业金融或政策性金融、合作金融服务的不足。农业科技金融的发展，将进一步完善我国农村金融服务体系。

1.5.2 农业科技金融服务方式

依照近年来我国农业科技金融发展及其服务特征，金融服务方式大体有以下几种表现形式：

1.5.2.1 农业科技风险投资

农业科技企业在起步阶段并没有足够多的固定资产，其拥有的知识产权和专利类的“软”资产很难变现和估价，导致传统的金融机构不愿意对其提供融资服务。与此同时，在农业科技创新的整个过程中，每一个阶段都需要大量的资金支持，仅仅依靠财政资金和企业自身积累是远远不够的。而风险投资则是既不需要抵押担保、也不需要稳定现金流的现代融资方式。因此，与农业领域的高科技活动结合最紧密的金融服务是风险投资，这是由科技的高风险性、高成长性与风险资本的高风险、高收益性特征决定的。实践表明，随着我国风险投资事业的发展，农业领域获得的风险资本支持越来越多，特别是2008年金融危机过后，受国际经济环境和国内经济增长方式转变的影响，国内外风险投资机构将关注的重点转向了农业领域，出现了众多的农业科技风险投资成功案例。

1.5.2.2 农业科技贷款

商业银行依照商业信贷原则以信贷方式为农业科技企业提供资金的金融服务方式。对于科技企业而言，这种债权融资方式与风险资本股权融资方式相比较融资成本要低得多。但是，一般企业很难获得这类贷款，或者说银行很少贷放这类贷款。美国的硅谷银行就是一家世界知名的科技贷款银行。硅谷银行为了降低科技贷款风险，要求每笔科技贷款项目都要有VC背景，实质是每笔科技贷款都要求有VC背书，以便分担风险。硅谷银行与风险投资的合作是其成功的关键。2012年8月，筹备已久的浦发硅谷银行合资公司终于在上海正式挂牌，这是中国第一家真正意义上的科技银行。2015年5月浦发硅谷银行获得中国银行业监督管理委员会批复，正式获准其为客户提供人民币银行产品及服务，这标志着浦发硅谷银行成为真正的中国硅谷银行，成为中国创新企业的首选银行。人民币业务的开展让“硅谷银行模式”

与中国科技创新企业无缝对接，为不同发展阶段的科创企业度身定制金融服务方案，将会有更多的中国科技创新企业及其投资人受益，帮助他们快速推进大胆创想。浦发硅谷银行的成立及其人民币业务的开展，代表着长期以来我国创业企业只能依靠找 VC 寻求成本很高的单一股权融资时代的结束。国内还有几家致力于科技信贷的银行，比如杭州科技银行（2009 年 7 月）、Z2Z 科技银行联盟（深圳市科技创新委员会和中国建设银行深圳市分行联合发起成立，2014 年 3 月）、贵州银行科技支行（2014 年 7 月）等等，但业务进展情况报道不多。

1.5.2.3 农业私募股权基金

私募股权基金一般是指从事私人股权（非上市公司股权）投资的基金，不同于一般意义上的投资基金（投资于上市公司股权）。目前我国的私募股权基金已有很多。由于私募基金募集对象都是资金实力雄厚、资本构成质量较高的机构或个人，导致私募募集的资金在质量和数量上都不输于公募基金。从私募基金的形式来看，除股权投资外，还有一些变相的股权投资方式，如以可转换债券或附认股权公司债等方式投资以及以股权投资为主、债权投资为辅的组合型投资方式。这些方式使私募股权在投资工具、投资方式上更加灵活多样化，也使得私募基金获得长久不衰的发展，我国私募股权基金的数量仍在迅速增加过程之中。

农业私募股权基金是指民间企业及其他社会组织采用私募的方式募集投资基金，投资于农业科技创新领域。近年来我国农业私募股权基金的队伍也在不断壮大，不仅大型国企、农业类上市公司、涉农投资公司等募集资金设立农业产业投资基金，如联想农业产业投资基金、中国农业银行发起设立的农业产业发展基金、新希望农业产业投资基金等，而且研究院所也积极参与，如中国农业科学院发起并投资设立的国内首只农业科技私募股权基金——中农科产业投资基金，旨在支持和推动我国农业科研院校农业科技成果产业化、促进农业科技企业管理、融资、股份制改造等多方面的提升，切实解决农业科技成果转化和企业发展过程中的资金、管理等问题，促使企业走上科技与资本融合的快速发展道路、有效推动农业科研院校的科技成果产业化进程，用科技和资本服务“三农”。截至 2014 年年底，国内共有涉农私募基金 74 只，涉及农业领域投资的 PE/VC 机构有 257 家。2013 年全年农林牧渔行业的投资金额占整个

PE/VC 市场接近 5%[①]。

1.5.2.4 农业股权资本市场

农业股权资本市场主要是指股票发行与流通市场，包括主板、创业板、中小企业板，场外交易市场。其中，实力雄厚的大型农业科技企业可以公开发行股票募集资金并在主板市场挂牌交易，如蒙牛、双汇、新希望、伊利等，规模相对较小的中小型农业科技企业则可以在中小企业板块上市交易，科技特征突出、但收益还不是很稳定的中小企业则可以在创业板上市交易。以我国为例，截至 2015 年 3 月底，在主板上市的农林牧渔业上市公司 55 家，在中小板块上市的公司 36 家，在创业板上市的农业科技企业 23 家，另外，还有 43 家农业创新企业在美国的纳斯达克市场上市融资。2012 年 9 月，我国中关村全国中小企业股份转让系统（俗称“新三板”）经国务院批准设立成为全国性的证券交易场所，截至 2015 年 9 月 30 日，已有 3585 家中小企业在交易所挂牌交易，其中农业类中小企业（包括农林牧渔业生产、农产品加工制造、农机具生产）挂牌交易的有 149 家。另外，农业科技上市公司还可以通过并购重组方式，壮大自身实力（表 1－4、表 1－5）。

表 1－4　　2014 年中国农业上市公司收入排名

排名	公司名称	股票代码	总营业收入（亿元）
1	新希望	000876. SZ	693. 9525
2	双汇发展	000895. SZ	449. 5046
3	海大集团	002311. SZ	179. 3041
4	大北农集团	002385. SZ	166. 6112
5	正邦科技	002157. SZ	155. 8249
6	通威股份	600438. SH	151. 8986
7	中粮屯河	600737. SH	112. 6462
8	东凌粮油	000893. SZ	100. 6020
9	顺鑫农业	000860. SZ	90. 7236

① 清科中心数据库。

续表

排名	公司名称	股票代码	总营业收入（亿元）
10	唐人神	002567. SZ	71. 2082
11	圣农发展	002299. SZ	47. 0823
12	南宁糖业	000911. SZ	43. 9900

企业排名来源：中商情报网，时间：2014 年 8 月 1 日，http：//www. askci. com/news/data/2014/08/01/144217i3j1. shtml2015/11/16 浏览。

表 1－5　截至 2015 年 3 季度农、林、牧、渔业（A）上市公司（共 43 家）①

行业大类代码	行业大类名称	上市公司代码	上市公司简称
1	农业	000998	隆平高科
		002041	登海种业
		300087	荃银高科
		300143	星河生物
		300189	神农大丰
		600108	亚盛集团
		600313	农发种业
		600354	敦煌种业
		600359	新农开发
		600371	万向德农
		600506	香梨股份
		600540	新赛股份
		600598	北大荒
		601118	海南橡胶
2	林业	000592	平潭发展
		000663	永安林业
		002200	云投生态
		002679	福建金森
		600265	ST 景谷

① 不包括农副食品加工、食品制造业、酒、饮料和精制茶制造业。

续表

行业大类代码	行业大类名称	上市公司代码	上市公司简称
3	畜牧业	000735	罗牛山
		002234	民和股份
		002299	圣农发展
		002321	华英农业
		002458	益生股份
		002477	雏鹰农牧
		002505	大康牧业
		002714	牧原股份
		002746	仙坛股份
		300106	西部牧业
		300313	天山生物
		600965	福成五丰
		600975	新五丰
4	渔业	000798	中水渔业
		002069	獐子岛
		002086	东方海洋
		002447	壹桥海参
		002696	百洋股份
		200992	中鲁 B
		300094	国联水产
		600097	开创国际
		600257	大湖股份
		600467	好当家
5	农、林、牧、渔服务业	000713	丰乐种业

资料来源：中国证券监督管理委员会网站，www. csrc. gov. cn，时间：2015 年 10 月 27 日。

1.5.2.5　农业债权资本市场

债权资本市场是指农业科技企业通过发行企业债、公司债、短期融资券、中期票据、中小企业集合票据、中小企业集合债券、小微企业增信集合债券、中小企业私募债等产品进行融资。近几年来我国政府为了鼓励中小企业发展，采取了一系列政策措施，放宽融资渠道。但总体发展不是很快，资料显示，经国家发展和改革委员会审批的中小企业集合债券于 2007 年年底开始发行，截至 2013 年 6 月，中小企业集合企业债券存量仅为 36.82 亿元。在我国，除国家发展和改革委员会主管的中小企业集合债券，专门服务于小微企业的债券品种还包括中国银行间市场交易商协会主管的中小企业集合票据和中小企业区域集优票据。为了推动中小企业直接融资，中国银行间市场交易商协会还通过会费减免、注册发行“绿色通道”等多种措施，给予中小企业有效支持，并先后推出中小企业集合票据和区域集优融资模式。截至 2012 年年底，中小企业集合票据（包括区域集优票据）的总规模达到 193.78 亿元。随着我国债券市场的持续快速发展和政策的不断推进，中小企业债券融资市场将会在中小企业融资服务中发挥着越来越重要的作用。

1.5.2.6 农业科技保险

科技型企业属于高投入、高产出行业，产品更新速度快，企业发展压力较大，一旦发生意外，企业可能受到致命影响。科技保险就是保险公司针对科技型企业在技术研发、成果转化和产业化过程中存在的风险而推出的新型险种，它能有效分散化解高新技术企业出资人、科技工作者对风险的顾虑以及分散科研开发过程中产生的风险。农业科技保险则是针对农业科技产品的开发与推广应用而设计的保险服务产品。

2006 年年底，中国保险监督管理委员会和国家科技部联合下发了《关于加强和改善对高新技术企业保险服务有关问题的通知》（保监发（2006）129 号），标志着我国科技保险在政府支持下正式启动。第一批险种包括高新技术企业产品研发责任保险、关键研发设备保险、营业中断保险、出口信用保险、高管人员和关键研发人员团体健康保险和意外保险等 6 个险种，其中，政策性出口信用保险由中国出口信用保险公司经营，其他险种初期由华泰财产保险股份有限公司进行试点经营，期限一年。上述 6 个险种作为高新科技研发保险险种，其保费支出纳入企业技术开发费用，享受国家规定的税收优惠政策。实践证明，科技保险产品与服务的设置，对于高新技术企业在研究开发、科技成果转化、科技产品推广等方面都发挥了重要的风险分散与保障作用。截至 2009

年年底，科技保险保费已突破 13 亿元，支付赔款 7.2 亿元，地方财政补贴 4187 万元。2010 年 3 月 11 日，保险监督管理委员会和财政部联合下发《关于进一步做好科技保险有关工作的通知》（保监发〔2010〕31 号），通知对保险公司开展科技保险工作进行了全面部署，鼓励并支持保险公司开展科技保险业务、创新科技保险产品。通知指出，保险机构要建立保险公司、科研机构、中介机构和科技企业共同参与的科技保险产品创新机制，根据科技行业不同特点和实际需求，针对科技领域风险特点，组织专门技术力量，积极创新，大力开发新险种，在科技型中小企业自主创业、融资、企业并购以及战略性新型产业供应链等方面提供保险支持，不断拓宽保险服务领域；同时指出，对科技保险予以政策支持，研究制定在重大专项、国家科技计划经费中列支科技保险费和财政资金对自主创新首台（套）产品实施保费补贴的相关政策；要求地方科技主管部门要创新科研经费使用方式，制定支持科技保险发展的制度措施，推行科技保险保费补贴制度；企业科技保险保费计入高新技术企业研究与开发费用核算范围，享受国家规定的税收优惠政策。同时，创新科技风险分担机制：鼓励保险公司、再保险公司和担保公司等金融机构共同参与重大科技项目的风险管理工作，与银行等其他金融机构一起创新科技风险管理机制与服务，为科技企业特别是科技型中小企业提供融资、担保方面的支持。自此，我国科技保险由试点进入常态化发展。

目前，我国各保险机构并没有设立独立的农业科技保险业务品种，但在农业高新技术研发、科技创新与成果推广的科技保险业务开展过程中，农业科技领域也受到了相应的保险支持。

1.5.2.7 农业科技融资担保

农业科技融资担保是指在农业科技企业利用商业信贷方式融资的过程中，担保公司提供信用担保。农业科技融资担保机构一般都是有政府出资设立，属于政策性金融服务机构，具体为科技工作提供包括融资、担保、评价、监管在内的一系列的服务。在融资过程中，还会涉及融资前的农业科技成果的价值评价，融资过程中的融资担保，融资后的监管等诸多问题。因此，农业科技融资担保机构是农业科技金融体系的重要组成部分。

我国融资担保行业发展起始于 1993 年，由于财政资金短缺等历史原因，我国融资担保行业发展不久，就开始转变为以商业性融资担保为主。截至

2014 年年末，全行业共有法人机构 7898 家，其中民营及外资控股担保机构 5821 家，国有控股担保机构 2077 家，国有控股担保机构占全部机构数量的比例仅为 26.3%。然而，20 多年的发展实践证明，以营利为目的的商业性融资担保机构尽管在一定程度上提高了小微企业和“三农”的资金可获得性，但同时也大大增加了企业的融资成本，特别是随着近年来宏观经济下行，一些商业性融资担保机构风险爆发，担保业务收缩，机构数量减少，担保行业还没有切实发挥担保放大作用。2015 年 8 月 13 日，国务院印发了经李克强理签批的《国务院关于促进融资担保行业加快发展的意见》，对融资担保行业发展进行了系统、全面的规划和顶层设计，旨在通过促进融资担保行业加快发展，切实发挥融资担保的重要作用，破解对小微企业和“三农”融资难融资贵问题，把更多金融“活水”引向小微企业和“三农”等实体经济，促进大众创业、万众创新，保障经济社会健康发展。同时，明确了为小微企业和“三农”提供的融资担保的准公共产品属性，确定了坚持政策扶持与市场主导相结合的基本原则，提出了融资担保机构发展、再担保体系建设、完善银担合作模式、建立健全融资担保业务风险分散机制、完善政策扶持体系、完善行业监管制度体系，以及最终要实现小微企业和“三农”融资担保业务较快增长等一系列中长期发展目标。表明我国将加快发展主要为小微企业和“三农”服务的新型融资担保行业，发挥政府重要作用，快速建立起提供准公产品服务的融资担保服务体系，这对我国未来农业科技金融担保发展将产生重要意义。

第 2 章

我国农业科技创新风险投资发展实践

1985 年 9 月，以国务院批准成立了中国新技术创业投资公司为标志，中国经济运行中引入风险投资。随后不久，又相继成立了中国招商技术有限公司、江苏高新技术风险投资公司、广州技术创业公司等类似机构。这些公司或机构的成立，正式拉开了我国风险投资业的发展序幕。早期风险投资机构都是由政府出资设立，投资的重点是高新技术领域，2007 年后随着民营投资机构的发展和外资风投机构的进入，投资重点开始转向新能源、互联网及生物技术等。风险资本对农业科技领域的关注比风险投资业的开端晚了整整 10 年。1996 年 5 月，广东省科技创业投资公司和广东新会市粤州新技术开发公司，共同出资成立新会现代农业发展有限公司，业界普遍认为这是创业投资进入农业科技领域的标志。经过近 20 年的发展，农业科技领域的风险投资案例不断增多，投资规模不断增大，领域不断拓宽。尤其是 2010 年，呈现爆炸式增长，投资案例当年发生 47 起，远高于前 4 年之和，2012 年达到 123 起。投资领域涉及农、林、牧、渔以及农产品加工、仓储、冷链物流等大农业的各细分行业。实践表明，风险资本与农业产业的联系越来越紧密，已经成为近年来我国现代农业发展的新型资本形式。

2.1 我国农业科技风险投资发展历程

2.1.1 起步阶段（1996—1998 年）

2.1.1.1 发展概况

1996 年 5 月，广东省科技创业投资公司出资 3500 万元以参股形式和广东新会市粤州新技术开发公司共同投资兴办了“新会现代农业发展有限公司”，投资领域确定在生态农业、休闲农业等现代农业基地建设。业界普遍认为，该事件标志着我国农业正式进入风险投资的筛选视野。1998 年，发生了农业领域的第二起风险投资案例，即 1998 年 12 月，北京科技风险投资有限公司出资 5000 万元参股组建北京锦绣大地农业股份公司[①]。三年间共发生了两起风险投资案例，两起案例的投资人均为政府主导的投资公司。

2.1.1.2 发展背景

1998 年之前，国家对风险投资的发展很谨慎，从机构设立来看主要是国家财政直接出资并引入一部分国企出资组建风险投资公司，投资领域定位于高新技术领域，农业高新技术领域发生的投资案例还较少。政策层面出台的文件并不多，更多的是从思想层面提高了对风险投资的认识程度。1998 年全国“两会”期间，民建中央主席成思危提出了《关于加快发展我国风险投资事业》的议案，该提案受到了全国政协的高度重视，被列为“一号提案”。这一提案在理论界、经济学界、各级政府引起了强烈的反响，风险投资成为热门话题，唤起了创业的热情，中国风险投资事业进入快速发展阶段（表 2－1）。

---

① 北京锦绣大地农业股份公司是一家国有资产占 74% 的农业高科技股份制企业，股东十三家。注册资本金为 3.66 亿元人民币，注册地在中关村高科技园区，主营业务包括四大框架：农产品现代流通业、农产品加工业、农业高新技术的研发与产业化和现代生态产业。该公司 2003 年被国家八部委评为农业产业化国家重点龙头企业，现已发展为科、工、贸一体化的现代农业产业集团。下辖主要公司包括：内蒙古林西锦绣大地农业有限责任公司、北京大地常青保健食品有限责任公司、北京锦绣大地检测中心、贝尔尼奇兽药（北京）有限公司等。

表 2－1　1995—1998 年中央政府鼓励风险投资发展的政策措施

年份	政策文件
1995 年	国务院发布《关于加速科技进步的决定》的白皮书，明确指出："要逐步探索建立支持科技产业发展的风险投资机制。
1996 年	原国家计划委员会向国务院提出"借鉴市场经济发达国家创业投资基金经验，发展由中国特色产业投资基金"的建议，受到国务院重视。此后，原国家计划委员会即开始系统研究包括创业投资基金在内的各类产业投资基金的发展问题。
1996 年 5 月	1996 年 5 月 15 日，中华人民共和国第八届全国人民代表大会常务委员会第十九次会议通过《中华人民共和国促进科技成果转化法》，并于 1996 年 10 月 1 日起施行。该法第 21 条规定，用于科技成果转化的国家财政经费，主要用于科技成果转化的引导资金、贷款贴息、补助资金和风险投资以及其他促进科技成果转化的资金用途；第 24 条规定，国家鼓励设立科技成果转化基金或者风险基金，其资金来源由国家、地方、企业、事业单位以及其他组织或者个人提供，用于支持高投入、高风险、高产出的科技成果的转化，加速重大科技成果的产业化。
1996 年 10 月	国务院发布《关于"九五"期间科技体制改革的决定》，再次提出"积极探索科技发展风险投资机制，促进科技成果转化"。
1998 年 3 月	成思危在全国政协九届一次全会上提出了《关于加快发展我国风险投资事业》的议案，被列为"一号提案"，引起强烈的反响。

数据来源：百度搜索。

2.1.1.3　发展特征

这一时期农业领域引入风险投资呈现出案例少、规模小、政府出资的国有公司或国有控股公司投资的特征。

2.1.2　缓慢发展阶段（1999—2005 年）

2.1.2.1　发展概况

在 1998 年"1 号提案"的推动下，人们对风险投资的认识程度不断提高，政策层面开始酝酿具体措施支持风险投资发展，市场层面也开始涌现各类风险投资机构，国有企业、民营企业、外国资本纷纷成立或注资风险投资公司，特别是国外风投机构也开始进军我国投资市场，风险投资行业迎来了快速发展的时代。但是，我国风险投资的发展主要起步于高新技术领域、互联网行业，农业领域的投资发展并不快。1999 年，当年发生风险投资案例 165 起，其中，农业领域 6 起。数据显示，从 1999 年到 2005 年间，6 年间全国共发生风险投资案例 3219 起，其中，农业领域发生风险投资案例共 100 起，仅占全部投资案例数的 3.1%，发展速度远远落后于全国平均水平（如表 2－2、图 2－1 所示）。

表 2－2　1999—2005 年我国风险投资总量与农业领域风险投资案例数量　　单位：起

年　度	1999	2000	2001	2002	2003	2004	2005	案例总数	年度平均
案例总量	165	514	663	641	590	232	414	3219	459.9
农业领域案例数量	6	13	21	27	13	17	3	100	14.3
农业领域风险投资案例占比	3.6%	2.5%	3.2%	4.2%	2.2%	7.3%	0.7%	3.1%	3.1%

说明：1999—2004 年的数据转引自张良、李康、黄宇的文章“可转换债券条件下涉农风险投资的退出”，《财会月刊》2011 年第 5 期，2005 年的数据摘自 Wind 咨询。

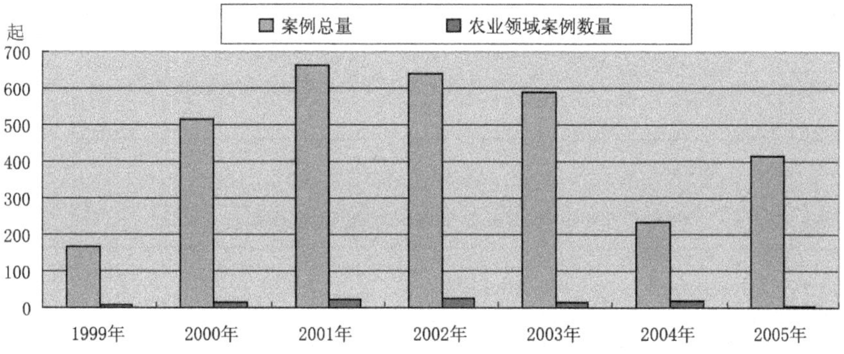

图 2－1　1999—2005 年全国和农业领域分别发生的风险投资案例总数

此期间，较有代表性的农业科技风险投资案例是：2002 年英联投资、鼎晖投资与摩根士丹利对蒙牛投资 5000 多万美元，2004 年英联投资对宁夏红投资 1000 万美元，IFC 对张裕酿酒投资 1760 万美元，2005 年集富亚洲投资公司对辉山乳液投资 80 万美元等（如表 2－3 所示）。特别值得一提的是，这一时期外国风险资本开始关注我国农业市场，2002年发生了第一笔外资投资农业的风险投资案例，即英联投资、鼎晖投资与摩根士丹利三家顶级风险投资机构对我国奶业巨头——蒙牛公司投资5000多万美元、并将蒙牛推向纳斯达克市场上市的成功案例。2002年至2005年发生的50起案例中，外国风险投资机构投资占比达到25%。2005年，农业领域仅发生了3起风险投资案例，如表2-4所示。我国农业科技创新风险投资在探索中不断发展。

表2-3　　1999—2005年涉农风险投资典型案例

时间（年）	投资公司（公司性质）	投资事件
1999	长安资本公司	长安资本公司出资3000万元资金投资隆平高科公司用来发展种子产业。隆平高科公司在2000年5月4日进行公开招股并于12月11日在深圳证券交易所挂牌上市。2002年长安私人资本退出，获得了丰厚回报。
2002	英联投资、鼎晖投资与摩根士丹利（外资）	英联投资、鼎晖投资与摩根士丹利对蒙牛投资5000多万美元。
2004	英联投资（外资）	英联投资对宁夏红投资1000万美元。
2004	IFC（外资）	IFC对张裕酿酒投资1760万美元。
2005	集富亚洲投资公司（外资）	集富亚洲投资公司对辉山乳液投资80万美元。

资料来源：百度搜索。

表2-4　　2005年发生的3起农业领域风险投资案例情况一览表

披露日期	融资企业	行业	PE/VC投资机构	投资金额（万元）	币种	融资方式	融资轮次	地域	公司网址
2005年8月11日	威克生物	农产品	弘业国际	500.00	人民币元	VC	A	扬州	www.vacbio.cn
2005年5月18日	德青源	食品加工与肉类	IFC	276.00	美元	VC	A	北京	www.dqy.com.cn
2005年3月28日	森禾种业	农产品	中科招商	8000.00	人民币元	VC	A	杭州	www.senhe.com

数据来源：Wind资讯。

2.1.2.2 发展背景

此阶段推动风险投资发展的有利因素主要体现在以下几方面：

（1）1999 年国务院先后出台了两个重要文件

其一是《中共中央关于加强技术创新、发展高科技、实现产业化的决定》，该文件为私募股权投资的发展做出了制度上的安排；其二是国务院办公厅以国办发〔1999〕105 号文转发科技部等 7 部门提出的《关于建立我国风险投资机制的若干意见》，这是我国第一个有关风险投资发展的战略性、纲领性文件，文件指出，要研究制定有利于风险投资发展的财税、金融扶持政策。上述两文件的出台，催生了全国各地风险投资热潮，相继成立了一大批由政府主导的风险投资机构，代表性机构有深创投、上海联创、中科招商等。风险投资机构已从 1997 年的 53 家增加到 2001 年的 246 家，管理资金总额有 51 亿元增加到 405 亿元。此时的风投机构蓬勃发展，但依然处于早期，主要是由地方政府直接出资或地方政府联合国有企业出资成立。

（2）关于开通创业板市场的一些讨论

最早是在 1999 年 1 月，深圳证券交易所向中国证监会提交了创业板立项报告；同年 3 月，中国证券监督管理委员会（以下简称“中国证监会”）第一次明确提出了“可以考虑在沪深证券交易所内设立科技企业板块”；2000 年 4 月周小川表示中国证监会将会尽快成立二板市场；同年 10 月深市停发新股，开始筹建创业板。众所周知，推出创业板投资就是为那些高新技术风险投资提供重要的退出渠道，因此，管理层的肯定性态度使创业板市场推出预期进一步增强，这对风险投资发展起了极大的推动作用。

（3）2001 年年底我国加入世贸组织，经济对外开放程度的加大

外国风投资本开始进入中国，并成为我国风险投资早期发展中先进技术、先进管理经验的代表，对我国本土风险投资发展产生了很强的示范效应。

然而，受 2001 年美国纳斯达克市场网络股泡沫破灭的影响，我国政府对创业板市场发展也采取了谨慎态度，尽管国内呼声很高，但退出创业板的计划被迫搁置。此时，前期大量的投资案例因没有合适的退出渠道导致只有投入没有收获，形成创投经营危机，再加上缺乏其他相关保护措施出台，致使创业投

资发展陷入困境。2002年开始，随着我国加入世界贸易组织，改革开放程度进一步的加大和国内经济结构调整到位，经济发展进入快速上升通道，对外贸易成为拉动经济增长的主要力量并带动国内投资的急剧扩张，工业以及与此相关的信息、技术获得快速发展，开始产生了对风险资本的需求，外国资本也开始关注中国的各个投资领域。2003年我国政府出台了鼓励外商投资机构的创业投资措施“关于设立外商投资创业投资企业的暂行规定”（2003年3月1日实施），在很大程度上推动了外资风险投资企业的快速增加。到2003年年底，本土投资公司270多家，来自美国、新加坡、英国、德国、瑞士、欧盟等国家和地区以及中国香港等地的外资和合资共59家，其中来自美国的风险资本数量较多，另外德国、瑞士等欧盟国家和地区也开展了跟中国的合作①。这期间，外资创投在投资数量上虽不占优势，但却占据超过总投资额90%的投资量，本土创投实力差距明显较大。

从当时的宏观经济形势来讲，1997—2001年这5年正好处于经济运行的低谷时期，国企改革刚刚起步，民营企业虽有发展，但民间资本投资热情不高，国内经济发展的主要动力来自于政府的公共投资。发生的风险投资案例主要是由国内资本投资，投资市场不成熟也很不规范。国外风险投资公司在中国的投资，基本上属于传统的实业投资，直接设立风险投资基金并进行运作的仅有2家，发生案例5起。总之，尽管国家出台了政策措施，但在2004年以前，风险投资并未得到快速发展，直到2004年，深圳中小企业板正式启动，为风险投资在国内资本市场提供了以IPO为主要的退出方式，此时才真正迎来发展的春天。2004年以后，很多新兴企业都是在风险投资的支持下得到迅速发展的，出现了不少成功案例。2004年6月，美国著名的新桥资本以12.53亿元人民币从深圳市政府手中收购深圳发展银行17.89%的控股股权，这是国际并购基金在中国的第一起重大案例，同时也诞生了第一家有国际资本控股的中国商业银行。以此为发端，国际风险投资机构开始进入中国市场，市场日趋活跃。从发展规模和数量来看，本轮发展规模和数量都超过了以往任何时期（表2-5）。

① 广东风险投资促进会理事长何国杰在2004年4月2日召开的风险投资论坛上的讲话“中国风投业赶上流金岁月”。

表 2－5　1999—2005 年中央及各级政府支持风险投资发展的政策措施

时间	政策文件
1999 年 1 月	深圳证券交易所向中国证监会提交了创业板立项报告。
1999 年 3 月	中国证监会第一次明确提出了“可以考虑在沪深证券交易所内设立科技企业板块”。
1999 年 8 月	中共中央、国务院颁布《关于加强技术创新、发展高科技、实现产业化的决定》，决定指出：“培育有利于高新技术产业发展的资本市场，逐步建立风险投资机制。”
1999 年 11 月	《中共中央关于加强技术创新、发展高科技、实现产业化的决定》出台，为我国私募股权投资发展作出了制度上的安排，极大鼓舞了发展私募股权投资的热情，掀起了第二次短暂的投资风潮。
1999 年 12 月	经国务院领导批准，国务院办公厅以国办发〔1999〕105 号文转发科技部等 7 部门提出的《关于建立我国风险投资机制的若干意见》指出，为贯彻中共中央国务院《关于加强技术创新、发展高科技、实现产业化的决定》中“要培育有利于高新技术产业发展的资本市场，逐步建立风险投资机制”的精神，要研究制定有利于风险投资发展的财税、金融扶持政策。
2000 年 10 月	深圳市政府颁布《深圳市创业资本投资高新技术产业暂行规定》。这是全国首部关于创业投资的地方性法规。该规定降低了中外投资者在深圳设立创业投资机构的门槛；允许创业投资公司全额投资；允许设立创业投资管理公司；对退出渠道作了规定。
2001 年 1 月	北京市实施《中关村科技园区条例》，在该条例第三章“促进与保障”的第一节中专门对风险投资机构在中关村园区内开展风险投资业务、组织形式、注册资本和回收方式等四个方面作出了规定。
2001 年 3 月	北京市人民政府第 69 号令颁布《有限合伙管理办法》，旨在促进和规范中关村科技园区有限合伙制风险投资机构的发展。
2001 年 3 月	深圳市政府颁布了《深圳经济特区高新技术产业园区条例》，允许和鼓励国内外创业资本以有限合伙制在高新技术产业园区设立创业投资机构，这是创投机构在组织形式上的重大突破。
2001 年 4 月	中国证监会针对部分券商投资创业企业血本无归的现象，发布《关于证券公司进行风险投资进行规范的通知》，规定证券公司不得直接或间接进行风险投资。

续表

时间	政策文件
2001 年 7 月	深圳市委发布《关于加快发展高新技术产业的决定》，在加快建立多层次的创业投资体系、完善创业投资管理和服务体系、畅通创业投资退出渠道等方面为今后发展创业投资提出了明确指导意见。
2002 年 6 月	经第九届全国人民代表大会常务委员会第二十八次会议审议通过了《中小企业促进法》，该法规定："国家运用税收政策鼓励各类依法设立的风险投资机构增加对中小企业的投资"。这是建立创业投资扶持机制的法律基础。
2003 年	原国家对外经济贸易部等五部委发布《外商投资创业投资企业管理规定》，2003 年 3 月 1 日实施。规定明确"外资股权投资基金和基金管理人可以申请在中国设立外商投资创业投资企业"，这对早期涉足中国风险投资行业的外资机构而言，有了规范发展的依据。
2003 年 10 月	2002 年，成思危提出以中小板作为创业板的过度的创业板"三步走"建议。2003 年 10 月，党的十六届二中全会决议通过，推进风险投资和创业板市场建设。随后，中国证监会同意深交所设立中小板，并于 2004 年 6 月，深交所恢复新股发行，8 支新股在中小板上市。
2004 年 12 月	上海市政府印发修订后的《上海市促进高新技术成果转化的若干规定》，鼓励境内外各类资本在本市设立注册资本不低于 1000 万元人民币的创业投资公司以及注册资本不低于 100 万元人民币的创业投资管理公司。

资料来源：根据百度文库 http://wenku.baidu.com/view/0fe6c10c76c66137ee06191d.html 及各大网页新闻资料整理。

2.1.2.3 发展特征

总体而言，此阶段的相关外部环境在不断完善。尽管法律法规建设还相对滞后，筹集资金渠道还很狭窄，但是在国际风投机构的规范管理和示范带动作用下以及国内创业板市场的推出，使得风险投资市场日渐活跃起来。但从农业领域的风险投资来看，国家没有出台一项针对农业领域风险投资的具体措施，农业领域发生的风险投资案例依然是规模小、数量少，与国内其他领域的投资规模相比差距很大。风险投资主要是政府出资，政府管理，民间资本参与较少，投资管理效率偏低；投资领域以现代信息技术、互联网、生物技术等为主，农业领域的投资远没有形成投资的热潮。

2.1.3 快速发展阶段（2006—2012 年）

2.1.3.1 发展情况

2006—2012 年，全国发生风险投资案例 24579 起，涉及金额 2284.4211 亿元，其中，农业领域已经披露的投资案例累积达到 287 起，涉及投资金额 38.87 亿美元，按当年汇率计算，相当于 251.8 亿元人民币，占全部投资总额的 11%（如表 2-6 所示）。

表 2-6 2006—2012 年我国风险投资总量与农业领域风险投资案例数量

单位：个，万元

年度	案例数			投资金额		
	风险投资案例总量	农业领域案例数量	农业领域投资占比	风险投资投资总额	农业领域投资金额	农业领域金额占比
2006	462	2	0.004	376783.23	7041.42	0.02
2007	704	10	0.014	939720.86	76623.04	0.08
2008	908	19	0.021	1100718.73	231273.12	0.21
2009	1342	13	0.010	2041864.91	79886.43	0.04
2010	1875	47	0.025	2736665.31	592648.65	0.22
2011	1928	73	0.04	2973157.93	599271.07	0.20
2012	1705	123	0.072	12675300	931549	0.07
案例总数	24579	287	0.032	22844211	2518292.73	0.11
年度平均	4096.5	41	0.032	3263458.7	359756.10	0.11

说明：2006—2011 年全国发生的风险投资案例和投资金额数据来自冯中圣、沈志群主编的《中国创业投资行业发展报告 2012》（中国计划出版社）；2006—2012 年全国发生的农业领域的风险投资案例来自杨凌农业高新技术产业示范区管委会、国家科技部、清科集团合著的《2012 中国农业产业投资报告》（科学出版社），投资金额依照人民币与美元汇率将美元折算成人民币（采用当年中国人民银行公布的全年人民币与美元外汇牌价平均价格进行折算）。2012 年数据来自 Wind 资讯。

投中集团数据显示，在2006年里，私募股权机构投资于农业项目的金额仅为0.56亿美元，而2007年，这个数字猛然增长至3.96亿美元，到了2010年，其投资金额达14.89亿美元，这一年的投资金额超过了前4年的总和。其中，2010年风投在中国农林牧渔领域的投资案例38起，投资金额13.63亿美元，是2009年的6.8倍①。一些知名度投资机构如黑石投资、达晨创投纷纷涉足农业，也出现了一些专注投资大农业的投资机构，如新希望基金。2010年A股大农业板块新增上市公司27家，其中13家企业有机构投资者参与，占比为48%。2012年，在股市表现持续下滑，国家出台众多限购令的背景下，大量投资固定资产的资金流入风险投资领域。2012年较2011年投资案例数大幅增加，创下历年投资增加的最大增幅50起。投资金额也大幅增长到14.81亿美元的峰值，折合人民币93.15亿元，涨幅超过5亿美元。可用于投资的总额增大，加上政策继续向农业倾斜，使得更多的资金愿意进入农业领域，也极大地提升了对农业领域的参与意愿（如图2－2所示）。

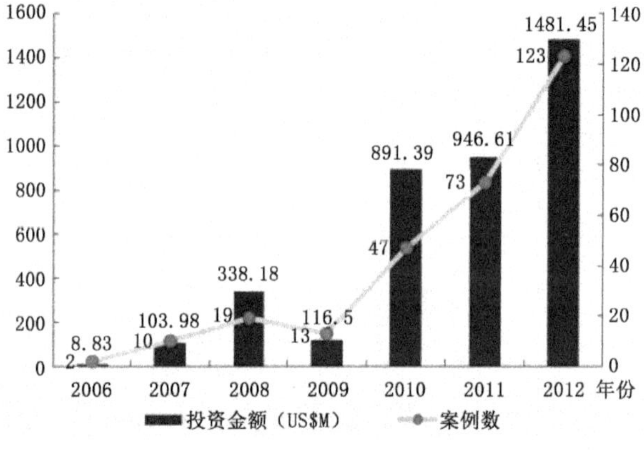

图2－2　2006—2012年中国农业领域投资案例与规模

来源：私募通，2013年5月，www.pedata.cn。

从投资案例数量的细分行业看，2006—2012年的287起投资案例中，农、林、牧、渔及上下游相关的支持性产业均有所涉及。其中，以农业（种植业）披露的案例数最多，超过全部投资案例数的33%，而绿色、有机的种植方式又是目前较为吸引资本关注的热点。随着城市绿化的重要程度逐年提高，园林

① 说明：投中集团的数据与清科中心的数据稍有差异，但说明的问题是相同的。

绿化、植被种植等也开始吸引资本追逐。农资行业和农产品及食品加工的投资热度也较高，包括对一些生物农药、有机肥料的投资，也由于更具有第二、三产业的特征，因此较易受投资青睐。随着行业区分度越来越高，其他一些新兴的农业相关领域也开始颇受关注（如图2-3所示）。

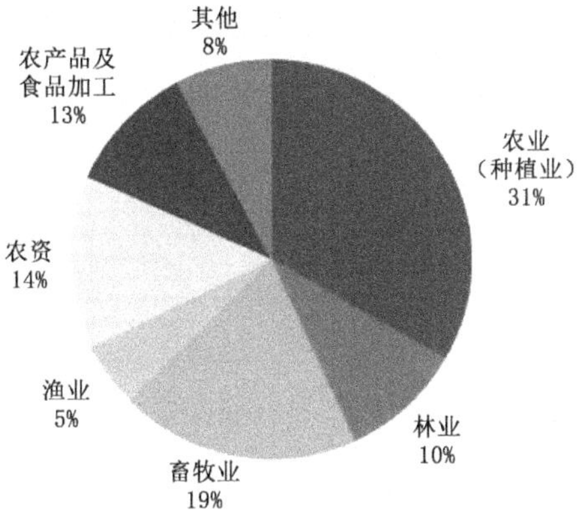

图2-3　2006—2012年中国农业领域细分行业投资案例情况（按投资案例数）

来源：私募通，2013年5月，www.pedata.cn。

从农业科技企业自身发展需求来看，在农业科技创新和农村经济发展的相关政策不断激励之下，农业科技企业迅速发展并对资金产生了新的需求，增强了对经营风险的认识和风险投资的进一步理解。风险投资家不仅能够注入资金，更重要的是参与后续管理，提升企业价值和管理能力，能够帮助企业扩大市场的认知度和社会影响力，推动企业上市融资，形成长远发展规划。农业企业家放下了对引入风险投资会分摊利润的顾虑，开始更加看重企业的未来成长与发展。从已上市的农业企业来讲，圣农发展应该首屈一指。2006年12月，圣农发展获得达晨创投公司的2000多万元的投资，之后达晨又进行了追加投资，直到2009年圣农发展上市，达晨赚得可谓是盆满钵满。2008年深圳创新投资集团联合百瑞创新、秉原秉鸿资本投资4500万元给好想你枣业。另外，上市公司国联水产、百年栗园、上海多利均受益于风险资本的支持。2007年10月24日，国联水产获得智基创投旗下智龙基金一期、毅美投资、同创伟业旗下南海成长创投基金等投资机构联合157.70万美元的投资，2010年国联水产成功登上创业板的舞台，身为外资的智基创投也成功“上岸”。而在2010年6月，北京百年栗园生态获得天图创投3000万元的投资，紧接着2010年11

月，上海多利农场又获得了青云创投等机构7000万元的投资，这个号称是土地“洗”了三年的农庄，据说光水循环系统就花了6000多万元投资建设。表2-7显示了2011年、2012年两年农业领域获得风险投资的部分典型案例，表2-8显示的是2011—2012年农业企业IPO案例。

表2-7　　2011—2012年中国农业领域VC/PE投资典型案例

投资时间	投资公司	被投公司	二级行业	运营主体所在地	持股比例%	投资策略	投资金额/亿元
2011年1月	中发君盛	连城兰花	农业	福建	—	成长资本	—
2011年3月	复星创投	天运林工	林业	湖南	20.0%	成长资本	0.9
2011年3月	天堂硅谷	山地茶业	农业	北京	—	成长资本	0.15
2011年4月	达晨创投	口口香米业	农业	湖南	—	成长资本	0.6
2011年6月	摩根士丹利	永业国际	农药及肥料	北京	—	PIPE	3.24
2011年	联想	立华畜禽	畜牧业	—	—	—	3000万美元
2012年1月	博信资本	维尔农业	农业加工	通辽市	19.99	成长资本	1.2
2012年2月	赛伯乐	临高思远实业	渔业	海南省	40	扩张期	—
2012年4月	世纪方舟	新得利食品	农业	南京市	40	成长资本	2.0
2012年6月	招商昆仑	天津生物	畜牧业	新疆	9.41	PIPE	2.99
2012年6月	力合清源创投	源兴果品	农业种植	深圳市	4.56	成熟期	—
2012年7月	元禾控股	喜果绿化	林业	上饶市	6.5	成熟期	0.192

数据来源：根据杨凌农业高新技术产业示范区管委会、国家科技部、清科集团合著的《2011中国农业产业投资报告》、《2012中国农业产业投资报告》（科学出版社）中的数据整理。

表2-8　　2011—2012年中国农业企业IPO案例

上市时间	公司名称	上市地点	二级行业	运营主体所在地	筹资额/亿元	发行市盈率	是否VC/PE支持
2012年4月25日	天山生物	深圳创业板	畜牧业	昌吉州	2.95	56.52	否
2012年6月5日	福建金森	深圳中小企业板	林业	三明市	4.16	43.8	否
2011年9月5日	百洋股份	深圳中小企业板	渔业	南宁市	5.26	36.21	是

资料来源：根据杨凌农业高新技术产业示范区管委会、国家科技部、清科集团合著的《2011中国农业产业投资报告》、《2012中国农业产业投资报告》（科学出版社）中的数据整理。

2.1.3.2 发展背景

此阶段，农业领域风险投资的快速发展在很大程度上得益于国内政策环境的变化和世界经济局势的重大震荡在给国内经济带来冲击的同时反而给农业领域投资带来的发展机遇。

从国内来看，一是2006年全面取消农业税并加大农民种粮等各种补贴的力度①，农业生产政策的变化极大地调动了农民种粮从事农业生产的积极性。中央政府连续多年发布1号文件支持“三农”发展，大力提倡发展现代农业。2011年国务院政府工作报告中进一步强调：大力发展现代农业，促进第一、第二、第三产业协调发展，加大财政和政策性金融对“三农”的支持力度。随着国家政策向农业倾斜越来越大，“十二五”规划将“农业产业结构的调整和升级”定为“十二五”期间国民经济发展的重中之重，并引入绿色环保、新农机、物联网等概念，现代农业将对资本有更强吸引力。二是中央及各级政府出台了一系列专门鼓励农业科技创新和风险投资发展的政策措施，包括颁布了国家中长期科技发展规划、制定了创业投资税收优惠政策、设立了科技型中小企业创业投资引导基金、国企股权分置改革的推出、开通创业板市场等等，这些政策的变化使风险投资家们发现了农业领域的投资价值。表2-9显示了中央及八大部委出台的鼓励风险投资发展的政策与法规。

当时，各地方政府也出台了相关激励措施，这里仅举一例。2009年芜湖市《关于鼓励风险投资机构推动领军人才创新创业的意见》，设置规模为2亿元的“领军人才创新创业风险投资引导基金”，成立引导基金理事会，通过跟进投资方式扶持领军人才在芜湖创业投资。这一举措极大地推动了芜湖市高科技人才创新创业和风险投资积极参与的热潮。

---

① 2005年起加大农业生产补贴，每年300多亿元的粮食直补；2009年家电下乡、农机具下乡补贴，连续三年，每年1000多亿元。除此之外，各大部委连续推出的多项现代农业发展规划，诸如：农业部推出的现代农业园区发展规划和农业产业龙头企业发展计划，科技部推出的农业科技园区发展规划，财政部推出农业综合开发示范区建设规划、农业产业发展基金计划、中小企业创业引导基金计划、高新技术产业科技创新产业发展基金计划，商务部和国家发展和改革委员会推出的现代农业产业园区发展规划等等。

表 2-9　2005—2012 年中央政府和八大部委出台的鼓励风险投资的政策与法规

时间	事　件
2005 年 11 月	2005 年 11 月 15 日经国务院批准，国家发展和改革委员会等十部委联合发布的《创业投资企业管理暂行办法》并于 2006 年 3 月开始施行。该办法规定对创业投资企业实行备案管理，按照《创业投资企业管理暂行办法》备案的，接受管理部门的监管，并可享受政策扶持，包括享受引导基金扶持、税收优惠和完善退出体系①。标志着我国风险投资机构发展有了法律保障。
2005 年 12 月	2005 年 12 月 26 日，第十届全国人大常委会第十九次会议通过决议，自 2006 年 1 月 1 日起废止农业税条例。
2006 年 2 月	国务院发布《关于实施〈国家中长期科学和技术发展规划纲要（2006—2020 年）〉若干配套政策的通知》，明确规定："允许证券公司在符合法律规定和有关监管规定的前提下开展创业风险投资业务"。由此，禁锢了近 5 年的券商不得从事风险投资的限制被打破，券商从事创业投资企业有了政策基础。
2007 年 2 月	财政部、国家税务总局发布《关于促进创业投资企业发展有关税收政策的通知》（财税〔2007〕31 号），给予风险投资的税收优惠。
2007 年 6 月	新修订的《中华人民共和国合伙企业法》开始实行。新的法规加入有限合伙制条款，这使得众多采用有限合伙制形式的风险投资公司有了法律保障。
2007 年 7 月	财政部、科技部制定并实施《科技型中小企业创业引导基金管理暂行办法》，专项用于引导创业投资机构向初创期科技型中小企业投资；资金来源于中央财政科技型中小企业技术创新基金，从所支持的创业投资机构回收的资金和社会捐赠的资金，创新基金管理中心受财政部、科技部委托，作为引导基金出资人代表，管理引导基金投资。

① 目前，我国创业投资企业的备案管理部门分国务院管理部门和省级（含副省级城市）管理部门两级，国务院管理部门为国家发展和改革委员会，省级（含副省级城市）管理部门由同级人民政府确定，报国务院管理部门备案后履行相应的备案管理职责，并在创业投资企业备案管理业务上接受国务院管理部门的指导。创业投资是一种市场行为，没有必要对其设立实行审批制管理，但为了规范创业投资企业的投资运作，确保政策扶持目标的实现，避免一些并非真正从事创业投资的机构以"创业投资"名义享受国家政策扶持，并促进创业投资企业发展成为专业的创业投资机构，《创业投资企业管理暂行办法》规定，对希望申请政策扶持的创业投资企业实行事后备案管理。

续表

时间	事　件
2008年10月	国务院办公厅发布的《国务院办公厅转发国家发展和改革委员会等部门关于创业投资引导基金规范设立与运作指导意见的通知》，为创业投资引导基金引导民间资金设立商业性创业投资企业提供了政策框架和操作指南。表明首个国家层面的政府创业引导基金正式启动。截至2009年年底，由国家发展和改革委员会、财政部与北京、上海、重庆、湖南、安徽、吉林、深圳等7省市联合设立了20支引导基金，总规模预计超过90亿元人民币。其中，中央政府注资10亿元、地方政府出资12亿元、社会募集近70亿元。
2009年3月	中国证监会发布《首次发行股票并在创业板上市管理暂行办法》，并随后正式推出创业板，拓宽了创业投资的资本退出通道，完善了创业投资资本良性循环机制。
2009年4月	国家税务总局公布《关于实施创业投资企业所得税优惠问题通知》，明确规定了创业投资企业所得税优惠政策。
2009年6月	财政部发布《境内股市转持部分国有股充实社保基金实施办法》后，财政部等有关部门出于“对创业投资应当特别扶持”的考虑，研究制定并上报国务院关于国有创业投资企业所持股权在上市后豁免转持社保基金请示，获得国务院批准，并出台了相关实施细则。
2009年6月	中国证监会正式批复同意对“新三板”进行调整与完善，助力OTC市场建设。
2009年7月	中国证监会首次发布实施《创业板市场投资者适当性管理暂行规定》，投资者可在7月15日起办理创业板投资资格。
2009年10月	我国创业板举行开班启动仪式，首批上市28家公司以平均56.7倍市盈率于2009年10月30日登陆我国创业板。创业板的推出，拓宽了创业投资的资本退出通道，完善了创业投资资本良性循环机制，也使我国的创投业进入了快速发展时期。此背景下我们中国的本土创投机构，在摸索适合自己国情和发展的创业投资道路，本土创投开始引领在中国做创投的风潮。
2009年11月	国家发展和改革委员会、财政部联合发布《关于实施新兴产业创投计划、开展产业技术研究与开发资金参股设立创业投资基金试点工作的通知》。依照政府引导、市场运作、规范管理、支持创新的原则，中央政府与地方政府参股、社会资本控股的发展基金，社会投资包括各类投资机构、大型企业、境外投资者及管理团队等。

续表

时间	事　件
2010 年 10 月	国务院在“加快培育和发展战略新兴产业的发展”中，特别提出要坚持创新和发展，将战略型新兴产业加快培育为先导产业和支柱产业，大力发展创业投资和股权基金，发展新兴产业创业投资的引导基金的引导作用，来带动社会的资本投向战略性新兴产业的区域，处于创业早中期的创业企业。
2010 年 10 月	财政部等部委联合下发《关于豁免国有创业投资机构和国有创业投资引导基金国有股转持义务有关问题的通知》，规定符合条件的国有创业投资机构和国有创业投资引导基金，投资于未上市中小企业形成的国有股，可申请豁免国有股转持义务。
2011 年 3 月	我国“十二五”发展规划明确提出，在“十二五”期间要大力发展金融市场，继续鼓励金融创新，显著提高直接融资，促进创业投资和股权投资健康发展，规范发展私募基金市场。
2011 年 10 月	科技部、财政部、国家发展和改革委员会等八部委联合发布《关于促进科技和金融结合加快实施自主创新战略的若干意见》（国科发财〔2011〕540 号），提出八条指导意见，其中第三条“培育和发展创业投资”明确指出，要充分发挥创业投资引导基金、国有创业投资的重要作用，引导、鼓励民间资本进入创业投资行业。
2012 年 12 月	财政部联合中国信达、中信集团和中国农业发展银行共同发起设立中国农业产业发展基金（简称农发基金），四家发起人各出资 10 亿元，农发基金首期规模 40 亿元。这是我国第一支国家级农业产业基金，由国务院批复成立，重点支持农业产业化龙头企业。

资料来源：根据百度文库 http：//wenku. baidu. com/view/0fe6c10c76c66137ee06191d. html 及各大网页新闻资料整理。

从国际经济形势变化来看，2008 年爆发了全球性金融危机，世界经济急速下滑，对我国出口与投资拉动型经济的增长形成重创，中国经济不得不转入扩大国内需求。危机的影响及其治理措施的实施给农业带来了发展机遇：一是金融危机带来的工业领域投资景气指数下降，加工制造业的投资热情被抑制；

二是治理金融危机的量化宽松的货币政策使得社会资金更加充裕。两方面的变化促使着充裕的社会资金寻找更佳的投资领域——传统的农业领域，农业科技创新迎来了获得风险资本的发展机会。换句话说，2008年全球金融危机的爆发成为风险资本转向农业领域的助推器。

2002年末开始，全球经济进入繁荣发展和结构性调整时期，大规模的加工制造业由发达国家转向中国及其他发展中国家，中国经济在外商直接投资和出口的拉动之下高速增长，国内GDP增长速度已经连续5年超过10%（2003—2007年），各生产领域的投资不断扩张。此时投资家们的投资热点在于高新技术、互联网、金融等领域，农业领域远不在投资家们的视野之内。当然，这期间嗅觉灵敏的国际风限投资人开始关注我国传统农业领域的投资，比如，2006年5月，红杉资本首度进军农业领域，向福建利农集团投资500万美元，以工业化的方式种菜，产品40%进入沃尔玛超市，其余的则远销日本、韩国、东南亚。特别是2008年金融危机的爆发，使得全球经济发展进入困境，企业倒闭连续不断，资本市场严重缩水，大量社会资本寻找好的投资机会。适逢国家惠农政策措施不断，风险投资很快就将目光转向农业领域，2008年，达晨创投计划投资5000万元，帮助神农集团建设养殖基地。同年8月，德意志银行注资6000万美元，获取上海宏博集团公司养猪场30%股份。2008年12月23日，全球最大的私募基金KKR获批向蒙牛现代牧业投资1亿美元，与KKR同时入股的还有鼎晖投资。海外顶级的私募基金或风险投资家先后投资或参股中国的优质农业企业，对培育中国的农产品市场发挥了重要作用。另外，政策的推动也吸引了国内各类产业资本及其他社会资本对农业的极大关注。具体投资领域涉及农、牧、肥料、农药、农机具以及各种各样的施工工艺、休闲农业、物理农业、农产品加工、冷链物流等等。

2.1.3.3 发展特征

（1）规模迅速扩大，领域拓宽

此阶段，无论是发生的案例数量还是投资金额，都是我国农业科技风险投资迅速发展时期。从发生的案例数量来看，已经从国内获得风险投资的23个行业排名中的2006年的倒数第2位上升到2012年的第8位；从获得的投资金额来看，已经由2006年的倒数第3位上升为2012年的第8位。从投资领域看，已经遍布农、林、牧、渔各个二级行业；从农业产业链角度看，从种质资源开发、到农业生产、农产品加工、现代农产品物流、运输、销售等各个环节均有发生风险投资案例。

（2）投资主体多元化

除了政府投资、国有投资公司的风险投资之外，大量的民间资本、外国资本纷纷进入农业领域进行投资，如从2010年起，新希望联合国际资本设立先后设立两期18只新希望产业基金，培育壮大新希望集团农业产业链条；2011年8月首只农业科技领域私募股权基金——中农科产业发展基金正式设立[①]，用以支持农业企业创业发展；2012年12月国家财政部联合中国信达、中信集团和中国农业发展银行共同发起设立农业产业发展基金，投资农业产业龙头企业。2009年11月19日，凯雷投资集团（The Carlyle Group）对外宣布，旗下专注于投资成长型企业的凯雷亚洲增长基金（CAGP）在中国进行了三笔最新投资，其中一笔投向了艾瑞泰克（中国）肥料有限公司[②]（China Agritech），投资金额超过6000万美元，并结成战略合作伙伴关系。这是凯雷集团首次涉足农业领域。投资机构不仅在国内进行投资，而且将投资的触角伸向国外农业。2009年9月22日，中国主权财富基金中国投资有限责任公司（China Investment Corporation，简称“中投”）通过竞购海外农业巨头股权的方式，首次涉足海外农业资产。国际农业巨头来宝集团（Noble Group Ltd.）在一份公告中称，中投将以8.5亿美元的总价格收购该公司12.91%的股权。

（3）政策环境不断改善

包括连续多年中央一号文件关注“三农”、取消农业税、发展现代农业、推动农业科技创新、加大财政支农力度、鼓励风险投资事业发展等。

（4）掌握现代科学技术的农业科技企业对风险资本的认识不断增强

① 该基金是由中国农业科学院发起并投资设立，基金首期规模为15亿元人民币，主要投资境内农业领域高新技术孵化以及高成长、创新型、科技型企业，依托中国农业科学院雄厚的技术成果和人力资源储备，全面推动农业科技产业化的发展。

② 艾瑞泰克肥料有限公司作为一家具有农业背景的上市公司，长期致力于为更多的农民提供创新、增值、高性价比的产品和服务，其所属的农业领域，不仅首次进入亚洲增长基金的投资领域，表明该基金一直秉承的对投资领域“不设限”的投资战略，也使得该基金在中国投资涉及领域再度扩展。艾瑞泰克（中国）肥料有限公司在中国本土专业从事高科技绿色环保农资产品的研发、生产、销售和技术咨询服务。

科技部分别在2010年和2013年组织了两届全国农业科技创新创业大赛[①]，从参赛企业报名情况来看，两届报名企业参赛企业数量分别是1771家和1725家，企业参赛积极踊跃。

总之，此阶段农业产业吸纳资本的速度惊人。相关数据显示，自2010年以来，农业领域私募股权投资出现爆发式增长，投资数量及规模均达历史最高水平；2012年，农业领域投资总额已达14.81亿美元，虽然相比整个VC/PE市场，农业投融资规模仍相对较小，但是活跃度在大幅上升。从产业发展的角度来讲，农业还是处在初级阶段，尚未进入成熟期，发展空间还很大，产业发展前景乐观是吸引风险资本的主要原因之一。此阶段我国农业领域的风险投资呈现出发展快、规模大、投资主体多元化、重视现代农业与科技技术、重视盈利性等特征。

2.1.4 调整发展阶段（2013年至今）

2.1.4.1 发展情况

受经济结构继续调整的影响，2013年以来，我国的风险投资行业发展势头减缓，从资金募资、到投资案例、退出方式等方面迎来了全面挑战。大中华区著名创业投资与私募股权研究机构清科研究中心发布数据显示：2013年中外创业投资机构新募集基金199只，新增可投资于中国大陆的资本量为69.19亿美元，单只基金平均募集规模达到近9年来最低；投资方面，全年共发生1148起投资，其中988起披露投资金额的投资涉及投资总额66.01亿美元，投资金额同比下降；退出方面，全年共发生230笔VC退出交易，其中IPO退出33笔，并购退出和股权转让退出成为本年度最主要退出方式，分别发生76笔和58笔。整体来看2013年中国创业投资市场处于2010年后最低迷状态（表2－10）。

① 全国农业科技创新创业大赛是由科技部牵头组织的旨在为全国农业科技企业与风险投资对接搭建平台的一项全国性赛事，这是一个农业领域的开放式创新投融资平台，是政府、社会、市场合作的创新模式的新探索，最终目的是调动社会资本助推第一、第二、第三产业融合并服务“新三农”，培育农村创新创业企业和农业风险投资两支队伍，完善用现代服务业引领推动现代农业产业发展的生态环境。大赛在促进科技金融结合、帮助农业中小企业融资发展、推动农业产业结构调整等方面发挥了重要作用。

表 2－10　创业风险业投资项目的前十大行业分布（2012—2013 年）　单位：%

行业划分			2013 年		2012 年	
			投资金额	投资项目	投资金额	投资项目
C9	新能源和环保业	新能源、高效节能技术 新材料工业 环保工程 核应用技术	18.88	18.60	18.1	19.5
C8	医药生物业	医药保健 生物科技	12.31	14.16	7.7	11.0
J6	金融保险业		10.12	6.54	5.4	4.2
C7	计算机、通信和其他电子设备制造业	通信设备 计算机硬件产业 半导体 光电子与光机电一体化	9.81	11.78	9.7	10.4
I	信息传输、软件和信息服务业	网络产业 IT 服务业 软件产业 其他 IT 产业	7.86	14.24	9.3	11.3
C A	传统制造业		7.19	6.03	10.1	8.8
L	文化、体育和娱乐业（传播与文化娱乐业）		6.16	5.24	6.4	5.3
A	农林牧副渔		6.33	3.66	6.1	4.7
H	住宿和餐饮业（消费产品和服务业）		5.00	3.45	6.3	3.5
O	其他行业		2.65	3.74	7.6	7.3

数据来源：科技部：《科技统计报告》第 4 期（总第 561 期），2015 年 2 月 26 日。

农业领域投资案例从 2012 年的 123 起降到 2013 年的 8 起，2014 年、2015 年案例数量稍有增加（如表 2－11 所示）。投资者对农业企业成长前景的认可加上中国农业科技领域发展受经济危机影响相对较小，VC/PE 等金融资本对农业投资也在积极介入。表 2－12、表 2－13 分别反映了近 3 年发生的农业领域风险投资典型案例和通过 IPO 退出的农业企业案例。

表 2-11　　2013—2015 年我国农业领域风险投资　　单位：个

年度	案例数		
	风险投资案例总量	农业领域案例数量	农业领域投资占比
2013	1521	48	3.16%
2014	2804	90	3.20%
2015	3925	115	2.93%
案例总数	8250	253	3.07%
年度平均	2750	84.3	3.07%

数据来源：Wind 资讯数据库。数据说明：2Wind 资讯数据库中的数据与清科中心的数据稍有差异。

表 2-12　　2013—2015 年涉农风险投资典型案例

时间（年）	投资公司（公司性质）	投资事件
2013	华侨银行、鼎珮投资、Ares	PE 原生态牧业
2013	云月投资	PE 永红食品
2013	华侨银行	PE 华福实业
2013	创东方	VC 莱德马业
2013	山东高新创投	VC 明波水产
2013	中农高科投	PE 雪川农业
2013	广东省风投	VC 金洋水产
2013	平安创新资本、鼎晖嘉熙、宁波汇盛、珠海普罗、上海国投协力发展	PE 绿地集团增资扩股
2015	天星资本	听牧牛肉
2015	天星资本	凯凯农科

资料来源：Wind 资讯数据库。

表 2-13　　2013—2015 年中国部分农业企业 IPO 案例

上市时间	公司名称	上市地点	二级行业	运营主体所在地	筹资额/亿元	发行市盈率
2014 年 1 月 28 日	牧原股份	深圳中小企业板	畜牧业	河南省南阳市	7.22	18.80
2015 年 2 月 1 日	仙坛股份	上证	食品加工和肉类	山东省烟台市	2.1	22.96
2014 年 8 月 8 日	禾丰牧业	上证 A	农产品加工	辽宁省沈阳市	4.70	21.78
2015 年 5 月 18 日	普莱柯	上证 A	农业服务	河南省洛阳市	6.21	18.89
2015 年 5 月 15 日	海利生物	上证 A	农业服务	上海	4.77	21.28
2015 年 6 月 26 日	众兴菌业	深 A	种植业	甘肃省天水市	4.84	22.98

数据来源：Wind 资讯数据库。

2.1.4.2 发展背景

(1) 我国经济发展有了新变化

我国经济发展进入新常态，经济增长速度由高速增长转变为中高速增长，经济结构进入调整改革时期，经济增长动力正在由要素驱动向创新驱动转变，我国经济发展方式发生了根本性改变。应对金融危机的量化宽松货币政策仅仅保持了中国经济的短暂繁荣，经济深层次的矛盾愈加凸显，经济增长速度持续下滑，GDP 增速由 2010 年的 10.8% 下滑到 2011 年的 8.9%、2012 年的 8.5%、2013 年的 7.1%、2014 年 7.8%、2015 年的 6.9%；我国经济景气动向指数不断下降，中国经济需要寻求新的增长点。2014 年 11 月 9 日，习近平主席在 APEC 工商领导人峰会开幕式的主旨演讲中，首次对中国经济新常态进行了全面阐述，指出中国经济增长动力要由要素驱动转变为创新驱动。这一重要阐述为中国经济未来发展指明了前进的方向，科技创新动力机制的提出也为风险资本带来更多投资机会。

（2）国务院关于农村土地流转政策的推出和农业规模化经营的发展，为风险投资进入农业领域提供了基础条件

风险投资是与农业科技紧密联系在一起的，科技的创新与推广需要规模化生产与经营为基础条件，中国长期以来的土地分散经营在一定程度上制约了农业科技推广，进而成为制约农业科技风险投资的一个关键因素。党的十七届三中全会和2013年中央1号文件专门出台了“加强土地承包经营权流转管理和服务，建立健全土地承包经营权流转市场”的政策措施，指出，农民可以按照依法、自愿、有偿原则，以转包、出租、互换、转让、股份合作等形式流转土地承包经营权，发展多种形式的适度规模经营，有条件的地方可以发展专业大户、家庭农场、农民专业合作社等规模经营主体。土地使用权流转政策的放开，对于农业的规模化、产业化而言是一个很大的推动，解决了农业投资风险的主要瓶颈问题。政策变化如表2-14所示。

表2-14　2013年至今中央及各级政府部门推动农业科技风险投资发展的政策与法规

年　份	事　　件
2013年1月	党的十七届三中全会和中央1号文件专门出台了政策：加强土地承包经营权流转管理和服务，建立健全土地承包经营权流转市场。按照依法、自愿、有偿原则，允许农民以转包、出租、互换、转让、股份合作等形式流转土地承包经营权，发展多种形式的适度规模经营。有条件的地方可以发展专业大户、家庭农场、农民专业合作社等规模经营主体。
2013年2月	《国务院关于推进物联网有序健康发展的指导意见》中提出，到2015年，突破一批核心技术，初步形成物联网产业体系。为实现目标，将加强财税政策扶持、完善投融资政策，鼓励金融资本、风险投资及民间资本投向物联网应用和产业发展。
2013年3月	财政部联合中国信达、中信集团和中国农业发展银行共同发起设立中国农业产业发展基金，简称农发基金。四家发起人各出资10亿元，农发基金首期规模40亿元。这是我国第一支国家级农业产业基金，由国务院批复成立，重点支持农业产业化龙头企业。
2013年7月	国务院发布《关于金融支持经济结构调整和转型升级的指导意见》（全文）国办发〔2013〕67号。

续表

年 份	事 件
2013 年 8 月	国家发展和改革委员会《关于加强小微企业融资服务支持小微企业发展的指导意见》，提出要加快设立小微企业创业投资引导基金，吸引社会资本设立创业投资企业，主要投资于小微企业；支持符合条件的创业投资企业、股权投资企业、产业投资基金发行企业债券来筹集资金。
2013 年 12 月	国务院出台《关于全国中小企业股份转让系统有关问题的决定》（国发〔2013〕49 号，明确指出，积极培育和发展机构投资者队伍，鼓励证券公司、保险公司、证券投资基金、私募股权投资基金、风险投资基金、合格境外机构投资者、企业年金等机构投资者参与市场，逐步将全国股份转让系统建成以机构投资者为主体的证券交易场所。
2014 年 1 月	2014 年中央 1 号文件强调，将农业作为财政科技投入优先领域，引导金融信贷、风险投资等进入农业科技创新领域。
2014 年 2 月	银发〔2014〕9 号《中国人民银行 科技部 银监会 证监会 保监会 知识产权局关于大力推进体制机制创新 扎实做好科技金融服务的意见》，从科技金融服务机构设置、科技信贷产品设计和服务模式创新、科技企业融资渠道拓展、财政引导基金参与方式等方面提出指导性意见。
2014 年 4 月	《国务院办公厅关于金融服务“三农”发展的若干意见》（国办发〔2014〕）对增加农村金融资金供应量、创新资金供应方式以及完善金融服务体系方面都作了详细规划。支持银行业金融机构发行专项用于“三农”的金融债，开展涉农资产证券化试点；鼓励发展多农村金融服务新方式，包括建立农业产业投资基金、农业私募股权投资基金和农业科技创业投资基金。支持组建主要服务“三农”的金融租赁公司。鼓励组建政府出资为主、重点开展涉农担保业务的县域融资性担保机构或担保基金，支持其他融资性担保机构为农业生产经营主体提供融资担保服务等。
2014 年 6 月	2014 年 6 月 30 日中国证券监督管理委员会第 51 次主席办公会议审议通过了《私募投资基金监督管理暂行办法》，自公布之日起施行。本办法最大的看点在于“设立私募基金管理机构和发行私募基金不设行政审批，允许各类发行主体在依法合规的基础上，向累计不超过法律规定数量的投资者发行私募基金”，同时强调“强化事中事后监管”。

续表

年　份	事　　件
2015 年 2 月	2015 年中央 1 号文件强调，必须尽快从主要追求产量和依赖资源消耗的粗放经营转到数量质量效益并重、注重提高竞争力、注重农业科技创新、注重可持续的集约发展上来，走产出高效、产品安全、资源节约、环境友好的现代农业发展之路。文件提出要实施耕地质量保护与提升行动，推进农业结构调整，强化农业科技创新驱动作用。
2015 年 7 月	《国务院关于积极推进“互联网 +”行动的指导意见》（国发〔2015〕40 号）的部署要求，鼓励利用互联网创新创业，将“互联网 +”农业现代化作为推动“互联网 +”的重点行动之一，大力发展农村电商、精准农业，农村农业信息化建设迎来发展的高潮，为风险投资带来了新的投资机会。
2015 年 7 月	中国人民银行联合工业和信息化部、公安部、财政部、国家工商总局、国务院法制办公室、中国银行业监督管理委员会、中国证券监督管理委员会、中国保险监督管理委员会、国家互联网信息办公室等十部委发布“关于促进互联网金融健康发展的指导意见”，该意见中提到，积极鼓励互联网金融平台、产品和服务创新，激发市场活力。拓宽了风险资本融资渠道并创新了融资方式。
2015 年 11 月	中国证监会出台《中国证监会关于进一步推进全国中小企业股份转让系统发展的若干意见》，明确：全国股转系统应立足于服务创新型、创业型、成长型中小微企业的市场定位；大力发展多元化的机构投资者队伍，强化主办券商组织交易的功能；坚持独立的市场地位，公司挂牌不是转板上市的过渡安排，应逐步完善服务体系，促进挂牌公司成长为优质企业，研究推出全国股转系统挂牌公司向创业板转板的试点，建立全国股转系统与区域性股权市场的合作对接机制。

数据来源：百度搜索。

（3）“互联网 +”时代的来临，为农村电商以及农业、农村投资缓解了信息不对称的矛盾

为加快推动互联网与各领域深入融合和创新发展，充分发挥“互联网 +”对稳增长、促改革、调结构、惠民生、防风险的重要作用，国务院推出《关

于积极推进"互联网+"行动的指导意见》（国发〔2015〕40号），鼓励利用互联网实现创新创业，应用互联网和现代信息技术培育和孵化一批具有良好商业模式的创新创业企业，同时将"互联网+现代农业"作为重点行动之一。互联网技术与现代农业结合，将有利于提升农业生产、经营、管理和服务水平，培育一批网络化、智能化、精细化的现代"种养加"生态农业新模式，形成示范带动效应，加快完善新型农业生产经营体系，培育多样化农业互联网管理服务模式，逐步建立农副产品、农资质量安全追溯体系，促进农业现代化水平明显提升。

2.1.4.3 发展特征

（1）工商资本下乡成为近两年农业投资的一大亮点

随着土地流转政策的放宽，工商资本看到了农业工业化管理的前景和希望，纷纷下乡圈地投资，有的企业直接设立农业投资基金进行直接投资，也有些企业通过兼并收购农业科技企业，或者参股，大举进军农业。一时间，武钢养猪、丁磊养猪、联想种菜成为工商资本进军农业领域的典型代表。联想控股董事长柳传志在新闻发布会上表示，现代农业是一个利国、利民、利己的好行业，也是联想控股非常看重并着力打造的一个全新的支柱产业。与一些发达国家和地区相比，目前中国的农业发展水平还存在很大的提升与发展空间。农业资本化趋势正在形成（表2-15）。

表2-15　近年来发生的工商资本下乡案例一览表

案例1　联想涉足农业领域，打造联想蓝莓
2010年7月，联想控股正式成立农业投资事业部；2012年8月9日，推出现代农业品牌"佳沃"；2012年，联想控股佳沃集团先后并购了青岛沃林蓝莓果业有限公司、四川中新农业科技有限公司以及智利的五家种植公司，陆续在国内的山东、四川、陕西、河南、湖北、安徽等地建立起规模化的蓝莓和猕猴桃示范园，并拥有南美洲和澳洲的首批种植基地，打造联想蓝莓。目前联想控股佳沃已经成为国内最大的蓝莓全产业链企业和最大的猕猴桃种植企业。

续表

案例2　绿城（房地产公司）涉足农业[①]
2012年9月11日，绿城在杭州之江玫瑰园度假酒店召开新闻发布会，绿城集团董事长宋卫平在发布会上首次披露，绿城将进军农业发展，并已初步选址绍兴市嵊州建立1万亩试验田，“我们准备先做2—3个5000亩的农场，用来辐射影响周围的几十万亩农田。”2012年11月14日，绿城现代农业开发有限公司在浙江绍兴嵊州正式成立，预计投资总计20亿元。资料显示，嵊州政府提供土地资源并给予一定的政策优惠、农科院提供科学技术支持、资金以及后期运营则由绿城担当。
案例3　隆力奇投资涉足高效智能生态农业建金力奇公司[②]
2014年12月24日，江苏隆力奇生物科技股份有限公司、以色列奥瑞克（Aurec）投资公司、以色列TAP农业项目公司（Teshuva Agricultural Projects）[③]三方共同签署了《以色列现代化智能温室建造和技术服务协议》，投资成立金力奇有机农业有限责任公司，标志着隆力奇涉足现代高效智能农业的开始。金力奇现代高效智能农业项目设在隆力奇高新产业园内，项目占地面积1万平方米，于2015年6月投产，项目将采用以色列TAP水培技术，实现营养液循环利用，减少水资源损耗，提高肥料利用率。作物生长环境清洁，种植过程严格按照良好农业操作规范，不使用转基因种子，严禁使用化学农药，预估年产优质安全蔬菜220吨左右，成熟果蔬将服务于五星级酒店、航空公司、妇幼保健中心等中高端市场。
案例4　山东龙力生物科技股份有限公司投资5000万元涉足有机农业[④]
2013年3月27日，山东龙力生物科技股份有限公司公告，公司第二届董事会第九次会议审议通过《关于投资山东鳌龙农业科技有限公司的议案》，公司拟使用自有资金5000万元投资山东鳌龙农业科技有限公司，其中，2400万元用于收购鳌龙公司80%的股权，其余2600万元用于对其进行增资。资金来源全部为公司流动资金。本次收购完成后，公司将持有山东鳌龙农业科技有限公司89.29%的股权，实现控股。龙力生物计划通过本次收购进军有机农业，延伸上游产业链。将增加有机玉米、有机小麦、有机果蔬、有机中草药等多种有机农产品，以提升公司作为有机食品、功能食品、绿色健康食品提供者的市场形象和竞争力。

① 资料来源：网易财经。

② 江苏隆力奇生物科技股份有限公司位于隆力奇生物工业园内，园区占地2000余亩，公司主要经营的有化妆品、家用洗涤品、养生保健产品、家具、房地产、物流等八大系列1000多个品种。江苏隆力奇生物科技股份有限公司是目前国内规模最大、技术力量最先进的日化产品、养生保健品的研究、开发和产销基地。公司拥有员工总数一万余名，其中大学生、研究生、博士生和专家的比例超过35%。企业发展26年来，始终健康、稳定地向前发展，成为今天民族日化行业的领军品牌。

③ TAP农业项目公司是一家以色列知名的农业技术咨询公司，长期致力于农业项目的发展，特别是在水培、基质栽培方面拥有先进的知识和技术。

④ 资料来源：金融界网站，2013年3月27日。

续表

案例 5　万福生科设立全资子公司，涉足有机农业[①]
2014 年 3 月 20 日，万福生科公告，公司拟在北京以自有资金设立全资子公司，子公司名称为“万福生科（北京）有机农业开发有限公司”，注册资本 500 万元。主要经营为有机农业项目的投资、开发、管理等。此次设立全资子公司，有利于公司业务发展的战略布局，将作为公司逐步涉足有机农业的切入点，逐渐实现公司整体盈利水平的提高。
案例 6　英利集团 5.4 亿元涉足广西光伏农业[②]
2014 年 4 月 17 日，由英利集团公司和隆安粒粒谷公司合作开发的广西英利隆安 60 兆瓦光伏农业项目在南宁市隆安县开工建设，这是一种越来越受到重视的新型商业模式——光伏农业。该项目总投资 5.4 亿元，是广西首个光伏农业生态示范项目。该项目占地约 1500 亩，大棚采用特殊的单排支架结构，上面安装 24 万块太阳能电池板，棚下种植一些有机农产品、菌类等高附加值农作物。该项目建成后年可发电 7000 万千瓦时，每年可比普通大棚增收近 7000 万元。同时，该项目不占用地面面积，不改变土地性质，提高土地利用率，是一种光伏分布式应用的新模式。将光伏技术与农业项目结合，对提高土地利用附加值、推动农民增收，将有着较大作用，且西部地区地广人稀，这一模式在西部将大有市场。

（2）互联网众筹融资成为农业风险投资的新生资本力量

随着互联网融资平台的异军突起和“大众创业、万众创新”的新经济发展背景，专门为农业项目融资的互联网中介服务平台也应运而生，“三农资本”就是一个有代表性的专门服务农业项目的互联网金融服务平台。“三农资本”是上海熙明股权投资基金管理有限公司、安徽太平洋产业投资基金管理有限公司、安徽省风险投资研究院及高管运营团队共同打造的互联网金融平台，总部位于上海市陆家嘴核心区银城中路太平金融大厦，运营中心位于合肥滨湖新区高速金融中心。“三农资本”成立至今已发展成为全国互联网金融百强企业，在上海、杭州、苏州、无锡、合肥、长沙、深圳等 30 多个城市设有分支机构。

“三农资本”获得安徽太平洋基金战略风投，由汇付天下实行资金三方托管、是 iTrust 互联网信用评价中心 AA 评级企业，平台以服务“三农”、中小

① 资料来源：万福生科资讯，发表于 2014 年 3 月 20 日 18：46：46 股吧网页版。
② 资料来源：中研网，英利集团 5.4 亿元涉足广西光伏农业，2014 年 4 月 17 日。

微企业为宗旨，创新引入实力融资租赁公司、商业保理公司、基金公司、国有担保公司作为债权转让方及担保方，并以风险保障金实时垫付，为雄厚的民间资本提供高效实用的信息对接服务，促进民间资本的高效流通，为投资者创造真正可持续的价值回报。

（3）投资领域由过去单一的农业高新技术拓展到风险小的传统农业

农业领域的投资早期主要在高新技术领域，这主要是因为当时是政府的直接投资，近些年来，随着投资市场主体的转变，市场化主体更加关心企业的经营利润和成长能力，所以，一些传统种植、畜牧业、水产业、牧草等领域也都有获得风险资本支持的案例发生。特别是 2008 年世界金融危机以来，我国经济进入调整发展时期，传统农业领域获得了更多的政策支持，丰富的社会资本对农业产生了极大的关注。

（4）新三板市场成为农业企业退出的新渠道

2012 年 9 月 20 日，全国中小企业股份转让系统（俗称“新三板”，其前身为北京中关村中小企业股权转让系统）经国务院批准后正式运营，其运营管理机构为全国中小企业股份转让系统有限责任公司，注册资本 30 亿元。这是一家全国性的证券交易场所，公司的经营宗旨是推动场外交易市场健康发展，促进民间投资和中小企业发展，有效服务实体经济，其经营范围是组织安排非上市股份公司股份的公开转让，为非上市股份公司融资、并购等相关业务提供服务，为市场参与人提供信息、技术和培训服务。数据显示，截至 2015 年 9 月 30 日，已有 3585 家中小企业在交易所挂牌交易，其中农业类中小企业（包括农林牧渔业生产、农产品加工制造、农机具生产）挂牌交易的有 149 家。成为农业科技股权退出的重要渠道。到 2015 年年底，新三板两年有逾 4000 家企业。尤其是 2015 年下半年以来，随着股市“过山车”行情的上演，再加上 IPO 一度暂缓，使得新三板成为中小企业实现快速融资的主战场。为了促进新三板快速发展，2015 年 11 月 20 日，中国证监会发布了《关于进一步推进全国中小企业股份转让系统发展的若干意见》，提出了当前发展全国股转系统的总体要求。明确指出：全国股转系统应立足于服务创新型、创业型、成长型中小微企业的市场定位，大力发展多元化的机构投资者队伍，坚持独立的市场地位，公司挂牌不是转板上市的过渡安排，应逐步完善服务体系，促进挂牌公司成长为优质企业，研究推出全国股转系统挂牌公司向创业板转板的试点，建立全国股转系统与区域性股权市场的合作对接机制。

2.2 我国农业科技风险投资发展的基本特征

2.2.1 我国农业科技创新风险投资总体呈上升趋势

2.2.1.1 投资案例数量增加，规模增大

2006年后，风险投资（VC）和私募股权投资（PE）对中国农业的投资逐年增加。2006—2012年，农业领域已经披露的投资案例累积达到287起，其中，2012年创下历年投资的新高，当年共披露投资案例123起，相当于2010年的2倍还多。2013年急速下降，当年发生8起投资案例，2014年回升，发生11起，2015年发生12起。投资规模由2006年的883万美元增加到2012年的14.81亿美元（如图2－4所示）。

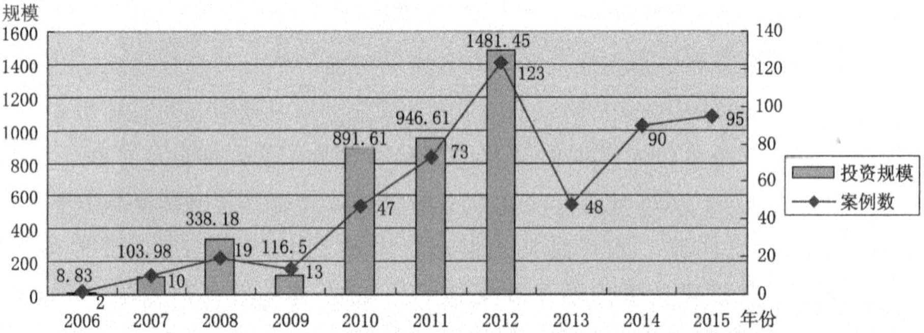

图2－4 2006—2015年农业科技风险投资案例数与投资规模

资料来源：2006—2012年数据来自清科中心《农业产业投资发展报告2012》；2013—2015年数据来自Wind资讯数据库。

2.2.2 我国农业科技创新风险投资的阶段主要处于成长期和成熟期

数据显示，我国创业投资无论是从项目数量还是投资金额来看，绝大多数都集中在了企业成长期阶段，初创期的投资很少，甚至为零，整体上呈现出

“中间大两头小”的橄榄型结构（如表2－16所示）。

表2－16　2005—2011年我国创业投资各阶段投资情况（案例数占比%）

成长阶段	2005年	2006年	2007年	2008年	2009年	2010年	2011年
种子期	5.2	30.2	12.7	9.4	19.9	10.2	7.48
初创（起步）期	20	11.5	8.9	19	12.8	17.4	24.15
成长（扩张）期	46.8	39.4	38.2	38	45	49.2	54.25
成熟（过渡）期	26.3	14.6	35.2	26	18.5	20.2	13.23
重建期	1.7	4.3	5	6	3.7	3	0.89

数据来源：《科技统计报告第17期》。

农业领域的风险投资偏重成长期、成熟期的特征更加突出。从清科中心公布的统计数据看，2006—2012年发生的案例数量中，处于扩张期的占到60%以上，加上成熟期，两者接近90%，而初创期发生的投资案例仅为7%；从投资金额看，对成熟期项目投资的案例数虽仅是成长期案例数的三分之一，但每笔投资金额都较大，因而与扩张期企业的投资金额总量相距不多相差无几（如表2－17所示）。

表2－17　2006—2012年我国农业领域投资阶段分布情况

投资阶段	投资案例		投资金额	
	数量（起）	占比（%）	数量（百万美元）	占比（%）
初创期	20	7	176.71	5
扩张期	178	62	1470.62	38
成熟期	72	25	1482.99	38
PIPE	17	6	756.62	19
合计	287	100	3886.94	100

数据来源：杨凌农业高新技术产业示范区管委会、清科中心等.2012中国农业产业投资报告[M].北京：科学出版社，2013：25.

尽管现代农业是国家重点扶持的产业，但是农业生产所面临的自然风险、技术风险、市场风险甚至政治风险（海外农业投资）以及农业企业从投入到盈利的时间周期较长，对于那些投资早期农业企业的风投而言是莫大的考验。更为重要的是农业技术的专业性极强，若非是长期从事农业工作的投资者，则不敢轻易涉足农业项目的种子期或初创期。处于成长期的企业能够获得较多的风险投资，主要是因为此时企业已具备相对稳定的商业运营模式和一定的盈利水平，发展前景逐渐清晰，并且估值水平不会太高，权衡投资成本和风险程度使扩张期的农业企业成为投资业的首选。成熟期的企业价值已经得到充分体现，投资风险相对较小，但估值水平较高，需要实力强大的风投机构投入大量资金，因此，数据显示出来的投资数额相对较大。近年来私募股权投资的投资方式也越来越受机构的青睐，通常不公开募集，面向合格高净值投资者私下募集资金，投资起点较高，起投资金 100 万—300 万元以上。成熟期和私募股权投资的成本较大，对注重稳健风格并有实力的投资者更具吸引力。正因为此，投资早期农业企业的案例并不多，大多都是上市前的投资，或者是投资已经成熟的农业企业，有些风投公司甚至要求接受投资的农业企业已经有了前期的盈利，他们的主要作用在于帮助企业上市。就这一点来看，投资于成熟的农业企业风险确实更可控，至少对于这样的企业而言，他们已经走过了一段烧钱的日子，已经有了一定的雏形，通过引入风险投资做大做强的成功率更高。

2.2.3 风险投资追逐具有一定科技特征的现代农业、生态农业项目

我国农业的发展方向就是要实现传统农业向现代农业的转变，近年来大批的农业企业以现代农业园区、现代农业科技示范区、农业产业龙头企业等为依托，大力发展观光农业、生态农业、绿色农业、工厂化农业等高科技的现代农业形式，这些具有高科技特征的现代农业企业，成为风险资本的主要追逐对象。以福建圣农发展为例，全称为福建圣农发展有限公司，是中国最大的自养自宰白羽肉鸡专业生产企业，公司下辖 50 几个生产基地场（厂），拥有集饲料加工、种鸡养殖、种蛋孵化、肉鸡饲养、肉鸡屠宰加工与销售为一体的完整的白羽鸡产业链，实现了肉鸡产业资源的低成本运作，生产科技含量高，公司从 1992 年起陆续建成现代化基地场（厂），不断引进具有世界先进水平的肉鸡饲养和加工设备。该公司是国家级农业产业龙投资企业。2006 年 12 月，圣农发展获得达晨创投公司的 2000 多万元的投资，不久后达晨又进行了追加投资。2009 年圣农发展成功上市，成为在国内肉鸡产业领域影响较大的现代科技型农业上市公司，同时达晨资本也借此赚得丰厚的回报。

近年来一些地区在追求农业现代化的过程中忽视了对农业生态的保护，土壤污染和地下水资源的破坏最为严重，于是，一批以生态农业、有机食品为生产目标的现代农业企业脱颖而出。这些企业依托国家的农业生态园区建设，综合了现代农业与生态农业元素，成为我国农业可持续发展的典型模式，获得了社会资本的广泛认可。北京百年栗园生态农业有限公司，是首农集团旗下的国有控股企业，专业从事北京油鸡育种研发、种鸡生产、饲料加工、生态养殖、屠宰加工、产品营销的全产业链农业企业。作为亚洲最大的北京油鸡生态散养基地，坐落在北京市著名的“山水大观，郊野公园”——密云县穆家峪镇后栗园村，基地得天独厚的自然环境和良好的有机生态农业发展条件为百年栗园发展有机低碳种养殖提供了优越的自然条件。2010 年 6 月，北京百年栗园生态获得天图创投公司 3000 万元的投资。上海多利农业发展有限公司（简称“多利农庄”）是中国最大的专业从事有机蔬菜种植和销售的公司之一，在北京、黑龙江、宁夏、浙江、福建、四川、云南和海南等区域在建或已建有机农业生产基地共计 10 余个。公司全心全意致力于都市有机生态农业建设，为消费者提供安全、新鲜、健康的有机及天然蔬菜，倡导低碳、绿色、环保的生活理念。多利农庄采用先进的“从田间到餐桌”直供会员的服务模式，从土壤的改良培育、有机肥研制、有机植保、产品现代化包装、全程冷链配送等各个环节均有严格的技术管理和质量把控。多利农庄与中国联通等企业合作，运用先进的物联网和云平台等技术建设“智慧农庄”，实现有机食品质量追溯和现代农业系统综合管理，从产品开发、生产到销售及其管理，科技特征非常突出。多利农庄分别在 2010 年和 2011 年完成了 A 轮及 B 轮融资，来自国际知名股权投资基金共计 4000 万美元的风险投资为公司发展提供了坚实的资金后盾。这个号称是土地“洗”了三年的农庄，据说光水循环系统就花了 6000 多万元投资建设。

另一较有代表性的投资案例是上市公司“国联水产”投资案，全称“湛江国联水产开发股份有限公司”，始建于 2001 年，是一家集水产种苗、饲料、加工、销售、科研为一体的大型集团企业。以对虾、罗非鱼产业链为发展核心，以加工出口为主，是国家农业产业化重点龙头企业，亚洲唯一对虾出口美国零关税企业。2007 年 10 月 24 日，国联水产获得智基创投旗下智龙基金一期、毅美投资、同创伟业旗下南海成长创投基金等投资机构联合 157.70 万美元的投资，2010 年国联水产成功登上创业板的舞台，身为风险资本的智基创投、毅美投资等也成功退出。实践表明，国联水产吸引风险资本并成功上市的关键所在就是公司拥有现代养殖的核心技术。

众多的风险资本将投资指向现代农业，目前已经涉足中国农业的风投和私募公司已包括红杉资本、青云创投、智基创投、鼎晖资本、九鼎投资、中科招商基金、优势资本、达晨创投等众多“淘金者”。

2.2.4 风险资本选择投资对象时非常重视企业家的素质与能力

风险资本选择投资对象时除了看重项目的核心技术与成长性之外，另一重要的看点就是企业家素质。对于投资者来说，企业家就是关键。一个值得投资的企业家，人品要好，做人要正派，喜欢学习。虽然这种企业家有时候经营有困难，但这种困难主要是技术和战略上的不足。风险投资家往往基于这两个要求来判定一家企业是否值得投资。此外，企业家要有很强的合作精神，对现代公司治理结构具有强烈的需求愿望，这样，投资者才能够顺利的融入企业团队，为企业输出智力服务。帮助公司开展市场的开拓，凝聚团队，进行风险控制。投资人和企业家成为了朋友，良性介入企业发展过程，对于控制投资公司风险、推动公司快速发展具有极大的帮助。

2.2.5 农业科技创新风险投资主体呈现多元化、客体规模化

我国风险投资早期发展为政府主导型发展方式，经过近三十年的发展，市场主体的作用日渐增强，政府从主导地位逐渐向引导地位转变。从 2006 年《创业投资企业管理暂行办法》实施以来，在创业投资企业的资本总额呈持续增长态势的过程中，资金供给主体也呈现多元化发展趋势，各投资主体的投资的结构也发生的显著的变化。从投资主体来看，目前主要有政府预算投资、国有机构投资、非国有机构投资、个人和外资投资。图 2－5 是 2006—2011 年按投资人属性分类的实到资本来源情况。

从实到资本来看，财政预算出资占比从 2006 年的 33% 下降到 2011 年的 15.9%，国有机构占比从 2006 年的 49.15% 下降到 2011 年的 41.4%，两项合计，占比从 2006 年的 81.95% 下降到 2011 年的 57.3%；而非国有机构占比从 2006 年的 12.73% 上升到 2011 年的 28.2%，个人出资占比从 2006 年的 4.14% 上升到 2011 年的 12.7%，外资占比从 2006 年的 1.18% 上升到 2011 年的

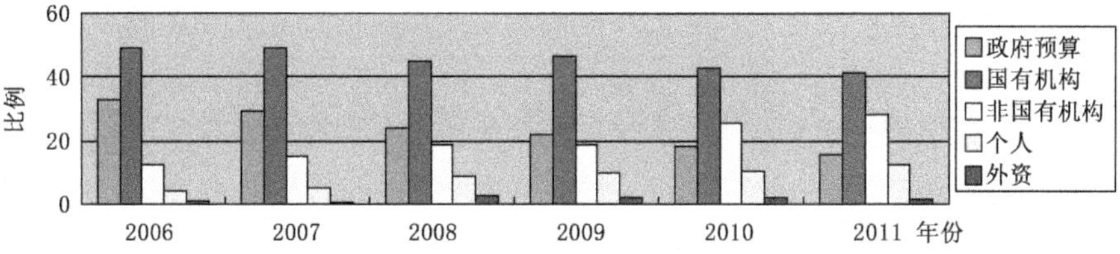

图 2-5　按投资人属性分类的实到资本来源情况

数据来源：《中国创业投资行业发展报告 2012》。

1.7%，三项合计，占比从 2006 年的 18.50% 上升到 2011 年的 42.6%。

我国农业科技创新风险投资主体也呈现多元化趋势。发展初期，我国农业科技创新风险投资的投资主体最初主要是企业出资建立农业科技企业，以 1998 年年底北京科技风险投资有限公司出资 5000 万元参股组建北京锦绣大地农业股份公司和 2001 年华苑农业高新技术风险投资有限公司参股投资了天津科润农业科技股份有限公司为代表。到了 2002 年外国风险投资更多的介入我国的农业科技创新风险投资市场。2002 年国际顶级投资银行摩根士丹利、鼎辉、英联联合向蒙牛一次性注资 2600 多万美元，是外资投资我国农业企业的首例案例。相继还有 2004 年英联投资对宁夏红投资 1000 万美元，IFC 对张裕酿酒投资 1760 万美元，2005 年集富亚洲投资公司对辉山乳液投资 80 万美元。虽然外资风险投资进入我国农业领域时间较晚，投资的案例也不多，但是投资金额较高。从 1996 年到 2006 年 9 月，112 个农业项目共引入创业投资资金 25.31 亿元，其中的 5 个外资项目占到了总额的 66.57%，共计 16.85 亿元。随着现代农业的发展以及农业领域利润的提高，再加上对农业投资的政策支持，民间资本开始介入农业领域。我国著名的中农科农业产业私募股权基金、联想农业产业基金、比尔·盖茨天使投资基金以及互联网众筹基金等等，都已经成为农业创业投资的项目的重要资金来源。

风险投资进行投资的对象主要以大型农业企业为主，大多是农业产业化龙头企业，例如蒙牛、雨润、双汇、隆平高科等，这主要是由龙头企业的产业优势、利润空间、政策扶持以及抗风险能力强等因素决定的。在政策上，政府引导风险投资投资于农业产业化龙头企业，例如河北省提出科技风险投资公司将联合省内外投资公司，加大对河北省农业产业化龙头企业的投资力度，帮助龙头企业解决项目融资难的问题。相比之下，中小企业抗风险能力较低，产业链较短，利润空间小，不易得到风险投资的青睐。

2.2.6 我国农业科技创新风险投资退出渠道不断增多

退出是风险投资活动的关键环节，不仅关系着整个投资活动的成功与否更关系到是否能获得高额回报实现投资目标。随着风险投资和我国资本市场的发展，风险投资的退出渠道越来越多样化，创业板、中小企业板以及股权交易市场的发展（中关村非上市公司代办股份转让所（新三板）、天津股权交易所、各地的产权交易所、金融交易所等）为农业科技创新风险投资的退出提供了通道。图 2－6 所示为 2006—2011 年创业投资退出方式占比情况。

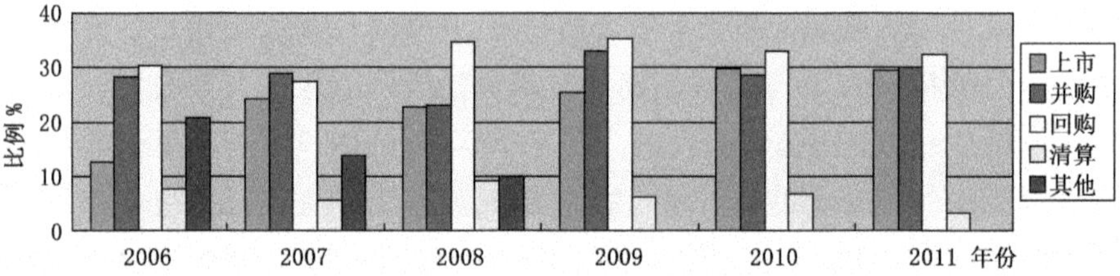

图 2－6　2006—2011 年创业投资退出方式占比情况

数据来源：《科技统计报告第 11 期》。

据统计，2010 年，中国风险投资业上市退出（IPO）比例达到历史最高水平，占全部退出项目的 29.80%，其中，44.0% 的创投机构选择境内中小板上市退出，37.3% 的创投机构通过创业板实现上市退出。可见，我国创业风险投资企业主要以扶持中小企业为主，中小板及创业板成为企业上市退出的主要渠道。受益于 IPO 项目和并购项目的高回报率，中国创业风险投资业的项目退出平均收益率高达 221.87%，远高于 2009 年全年 144.90% 的平均水平。到 2011 年，全球市场共有 356 家中国企业成功上市，其中，具有 VC/PE 背景的上市企业 165 家。上市退出（IPO）比例占全部退出项目的 29.40%，较 2010 年略有下降。IPO 项目的平均账面回报为 7.85 倍，其中，80.9% 的创投机构选择境内中小板及创业板实现上市退出。并购和回购方式的占比略有上升，成为行业退出的主导方式，全行业项目退出收益率为 193.71%，小于 2010 年的 221.87%。

2010 年中国共有 27 家农业企业成功 IPO，2010 年至 2011 年中国新农业领域共披露 38 起并购案例。典型的农业领域 IPO 案例包括天福（开曼）控股有限公司，2011 年 9 月 26 日在香港主板上市，公开发行股票 2.09 亿港元，共筹集资金 12.52 亿港元；史丹利化肥股份有限公司于 2011 年 6 月 10 日，在深圳中小企业板上市，发行股票 3250 股，筹资 11.375 亿元人民币；此外还有好想你枣业股份有限公司、唐人神集团股份有限公司、深圳市金新农饲料股份有限公司分别在 2011 年 5 月 20 日、2011 年 3 月 25 日、2011 年 2 月 18 日在深圳中小企业板上市融资，如图 2－7 所示。

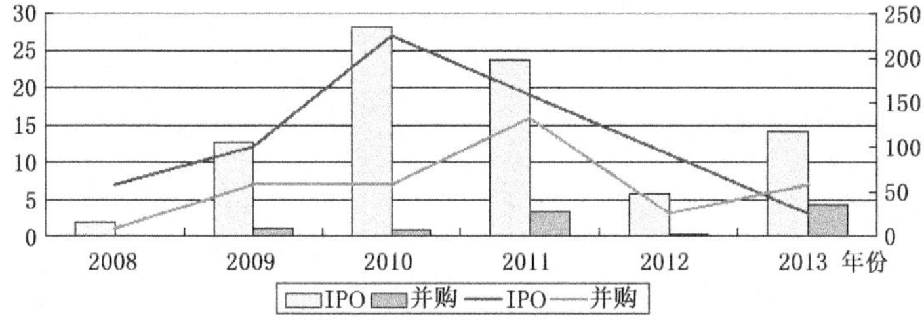

图 2－7　2008—2013 年我国农业领域 IPO 及并购情况

数据来源：清科数据库。

2012 年仅有 7 家农业企业登陆资本市场，融资规模为 3.85 亿美元，无论融资案例数量还是融资规模都创下近 3 年最低值，平均单笔 IPO 融资规模仅为 5514 万美元，创近 4 年最低值。从具体 IPO 案例来看，饲料生产企业百洋股份当年 9 月在 A 股融资 5.26 亿元，成为 2012 年度农业企业融资规模最高的一起。但是单从 IPO 账面回报来看，农业领域反而创了近三年新高。据统计，2009 年至 2012 年国内农业领域共涉及 42 笔退出，平均账面回报率整体处于波动中，其中 2012 年国内 VC/PE 机构在农业领域 IPO 账面回报率创近 3 年新高，达到 6.98 倍，高于全部行业平均账面回报率 4.38 倍。具体来看，2012 年鱼糜制品企业腾新食品上市，劲达创投、龙翔博弘投资均获 10.72 倍账面回报，这两笔退出交易是拉升农业账面回报率的主要原因。除此之外，饲料生产企业百洋股份上市，为背后投资者金立创投、弘德隆盛带来 9.8 倍的超高回报，成为农业领域退出回报较高的典型案例。

除此之外，2012 年 9 月 20 日挂牌运营的全国中小企业股份转让系统俗称“新三板”，成为农业科技产权交易的重要市场。截至 2015 年 9 月 30 日，已有 3585 家中小企业在交易所挂牌交易，其中农业类中小企业（包括农林牧渔业生产、农产品加工制造、农机具生产）挂牌交易的有 149 家（如表 2－18 所示）。

表 2-18　截至 2015 年 9 月 30 日农业类上市公司挂牌交易一览表

证券代码	证券简称	门类分类名称	大类分类名称	中类分类名称	小类分类名称
430225	伊禾农品	农、林、牧、渔业	农业	蔬菜、食用菌及园艺作物种植	蔬菜种植
430370	谢裕大	农、林、牧、渔业	农业	坚果、含油果、香料和饮料作物种植	茶及其他饮料作物种植
430383	红豆杉	农、林、牧、渔业	林业	林木育种和育苗	林木育苗
430463	春茂股份	农、林、牧、渔业	畜牧业	家禽饲养	鸡的饲养
430468	锦棉种业	农、林、牧、渔业	农业	棉、麻、糖、烟草种植	棉花种植
430505	上陵牧业	农、林、牧、渔业	畜牧业	牲畜饲养	牛的饲养
430566	虹越花卉	农、林、牧、渔业	农业	蔬菜、食用菌及园艺作物种植	花卉种植
430625	联创种业	农、林、牧、渔业	农业	谷物种植	玉米种植
430682	中天羊业	农、林、牧、渔业	畜牧业	牲畜饲养	羊的饲养
430696	金银花	农、林、牧、渔业	农、林、牧、渔服务业	农业服务业	农产品初加工服务
430736	中江种业	农、林、牧、渔业	农业	谷物种植	稻谷种植
430739	银花股份	农、林、牧、渔业	农、林、牧、渔服务业	农业服务业	农产品初加工服务
430762	荣昌育种	农、林、牧、渔业	畜牧业	牲畜饲养	猪的饲养
830828	万绿生物	农、林、牧、渔业	农业	其他农业	其他农业
830851	骏华农牧	农、林、牧、渔业	畜牧业	牲畜饲养	牛的饲养
830859	金旭农发	农、林、牧、渔业	畜牧业	牲畜饲养	猪的饲养
830875	千草生物	农、林、牧、渔业	农业	中药材种植	中药材种植

续表

证券代码	证券简称	门类 分类名称	大类 分类名称	中类 分类名称	小类 分类名称
831029	银丰棉花	农、林、牧、渔业	农、林、牧、渔服务业	农业服务业	农产品初加工服务
831087	秋乐种业	农、林、牧、渔业	农业	谷物种植	玉米种植
831102	湘佳牧业	农、林、牧、渔业	畜牧业	家禽饲养	鸡的饲养
831158	金鲵生物	农、林、牧、渔业	渔业	水产养殖	内陆养殖
831232	红旗种业	农、林、牧、渔业	农业	谷物种植	稻谷种植
831233	恒丰科技	农、林、牧、渔业	农业	棉、麻、糖、烟草种植	棉花种植
831243	晓鸣农牧	农、林、牧、渔业	畜牧业	家禽饲养	鸡的饲养
831256	新疆银丰	农、林、牧、渔业	农、林、牧、渔服务业	农业服务业	农业机械服务
831363	佰蒂生物	农、林、牧、渔业	农业	水果种植	其他水果种植
831399	参仙源	农、林、牧、渔业	农业	中药材种植	中药材种植
831436	白水农夫	农、林、牧、渔业	农业	蔬菜、食用菌及园艺作物种植	蔬菜种植
831439	中喜生态	农、林、牧、渔业	林业	林木育种和育苗	林木育苗
831492	安信种苗	农、林、牧、渔业	农业	蔬菜、食用菌及园艺作物种植	蔬菜种植
831597	苍源种植	农、林、牧、渔业	农业	中药材种植	中药材种植
831609	壹加壹	农、林、牧、渔业	畜牧业	牲畜饲养	牛的饲养
831725	凌志股份	农、林、牧、渔业	农业	豆类、油料和薯类种植	薯类种植
831760	玉如意	农、林、牧、渔业	农业	蔬菜、食用菌及园艺作物种植	蔬菜种植
831808	神元生物	农、林、牧、渔业	农业	中药材种植	中药材种植
831836	澳坤生物	农、林、牧、渔业	农业	蔬菜、食用菌及园艺作物种植	食用菌种植

续表

证券代码	证券简称	门类分类名称	大类分类名称	中类分类名称	小类分类名称
831851	绿健神农	农、林、牧、渔业	农业	中药材种植	中药材种植
831888	垦丰种业	农、林、牧、渔业	农业	其他农业	其他农业
831898	冬虫夏草	农、林、牧、渔业	农业	中药材种植	中药材种植
831915	川娇农牧	农、林、牧、渔业	畜牧业	牲畜饲养	猪的饲养
832019	中棉种业	农、林、牧、渔业	农业	其他农业	其他农业
832130	圣迪乐村	农、林、牧、渔业	畜牧业	家禽饲养	鸡的饲养
832132	民正农牧	农、林、牧、渔业	畜牧业	牲畜饲养	猪的饲养
832139	沃田农业	农、林、牧、渔业	农业	水果种植	其他水果种植
832191	欣绿茶花	农、林、牧、渔业	农业	蔬菜、食用菌及园艺作物种植	花卉种植
832268	鑫秋农业	农、林、牧、渔业	农业	其他农业	其他农业
832299	石大科技	农、林、牧、渔业	农业	其他农业	其他农业
832348	双色港	农、林、牧、渔业	农业	棉、麻、糖、烟草种植	棉花种植
832425	国农基业	农、林、牧、渔业	农、林、牧、渔服务业	畜牧服务业	畜牧服务业
832458	红枫种苗	农、林、牧、渔业	林业	林木育种和育苗	林木育苗
832479	长荣农科	农、林、牧、渔业	畜牧业	牲畜饲养	猪的饲养
832482	菁茂农业	农、林、牧、渔业	农业	中药材种植	中药材种植
832484	金晋农牧	农、林、牧、渔业	畜牧业	家禽饲养	鸡的饲养
832544	怡莲蚕桑	农、林、牧、渔业	畜牧业	其他畜牧业	其他畜牧业
832555	金宇农牧	农、林、牧、渔业	畜牧业	牲畜饲养	牛的饲养

续表

证券代码	证券简称	门类分类名称	大类分类名称	中类分类名称	小类分类名称
832563	帮豪种业	农、林、牧、渔业	农业	谷物种植	玉米种植
832590	恒德股份	农、林、牧、渔业	农、林、牧、渔服务业	畜牧服务业	畜牧服务业
832625	巴口香	农、林、牧、渔业	农业	谷物种植	玉米种植
832673	中香农科	农、林、牧、渔业	农业	谷物种植	稻谷种植
832687	京东农业	农、林、牧、渔业	农业	坚果、含油果、香料和饮料作物种植	茶及其他饮料作物种植
832732	亚夫农业	农、林、牧、渔业	农业	谷物种植	稻谷种植
832751	金秋科技	农、林、牧、渔业	农业	谷物种植	玉米种植
832786	骑士乳业	农、林、牧、渔业	畜牧业	牲畜饲养	牛的饲养
832809	九森林业	农、林、牧、渔业	林业	森林经营和管护	森林经营和管护
832838	华绿生物	农、林、牧、渔业	农业	蔬菜、食用菌及园艺作物种植	食用菌种植
832878	宝利祥	农、林、牧、渔业	农、林、牧、渔服务业	农业服务业	农产品初加工服务
832888	天地人	农、林、牧、渔业	农业	水果种植	香蕉等亚热带水果种植
832893	宏源农牧	农、林、牧、渔业	农业	豆类、油料和薯类种植	薯类种植
832902	画龙点睛	农、林、牧、渔业	林业	林木育种和育苗	林木育苗
832903	永强农业	农、林、牧、渔业	畜牧业	家禽饲养	鸭的饲养
832907	宏华股份	农、林、牧、渔业	畜牧业	其他畜牧业	其他畜牧业
832912	西科种业	农、林、牧、渔业	农业	其他农业	其他农业
832926	恒屹农牧	农、林、牧、渔业	农业	豆类、油料和薯类种植	薯类种植
832942	名品彩叶	农、林、牧、渔业	林业	林木育种和育苗	林木育苗

续表

证券代码	证券简称	门类 分类名称	大类 分类名称	中类 分类名称	小类 分类名称
832974	鲜美种苗	农、林、牧、渔业	农业	谷物种植	玉米种植
833001	三江股份	农、林、牧、渔业	畜牧业	牲畜饲养	猪的饲养
833082	龙凤山	农、林、牧、渔业	畜牧业	牲畜饲养	猪的饲养
833087	勇辉生态	农、林、牧、渔业	畜牧业	牲畜饲养	猪的饲养
833140	中博农	农、林、牧、渔业	农、林、牧、渔服务业	畜牧服务业	畜牧服务业
833172	明珠股份	农、林、牧、渔业	农业	蔬菜、食用菌及园艺作物种植	花卉种植
833260	万辰生物	农、林、牧、渔业	农业	蔬菜、食用菌及园艺作物种植	食用菌种植
833270	沃福百瑞	农、林、牧、渔业	农业	其他农业	其他农业
833273	蓝思种业	农、林、牧、渔业	畜牧业	牲畜饲养	猪的饲养
833297	德宏种业	农、林、牧、渔业	农业	谷物种植	小麦种植
833302	羌山农牧	农、林、牧、渔业	畜牧业	牲畜饲养	猪的饲养
833443	皇达科技	农、林、牧、渔业	林业	林木育种和育苗	林木育苗
833462	华瑞农业	农、林、牧、渔业	畜牧业	牲畜饲养	牛的饲养
833506	勤劳农夫	农、林、牧、渔业	农业	水果种植	其他水果种植
833515	禾美农业	农、林、牧、渔业	农、林、牧、渔服务业	农业服务业	其他农业服务

资料来源：全国中小企业股权转让系统网站，根据网站公布的我国中小企业股权转让系统挂牌公司管理类别分类整理结果。

2.3 本章小结

经过近 20 年的发展，农业科技领域的风险投资案例不断增多，投资规模不断增大，领域不断拓宽。农业科技创新领域风险投资的发展，与国家对农业科技创新、农村经济发展的鼓励措施紧密相关，同时也与我国经济结构不断调整以及经济发展方式的转变紧密相关。2008 年之后，中国经济结构进入调整改革时期，农业领域的风险投资明显加快，农业科技风险投资的领域从过去比较单纯的种业、牧业以及农产品加工业扩展到农产品仓储、冷链物流、休闲农业、品牌创造等多个细分领域。实践表明，风险资本与农业产业的联系越来越紧密，已经成为近年来我国现代农业发展的新型资本形式。

第3章 我国农业科技创新风险投资发展模式

近二十年来，农业科技风险投资主体由过去政府单一主体投资发展到今天的政府、国有企业、民营资本、外国资本等多元化主体投资，投资领域涵盖农、林、牧、渔及农产品加工等各行业，在农业科技创新、农业产业化和现代农业建设过程中发挥了重要作用。本章基于我国农业科技风险投资的主体结构变化，总结归纳为两种发展模式，即政府背景农业科技创新风险投资模式和市场背景农业科技创新风险投资模式，对不同模式的运行特点、作用及不足进行分析，结合我国农业大国的基本国情和现代农业建设的实际需求，探讨未来我国农业科技风险投资发展的新模式，即“政府引导+政策性中介机构服务+风险资本+农业科技企业”的运行模式。

3.1 我国农业科技创新风险投资发展模式分类

3.1.1 依风险投资公司参与投资的方式不同来划分

可分为通过出资与农业科技企业共同设立新的农业科技企业和通过股权投资方式投资于农业科技企业两种发展模式。

合作设立农业科技企业，从企业的资本管理、业务拓展、技术保障、到市场开拓等方面，对风险投资活动而言都带来了很多的便利，因此，这是各地方政府设立的风投公司以及其他风险投资公司经常采用的一种投资模式。1996年广东省科技创业投资公司和广东省新会市粤州新技术开发公司共同出资兴办新会现代农业发展有限公司；1998年年底北京科技风险投资有限公司出资5000万元参股组建北京锦绣大地农业股份公司；2010年1月，深圳创业投资有限公司（简称深创投）出资1亿元，与内蒙古高新控股有限公司、代表自治区政府创业投资引导基金的内蒙古日信担保投资（集团）有限公司共同成立了内蒙古红土高新创业投资有限公司（内蒙古基金），内蒙古自治区首只由政府创业投资引导基金参与的风险投资基金，首期注册资本金2.6亿元人民币。该基金2010年3月开始委托内蒙古红土资本创业投资管理有限公司运营管理。这种风险共担、利益共享的合作模式显然为深创投深入地方找项目扩展了途径。

股权投资方式是指风投公司以投资入股方式投资农业科技企业，并以股东身份参与到企业的管理和经营中去。大多数的风险投资活动采用这种方式。较为著名的案例为2001年华苑农业高新技术风险投资有限公司参股投资了天津科润农业科技股份有限公司，深圳创新投资集团2008年联合百瑞创新、秉原秉鸿资本投资4500万元给好想你枣业，2011年联想投资3000万美元注资立华畜禽，2010年6月，北京百年栗园生态获得天图创投3000万元的投资，2010年11月，上海多利农场又获得了青云创投等机构7000万元的投资。

3.1.2 依农业科技创新风险投资的组织形式不同来划分

可分为投资主体拉动型和中介机构（或平台）推动型等两种模式。其中，投资主体拉动型是指由政府、企业设立或参股设立风险投资公司，直接投资于农业科技企业或项目。截至2014年年底，在国家发展和改革委员会备案的风险投资企业8157家[①]，加上一些大型企业、信托、银行等机构设置的私募股权投资基金，能够从事风险投资活动的机构组织至少上万家。中介机构（或平台）推动型则是由风险投资中介服务组织牵线搭桥实现的农业科技风险投资方式，包括专业的和非专业的各类中介服务机构，比如风险投资行业协会、

① 数据来源：Wind资讯PE/VC库。

风险投资网、农业科技园区、农业高新技术园区、投融界等以及农业科技管理部门等服务平台通过组织农业科技企业与风险投资的对接活动，实现农业科技风险投资发展。

3.1.3 依农业科技创新风险投资的带动机制不同来划分

可分为政府部门引导型、科技特派员带动型、农业科技园区带动型、创新中介服务平台撮合型等几种模式。

根据政府支持的方式不同，政府引导模式又分为政府直接参与的农业风险投资和间接参与的农业科技创新风险投资，其中，直接参与主要是指政府出资设立风险投资公司直接投资于农业。我国早期的风险投资公司大多是由政府出资设立的，虽没有设立专门的农业科技创新风险投资公司，但也有少量的投资于农业高新技术领域的农业科技风险投资活动。这种直接投资方式，既有带动作用又有引导作用。间接参与主要是指通过设立农业科技创新风险投资引导基金、农业产业发展基金、搭建创新服务平台，引导社会资本投资于农业科技领域。间接参与模式的作用主要在于引导社会资本的投资取向。

科技特派员是国家和地方现阶段推行并实施的一项重大决策，它通过选派有一定科技专业理论、技术、工作经验、指导方法、管理能力、年富力强的专家、教授、研究员、博士等中青年知识分子，深入农村第一线，长年累月地和农民在一起，工作在农村、服务农业，把自己的一切贡献给“三农”。科技特派员本身不带来风险投资，而是通过对农业的技术指导、管理水平的提高来改善农业的落后面貌，促进农业科技进步，提供先进管理经验，是农村企业与经济规范发展，这在一定程度上为引入风险投资创造了条件。科技特派员制度成为依靠技术力量带动农业科技风险投资发展的一种重要方式。

农业科技园区是农业技术创新的基地，是一种适应国家高新技术产业化需要的社会组织安排。农业科技园区往往集人才、科技、科研院校、单位等资源于一体，是农业科技企业的聚集地，涌现出很多具有代表性的龙头企业，并且享受到政府为发展农业科技产业而采取的优惠政策，成为风险投资的活动中心。以陕西杨凌农业高新技术示范区为例，自 1997 年成立以来，大力推进科教体制改革，努力探索农科教、产学研机密结合的机制，积极探索了“龙头企业 + 科技人员 + 基地 + 农户”的农业技术推广模式，极大地促进了农业科技成果的转化，成为吸引风险投资的热点。目前，杨凌运作的风险投资机构 4 家，满足了示范区及其辐射地区多项融资需求，极大地促进了农业科技企业的发展，成为典型的农业科技园区带动风险投资发展的模式。

创新中介服务平台撮合型是指通过平台的服务，实现农业科技企业与风险投资的对接活动。根据平台搭建者的机构性质不同可分为政府部门参与的中介服务平台和市场主体自发创建的中介服务平台。有代表性的政府参与的中介服务活动主要是科技部组织的两届农业科技创新创业大赛、陕西杨凌农业高新技术园区组织的各种农展会和项目对接会、各地方政府科技部门组织的农村科技创新创业投融资对接会（比如湖北省、福建省、浙江省、陕西省等地组织的对接活动）。根据市场新需求各市场主体自发组织的影响较大的中介服务活动主要有：中国风险投资大会年会组织的科技企业与风险投资机构的对接活动、风险投资网络服务平台组织的对接大会（比如风险投资网、三农资本、投融界等网络平台等）等。上述中介服务平台不仅提供对接服务便利，而且还为农业科技企业提供对接辅导、路演等具体服务，为农业科技风险投资发展开辟了重要通道。

3.1.4 依农业科技创新风险投资的主体不同来划分

可分为政府主导型、国有控股企业、外资企业、民营企业、高校与科研院所设立公司发起型等几种不同模式。

我国风险投资事业发展的早期，基本都是政府投资发展模式，随着 2001 年《中关村科技园区条例》、《深圳经济特区高新技术产业园区条例》的出台及 2003 年《外商投资创业投资企业管理规定》等相关条例的颁布，各类不同所有制性质的市场主体包括国有控股企业、外资企业、民营企业等纷纷涉足风险投资领域，逐渐形成了早期以政府投资为主的风险投资发展模式。科技部风险投资调研小组在 2000 年 6 月做的一项调查表明：在所调查的 25 个省市的 47 家风险投资机构中，政府拥有股权的风险投资机构占 90%，纯民营风险投资机构占 2%，外国风险投资机构占 8%。2003 年后，随着国外资本投资案例的增多、规模的加大以及国内民营资本投资程度的提高，包含国企、外企、民企等在内的多元化投资主体格局已逐渐形成。

政府主导模式主要是指政府直接参与的农业风险投资和间接参与的农业

科技创新风险投资两种模式，其中，直接参与主要是指政府出资设立风险投资公司或授权某公司直接从事农业科技风险投资活动，如广东省风险投资公司，由地方政府组建及授权，广东省政府5年时间相继拨出8亿元作为风险投资引导资金，至今集团公司和下属企业已滚动投资约90个项目；间接参又分两种表现形式：一是通过设立农业科技创新风险投资引导基金、农业产业发展基金，引导社会资本投资于农业科技领域；二是通过组织对接活动推动农业科技企业获得风险资本的支持。国有独资或控股企业主导的风险投资发展模式包括两种具体形式：一是政府授权某国有公司从事风险投资业务，如上海市创业投资公司、广州市科技风险投资公司及江苏省高新科技风险投资公司；二是随着大型国企经营多元化的发展以及对金融、投资领域的涉足，形成一批国有控股或参股的风险投资公司，如深圳创新科技投资公司、北京科技风险股份有限公司等，这类公司是由国有企业、高新科技开发区企业、上市公司、民营企业等筹建的公司，其特点是共同筹集资金、共担风险；还有一些实业公司分立风险投资机构，如联想风险投资公司、红塔创新投资公司、万向创业投资股份有限公司、上海申能创业投资公司。外资企业主导型主要是指由外资投资机构对中国境内的科技企业创新创业而进行的投资。民营资本主导的风险投资为民营企业自主成立的风险投资机构。高校设立公司发起设立的风险投资机构也有一些，典型代表是清华科技创业投资有限公司、北大招商创业投资管理有限公司等。表3－1显示的是2014年年底我国十大创业投资机构的机构实力和公司性质。

表3－1　2014年中国十大创业投资机构排名

机构名称	机构实力	机构性质
深圳市创新投资集团有限公司	简称“深创投”，成立于2002年10月，注册资本42亿元人民币、高达100亿元人民币的可投资能力、管理着外部100亿元人民币的资本，造就中国资本规模最大、投资能力最强的本土创业投资机构。	国资参股
深圳市达晨创业投资有限公司	简称“达晨创投”，成立于2000年4月，是我国第一批按市场化运作设立的本土创投机构。共管理15期基金，基金总规模超过150亿元，投资企业累计140家，为目前国内规模最大、投资能力最强、最具影响力的创投机构之一。	民营

续表

机构名称	机构实力	机构性质
君联资本有限公司	简称“君联资本”，是联想控股旗下专业的独立投资公司，其前身——联想投资成立于2001年4月，并于2012年2月16日正式启用全新中文名称——君联资本。目前，君联资本共管理六期美元基金、三期人民币基金，资金规模合计逾200亿元人民币，注资企业200余家。	民营
江苏高科技投资集团有限公司	中国最早设立的专业化私募股权投资和创业投资机构之一，长期致力于以专业化股权投资手段助力国家和区域经济创新发展、转型升级，经过二十余年的努力，已经发展成为国内顶级的以产业金融、科技金融、文化金融为核心业务的现代金融投资集团。累计组建了60多只不同定位的股权投资基金，管理资本规模逾500亿元，累计投资支持了600多家创业企业。	国资参股
红杉资本中国基金	“红杉资本”，创始于1972年，共有18只基金，超过40亿美元总资本，总共投资超过500家公司。作为全球最大的VC，曾投资了苹果电脑、思科、甲骨文、雅虎和Google、Paypal。2005年9月，德丰杰全球基金原董事张帆和携程网原总裁兼CFO沈南鹏与Sequoia Capital（红杉资本）一起始创了红杉资本中国基金（Sequoia Capital China）。	外商独资
IDG资本	原名美国太平洋技术风险投资基金—中国（PTV - China），于1992年由全球领先的信息技术服务公司——国际数据集团（IDG）建立。迄今为止，IDG已向中国的创业公司投资数亿美元。IDG技术创业投资基金（简称IDGVC）是最早进入中国市场的美国风险投资公司之一。不仅向中国高科技领域的创业者们提供风险投资，并且在投资后提供一系列增值服务和强有力的支持。	外商独资
启明维创创业投资管理（上海）有限公司	简称“启明创投”，成立于2006年2月，是一家中国领先的风险投资机构。主要投资于早期和成长期阶段的高科技企业，投资额从50万美元到3000万美元不等。旗下管理四只美元基金，三只人民币基金，资金总额超过100亿元人民币。目前启明创投在中国已投资超过120家企业。	合资

续表

机构名称	机构实力	机构性质
深圳市同创伟业创业投资有限公司	简称“同创伟业”，成立于2000年6月26日，是中国第一批专业创业投资公司。旗下已设立6只PE基金，管理资产规模超过100亿元人民币，陆续投资150多家企业。	民营
上海永宣创业投资管理有限公司	成立于1999年7月，国内首家同时管理境内及离岸基金的风险投资管理公司，目前管理的基金规模逾30亿美元。截至目前，已经投资了65家公司，投资额超过2亿美金。	民营
中国风险投资有限公司	简称“中国风投”，成立于2000年，由民建中央发起设立，专业从事风险投资、基金管理等业务的投资机构，是国内最早的风险投资机构之一。中国风投主要股东有中国宝安集团、中华思源基金会、通威集团、林达集团、天正集团等。目前中国风投自有资金5亿元人民币，发起设立并管理人民币基金2只，基金总规模分别为10亿元人民币和2亿元人民币。	国有

资料来源：投资界，http：//www. pedaily. cn。

3.2 政府背景农业科技创新风险投资发展模式

政府背景的农业科技创新风险投资发展模式，是指政府直接出资或参股设立风投公司或大型国企涉足农业科技风险投资领域，直接投资于政策导向的农业高新技术领域的发展模式，还包括“政府搭台、企业唱戏”的政府提供中介服务的模式。政府主导或引导的投资模式与普通投资的差别，主要在于投资领域为高新技术的特征，承担着国家扶持科技创新的职能，体现的是国家的科技政策导向。因此，该风险投资的发生与国家的政策力度、企业科技创新程度等有紧密关系。本部分分析的政府背景下的农业科技创新风险投资是指以下三类投资：一是政府独资或参股设立的风险投资公司及其运作；二是“政府搭台、企业唱戏”的中介服务平台引导模式，这两类均称为政府主导型；三是大型国企控股或其旗下的风险投资公司及其运作，简称国企主导型。

3.2.1 政府背景农业科技创新风险投资发展概况与作用

3.2.1.1 政府背景农业科技创新风险投资发展概况

众所周知，我国风险投资业的形成与发展是在政府的直接推动而产生的，因此，早期的风险投资机构大多都是政府独资设立，包括国家级的中国高新技术投资公司和各地方政府出资设立的省市级投资公司。由于农业特有的风险属性，政府出资设立的风险投资机构在农业科技风险投资体系发育初期十分重要。政府以财政资金注资成立风险投资机构，或者直接以风险资本形式投资农业科技企业，以推动我国农业科技的发展。

（1）政策措施

2006年10月我国政府多个部门联合制定了促进创业投资引导基金规范设立与运作的指导意见，探讨地方政府设立创业投资引导基金的有效模式，充分发挥创业投资对促进创新型经济发展的积极作用（表3－2）。

表3－2　2006年多个政府部门制定的促进创业投资发展的政策措施

部　　门	政策措施
财政部、税务总局	创业投资企业税收扶持政策方案
中国保监会	推进保险公司投资创业投资企业试点
中国证监会	推进证券公司开展创业投资业务
中国证监会、深圳证券交易所	促进“中小企业板”制度创新，拓宽退出渠道
中国人民银行	允许创业投资企业通过债券融资增强投资能力

资料来源：中华人民共和国中央人民政府门户网站 http：//www.gov.cn。

（2）农业产生创业投资基金

创业投资基金是一种以股权形式投入到创业投资企业，引导社会资金进入创业投资领域，不直接从事创业投资，不以营利为目的的政策性基金，并以“政府引导，市场运作，规范管理，支持创新”为原则，具有引导性、专业化、市场化的特点。其主要作用是发挥政府资金的政策引导性和杠杆放大效应，引导社会资本向具有竞争力的科技型新兴产业和高新技术企业投资；推动产业聚集，促进区域产业结构调整和优化，有效加快自主创新成果产业化。

2009年的中央1号文件指出："有条件的地方可成立政策性农业投资公司和农业产业发展基金。"同年10月，国家发展和改革委员会、财政部于北京、吉林、上海、安徽、湖南、重庆、深圳等7个省市合作，联合设立高新技术产业创业投资基金。为了吸引社会资金，结合地方产业发展特点和区域优势，设立20只创业投资基金，募集资金约90亿元，其中中央政府注资10亿元、地方政府12亿元、社会募集近70亿元，投向电子信息、生物医药、新能源、节能环保、现代农业等国家鼓励发展的高新技术产业。这是政府出资创业引导基金、实施新兴产业创投计划的开始，国家发展改革委、财政部推进利用国家产业技术研究与开发资金，与地方政府资金联合，参股设立创业投资基金试点（表3-3）。

表3-3　中央与地方政府设立的涉农产业创业投资基金　单位：人民币

省市（年份）	设立基金	基金规模	一期规模	资金来源	涉及领域
吉林（2009）	吉林省生物产业创业投资基金	10亿元	2.5亿元	中央财政、吉林省财政分别出资5000万元、社会资本1.5亿元	生物医药、生物农业、生物制造、生物能源、生物环保
河南（2010）	河南农业开发产业投资基金	48亿元	12亿元	政府引导基金2亿元、国内募集4亿元、海外配套等值人民币6亿元	高成长性农业产业及关联产业的优秀企业
徐州（2010）	徐州高新创业投资基金	2亿元	6000万元	—	新能源、电子信息、资源与环境技术、现代农业、高新技术改造产业等
甘肃（2012）	现代农业创业投资基金	3亿元	—	中央财政5000万元、省财政5000万元、其他公司2亿元	现代农业

续表

省市（年份）	设立基金	基金规模	一期规模	资金来源	涉及领域
江苏（2013）	现代种业创业投资基金	—	1 亿元	省级财政资金 4000 万元、其余由省内相关企业集团和科研院所出资	省内农作物种业企业
南京（2013）	南京市资金生物农业投资基金	—	3000 万元	市农业委员会、南京紫金科技创业投资公司、溧水白马农业科技园、南京新农发展集团	生物农业

资料来源：中华人民共和国中央人民政府门户网站 http：//www.gov.cn。

2011 年国家发展和改革委员会和财政部联合发文，提出中央财政资金通过直接投资创业企业、参股创业投资基金等方式投入并按市场化模式运作，促进新兴产业发展。其中国家新兴产业创投计划新批准参股设立创业投资基金 41 只，国家补助 20.5 亿元，引导地方政府和社会投入约 90 亿元。同年吉林省战略性新兴产业产值为 2800 亿元左右，比 2010 年增长 30%，2012 年实现产值 3500 亿元。2012 年南京市安排的生物农业建设专项资金直接带动社会资本投入生物农业项目近 4 亿元，全市生物农业产值 63.46 亿元。2013 年 5 月江苏省成立的现代种业创业投资基金并以市场化方式运作，使财政支农工作由无偿资助变为有偿引导，是财政资金以市场化方式扶持现代农业的创新之举。据国家财政部数据显示，截至 2013 年年底，中央财政通过产业技术研发资金和战略性新兴产业发展专项资金投入 70.5 亿元，支持参股设立 141 支创业投资基金，带动地方政府和社会资本投入近 320 亿元，引导基金投资一般占比低于 30%，社会总投资放大了 4.5 倍之余（图 3－1）。

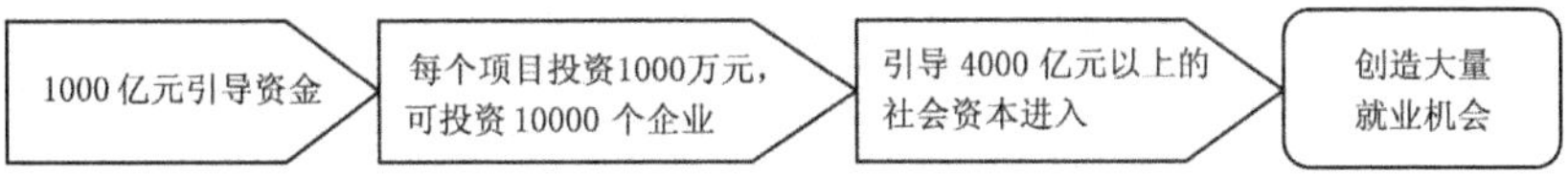

图 3－1　中央财政资金的杠杆作用

（3）中国农业产业发展基金

2010 年中央 1 号文件指出"针对农业农村特点，创新金融产品和服务方式，搞好农村信用环境建设，加强和改进农村金融监管，建立农业产业发展基金"；2012 年中央 1 号文件指出"支持发展农业科技创新基金，积极引导和鼓励金融信贷、风险投资等社会资金参与农业科技创新创业"。为响应中央 1 号文件号召，2012 年 12 月 17 日我国第一只国家级农业产业基金——中国农业产业发展基金在北京成立，简称"中农基金"，次年 3 月 21 日在北京举行揭牌仪式正式宣告成立。由国务院批准设立的这只基金首期规模 40 亿元，存续期 15 年，由财政部联合中国信达、中信集团和中国农业发展银行共同发起设立，其中每家发起人出资 10 亿元，由中国信达旗下子公司信达资本担任基金管理人。

根据国务院精神和财政部的要求，"中农基金"以服务"三农"为基本定位，积极发挥财政资金的引导作用。实现了政策导向与市场经营的有机结合，创新了财政与金融合作支农的新机制。"中农基金"重点支持农业产业化龙头企业，并以资金支持为主，阶段性跟进投资，为被投企业提供系统化的综合服务。基金自 2013 年 3 月正式运作开始，到 2013 年年底，该基金共洽谈 532 家企业，调研 200 多家，经过分析企业财务数据、运营情况、请教专家等方式考察，投资管理委员会通过 11 家，董事会通过 9 家，涉及农业种植、养殖、农产品加工、农资和农机 5 大门类。基金投资总额 14.47 亿元，被投企业营业收入较 2012 年总体增长 18.55%，净利润较 2013 年上半年总体增长 54.45%。据财政部统计，基金 2013 年年度投资账面年化收益率约为 9.43%，增值率约为 34.17%。其中包括内蒙古科尔沁牛业股份有限公司、大连东霖食品有限公司、吉林金塔集团、江苏立华牧业有限公司、夏溪花木市场等。

中国农业发展基金提供的资金不通过任何其他途径，直接流入被投企业，从洽谈到投资只用一个月左右的时间，不会造成资金在银行、信托、租赁领域互相流通得不出实际效益。以股权投资为前提，对被投企业掌握在 30% 以内的小股权，不控股；同时，基金投资坚持少而精，这种做法确保后续多轮次组合投资资金充足，避免了企业阶段性发展融资困境的发生。

中国农业产业发展基金既不同于追求利润最大化的纯商业投资，也不同于传统的财政无偿投入，基金通过向被投资企业提供资金、经营管理咨询、资本市场融资等一条龙服务，在深入挖掘农业产业投资的价值基础上，获取稳定投资回报实现自身商业可持续。从基金的投资策略上来说，为体现国家对农业领域的政策扶持，基金坚持“安全、稳健”的投资理念，以价值型投资为主，追求长期增值。主要采取多轮次的组合投资方法，以股权投资的形式投资于农业产业化龙头企业、农业流通等重点农村服务业企业、农业和农村配套服务与建设项目、农业保险公司、涉农担保公司等。以龙头企业为支点，提高资本实力，聚集更多的资本、人才和技术，充分发挥龙头企业的辐射作用，带动当地农户增收致富和当地农业经济发展，推动农业规模化集约化发展，进一步提高产业优化水平。

（4）国企涉足农业科技风险投资领域

国企涉足风险投资领域主要是指大型国有独资或控股企业涉足风险投资领域。除新设立的政府独资专业化风险投资公司外，随着风险投资事业的发展，一些大型国有控股公司开始涉足风险投资领域，特别是近些年国企改革不断深入，一些风投公司也主动与国企进行资本合作，国资参与型 PE 纷纷成立。2012 年以来，新一轮国资国企改革提出，积极发展混合所有制经济，引入股权投资基金参与国有企业改制上市、重组整合、国际并购。这极大地激发了私募股权基金（PE）的热情。

理论上讲，相对于纯粹的民营资本，PE 的运作团队体现出专业化特征，背后资金来源也更为多样化。实际工作中，无论是 PE 作为战略投资者投资国有企业，还是与国有资本共同投资新兴成长型企业，PE 都能够在机制创新上助力国资国企改革，可谓是国企改革“最好的伙伴”。2013 年 12 月 19 日，上海联合产权交易所公布了上海国有企业绿地集团增资扩股结果，平安创新资本、鼎晖嘉熙、宁波汇盛、珠海普罗、上海国投协力发展等五家 PE 机构，以 5.62 元/股的价格联合向绿地增资 117.29 亿元，将占绿地扩股之后股本的 20.14%。

除直接入股国有企业外，一些 PE 机构纷纷与国有企业共同发起成立投资基金拓展新兴产业领域。2013 年益民集团公告，为加快推动产业结构调整和转型发展，培育公司在商业消费领域的新经济增长点，拟携手德同资本共同发起设立“德益消费升级产业基金”。该基金目标规模 7.5 亿元，公司作为基金投资人出资 2.36 亿元，基金管理人德同资本旗下管理公司出资 1400 万元，基金管理人向市场配套募集 5 亿元。除了益民集团外，德同资本还与北汽集团、上海城投等两家国企分别发起设立股权投资基金。至此，国资参与型 PE 纷纷成立。

实践证明，国资参与型 PE 与国资控股型 PE 相比较，国有资产保值增值的效果会更好一些。传统的国有控股型 PE，由政府和国企主导设立 PE 基金，没有或者只有少量民间资本参与，很多国资 PE 的投委会成员由政府部门或上级国企派员，并可能有否决权，导致 PE 职业团队难以遵循市场化的原则作出投资决策，致使 PE 投资可能面临风险承受力较弱、职业投资团队激励机制无法到位的问题。而国资参与型 PE，由民间资本或职业团队主导设立 PE 基金，国资不派员到投委会，不干预基金人事薪酬，不参与具体项目决策，国有投资监管中的投资项目审批制和项目审计制度不再使用，这种模式能够真正做到市场化，国有资产保值增值的目标效果总体来看强于国有控股型 PE。

3.2.1.2 政府背景农业科技创新风险投资的作用

（1）创新了财政资金使用方式，撬动更多的市场资本

政府以股权投资方式扶持企业创新发展代替财政资金无偿拨款模式，由受托管理机构形式体现政府投资权利，以股权增值和资本增值为主要盈利模式，以上市、股权转让、回购等方式退出，带动各方资金尤其是商业资金，实现创投基金的滚动投资，充分发挥政府引导资金的放大效应，这是财政资金支持新兴产业发展的一大创新。这是一种融合政府、产业、基金三方的市场化运作模式。

（2）推动了农业高新技术领域发展

各省市政府通过设立农业科技创新创业投资基金的形式发展农业产业，有利于充分发挥政府财政资金的放大效应，带动社会资本投向农业高新技术产业，有利于省市聚集创投资金、人才与技术等资源，有利于甄选出有潜力的农业科技成果，推动市场化模式的运行，从而促进我国农业科技创新产业的发展。同时，政府最先涉足农业科技风险投资，投资领域为农业高新技术领域，对农业科技风险投资起带头作用；同时也是对投资方式和投资运作进行示范和试错，满足了基于技术创新的科技型农业创业企业在初创期、成长期对创业资本的需求，推动了农业科技的初步发展。

（3）对非政府背景农业科技风险投资的发展起引导作用

当政府风险投资机构对农业科技企业进行风投行为并获得稳定收益后，非

政府风投机构在利润与政策的引导下，意识到农业科技发展是具有巨大获利潜力的领域，从而主动涉足农业科技风险投资领域。

3.2.2 政府背景农业科技创新风险投资发展模式——政府主导

3.2.2.1 政府主导农业科技创新风险投资现状

截至2003年年底，政府出资设立了20多家风险投资机构，主要投资方向主要是高新技术领域，其中农业高新技术成果转化是各地政府非常重视的领域，所以各公司都有涉及农业领域。其中1993年、1998年和2000年风投机构成立数量最多，注资量最大的是国家级中国高新投资集团公司，注册资金达24.953亿元。2000年以后政府直接投资的风投公司逐年减少，且注册资金也在减少。表3-4根据2012年中国创业投资行业发展报告中备案创业投资机构名录，列举了部分早期涉农政府直接投资风险投资机构的基本情况。

表3-4　部分早期涉农政府直接投资风险投资机构

成立时间	政府背景风险投资机构	注册资金（万元）
1987年	中国高新投资集团公司	249530
1993年	浙江省科技风险投资有限公司	16044
1993年	上海科技创业投资股份有限公司	40596
1993年	山西省科技基金发展总公司	20000
1993年	重庆科技风险投资有限公司	22598
1996年	国投高科技投资有限公司	64000
1997年	河北省信息产业投资有限公司	75410
1997年	江苏省高科技产业投资有限公司	100000
1998年	北京中关村创业投资发展中心	44000
1998年	贵州省科技风险投资有限公司	25800
1998年	新疆维吾尔自治区国有资产投资经营有限责任公司	14707

续表

成立时间	政府背景风险投资机构	注册资金（万元）
1998年	广东省科技风险投资有限公司	87500
1999年	安徽省科技产业投资有限公司	18700
1999年	西安高新技术产业风险投资有限责任公司	65000
2000年	中国风险投资有限公司	20000
2000年	秦皇岛市科技投资公司	10000
2000年	大连科技风险投资基金有限公司	10000
2000年	辽宁科技创业投资有限责任公司	10000
2001年	天津创业投资有限公司	26000
2003年	黑龙江省科力高科技产业投资有限公司	15550

数据来源：各投资公司官网及全国企业信用信息公示系统 http：//gsxt. saic. gov. cn/网站整理。

3.2.2.2 政府主导农业科技创新风险投资运作模式——案例分析

2003年，黑龙江省政府批准成立了黑龙江省科力高科技产业投资有限公司，该公司是由科技厅和财政厅专门出资成立的国有独资涉农创业投资企业，公司的成立标志着黑龙江省搭建了科技投融资的互动服务平台，包括政策性银行、商业银行、融资担保、科技保险、风险投资、政策性引导基金、财务审计等金融服务，形成了完善的风险控制体系和科学的投融资运营机制。该公司的发展历程如表3-5所示。

表3-5 黑龙江省科力高科技产业投资有限公司发展历程

时间（年份）	重要事件
2003	省政府批准注册成立
2006	与国家开发银行合作，在全省范围内正式展开担保业务
2007	与中国农业发展银行黑龙江省分行合作，开辟了服务于农业科技企业的金融领域合作通道

续表

时间（年份）	重要事件
2007	获得财政厅、科技厅1000万元的资金支持
2008	获得财政厅、科技厅1000万元的资金支持
2008	与国家开发银行签订《支持县域经济及中小企业发展贷款的合作协议》
2008	与招商银行哈尔滨分行签订《关于开展中小企业信用担保业务的合作协议》
2008	与中保财产有限公司合作，开始涉足科技保险领域
2009	启动黑龙江省创业投资政府引导基金
2009	同省软科学中心在亚布力成功举办“2009亚太国家生物经济大会生物企业融资对接会”，促成签署九个投融资合作框架协议，签约总额达3.5亿元
2009	与哈尔滨银行合作，共同开发出“1+N”担保模式
2009	吸引新西兰太平洋资源投资公司和新西兰BLIS公司投资设立合资企业
2011	科力担保公司与龙江银行股份有限公司签署《合作协议》，就省科技厅重点支持的科技型企业与农业企业领域展开深度合作
2011	由省科技创业投资政府引导基金发起设立的第一只子基金成立，基金总规模1.5亿元，其中省引导基金引导出资4500万元

数据来源：黑龙江省科力高科技产业投资有限公司官网 http://www.hljkl.com/整理。

黑龙江省科力高科技产业投资有限公司的发展历程，既是公司由国有独资向多元化投资主体转化的过程，也是公司与金融机构的合作过程，表明公司在市场化过程中实现了成功转型。公司业务范围如图3-2所示。公司发展过程中有代表性的投资成功案例很多，比如2011年公司成立的第一只子基金——黑龙江红土科力创业投资有限公司联合深创投及其战略合作伙伴对黑龙江盛源文化传播股份有限公司进行1000万元股权投资，黑龙江省以60万元的引导基金，融入红土科力公司200万元的投资，撬动了1000万元的风险资本，放大倍数近17倍。同年黑龙江红土科力创业投资有限公司联合深创投及其战略合作伙伴对哈尔滨中飞新技术股份有限公司进行6000万元的股权投资，黑龙江省以390万元的引导基金，融入红土科力公司1300万元的投资，拉动了6000

万元的风险资本跟进，放大倍数近16倍。

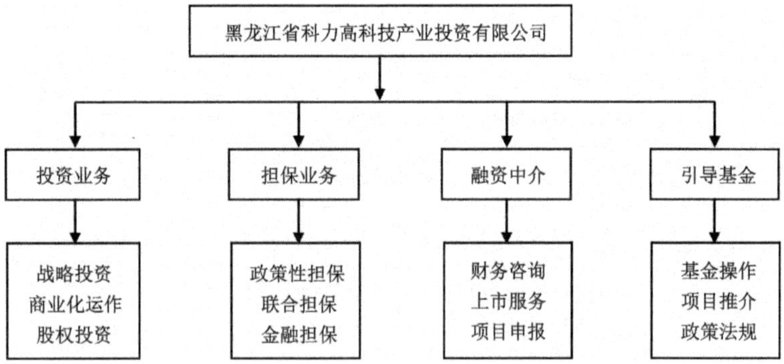

图3-2　黑龙江科力高科风险投资发展模式

3.2.2.3　政府主导农业科技创新风险投资特点

（1）政策性

政府出资设立的创投资本具有很强的政策性，其介入风险投资市场的主要目的有两个：一是通过向农业科技创新企业提供资金支持，加快农业企业成长；二是引导社会资本增加对农业科技创新领域的投资，通过股权投资、投贷结合、信用租赁跟进、分担保险风险等多种方式，吸引更多的社会资本参与到农业生产中来。政府直接投资或引导投资，在很大程度上属于政策性支持，具有制度优势，在与其他市场主体合作投资时很容易实现对接，这是其他机构所不能匹及的，对于符合政策支持要求的被投企业给予充足的资金保障，被投企业甚至可以零出资。因此，政府主导的投资即政府资本投资，其选择的农业投资项目与国家的农业产业政策高度一致，资金到位率高，投资规模大，政策性强。

（2）公益性

政府资本投资与农业，尽管初衷坚持保本微利经营，但盈利不是主要目的，培育农业科技企业发展、提升农业科技创新水平、增加农产品有效供给、满足广大居民的消费需求才是最终目的。事实上，实际投资过程中，受农业自然属性、科技投资风险大、投资周期长、投资管理体制落后等多方面因素的影响，政府投资常常是不能如期收回，甚至亏损严重。但是，农业产业的公益性、基础性、社会性等特征决定了政府必然要承担这些风险，当然，有些风险如因管理不善造成的损失可以通过改进投资方式和管理方式来解决。因此，政府作为农业产业化发展的强力后盾，代表公共的利益，其投资兼顾了经济收益和社会效益，甚至将社会效益放在首位。

3.2.3 政府背景农业科技创新风险投资发展模式——政府搭台、企业唱戏

3.2.3.1 “政府搭台、企业唱戏”风险投资模式的发展概况

为了推动风险投资事业的发展，我国政府除了出资设立风险投资公司进行直接投资外，还不断搭建各类平台，为风险投资发展提供便利，比较有代表性的平台或组织包括：中国科技金融促进会、中国科技金融促进会风险投资专业委员会、中国风险投资年会、中国风险投资研究院、科技部组织的农业科技创新创业大赛、科技部推出的农业科技园区建设项目、农业部等部门推出的农业高新技术园区建设项目、陕西杨凌农业高新技术组织的农业高新技术博览会和农业科技投资大会、各地方政府组织的农业科技与金融对接服务大会等等。

（1）中国风险投资论坛与风险投资研究院①

2000年起，由民建中央、国家科技部、深圳市政府三家政府部门联合主办的中国风险投资年会，以中国风险投资论坛的形式，每年举办一次，成为我国风险投资领域富有影响力的大型盛会，也是中国风险资本与项目对接的盛会，每次大会都能吸引2000家左右企业参加。2003年，设立中国风险投资研究院，一方面做风险投资的理论研究、实践总结、编纂年鉴等工作；另一方面，承办每年一届的中国风险投资论坛，至今已组织了十七届风险投资大会，第十八届已定于2016年6月在深圳举行（表3-6）。

① 相关资料来自中国风险投资研究院网站，http://www.cvcri.com/forum_event_list.asp?page=2，2016年2月13日。

表 3－6　　中国风险投资论坛发展历程

时间	事　件
1998 年	全国政协九届一次会议《民建中央关于加快发展我国风险投资事业的提案》的一号提案吹响了中国风险投资业迅猛发展的号角。
1999 年	在时任全国人大副委员长、民建中央主席成思危教授的倡导下，民建中央在北京举办了“关于进一步推动中国风险投资事业发展研讨会”。
2001 年	研讨会正式更名为“中国风险投资论坛”。
2003 年	为了更好的推动中国风险投资业的发展，于 2003 年 7 月成立了中国风险投资研究院，其中一项重要业务就是承办“中国风险投资论坛”。
2004 年	中国风险投资论坛移师深圳，其主办单位也由民建中央增加为民建中央、广东省人民政府和深圳市人民政府三家单位，并固定由中国风险投资研究院等机构具体承办。
2005 年	中国风险投资论坛的主办单位进一步扩充为四家，科学技术部加入。
2008 年	是中国风险投资论坛成立的第十年。在大会期间，四家主办单位研究决定：从 2009 年开始，将深圳作为中国风险投资论坛的永久会址。

数据来源：中国风险投资研究院官网，http：//www. cvcri. com/forum_feature. asp。

中国风险投资研究院成立以来，为推动我国风险投资政策环境的改善、促进国内外风险投资业的合作与交流、促成风险投资与优秀项目的成功对接、培训本土风险投资家与创业企业家做出了重大贡献，得到海内外风险投资家与企业家的高度评价，并成为中国风险投资第一品牌的专业服务平台。多年间，中国风险投资论坛始终本着“建立一个国内外业界人士交流平台”的宗旨，密切关注国际风险投资新观念、新动向，每年海内外众多著名专家学者、政府高级官员以及实务界人士集聚一堂，就中国风险投资领域的最新理论和操作中的实际问题展开广泛深入的交流和讨论，真正地将风险投资理论探讨与实务运作融合为了一体。目前中国风险投资论坛已成为中国风险投资领域创办时间最长、国际化程度最高、参会规模最大、成效最实的标志性论坛。

投融资服务是中国风险投资研究院的核心工作，为国内高成长企业提供股权融资、管理咨询、并购重组、上市辅导等专业顾问服务，为海内外私募股权投资机构（VC/PE）提供项目推荐、基金募集等服务。依托与地方政府合作共建的各大分院和办事处，研究院已建立覆盖全国的投融资服务网络；拥有各地合作政府主管科技金融部门、高新园区、行业协会等优质项目源；与海内外500多家知名VC/PE、金融服务机构等保持密切往来和开展友好合作，并与数十家著名VC/PE建立战略合作联盟。投融资服务的主要业务包括两部分：一是组织“风险资本—项目对接会”，研究院定期与中央及各地方政府联合举办“中国风险资本—项目对接会”，为资金项目双方搭建高效对接平台。每年近1000家国内有融资、并购重组、上市等需求的科技创新型企业与500多家VC/PE进行对接。二是财务顾问，为企业提供股权融资、管理咨询、并购重组、上市辅导等服务，为投资机构提供项目推荐、投资顾问、基金募集等服务。目前，研究院已帮助70多家企业融资超过100亿元人民币。

（2）科技部组织的中国农业科技创新创业大赛

2010年3月22日首届中国农业科技创新大赛（科技特派员农村科技创新创业大赛）在我国唯一国家级农业高新技术产业示范区——陕西杨凌举行。大赛由国家科技部、农业部、教育部、财政部、中国银监会、中国证监会、陕西省人民政府指导，科技部农村科技司、农村中心、奖励办公室、火炬中心主办，杨凌示范区、中农科创投资股份有限公司承办。大赛顺应世界农业科技发展潮流，以“千人计划”、杨凌示范区的优惠政策为依托，拟在全球范围内选拔有潜力的农业科技创新项目，创造风险投资与农业科技创业团队对接的模范。

大赛以“创新改变世界，创新成就梦想”为主题，搭建了一个多方位对接平台，与风险投资、落地政策、“千人计划”、研发平台、项目推介紧密联系，大力培育高科技生物农业、环保农业、精准农业领域的创业团队，推动农业科技创新创业、农业现代化的发展。

我国政府以比赛的形式，结合金融投资机构、农业科技园区、高等院校及研究所为农业科技创新创业项目搭建对接平台。为配合大赛奖项颁布，专门成立中农科创公司，并注资1亿元人民币。赛制和奖项的设置，使更多的农业企业关注，大量的农业创新创业团队聚集并进行经验和经营模式交流，这些都无形中提升了企业综合素质。另外，大赛将搭建信息平台，科技管理部门将风险投资企业和农业科技企业的信息存入数据库，推动农业科技项目和社会资本的有效对接。

时隔两年，2013 年 8 月，第二届中国农业科技创新大赛秉承“政府搭赛台，企业唱主角，社会共治理，运作专业化”理念再次开赛。这是一种全新的科技与金融在农业领域的对接模式，并将会顺延下去。

（3）陕西省杨凌国家现代农业科技园区承办的农产品高交会和中国现代农业投资峰会

陕西杨凌现代农业示范园，也是国家级农业高新技术产业示范区和国家级农业科技园区，是农业标准化、产业化工业化、信息化、国际化的国际知名现代农业园区，具有较强辐射带动与示范效应。园区秉承科技先导、市场导向、机制创新、统筹发展、多元投入原则，大胆创新，具有产学研一体化；生产与推广一体化；产加销一体化；组织化、专业化、标准化、规模化一体化；政府引导、科技引领、市场运作一体化；城乡一体化的特色，为全国农业科技示范园区的发展提供良好的借鉴作用。

每年一度的杨凌农高会（即农产品高交会）成为国际知名的科技展会品牌和农业科技推广的重要载体。从 1994 年开始至今，杨凌农高会已成功举办了十三届，农高会的规模、效果、水平和影响逐年提高。累计吸引了 30 多个国家和地区、上万家国内外涉农单位，1085 万客商和群众参展、参会，项目投资、实用技术、产品交易额累计 1255 亿元。特别是近五届，每届参会人数都超过 130 万，其中 90% 以上是农民、农村基层干部和农业企业。组织开展的（中外）农民创业论坛、农业实用技术讲座和专家咨询活动，咨询培训人数超过 50 万人次。成功举办了 2005“一村一品”国际研讨会、2006 中加农业科技创新周等国际农业科技交流活动。农高会为农业高新科技成果的转化应用、推广示范搭建了交易的大平台、大市场，成为有效吸纳、转化农业科技成果，进行科技推广示范的重要平台。随着农产品高交会影响的扩大，高交会已由早期的产品与技术推广服务对接平台，扩展到包括技术开发与资本投资对接在内的多元化对接服务平台。

2010 年 10 月和 2012 年 10 月，陕西杨凌农业高新技术园区先后举办了两届中国现代农业投资大会，旨在推动农业科技创新与风险资本的对接。大会吸引了众多的风投机构和农业企业，科技部、民建中央都给与极大的关注。详细内容见后面第 8 章中的 8.7.2 的分析。

（4）中国国家农业科技园区协同创新战略联盟

2013年12月30日中国国家农业科技园区协同创新战略联盟在北京成立。标志着我国国家农业科技园区工作开始由政府主导的行政化管理向联盟主导的社会化管理模式转变。目前，科技部已批设8批次共200家国家级农业科技园区。据不完全统计，园区累计引进培育新品种3.82万个，推广新技术1.6万项，农业科技贡献率达到70%，科技成功转化率超过60%。园区入驻涉农企业6376家，年产值4627亿元①。国家农业科技园区工作从2001年就已经开始启动，经过十几年的探索与创新，最终成立中国国家农业科技园区协同创新战略联盟，转变了农业科技领域政府在其中的职能，发挥市场和政府的优劣互补的作用，构建了农科教相结合、产学研相结合的体系，是一项农业产业市场化的重大变革。未来的园区协同创新战略联盟将发挥着对园区的农业企业创新和社会服务的组织、沟通、协调作用。

（5）湖北农村科技创新创业投融资对接会成功举行

2014年8月18日，由湖北省科技厅主办的“湖北农村科技创新创业投融资对接会”在武汉成功举行。全国知名创投的嘉宾和评委、全省各市州科技局、创投机构、路演企业、观摩企业等参加会议。大会采取大赛项目路演、评委点评、评委与企业互动的方式进行。中博生物、惠民种业等近十家单位进行了路演，并围绕企业建设、项目规划、融资需求等话题与评委进行了互动。整个活动现场气氛热烈，对接效果明显，部分企业路演一结束，就接到了创投机构递出的“橄榄枝”，双方围绕感兴趣的项目作了进一步的接触。

3.2.3.2 “政府搭台、企业唱戏”风险投资运作模式——案例分析

以中国风险投资论坛为例②。中国风险投资论坛由民建中央、科技部、中国风险投资研究院主办，深圳市政府或其他地方政府以及风投机构协办，每年一届；同时也承办了多次科技与金融结合的盛会，在科技创新与风险投资对接活动方面成效显著。表3－7显示的中国风险投资论坛组织的历届会议。

---

① 2013年数据，来自国家科技部网站。

② 相关资料来自中国风险投资研究院网站，http：//www.cvcri.com/forum_event_list.asp？page=2，2016年2月13日。

表 3－7　　　　　　中国风险投资论坛组织的历届会议

会议时间	会议地点	会议名称
2015 年 8 月	深圳	2015 中国新三板上市全流程培训
2015 年 7 月	深圳	2015（第十七届）中国风险投资论坛
2014 年 9 月	深圳	2014 中国企业家融资培训班
2014 年 6 月	深圳	2014（第十六届）中国风险投资论坛
2014 年 1 月	武汉	第七届中国武汉金融博览会
2013 年 6 月	深圳	2013（第十五届）中国风险投资论坛．
2012 年 9 月	沈阳	2012 中国风险投资论坛——振兴东北投资高峰会（第七届）
2012 年 6 月	深圳	2012（第十四届）中国风险投资论坛
2012 年 4 月	青岛	2012 环渤海股权投资高峰会暨青岛特色优势产业对接会
2011 年 11 月	合肥	2011 中国（中部）促进科技与金融结合论坛暨风险资本 —项目
2011 年 9 月	沈阳	2011 中国风险投资论坛——振兴东北投资高峰会（第六届）
2011 年 6 月	深圳	2011（第十三届）中国风险投资论坛
2011 年 5 月	温州	2011（第二届）中国（温州）民间资本发展高峰会
2011 年 1 月	上海	2011（第二届）国际 LP&GP 合作高峰会
2010 年 11 月	昆明	2010 首届滇池泛亚股权投资高峰会
2010 年 11 月	合肥	2010 中国（中部）风险投资与科技金融论坛
2010 年 10 月	长沙	2010 长沙高新技术产业与风险投资推进会
2010 年 8 月	沈阳	2010 中国风险投资论坛——振兴东北投资高峰会
2010 年 6 月	深圳	2010（第十二届）中国风险投资论坛
2010 年 5 月	温州	2010 中国（温州）民间资本发展高峰会
2010 年 1 月	上海	2010 世界华人金融精英陆家嘴峰会
2010 年 1 月	上海	2010 国际 LP&GP 合作浦东高峰会
2009 年 10 月	合肥	2009 中部创新经济与企业融资论坛
2009 年 9 月	沈阳	2009 中国风险投资论坛——振兴东北投资高峰会
2009 年 6 月	深圳	2009（第十一届）中国风险投资论坛
2009 年 1 月	成都	2009 中国（西部）高新技术产业与风险资本对接推进会
2008 年 10 月	合肥	2008 中部创新经济与企业融资论坛

续表

会议时间	会议地点	会议名称
2008年9月	沈阳	2008中国风险投资论坛——振兴东北投资高峰会
2008年4月	深圳	2008（第十届）中国风险投资论坛
2007年10月	合肥	2007中国风险投资论坛——中部创新经济与风险投资论
2007年9月	沈阳	2007中国风险投资论坛——振兴东北投资高峰会
2007年6月	大连	2007中国风险投资论坛——大连国际峰会2007.04
2007年4月	深圳	2007（第九届）中国风险投资论坛
2006年4月	深圳	2006（第八届）中国风险投资论坛
2006年10月	沈阳	2006中国风险投资论坛——振兴东北投资高峰会
2005年4月	深圳	2005（第七届）中国风险投资论坛
2004年4月	深圳	2004（第六届）中国风险投资论坛
2003年4月	北京	2003（第五届）中国风险投资论坛
2002年4月	北京	2002（第四届）中国风险投资论坛

资料来源：中国风险投资研究院网站，http：//www.cvcri.com/forum_event_list.asp？page=2。

（1）中国风险投资论坛有以下几方面的特点

一是政策制定者与业界直接沟通对话的通道。全国人民代表大会、国务院、国家发展和改革委员会、科技部、中国证监会等相关部委大力支持和积极参与，与业界高端人士面对面，了解投资行业发展最新情况及问题，解读最新政策法规及走向（图3-3）。

二是国际国内风险投资业合作交流的桥梁。中国风险投资论坛是在中国举办的国际国内风险投资业参会人数最多的国际性盛会，每年吸引上百家国际国内一流风险投资机构代表参会，极大地促进了国内外业界的合作与交流。

三是创业企业家与风险投资家对接洽谈的平台。每年举办“中国风险资本—项目对接会”，采取“项目路演”、“项目发布”、“约见洽谈”、“展位对接”等多种高效的对接洽谈机制，确保有效降低投、融资双方的信息与时间成本。

四是主讲嘉宾层次高、代表面广，囊括政界、实业界、学术界（图3-5）。

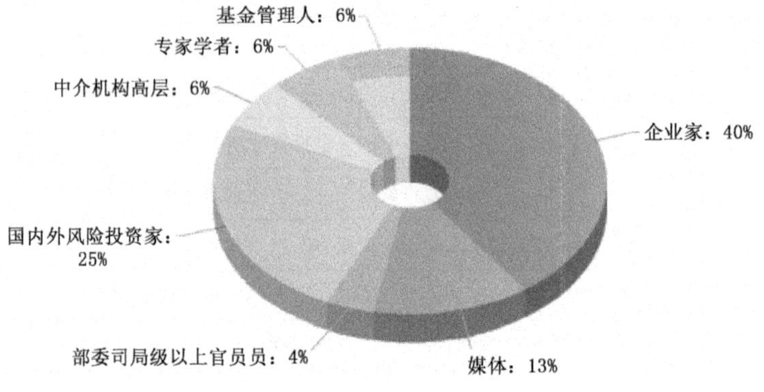

图 3－3　历届风险投资论坛参会人员分布

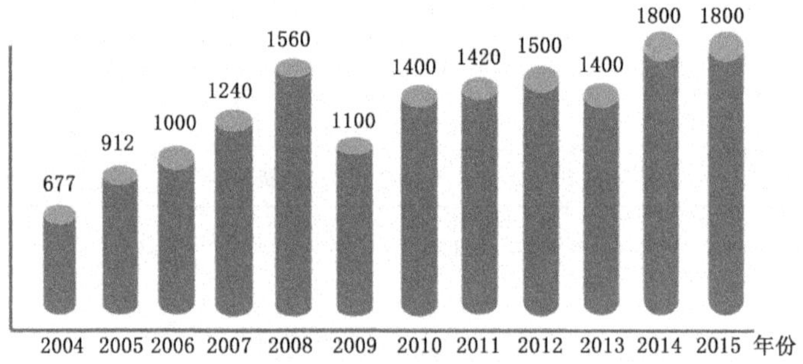

图 3－4　历届风险投资论坛参会人数

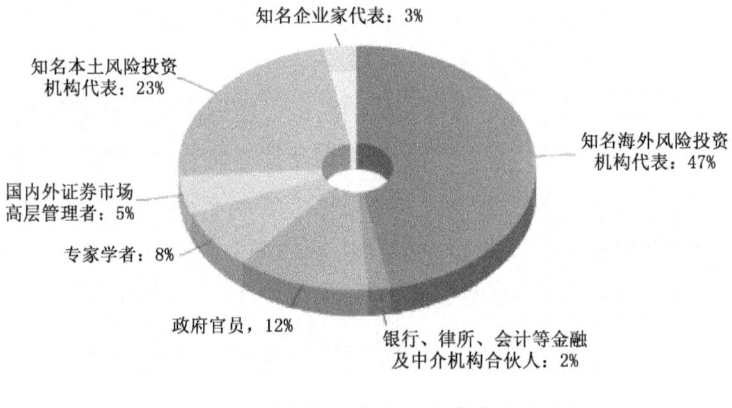

图 3－5　历届风险投资论坛主讲嘉宾分布图

五是探讨议题广泛、深入、实务、紧扣年度热点。针对年度热点问题、议题设置紧扣经济形势。演讲主题覆盖LP、PE/VC、人民币基金、引导基金、上市融资技巧、热点行业分析、企业做强做大之道等内容。采取台上演讲与台上台下互动交流结合的方式，探讨问题实务、深入。

六是论坛相关活动内容丰富、形式多样、为与会嘉宾提供最大价值服务。风险投资家、创业企业家培训，传授风险投资与企业融资技巧；风险资本——项目对接会，实现资本与项目的近距离对接；闭门圆桌会议，政府官员与业内人士深入探讨VC/PE行业及当地经济发展；专题早餐会、交流酒会，进一步加深政界、业界的沟通（图3-6）。

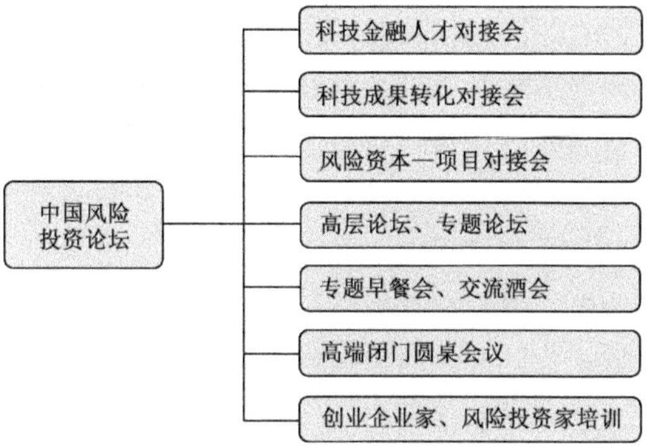

图3-6　风险投资论坛内容与形式

七是论坛传播广泛、影响巨大。超过100家海内外知名媒体，包括人民日报社、新华社、中央电视台、经济日报社、上海证券报社、财经杂志社、新浪、网易等多家全国性媒体；当地省市电视台、日报、晚报等多家本地媒体；凤凰卫视、香港商报社、文汇报社、大公报社、成报社等多家香港媒体；华尔街日报、路透社、日本经济新闻社、ISI等著名海外媒体；对论坛全方位、多角度、深层次通过专题、专访、通讯、消息等多种报道形式倾力传播。

（2）运作机制（图3-7）

3.2.3.3　“政府搭台、企业唱戏”风险投资特点

（1）政府起组织协调作用

不论是民建中央、科技部、中国风险投资研究院主办的中国风险投资论坛，还是科技部组织的全国农业科技创新创业大赛、陕西杨凌农业科技园区组

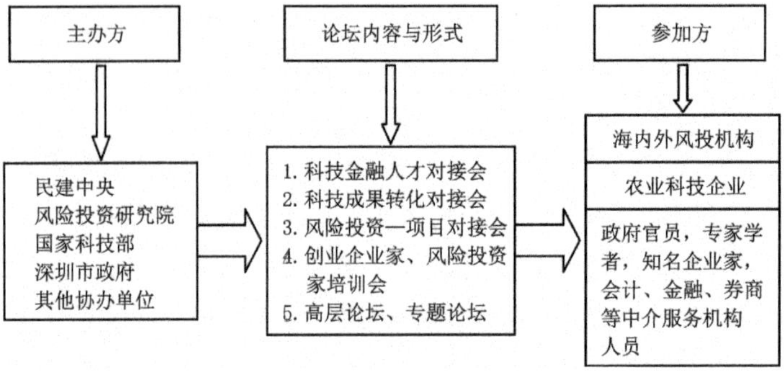

图 3－7　风险投资论坛对接活动运作机制

织的农产品高交会和现代农业投资大会以及各地方政府、农业科技园区组织的农业科技与金融的对接活动，政府在其中均发挥着提供对接平台的中介服务作用，仅对项目进行推介、辅导、牵线搭桥，不直接参与项目投资。

（2）政府提供相应落地政策

在各种对接活动中，政府常常提供相应落地政策，比如科技部组织的农业科技创新创业大赛活动中，科技部提供科技项目优先立项、对参赛企业进行业务培训、企业家人才培训等支持。

（3）依照市场原则选择项目

所有的对接活动均按照市场规则进行运作，通过广纳社会参与主体，市场主体之间根据项目投资的可行性进行洽谈，真正体现“政府搭台、社会参与、市场化运作”的方式，实现风险投资与项目的对接。

3.2.4　“政府＋高校或科研院所＋风险投资”发展模式

农业高校或农业科研院所是农业科技研究的重要场所，聚集了大量农业科技创新研究人才，但是由于缺乏资金或者转化途径，成果转化一直困扰着各研究团队。政府参与其中为高校和风险投资机构的连接提供平台，主要目的是引农业科技创新研究方向和拓宽成果应用途径。2011 年，教育部、财政部启动实施高等院校创新能力提升计划，该计划使高校携手共同提升创新能力，高校科研直接服务于国家和地方经济社会建设。

该运作模式的特点是：政府政策引导，高校提供科技技术，风投募集资金并提供管理技术。2013 年南京市筹建的农业科技创投基金，首只基金锁定生物农业，促使一大批农业项目很快见效。南京农业大学博士黄明带队，借助溧水区白马农业科技园区创办肉类食品深加工、新型食品添加剂生产与研发等新型生物农业企业，年产值 1 亿元以上。2013 年由中国农科院筹建的中国农业产业发展基金考察组中有大量科研院所和高校的教授、博士等出席参加。

目前，由于注册公司成本较高，中国大学生创业的比例只有 1% 左右，与美国 20% 的大学生创业比例相差甚远。2012 年只有 7% 的本科毕业生因为找不到工作才去自主创业，国家新型战略产业创投引导基金的建立，可以为有能力和有创业计划的大学生提供资金支持，提高大学生创业的比例。随着我国“大众创业，万众创新”的战略引导，各地必将出台更多的激励措施，为大学生提供更好地创新创业环境。

3.2.5 政府背景农业科技创新风险投资发展模式——国企主导

3.2.5.1 国企主导农业科技创新风险投资现状

国有独资或控股企业主导的风险投资发展模式包括两种具体形式：一是政府授权某国有公司从事风险投资业务，如上海市创业投资公司、广州市科技风险投资公司及江苏省高新科技风险投资公司；二是随着大型国企经营多元化的发展以及对金融、投资领域的涉足，形成一批国有控股或参股的风险投资公司，如深圳创新科技投资公司、北京科技风险股份有限公司等。这类公司是由国有企业、高新科技开发区企业、上市公司、民营企业等筹建的公司，其特点是共同筹集资金、共担风险。还有一些上市公司分立风险投资机构，如联想风险投资公司、红塔创新投资公司、万向创业投资股份有限公司、上海申能创业投资公司。

我国早期的农业科技风险投资的国内资本主要来源于政府财政资金或国有独资机构，如图 3－8 所示。其中政府参股创投机构的投资案例占比最大，达 37.5%，外资创投机构以 5.77% 的投资案例比例投入占比 65.48% 的金额[①]。可见，外资创投机构对农业创业企业的选择性、集中性和投资强度较大，国家

---

① 数据来源：潘洪刚，王礼力，中国农业创业投资发展轨迹及趋势［J］，经济时空，2008（04），p.25.

对科技型农业企业的广泛性和支持性较强，但投资强度一般。

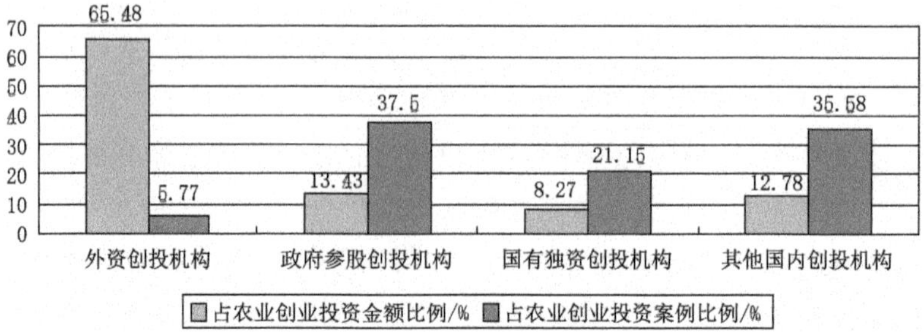

图 3－8　2006 年农业利用创业投资资本来源结构

3.2.5.2　国企主导农业科技创新风险投资运作模式——案例分析

以河南省农业综合开发公司为例。公司成立于 1992 年，由河南省人民政府授权经营的专门针对农业政策的国有独资投资公司，省财政厅受省政府委托管理并代表省政府出资。公司以现代农业投资为主要线路，坚持“以农为主、多业发展，产融结合、投融为主”，充分发挥其投融资功能，是一家产融结合、投融资职能完善的政府农业投融资机构。经过 20 多年的发展，公司已经发展成为 10 多家控股企业、近 40 家参股企业的集团公司，如图 3－9 所示。

作为大型国有企业，公司设有多个分支机构涉足农业科技投资：其中 10 家控股企业致力于农业产业化投资业务，以基金公司、创投公司、担保公司、小额贷款公司等为农业产业金融投资提供服务，另外也涉及如高速公路、地方铁路等公共交通等业务和房地产、酒店等业务；其中 40 家参股企业，包括一些城市商业银行、村镇银行和许多农业产业龙头企业，投资面覆盖了特色农产品生产加工、畜禽产品生产与加工和粮食加工等细分行业。

3.2.5.3　国企主导农业科技创新风险投资特点

（1）政府＋银行＋其他机构联合出资

案例公司发展的实践证明，政府联合银行和其他机构共同成立农业产业投资基金，是最优的投资选择策略。该基金最先由河南政府提供 2 亿元资金，设立引导基金并注册创建河南农业开发产业基金投资有限责任公司进行基金管理。由于河南省的农业产业发展前景、政策、项目等各种优势强力吸引各界的

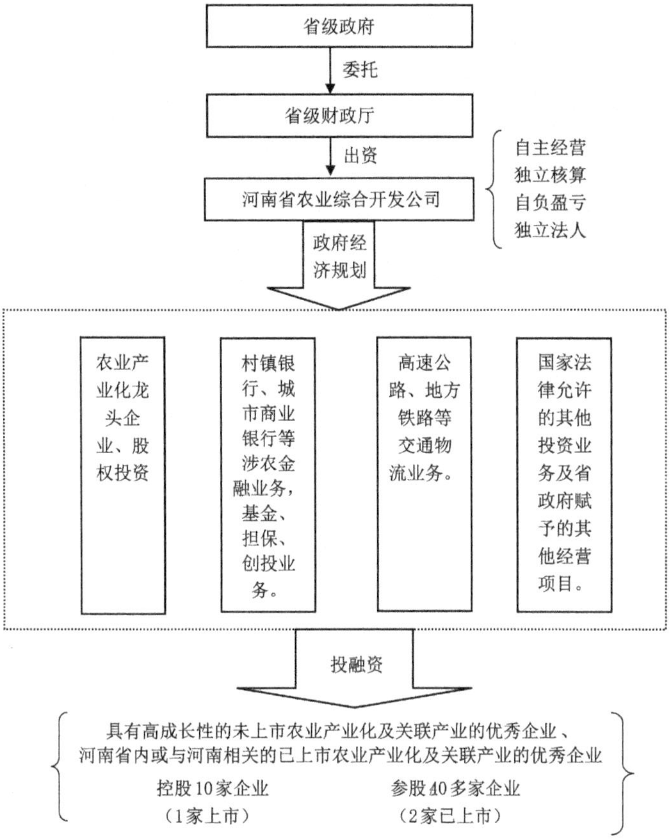

图3-9　国企主导风险投资模式

投资者，该基金4年内完成了每期2亿元的政府引导基金、4亿元的国内个人或机构募集资金、6亿元的海外配套等值人民币资金的募集工作，资金池达48亿元，引资能力强，投资效果显著。

（2）紧跟政策

我国国有独资企业最大的特点是紧紧围绕国家战略思想，深入贯彻落实国家政策。以河南省农业综合开发公司为例，公司性质为官办风投机构，对农业产业化龙头企业进行股权投资并高度关注企业经营业务，按照政府经济发展规划，依照“重中之重、统筹城乡、四化同步”的指导思想，立足现代农业，面向资本市场，以涉农金融资本运作为手段，引领现代农业经营和新型投资态势，支持农业龙头企业产业化和新型经营主体多元化，构建现代农业产业体系，以社会性、安全性、流动性、收益性为标准，强化现代农业的基础支撑作用。

（3）发起设立投资基金

2009年的中央1号文件中提出："有条件的地方可成立政策性农业投资公司和农业产业发展基金。"总融资规模达48亿元人民币的"河南农业开发产业投资基金"，于2010年由河南省政府与中信集团合作成立，河南农业综合开发公司是基金的主要发起人，希望借基金的发展推动整个河南省的农业产业化的发展与产业结构的升级。农业开发产业投资基金的设立也是河南农业综合开发公司扩展投融资平台的战略。

3.2.6 政府背景农业科技创新风险投资特点

3.2.6.1 政策性强

不论是政府直接投资成立投资公司还是国企控股的风险投资公司抑或"政府搭台、企业唱戏"的对接服务，都有很强的政策性特征，政府介入风险投资市场并不主要为了获得利润，而是通过向农业科技创新企业提供政策和资金支持，从而加快企业成长；通过向农业高校或科研机构提供政策措施以及资金支持，激发农业科研人员的科研热情，产出更多的农业科研成果；通过搭建对接服务平台实现农业科技创新和成果转化；最终目的是促进农业产业迅速发展。国家有关部门在制定农业产业发展基金实施方案的时候，明确要求"要严格制定新型农业产业产品和服务指南，建立健全基金经营考核和激励约束机制以确保基金规范化运作，配合国家统计局完善统计监测体系，及时发布相关农业信息，引导民间资本向农业科技创新企业或项目投资"。同时指出，"对于有潜力的农业科技创新项目要采用优惠优先措施，如划拨财政补贴、减免税收、向金融机构推荐、优先办理规划许可、环评审批、用地审批、施工许可等手续。从而解决农业科技创新企业创业初期的融资难问题"。

3.2.6.2 引导作用突出

政府以股权入股与风险投资公司合作的形式对农业企业进行投资，放大了财政资金的规模和效率，利用专业投资机构的管理技术和投资基金的运作机制，能够准确选择具有发展潜力的企业，并对其进行专业化服务。通过设置引导基金和农业产业发展基金，可以吸引更多的社会资本投资农业企业，并吸引更加先进技术和管理人才，提高企业的经营管理能力，进而发挥龙头企业的辐射性、带动性作用，加快提高农业产业化的整体发展水平。通过支持一个龙头企业撬动一个产业、一个行业的发展，带动一个区域农业经济的繁荣。

3.2.6.3 运作日渐市场化

政府直接出资设立风投机构的做法尽管能够使投资有保障，但资金使用效率偏低。随着我国金融市场和创业投资法律的不断完善，我国农业领域的风险投资不断扩大，参与主体已呈多元化态势，政府出资也逐渐采用设立基金管理人制度，并按照现代企业制度建立彼此之间的契约关系，使得政府投资也走向了市场化运作模式。也就是说，政府逐渐由主导、引导风险资本投向农业领域，转变为制定政策以引导市场操作风险资本向利润高的农业市场领域流动，这种市场化运作方式，不仅提高了财政资金的使用效率，放大了政策效果，而且还有利于改善农村金融市场环境，培育壮大农业科技企业，提升农村市场化程度。

3.2.7 政府背景农业科技创新风险投资主要问题

3.2.7.1 政府投资效率低

我国政府背景农业科技创新风险投资最大的问题是投资效率低，大多数政府投资机构一直处于亏损状态。其原因有两点：一是投资方式不合理；二是投资管理体制落后。作为发展中国家，财政资金不足是客观的，与发达国家以及部分发展中国家相比较，我国农业科研投资严重不足，在此条件下意欲通过政府财政直接投资来提高农业科技创新能力，无疑是杯水车薪。因此，政府直接投资方式下的投资规模难以满足资金需求。另外，仅有的投资数额通过新建投资公司投资出去后，缺乏有效的跟踪管理措施和应有的投资绩效评价，对投资管理人员也没有奖惩制度约束，投资亏损就在所难免。从国际经验看，对于农业科技风险投资风险的管理，目前发达国家并没有给予特别的关注或支持，但是，发达国家对农业产业实施的各方面保护以及对整个风险投资业的支持，都包含着政府对农业科技风险投资风险的管理与控制。

3.2.7.2 政府定位不准确

政府直接设立风险投资公司进行投资，资金来源于政府预算，说明政府把政府放在了投资主体的地位，实践证明这种政府主导型投资缺乏效率。发达国家政府在参与风险投资运作过程中，往往是从制度和政策方面出发，为微观主体创造良好的外部环境，以降低微观主体面临的系统风险，不直接进行投资。为了引导社会资本对中小企业进行投资或者对技术创新领域进行投资，很多国家政府都设置了引导性质的基金，这些基金可参与投资，但自己不单独投资。这种政府设置引导基金的制度则是把政府放在了引导地位上，即政府的职能定位限定在参与但不主导的限度之内，这些值得我国政府学习借鉴。

3.2.7.3 政府出资比例过高

统计数据显示，目前我国农业科技研发的出资比例中，政府出资依然在50%以上，而外资与民间资本的比例很小，养老基金和保险基金、金融资本并没有进入农业科技风险资本行列的实质性操作。政府如何引导社会资本的积极地关注农业科技发展，是政府亟待考虑的问题。美国各州的农业试验站经费来源具有多元化的特点，本州预算占51%，其次是联邦拨款30%，其余来自私人企业投资；韩国农业科技经费来源主要为政府和私人企业。在我国市场经济改革不断深化的过程中，政府一味的直投、直补不是最终解决农业困境的最佳途径，政府需要找准定位，只需作好法律与政策环境建设并改变投资模式，引入市场化运作机制，用少量的引导性质基金，引导企业在农业领域做大做强。

3.2.7.4 中介机构作用不突出

政府背景风险投资机构与农业科技创新企业的对接方式往往属于“高新技术领域+中小型科技企业”模式，政府既是投资者，又要提供各种中介服务，包括企业和风险投资人培训、投资咨询、信息服务、甚至成果评价与价值评估等服务，常常是“申报—审核—批准”的快速流程建立对接模式，虽直接迅速，但牵涉政府机构很多的精力，中介机构介入较少，包括信用担保公司、保险机构、信息服务机构的介入。

3.3 市场背景农业科技创新风险投资发展模式

市场背景农业科技创新风险投资发展模式，主要是指以民营或外企为投资主体、采取市场化运作规则、在法律允许的范围内以“选择高成长性投资项目 + 参与投资后续管理 + 重视投资的适时退出”流程、实现财富聚集和爆炸式增长目标的投资方式。这些公司投资追求高风险、高收益。随着 2000 年之后我国市场经济改革的不断深入，以及国家有利于风险投资发展的一系列政策措施的出台，以投资主体多元化为特征的风险投资机构迅速成长起来，并逐渐取代政府在风险投资发展的主导地位，成为与我国市场经济发展相适应的主要风险投资发展模式。

3.3.1 市场背景农业科技创新风险投资发展概况与作用

3.3.1.1 市场背景农业科技创新风险投资发展概况

我国非政府投资者投资农业科技创新领域的金额占比并不高，但投资案例数较多，约是全部农业科技创新风险投资案例总数的 35.6%①，这是在我国现有制度背景下的必然结果。我国国内非政府背景投资者的资本实力有限、控制风险的能力较弱，致使其对农业高新技术创业企业初创期发展阶段不敢轻易投入，而在企业发展的中后期阶段，面临的风险较小，所需投资数额也不高，因而，发展处于扩张期、成熟期的农业科技创新企业受到了国内非政府背景投资者的青睐。

3.3.1.2 市场背景农业科技创新风险投资作用

（1）推动农业各行业发展

大量纯市场背景投资主体的参与，进一步推动了农业科技创新和现代农业

① 冯中圣，沈志群，刘健均，洪显明. 中国创业投资行业发展报告 2013. 中国计划出版社.

产业的发展。随着风投机构对现代农业的关注度越来越高，农业产业链上的细分行业被逐步挖掘出来，种子、化肥、饲料等产前生物科技，农业机械、数字信息等现代化耕种、管理和收割技术，养殖业、种植业、渔业等产业本身的技术开发都得到风险投资机构的追逐。大农业的发展不仅给风投机构带来巨额的利润，反过来，风投机构的发展也推动了农业科技的发展，大大提高了我国整体农业的文明程度。

（2）培育农业科技企业家

在市场化风险投资机构的专业管理团队影响下，农业企业也开始引入高级管理人才并重视发挥管理人员的作用，不再像过去那样仅重视专业技术而轻视企业管理，在企业管理中不断强化现代管理理念，依照现代企业制度改造传统企业，重视企业管理和财务规范，培育出一大批既懂科技又会管理的现代农业企业家。

3.3.2 市场背景农业科技创新风险投资发展模式——外企主导型

3.3.2.1 外企主导农业科技创新风险投资现状

2002年，外国风险投资开始介入我国农业科技创新风险投资市场，并在中国的风险投资业发展过程中发挥着示范、带动作用。2001年11月我国加入WTO，一方面开放了我国的农产品市场，改善了我国农产品的出口环境，同时加大了我国农业市场的对外开放程度。竞争加剧，有利于改善我国农业产业结构，不断提高国际竞争力，农产品科技含量不断提高。另一方面开放了我国的资本市场，外资进入我国门槛降低，为资本与农业的结合创造了条件。与此同时，我国企业的管理水平普遍低下，农业科技企业亟需引入先进的管理制度，这也成为外资进入农业领域的优势。据统计2002—2005年，农业领域发生的风险投资案例有10起，其中外国风险投资机构投资4起，占25%。以2002年摩根、英联、鼎辉三家国际投资公司联手向蒙牛的境外母公司注入2597万美元为标志，外资正式介入我国农业领域。也为蒙牛乳业在我国香港上市融资奠定了基础（图3-10）。

这一时期我国存在外汇管制、法律系统不完善、投资工具不灵活、对投资方权益保护不到位等问题，国内投资受到了相对较多的限制，因此蒙牛引

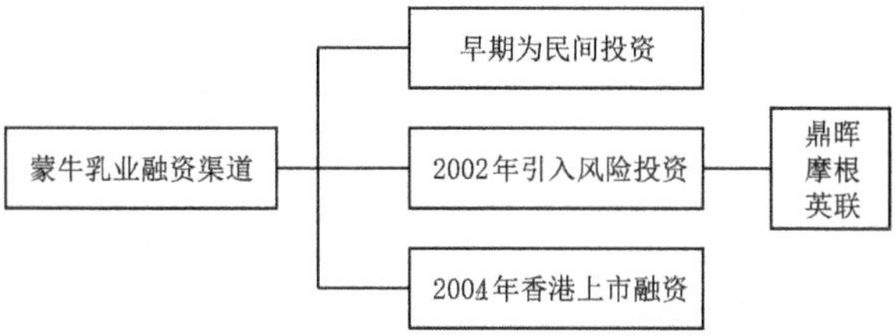

图3－10 蒙牛乳业的融资渠道

入外资能够更好地规避这些弊端。蒙牛不仅引入了其发展所需的资金，同时也引入了先进的管理经验，为其发展提供了良好的条件。2004年6月10日，蒙牛乳业登陆香港股市，公开发售3.5亿股，在香港获得206倍的超额认购率，一次性冻结资金283亿港元，共募集资金13.74亿港元。2005年国际投资者向市场配售3.15亿股旧股，套现金额高达15.62亿港元，实现了资本的增值。

总体而言，国外投资者投资我国农业科技创新创业企业的投资，呈现投资案例不多、但资金总额较大的特征。2014年外企投资案例数为9起，占全部发生案例数额的10%，投资总额8.21亿元人民币，占全部投资总额的38.3%，如表3－8所示。同时，我国农业科技风险投资历史实践表明，国外投资者对我国农业科技创新企业的投资阶段较为集中，主要分布在企业发展的成长期和扩张期，平均投资强度很大，有些多达数亿元人民币，一般投资额都在亿元以上。表3－9显示的是活跃在我国风险资本市场上的外国著名风投机构。

表3－8　　2014年我国外企投资案例数据

二级行业	总案例数（起）	总投资金额（百万）	平均（百万）	外资案例数（起）	外资投资金额（百万）	平均（百万）
畜牧业	27	1200.20	44.45	3	348.81	116.27
农业	21	5063.86	241.14	2	3874.11	1937.06
渔业	5	1739.62	347.92	1	1179.62	1179.62
林业	11	932.63	84.78	1	266.97	266.97
农业种植	14	440.47	31.46	0	0	0

续表

二级行业	总案例数（起）	总投资金额（百万）	平均（百万）	外资案例数（起）	外资投资金额（百万）	平均（百万）
农业加工	12	769.93	64.16	2	204.88	102.44
合计	90	2143.03	813.91	9	820.66	485.68

数据来源：根据投资界官网 http：//www.pedaily.cn/数据整理。

表 3－9　　2012 年外资创业投资机构前 50 强排名

排名	机构名称	排名	机构名称
1	IDG 资本	11	晨兴资本
2	红杉资本中国基金	12	英特尔投资
3	纪源资本	13	DCM 资本
4	启明维创创业投资管理（上海）有限公司	14	软银中国创业投资有限公司
5	赛伯乐（中国）投资	15	华登国际
6	赛富投资基金之管理公司	16	信中利资本集团
7	兰馨亚洲投资集团	17	北京金沙江创业投资管理有限公司
8	戈壁合伙人有限公司	18	北极光创投
9	凯鹏华盈中国基金	19	思伟投资
10	德同资本管理有限公司	20	经纬中国
以下排名按机构名称拼音顺序排列（21—50 名）			
	Ignition Partners		华威国际集团
	KTB Ventures		集富创业投资（香港）有限公司
	SBI Investment Co.，Ltd.		凯旋创投
	贝塔斯曼亚洲投资基金		蓝驰创投
	成为资本		礼来亚洲风险投资基金
	德丰杰风险投资		联创策源投资咨询（北京）有限公司

续表

排名	机构名称	排名	机构名称
	帝斯曼		美国高通风险投资公司
	鼎晖创业投资		美国中经合集团
	恩颐投资		维梧生技创业投资管理公司
	富达亚洲风险投资		伟高达创业投资
	高原资本		怡和创业投资集团
	光速创投		银瑞达创业投资（亚洲）有限公司
	海纳亚洲创投基金		银泰资本
	和通国际股份有限公司		英飞尼迪股权基金管理集团
	红点投资		智基创投

数据来源：投资界，http：//www.askci.com/news/201212/26/2616272773472.shtml，2016年2月14日。

3.3.2.2 外企主导的农业科技创新风险投资运作模式——案例分析

以鼎辉投资管理股份有限公司为例①。鼎晖投资公司成立于1998年12月15日，总部位于亚洲金融中心香港，是由汇集花旗银行、瑞银集团、汇丰控股、梅菲尔德基金、IDG等全球20多家知名投资机构注资，依据投资目标进行合理组合的合伙股份制集团型企业组织。截至2015年3月，管理的资金规模超1000亿元人民币，是目前专注于东南亚区域的知名投融资服务集团。公司的管理团队主要来自中国国际金融投资有限公司的直接投资部②，是一支拥有丰富股权投资和资本运作经验的基金管理团队。鼎晖投资发端于私募股权投资业务，私募股权投资业务的蓬勃发展促进了鼎晖投资另类资产管理平台的建立。目前在雅加达、新加坡、中国香港、北京、上海、深圳设有公司或分支机

① 鼎晖投资管理股份有限公司官网 http：//www.cdhfund.com/index.php/a/lists/catid/10/2016年3月11日。

② 鼎辉投资管理股份有限公司的前身是中国国际金融有限公司（CICC，简称中金公司）的直接投资部。中金公司是中国最早开展直接投资业务的投资银行。

构，公司拥有100多名专业的投资管理人员。鼎晖投资的核心理念是为投资人、被投企业不断创造价值，陆续投资了120多家企业，其中近40家在国内外上市，培育了一批行业领导品牌。在投资过程中与摩根士丹利亚洲投资、高盛投资以及IDG等国际知名的投资机构及其他上百家国际国内机构投资人进行联合投资，建立了广泛国际合作网络体系。同时也包括大批的国际和中国的高资产个人投资人。鼎晖投资致力于成为亚洲地区最受尊敬的另类资产管理平台。鼎辉投资的投资领域涉及矿产业、金融投资、博彩娱乐、高新技术领域、现代农业等多个领域，代表性投资成功案例有蒙牛乳业、李宁体育用品、双汇食品、百丽女鞋、分众传媒、LDK太阳能、九阳小家电等十多个中国知名品牌企业。资金来源主要是发行债券、股票、基金，从其他银行取得贷款，接受委托存款等。

（1）发展历程

鼎晖投资管理股份有限公司在中国发展的起步应始于鼎晖投资基金公司的建立。鼎晖投资基金管理公司的前身是中国国际金融有限公司（CICC，简称中金公司）的直接投资部。中金公司是中国最早开展直接投资业务的投资银行，2001年中国证监会发布了禁止证券公司从事风险投资业务的规定，中金公司决定将其直接投资部及投资业务进行分拆。2002年，中金公司直接投资部与鼎晖投资管理股份有限公司、新加坡政府投资公司（GIC）、苏黎世投资集团（CapitalZ）和中国经济技术投资担保公司共同发起成立鼎晖投资基金管理公司。之后公司规模不断扩大，业务不断扩展，目前已拥有私募股权投资、创业投资、地产投资、夹层与信用投资、证券投资、固定收益、财富管理七大业务板块；专业的投资人员已由初建时期的6个人发展到2013年的120人。鼎晖投资2012年、2013年连续荣登福布斯中国最佳PE投资机构第一名；清科集团2013年度“中国私募股权投资机构50强”第一名和最佳私募股权投资机构；21世纪经济报道2013年度PE竞争力排行榜第一名；投中集团2013中国医疗健康产业最佳投资团队；清科集团2014年度最佳私募股权投资机构50强首位（表3－10）。

表 3－10　　鼎晖投资发展历程

年份	重要事件
1998	鼎辉投资管理股份有限公司成立，总部位于亚洲金融中心香港。
2002	鼎晖投资基金管理公司成立，简称鼎晖 PE。
2003	鼎晖 PE 美元基金 I 期于 9 月募集资金 1.02 亿美元。鼎晖投资的速达控股 6 月于港交所上市，投资的恒生电子于 12 月 16 日登陆上交所。
2004	鼎晖投资的蒙牛乳业在 6 月于港交所上市，投资的李宁公司在 6 月于港交所上市。
2005	鼎晖 PE 美元基金 II 期于 8 月募集资金 3.1 亿美元。鼎晖投资的分众传媒于 7 月在美国纳斯达克上市，投资的雨润食品于 9 月在港交所上市，投资的永乐家电于 10 月在港交所上市。
2006	鼎晖创投管理团队成立，简称鼎晖创投。鼎晖创投美元基金 I 期于 5 月开始募集，2007 年 2 月完成募集，总募集资金 2.1 亿美元。鼎晖投资的招商银行于 9 月在港交所上市。
2007	润晖投资管理团队成立，这是鼎晖投资持有少数股权的对冲基金。 鼎晖 PE 美元基金 III 期于 6 月完成募集，总募集资金 16 亿美元； 鼎晖创投美元基金 II 期完成首轮募集； 鼎晖 PE 投资的百丽国际于 5 月在港交所上市；鼎晖创投投资的江西赛维（LDK）于 6 月在美国纽交所上市，成为鼎晖创投第一个在境外成功上市的投资案例；鼎晖 PE 投资的航美传媒于 11 月在美国纳斯达克上市；鼎晖投资的泛华保险于 10 月在美国纳斯达克上市。
2008	鼎晖创投美元基金 II 期于 5 月完成募集，总募集 5.05 亿美元鼎晖。 鼎晖 PE 的首个人民币基金于 9 月建立，基金规模 40 亿元人民币。国家社保基金正式投资鼎晖人民币基金。鼎晖投资的九阳小家电于 5 月在中国 A 股上市，成为鼎晖创投、鼎晖 PE 第一个 A 股成功上市的投资案例。鼎晖 PE 投资的山水水泥在 7 月登陆港交所。
2009	鼎晖地产基金管理团队成立，并于 4 月完成首支人民币基金募集，募集资金 4.2 亿元人民币。鼎晖 PE 美元基金 IV 期于 8 月完成首轮募集，在 2010 年 4 月完成募资，总募集 14 亿美元。鼎晖创投投资的江苏中能硅业（GCL）于 7 月完成了对保利协鑫的反向收购，在香港上市；鼎晖 PE 投资的海大集团于 11 月在 A 股上市。

续表

年份	重要事件
2010	鼎晖地产人民币基金 II 期于 4 月募集，募集资金 10 亿元人民币。 鼎晖创投首个人民币基金 I 期于 8 月成立并完成首轮募集，募集资金 13 亿元人民币。 鼎晖 PE 投资的现代牧业于 11 月在港交所上市；鼎晖 PE 投资的华地国际控股公司于 10 月在港交所上市；鼎晖 PE 投资的思源经纪于 11 月在美国纽交所上市；鼎晖 PE 投资的梅花味精于 12 月登陆上交所；鼎晖 PE 投资的纷美包装于 12 月在港交所上市；鼎晖 PE 投资的融创中国于 10 月在港交所上市。 鼎晖创投投资的康辉医疗（KH）于 8 月在美国纽交所上市；鼎晖创投投资的汉庭酒店（HTHT）于 3 月在美国纳斯达克上市；鼎晖创投投资的学大教育（XUE）于 11 月在美国纽交所上市。
2011	鼎晖创投投资的奇虎 360 于 3 月在美国纽交所上市；鼎晖 PE 投资的恒逸石化于 6 月在深交所上市。
2012	鼎晖夹层与信用投资基金成立，并完成首轮募集，募集资金 12 亿人民币。 鼎晖财富管理团队成立。鼎晖 PE 人民币基金 II 期完成募集，募集资金 80 亿元人民币。 鼎晖地产人民币基金 III 于 6 月完成第二轮募集，规模达到 12 亿元人民币。 鼎晖创业投资完成美元基金 III 期的首轮募集；鼎晖 PE 投资的协众国际于 6 月在港交所上市。
2013	鼎晖 PE 美元基金 V 期开始融资；鼎晖 PE 投资的美的集团于 9 月在深交所整体上市；鼎晖投资的双汇国际完成了对全球最大猪肉加工商及生猪养殖商史密斯菲尔德的收购；鼎晖与百丽国际合作收购了日本服装零售商 Baroque Japan 巴罗克。
2014	鼎晖 PE 美元 V 期基金超募完成 26 亿美元。鼎晖 PE 投资的应流股份 1 月在 A 股上市；鼎晖 PE 投资绿叶制药于 7 月在港交所上市；鼎晖 PE 投资的迪信通于 7 月在港交所上市；鼎晖 PE 投资万洲国际于 8 月在港交所上市；鼎晖 PE 海外团队投资 Mobile World 于 7 月在胡志明证券交易所上市；鼎晖创投投资的一嗨租车于 11 月纽交所上市；鼎晖夹层基金成为全国首获险资投资的夹层基金；从宝洁手中收购南孚电池，并获得 AVCJ 年度投资项目奖。

（2）鼎晖投资七大业务板块介绍（图 3－11）

①鼎晖私募股权投资基金（PE）——追求可持续发展的价值创造。该

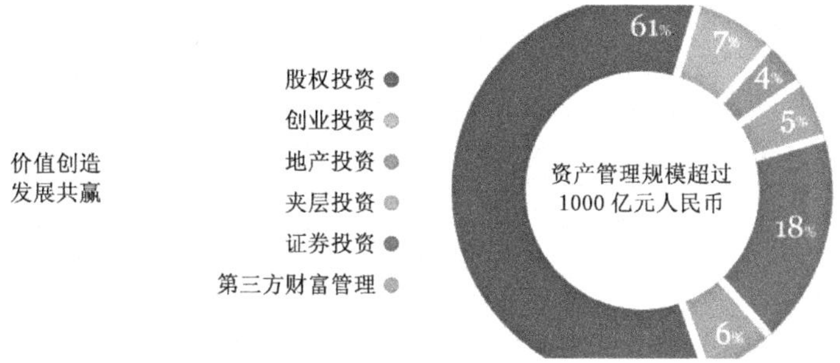

图3－11　目前鼎晖投资公司经营的7大业务板块

基金成立于2002年，是鼎晖投资旗下的主力基金。目前管理着5只美元基金和2只人民币基金，管理资金规模达650亿元人民币。基金投资方向与中国经济增长紧密联系，是目前专注于中国投资的最大投资基金。在过去的10年中，陆续在食品、工业制造业、现代服务、医疗、金融、能源等行业投资了60多家中国知名品牌企业，其中20多家已成功上市。借助鼎晖私募股权的助力，许多企业已成长为中国最具竞争力的行业领导者。鼎晖私募股权投资秉承一贯的价值创造，全面提升企业价值和投资价值，是中国企业家和国际国内投资人最值得信赖的长期合作伙伴。图3－12显示的是鼎晖私募投资所涉及的领域。

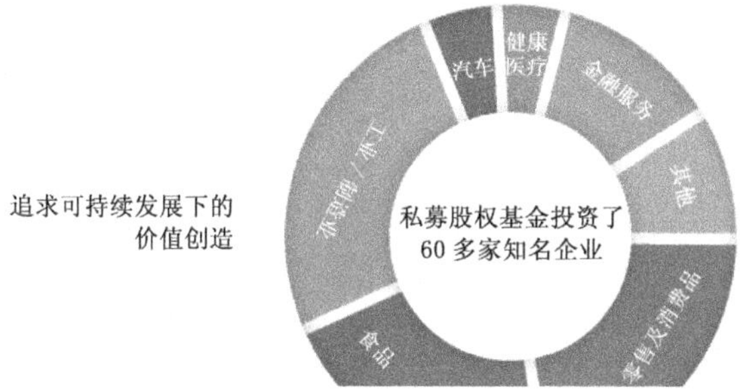

图3－12　鼎晖私募股权投资基金的投资领域

②鼎晖创投——专业化投资提升企业价值。鼎晖创投成立于2006年，目前管理多支美元和人民币基金，总规模超过67亿元人民币。作为业内领先的风险投资机构，鼎晖创投致力于推动成长期和早期优秀企业的创新与成长。取得了优异的投资业绩。从早期的寻找项目、行业判断、对项目的抉择，到最后

的增值服务，专业化管理，形成了自己独到的投资策略。投资重点覆盖 TMT、医疗健康和创新升级传统行业。截至 2012 年年底，鼎晖创投已在中国成功投资了超过 50 家优秀企业，其中近 10 家在海内外资本市场成功 IPO，多家筹备上市。借助鼎晖创投的推动，不少企业已成长为行业翘楚。

③鼎晖地产投资——与中国房地产市场共创价值、携手成长。鼎晖地产投资成立于 2009 年，目前管理着 3 期人民币基金和 1 期美元基金，管理资产规模达 44 亿元人民币。截至 2013 年 10 月，鼎晖地产投资已在全国 12 个城市主导投资了 13 个项目。鼎晖地产投资专注投资于中国房地产市场，以客户利益至上，矢志成为投资者以及房地产开发商的首选战略合作伙伴。目前鼎晖地产在全国主要区域均有投资，投资项目涵盖住宅、商业及城市综合体等多个资产类型，合作伙伴包括蓝筹发展商和区域中小型优秀开发商。鼎晖地产投资致力于成为中国领先的房地产基金管理人。

④鼎晖夹层与信用投资——中短期结构化稳健型投资。鼎晖夹层与信用投资成立于 2011 年，截至 2014 年 4 月，鼎晖夹层与信用团队发起设立了 3 只人民币夹层基金，累计投资管理 40 亿元人民币，共投资了 16 个项目，其中 6 个项目已成功退出。鼎晖夹层与信用投资重点关注房地产、能源资源、股权并购等领域，凭借充分的项目筛选、完善的投资流程和专业的资产管理能力，将股权与债权相结合，通过可转债、优先债、次级债、股权回购、股权分配等手段，为投资者提供固定收益、结构化收益、股权附加回购、危机投资等多种投资形式产品，从而实现带来风险可控的优质稳健收益。通过夹层这一平台，实现了股债结合的投资融合（图 3－13）。

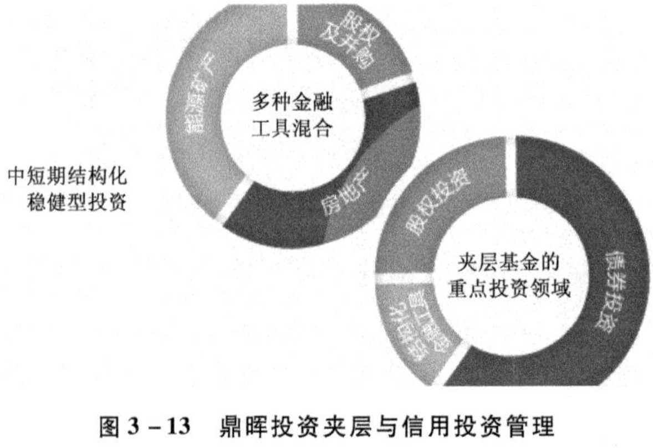

图 3－13　鼎晖投资夹层与信用投资管理

鼎晖夹层与信用投资综合运用各类金融工具，向被投企业进行夹层投资，满足项目的启动资金需求。夹层投资在项目中提供资金分级和风控管理支持，受到次级和股权级的资金保障和回报担保，从而在风险可控的前提下获得良好的收益。鼎晖夹层与信用投资重视创新金融产品的设计和开发，根据项目特征和风险判断，灵活选择投资模式，针对不同渠道资金在风控、收益、周期上的差异，为客户定制更具个性化的金融产品，为客户提供期限较短、期间具有稳定回报的投资选择。

⑤鼎晖财富管理。鼎晖财富管理部成立于 2012 年，依托于鼎晖投资的专业化另类资产管理平台。鼎晖财富管理专注于中国超高净值客户，为其提供全方位、专业化的财富管理规划和资产配置建议。财富管理部拥有强大的产品业务支持体系、持续创新的产品研发团队以及严谨完善的产品引入审核流程，不仅为客户提供鼎晖投资优秀的另类资产管理产品，同时以专业的投资眼光为客户甄选全球投资市场中优质的第三方金融投资产品，帮助客户实现私人财富的长期稳定增值。团队成员均来自国内、外著名私人银行和金融机构，具备超强的客户服务经验和丰富的财富管理实践水平。截至 2014 年第一季度，鼎晖财富管理团队已为客户累计实现配置资产超百亿元人民币（图 3－14）。

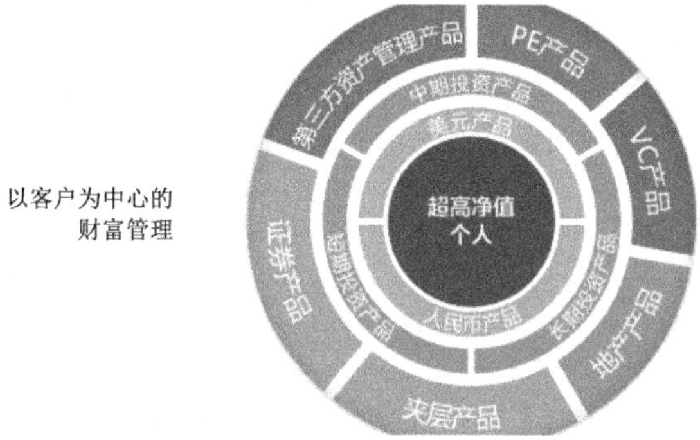

图 3－14　鼎晖投资的财富管理

鼎晖财富管理为投资人配置的绝大部分产品来自于鼎晖自身管理的产品平台，从对项目的了解、资产的收益、产品的风控各方面均比市场同类产品有竞争优势；同时，运用自身行业经验以及鼎晖投资的资源选择第三方服务的产品，运用投资的研究方法对资产进行深入研究，从而提供专业的财富配置建议。财富管理团队致力于为超高净值人群实现个人资产的长期稳定增值。

⑥润晖投资——遵循长期投资理念。润晖投资成立于2006年，是在鼎晖投资的支持和协助下创办。润晖投资专注于投资二级市场上的优秀中国企业。润晖投资现管理多家A股市场中合格境外机构投资人（QFII）的单一资本管理账户，旗下同时有传统的相对收益做多型策略和绝对收益做多型策略，管理总资产规模96亿元人民币。润晖投资遵循长期投资的理念，利用市场的短期波动投资优质企业达到长期的资本增值。润晖投资拥有专业的投资管理团队，润晖投资与鼎晖投资在遵循法律的前提下实现资源共享。凭借其自身在中国积累的行业经验以及鼎晖投资的资源，运用私募股权投资的研究方法对公司进行深入研究，并进行资产配置和风险控制。润晖投资致力于为客户获得更高的风险调整后收益。润辉投资产品类型：绝对收益产品33%，相对收益产品67%。A股二级市场的长期投资人。润辉投资共拥有14为投资专家，管理总资产规模超过96亿元人民币。鼎晖新动力：全资产管理顺势而为。

（3）鼎晖投资的涉农案例（表3-11）

表3-11　　鼎晖投资的典型涉农案例

投资时间	投资对象（城市）	企业地位	上市时间	股票代码
2007年2月5日、9月、2010年1月	双汇集团（华中/漯河）	中国最大肉制品企业	1998年12月10日A股上市	000895. SZ
2009年1月	现代牧场（华东/马鞍山）	中国最大奶牛牧场	2010年11月24日港交所上市	1117. HK
2002年10月6日	蒙牛（华南/香港）	中国最大乳品公司之一	2004年6月8日港交所上市	2319. HK
2005年3月10日、2011年	雨润（华东/江苏）	中国第二大肉制品企业	2005年9月30日港交所上市	1068. HK
2008年8月	梅花集团（华北/廊坊）	世界第二大调味品生产商	2010年12月24日A股上市	600873. SH

资料来源：鼎晖投资公司网站。

（4）鼎晖投资的特点

一是投资品种多样化，不同的投资产品采用不同的投资策略。

二是坚持新业务、新团队原则，即不管做什么业务，都不要分散PE的力量，而是用全新的团队去做。开发一个新的业务板块就要重新组建一个新的业务团队，新业务新动力，顺势而为。

三是私募基金关注拥有可持续市场竞争地位的国内领先企业，注重长期投资，体现着对可持续发展和价值创造的不懈追求，不急功近利，关注产业链整合，寻求对产业格局及产业生态环境带来改变，并进而对社会带来价值。

四是以成长型及创业型企业为主要投资对象。重点投资行业为TMT高科技、医疗健康和创新升级传统行业，致力于挖掘传统行业中的商业模式创新和技术创新，投资行业聚焦在先进制造业、现代农业、消费服务创新领域。

五是创投基金注重线上TMT与线下行业融合的投资机会。鼎晖创投团队拥有独特的优势，捕捉TMT和线下行业融合的投资机会：鼎晖投资平台对中国线下的产业做了大量投资布局，同时凭借多年积累的线上投资经验，专注线上线下结合（on line & off line）的投资机会，实现互联网与传统行业的相互渗透所产生的机会，如互联网与零售业、金融、房地产、旅游、生活服务、医疗保健等的融合。

六是发挥鼎晖创投与鼎晖成长基金的联动效应。根据项目的行业、发展阶段及融资规模等需要进行分阶段投资和联合投资。

七是求精不求泛，投资于市场上少数优秀的企业。通过严谨的由下至上的深入研究方式来挖掘优秀的具有可预测增长潜力的龙头或潜在龙头企业；将资产集中投向一些数量相对较少的但甚为熟悉的企业，并长期持有。相信相对于大量的多元化投资组合，这种方式会有更多的机会获得更高的风险调整收益。

3.3.2.3 外企主导的农业科技创新风险投资特点

（1）注重农业企业的国内领先地位，注重长期投资

外企资本关注拥有可持续市场竞争地位的国内领先企业，注重长期投资，体现着对可持续发展和价值创造的不懈追求，不急功近利。选择成长型和成熟企业进行投资。就像鼎晖投资那样，选择项目求精不求泛，深入挖掘市场上优秀的具有可预测增长潜力的龙头或潜在龙头企业，集中投资，长期

持有。

（2）投资案例不多，但单笔投资规模较大

外企投资我国农业科技创新企业，虽然投资案例不很多但投资强度很大，有些多达数亿元人民币，一般投资额都在亿元以上。

（3）投资阶段主要是成长期和扩张期

国外投资者对我国农业科技创新企业的投资阶段较为集中，主要分布在企业发展的成长期和扩张期，投资对象主要选择成熟的国内著名的农业企业或农业上市公司，通过大规模的投资，帮助企业上市，从而获取可观的经济利益。

3.3.3 市场背景农业科技创新风险投资发展模式——民企主导

3.3.3.1 民企主导农业科技创新风险投资现状

在2006—2012年上市的63家农业企业中，超过40%的企业在上市前得到了VC/PE的资金支持，而融资金额超过全部融资金额的一半，如表3-12所示。

表3-12 2006—2012年我国农业领域IPO企业VC/PE支持情况分布

VC/PE支持情况	上市企业		融资金额	
	数量/个	占比/%	数量/百万美元	占比/%
有	26	41.27	3939.71	55.28
无	37	58.73	3187.73	44.72
合计	63	100	7127.44	100

数据来源：杨凌农业高新技术产业示范区管委会等.2012中国农业产业投资报告［M］.北京：科学出版社，2013：31.

VC/PE机构对扶植类农业企业上市的股权投资关注度较高，其融资对企业成功上市起到重要作用。2012年农业领域实现首次公开募股（IPO - Initial Public Offerings）的10家企业中，8家企业有VC/PE的背景。其中，投资金额最大的为成都红旗，从浙江和丰、九鼎投资联合得到的融资额达2.7亿人民币；所占股权比例最多的是毅鸣投资等联合对海魁水产的股权占有，为35.36%。8家机构资金入驻皆在扩张期和成熟期等中后阶段。VC/PE 的投资年限均在两年以上。企业依据自身发展情况，在合适的时机引入 VC/PE 机构，不仅能缓解企业的资金压力，还可以借鉴风投机构丰富的资本运作经验促进企业的发展，让企业顺利上市。表 3－13 列举了部分大型企业参与农业投资的案例。

表 3－13　　大型企业参与农业投资典型案例

大型企业	时间	项　目	特　点
网易公司	2009 年	浙江安吉 1200 亩养猪	可复制养猪示范基地
复兴集团	2009 年	1.6 亿元参股养猪企业	参股养猪大户，推动上市，上升期退出，不要企业
民生银行	2013 年	500 亿元投向现代农业	重点支持海洋渔业和热带农业，成为海南最大的现代农业金融服务商
绿城集团	2012 年	20 亿元建设现代农业综合体	①培育 4 个单体面积超 5000 亩、投资超 3 亿元以及第一、第二、第三产业结合的现代农业产业；②把嵊州现代农业项目打造成国际知名、国内一流的综合性园区
联想控股	2011 年	沃家集团	全国最大的水果全产业链企业

数据来源：新浪新闻官网搜集整理。

3.3.3.2　民企主导农业科技创新风险投资运作模式——案例分析

以秉鸿资本为例。上海秉原秉鸿股权投资管理有限公司成立于 2008 年，是一个纯民营的市场化运作基金。秉鸿资本运行开始，就把农业作为主要投资方向，曾被评为“2013 年度中国农业产业最活跃机构前十位”、“2013 年度中国农业产业最活跃投资人”和“2013 中国新农业领域投资机构前十强等荣誉。即使公司治理、规范程度、市场环境都不太理想的情况下，秉承资本仍然看好这个不好做的农业产业投资领域。截至 2014 年投资将近 20 多个农业的项目。

秉鸿资本拥有标准化的投资流程，一般一个交易的达成需要 20—60 天。

秉鸿资本对项目筛选非常严格，项目尽职调查和投资的比率达到 100 : 1，即看完上千个项目后，做访谈尽职调查的项目达到 200—300 个时才能投出 1 个项目。依据历次投资结果分析，被投企业进入成长期时，仍有 30% 以上持续增长的潜力。被投企业已进入上市前股权投资（PRE - IPO）阶段，即成熟期时，2—3 年内可实现上市目标，运作程序如图 3 - 15 所示。

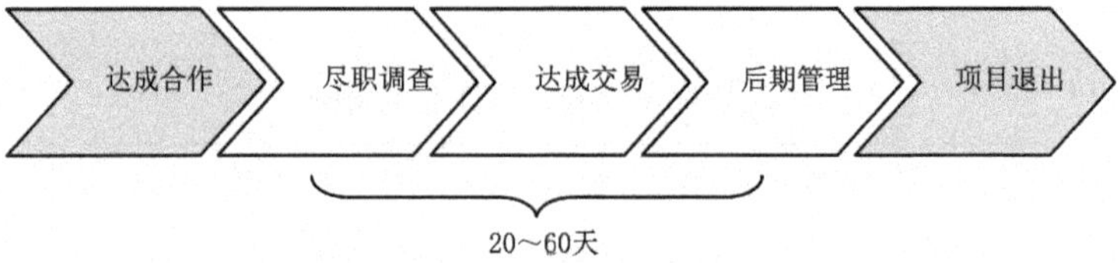

图 3 - 15　决策流程图

面对资金耗费量大、投资期限过长的全产业链"大而全"的农业项目，秉鸿资本采取回避措施，而将精力转向产业链关键点进行布局，如图 3 - 16 所示。

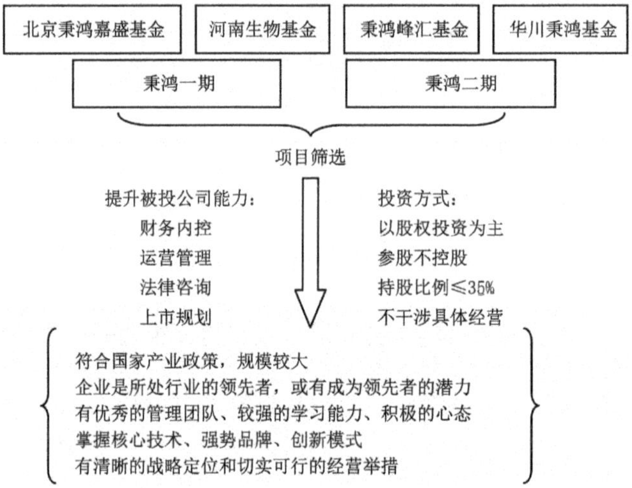

图 3 - 16　秉鸿资本投资决策流程图

对于早期和成长期的农业企业来说，资金运营压力巨大，因此，秉鸿资本选择距离市场需求末端最近的产业进行投资，例如好想你枣业、河南科迪乳业、大连雪龙、北京中地种畜、洛阳佳嘉乐等知名农业企业都是秉鸿资本的成功投资案例。

3.3.3.3 民企主导农业科技创新风险投资特点

（1）民企投资主要选择扩张期和成熟期

民企风投机构在进行投资项目选择时，严格遵循风险投资运行规律，以高收益为目标，同时追求收益的稳定性，规避高风险。在农业企业的生长周期中，早期、初创期甚至成长期，风险都比较大，包括生产技术不成熟、管理落后、缺乏经营管理经验，主要依靠自筹资金和小范围募集资金起步，多数企业难以获得更多外部资金的支持。企业的成长性不明显，风险资本较少关注。当农业企业克服了资金、技术、人才、管理等方面的重重困扰进入扩张期、成熟期的时候，农民创业者已经被磨练成懂技术、会管理、有意志力的农民企业家，企业经营风险小，收益稳定，有比较充足的外部资金支持。此时风险投资介入，可以帮助企业扩张规模、扩大市场、提升管理、甚至成为上市公司，帮助企业实现质的跨越。因此，对于农业企业，风险投资会选择扩张期、成熟期的企业进行投资，风险小，收入稳定。

（2）参与主体多元化

一是非农民企涉足农业科技风险投资领域，包括网易、民生银行、联想集团等；二是越来越多的农户参与到现当代农业建设中，其中种养大户、家庭农场、农民专业合作经济组织、龙头企业等新型经营主体对传统农业主体的替代，参与到农业科技风险投资过程之中，大大促进了现代农业的进程。很多农产品生产形成了“风投＋公司＋基地”、“风投＋公司＋基地＋农户”、“风投＋公司＋专业合作社＋农户”等风投带动农业产业化的经营模式，以普惠金融信息平台为中心，进行产品质量控制与销售、商品支付与结算、企业信贷等服务，由电商和物流链接生产者和消费者，如图3－17所示。

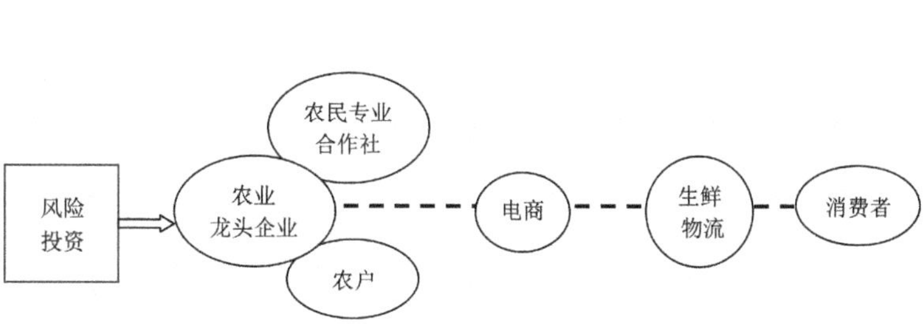

图3－17　新型农业对接流程

3.3.4 市场背景农业科技创新风险投资发展模式——中介平台促动型

3.3.4.1 中介平台促动农业科技创新风险投资发展现状

为农业科技项目与风险资本提供对接服务的中介平台很多，除政府搭建的对接平台外，市场主体依据市场化运作原则搭建的中介平台也不断产生，既有实体平台，包括联想之星、创新工场、微软创投加速器、车库咖啡、第一财经创投联盟、中国青年创新创业投资联盟等，也有网络平台，包括中国风险投资网、小微企业风险投资网（简称微投网）、东方风险投资网、中华创投网、中国创投服务联盟、创投圈、投融界、三农资本、36 氪融资服务平台、天使汇众筹平台、天使湾创投等，特别是面对长期以来中小企业融资渠道不畅的困境，网络融资对接服务平台发挥着越来越重要的作用。

（1）“中国风险投资网——项目对接会”

“中国风险投资网—项目对接会”是中国起步较早、影响力较大、参与对接项目数量和与会投资机构数量最多的中国风险投资界的盛会。

中国风险投资网成立于 1999 年，是国内建立最早的风险投资专业网站，网站在深圳市政府、致公党深圳市委员会、深圳大学等多家部门的支持下建立，目标是打造中国第一的网上投融资交易市场，为广大融资企业和投资方建立一个方便、快捷的网上交易平台。网站自成立以来，对接会已成功举办上十届，已成为中外投资界与中国实业界发展创新经济、引进风险资本、寻找投资良机的首选平台。仅 2014 年，共举办 12 场项目对接会，每次对接会上，会吸引数十家风险投资机构参与，同时安排 5—10 家企业进行路演，公司邀请知名专家和学者对公司进行培训，是创投机构、全民创业的年度盛会，也是中国最大的年度融资盛宴。每届对接会，都会有来自全国的上十亿资本聚集深圳寻找投资机会。为了成功举办项目对接会，公司组织大量的培训工作，包括产业升级与商业模式创新、企业资本运作、企业融资食物与高速成长高级研修班、天使投资人培训、项目路演辅导等多种服务方式，最终目的是推动风投和企业的对接。

为了增进投资方对项目的了解，中国风险投资网采用国际上较为流行的

“项目路演”等高效的对接洽谈机制，确保有效降低投、融资双方的信息成本与时间成本。通过企业方现场“项目路演”可以让投资机构加深印象并加以点评与指导。在每次对接活动的筹备过程中，公司都要在全国范围内精心选拔数十个优秀的投资项目向大会做整体推介，这些项目由早中期的一类项目为主，它们分属各个行业、处与不同发展阶段，有着数量不等的融资、再融资、重组、并购、上市的要求，可以满足资本多样化的投资取向和要求。

中国风险投资网—项目对接会，是国内外投资基金管理者、机构投资者、天使投资人、投资银行家与中国最具投资潜质的创新企业零距离碰撞的国内盛会，是众多创业企业寻找融资渠道、风险投资机构寻求优秀项目的最佳平台。2016年第二届中国风险投资与项目对接会，定于2016年3月11日在深圳举行，参会的投资机构包括软银中国、达晨创投、香港华誉资本、晟泰投资等30家左右投资机构参会。

（2）“三农资本”网络融资服务平台

“三农资本”是上海熙明股权投资基金管理有限公司、安徽太平洋产业投资基金管理有限公司、安徽省风险投资研究院及高管运营团队共同打造的互联网金融平台，总部位于上海市陆家嘴核心区银城中路太平金融大厦，运营中心位于合肥滨湖新区高速金融中心，是国内首家PE背景的专注服务“三农”的小微互联网金融平台。“三农资本”成立至今已发展成为全国互联网金融百强企业，在上海、杭州、苏州、无锡、合肥、长沙、深圳等30多个城市设有分支机构。

“三农资本”获得安徽太平洋基金战略风投，由“汇付天下”实行资金三方托管，是iTrust互联网信用评价中心AA评级企业，平台以为服务三农、中小微企业为宗旨，创新引入实力融资租赁公司、商业保理公司、基金公司、国有担保公司作为债权转让方及担保方，并以风险保障金实时垫付，为雄厚的民间资本提供高效实用的信息对接服务，促进民间资本的高效流通，为投资者创造真正可持续的价值回报。

“三农资本”平台优势：资金使用“汇付天下”进行第三方托管；与阳光保险集团签署战略合作协议，用户交易资金损失险由阳光保险集团承保；风险保证金升级至2000万元人民币；通过由工业和信息化部、商务部、国家发展和改革委员会、国务院国有资产监督管理委员会四部联合中国电子商务协会共同组建的专家委员会评议，荣获“中国互联网诚信示范企业”称号以及“中国互联网金融行业百强企业”称号；与国有担保机构签署战略合作协议。上述说明“三农资本”拥有强大的风险保障体系。除此之外，平台自身的风控体系也比较完善，从制度、流程、系统等各方面全面保护投资者的利益，以纯互联网中介平台的身份服务“三农”和中小微企业。作为互联网金融的新锐品牌，创立行业规范、带动行业整体水平是“三农资本”一直以来的运营目标（表3-14）。

表3-14　“三农资本”发展历程

时　间	事　件
2014年1月1日	“三农资本”P2P网贷平台系统内测上线
2014年4月30日	安徽金实资产管理有限公司成立
2014年11月18日	“三农资本”P2P网贷平台前期筹备小组成立
2014年12月20日	“三农资本”P2P网贷平台与汇付天下签订第三方托管协议
2015年1月15日	“三农资本”P2P网贷平台正式上线
2015年2月10日	“三农资本”累计投资额突破500万元
2015年2月13日	“三农资本”全民经纪人系统重磅开启
2015年9月10日	累计成交额突破5亿元
2015年10月6日	注册用户数突破30万户

数据来源：三农资本官网，http：//www.sannongziben.com。

“三农资本”视信用为企业生存的基石，坚定不吸储不放贷不搞资金池运作的原则。慎重选择了资质雄厚的第三方担保机构为融资项目提供连带责任担保，另外还为投资资金选择了第三方机构托管，使投资者的利益得到充分保证。

3.3.4.2　中介平台促动农业科技创新风险投资运作模式——案例分析

以投融界网络服务平台为例①。2010年6月，杭州投融界网络有限公司成

① 资料来源：投融界网站．http：//www.trjcn.com.2016年2月15日访问。

立，这是一家专业的投融资信息服务商，公司前身是1995年建立的浙江省浙商投资研究会，拥有长达19年的投融资服务经验。公司旗下的投融资信息服务平台——“投融界”，借助浙商投资研究会、清华大学职业经理训练中心华东教学中心、浙商资本投资促进会、杭州创蓝投资管理有限公司及30余家浙江省行业协会的资源优势，建立海量投融资信息数据库，打造政、银、企三方投融资自主对接平台，通过“线上+线下”、“标准化+个性化”的服务体系，破解投融资信息不对称难题，降低资本与项目对接成本，提高对接成功率，服务中国产业结构调整（表3-15）。

表3-15　“投融界”平台发展历程

时间	事件
1995年	由温州模式创始人、三届浙江省省委常委袁芳烈发起并成立浙江省经济建设开发促进会
1998年5月	设立清华大学职业经理训练——华东教学中心
2008年6月	浙商资本投资网上线运营
2010年5月	浙江省浙商投资研究会成立
2010年6月	杭州投融界网络有限公司成立
2010年9月	收购国际域名，在浙商资本投资网基础上开发运营“投融界”平台。
2011年4月	“投融界”与中国人民大学信托与基金研究所、中航信托、创蓝投资联合搭建信托基金服务平台，设立浙商城市发展基金
2011年4月	促成信中利国际控股有限公司与浙江省政府签订落户协议，成立浙信股权投资基金，为浙江省引进百亿元投资
2012年6月	“投融界”正式上线
2015年9月22日	杭州投融界网络有限公司广州分公司正式挂牌成立
2015年10月15日	投融界首期企业家精英训练营顺利开营
2015年10月22日	公司正式更名为杭州投融界互联网金融服务有限公司
2015年11月18日	投融界第二期企业家精英训练营顺利开营

资料来源：投融界网站，http：//www.trjcn.com.2016年2月15日访问。

投融界发现客户的需求就是资本找项目或者项目找资本，信息量越多解决问题的可能性就会越大。通过多次探索，决定用网络建设信息库来服务客户，为资本与项目对接缩短距离。

（1）功能目标

投融界是一个专业的投融资信息服务平台，为大量项目和资金提供撮合服务，同时汇集了一批活跃的天使投资人。企业使命是让投资、融资不再是难题，做最专业的投融资信息服务商。通过服务标准化输出共享资源，提供投融资信息对接和项目搓配服务。投融界以建立海量投融资信息数据库为基础，发挥多维度投融资信息展示，大大提高企业投融资活动及政府招商引资的成功率，无论区域行业、资金机构、政府部门还是项目方，投融界平台都能为其提供服务和更多的投融资机会。通过“线上＋线下”、“标准化＋个性化”服务体系，解决投融资不对称问题；整合项目方、资金方、服务商、资本机构的资源，形成融资产业链闭循环。

（2）模式主要特点

①线上注册发布信息。投融界建立了全球标准化和分站化服务体系，全方位、多层次、一体化服务投融资对接。投融界以线上、线下三个等级的服务满足不同层次用户的需求（图3－18）。

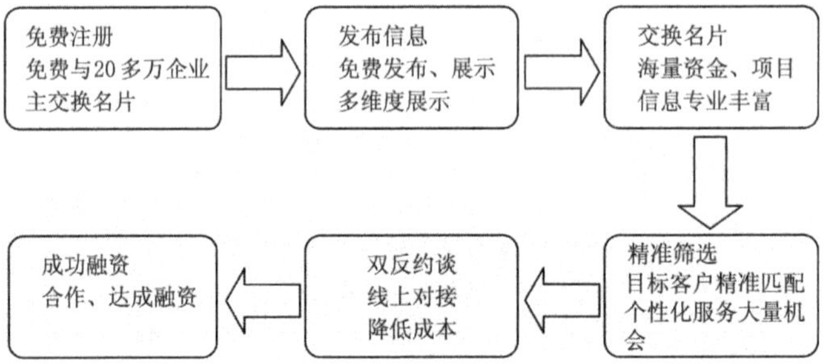

图3－18 投融界对接流程图

②操作便捷，拓展人脉。投融界建立信息格式化对比系统、资本与项目匹配系统和多类结构化展厅，用户仅需通过快速发布、高级搜索、同类对比、有效联系四个步骤，就可找到最匹配信息、自主进行资本与项目对接。网站首页有快速发布信息和在线客服服务咨询栏目框，更方便、更简单地满足客户需求。投融界在全世界推广分站，总站与分站形成数量庞大、互通共享的资源联

盟系统，以分站服务分站、以用户服务用户、实现资本与项目的自主对接。投融界率先开创了依靠人脉获得投资资金的融资方式。目前，投融界拥有超过29万条的真实人脉资源。

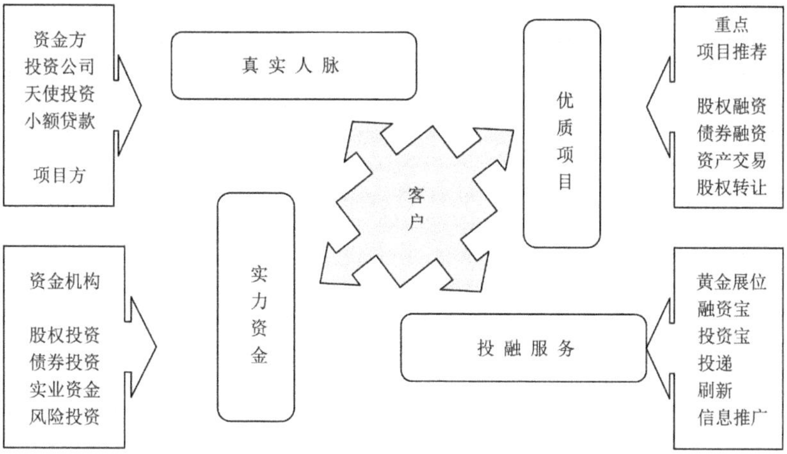

图3-19　投融界投融服务项目

③高级会员服务和咨询服务。投融界组建投资俱乐部，为会员们提供投融资课程学习、投融资讯、政银企会员交流活动、投资考察等资本投资一条龙服务，帮助会员快速提升资本运营理念和技巧，拓展政、银、企高层人脉资源，促进资本与项目高效对接。投融界组建在产业、基金、信托等领域具有深厚经验的投融资专家团队，为广大中国企业、政府机构提供资产管理、财务顾问等专业化、创新型服务，帮助有竞争力的资本和项目成功对接。

④线下业务VIP投资发展沙龙。线下沙龙以投融界为信息宣传平台，聚集全国各地的企业家、精英团队和投资机构组织，以优质项目、资本自主推介和对接为主题进行讨论，至今已经举办110余期。嘉宾带来宣传资料、可行性报告、样品，资金方则由投资机构、集团公司、少部分个人资金构成，其中不乏一些上市集团和大的投资机构。此类沙龙会议形式在全国范围内并不多见，很多企业主愿意参加，加之已经有众多项目方通过沙龙活动融资成功并拓展了人脉，吸引了不少嘉宾。

⑤在创新系统中的地位。投融界网络有限公司运营正规，线下沙龙也是口碑不错的活动，与上千家资金机构合作，投融界信息服务平台作为普惠基层中

小企业及创业者的服务机构，同时作为中国金融体系的补充，此类企业在今后发挥的作用将越来越大，国家应在规范行业标准的同时，多扶持此类正规发展的互联网金融企业。

（3）运作案例

AN LI

案例1：2014年5月4日投融界接到广东大宗农产品配送项目需融资金额200万元的电话后，为客户制作项目特刊并刊登在网站上，5月19日客户就找到了投资的合作伙伴。该客户廖某在此之前积累了农产品配送方面的经验和客户资源，想融资200万元，注册公司、购买配送设备及办公场所，在投融界开通会员账号尝试融资并获得成功。历时15天，创造了投融界融资速度奇迹。

案例2：广东某个人资金200万元寻本地水果连锁店项目合作

网站标签	具体内容
资金主体	个人资金
所在地区	广东省
投资行业	其他行业
投资地区	广东省
投资金额	200万元
股权投资类型	其他合作方式
投资期限	3年
投资阶段	成长期
前期费用	无任何前期费用
标签	广东，个人资金，股权投资
投资要求概述	想找水果连锁店，广东地区的，希望连锁水果店有一定规模的。可以的话希望自己可以参与经营，投资200万元股权融资

案例 3：安徽某个人资金 500 万—2000 万元寻本省农业项目合作

网站标签	具体内容
资金主体	个人资金
所在地区	安徽省
投资行业	农林牧渔
投资地区	安徽省
投资金额	500 万—2000 万元
最低回报要求	10%/年
投资期限	3—5 年
风控要求	抵押物类型（固定资产），抵押物折扣率（6—8 折），担保无任何前期费用
前期费用	农业，个人资金，安徽
标签	个人资金，做农业的。找新的农产业，500 万—2000 万元，不参与管理。回
投资要求概述	报率最低 10%。自己在做有机肥料这块。

案例 4：浙江某企业资金 5000 万—10 亿元寻找农业项目合作

网站标签	具体内容
资金主体	企业资金
所在地区	浙江省杭州市
投资行业	农林牧渔
投资地区	全国各地
投资金额	5000 万—10 亿元
最低回报要求	12%/年
投资期限	1—10 年
风控要求	抵押物类型（固定资产，其他资产），抵押物折扣率（50 折），其他
前期费用	无任何前期费用
需提供资料	商业/项目计划书，公司证件，相关财务资料
标签	浙江，企业资金，农业项目
投资要求概述	a 根据农业企业的资金需求，以企业自身的外汇额度为上限，借期 10 年，年化 14%。 b 种植类企业：已经确权的流转土地不低于 5000 亩；每亩产值不低于 1.5 万元；从投入种植到产生利润的时间不超过 3 年。融资额度为该企业已投入的 50%—60%，年化 12%。

（4）运作机制（图3－20）

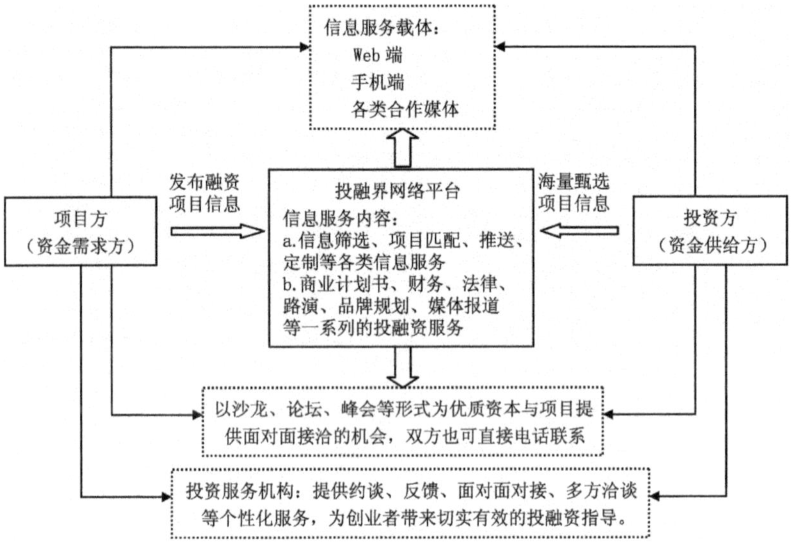

图3－20　投融界项目对接服务运行机制

（5）运行效果

投融界前身是浙江省浙商投资研究会（原浙江省经济建设开发促进会），始建于1995年，拥有长达21年的投融资服务经验；专注于打造资本与项目对接平台，提高资本找项目、项目找资本的效率和成功率，助推民营企业发展，服务中国产业升级；平台拥有130万有效注册会员，会员企业遍布全国各地，涉及房地产、互联网、农林牧渔、节能环保等其他领域；作为中国最大的融资服务交易平台，每天有大量的项目信息在平台发布；上线至今已超110万个优质项目在平台竞资；平台在吸引大量项目方的同时，也受到资金方的强烈关注，超20万家资金方聚焦在投融界平台竞选优质项目；聚集了20多万投资人，手持3万亿资金在平台内寻找优质项目；通过线上、线下共同发力，成功帮助企业融资超1000亿元。

3.3.4.3　中介平台促动农业科技创新风险投资特点

（1）平台聚集多方机构，对接活动方便快捷

中介平台聚集大量的投资者信息、资金需求者的项目信息，众多的风险投资机构、大量的个人或单位投资者可以根据自身对项目的认识与偏向

选择合适的投资项目，也可以委托平台组织、平台聚集的其他专业投资咨询机构以及中介服务机构进行投资咨询与辅导，创业者也可以在投融资平台获得真实投资人和投资机构对项目的投资反馈信息，同时，创业者还可以享有包括法律、财务、商业计划书、路演、品牌规划、媒体报道等专业化的融资服务。总之，平台可以提供投融资双方所需的各种信息咨询与服务，方便快捷地完成项目对接，解决多年来存在的农业科技企业融资难的问题。

（2）“线上＋线下”共同作用

投融界通过“线上＋线下”、“标准化＋个性化”的服务体系，能够为客户提供针对性的投融资信息对接和项目撮配服务，提高对接服务效率。

（3）投融资不受规模的限制

对于投融资双方而言，突破了资金规模上的约束。对于投资方而言，资金可多可少，通过平台的资金聚合作用，可以将大量的小额投资聚集起来，投资到适合的投资项目上去；对项目融资方而言，既可以获得实力雄厚的风险资本的独家投资，也可以利用众筹方式获得大众资本的投资。

（4）投融资风险较大

尽管平台本身的风险保障机制、内部约束机制都比较健全，但所有的利益都建立在中介服务平台建设者自身坚守服务宗旨的前提条件之下，一旦经营者过于追求经济利益、违背原服务宗旨、经营一些非法律保护的高盈利业务，往往就掉入摊子过大、投资项目风险过大、难以回收资金、资金链断裂的困境，最后受损失的必然是众多的中小投资者。

3.3.5　市场背景农业科技创新风险投资特点

3.3.5.1　注重品牌效应

品牌的差异代表着品质的差异，知名的品牌对于一个企业来说是非常重要的，人们对某种产品是否安全，与是否是品牌产品有很大关系。许多农业企业都在追求最好的品质以及最让人们放心的品牌。品牌意味着企业形象和企业实力，是一种有效的推销手段，不仅容易吸引风险投资机构选择该企业项目，而且有利于引来多伦次投资。秉承资本就有意将水果、蔬菜、肉鸡、猪肉等都打造成知名农业品牌；正大养鸡场就是凭借品牌效应和科技现代化的影响力多次引来外企注资；宁波天邦股份也在有意打造成为以绿色环保为主题的农业产业化国家重点龙头企业。

3.3.5.2 外资侧重大型项目

外资风投机构对大项目的投资集中度高，通过图 3－21 发现，内资、外资风险投资机构主要集中在单项规模在 1000 万—2000 万元和 2000 万元以上的大中型项目上，尤其是外资风投机构对大项目的投资集中度更高，内资、外资机构投资两类项目合计占比分别为 78.2%、64.1%。但与 2012 年对比，内资、外资风险投资机构项目集中度却有集中趋势，2000 万元以上项目占比有所上升。相比外资机构，内资机构在 1000 万元以下的中小型项目上的投资相对更多①。

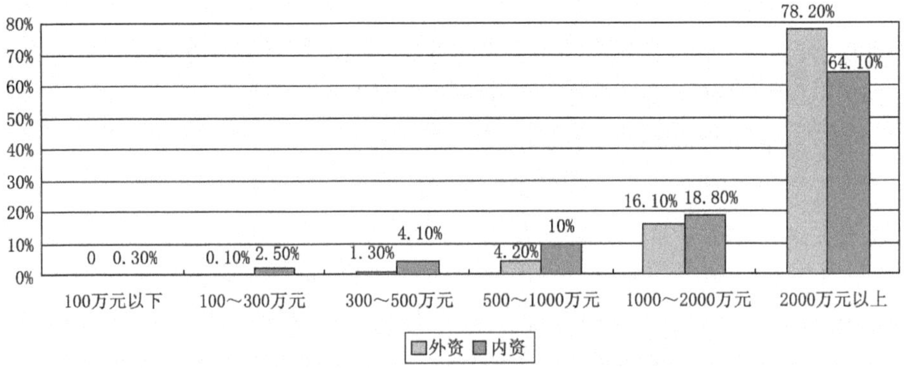

图 3－21 2013 年内资和外资风险投资单项投资金额的规模分布

3.3.5.3 投资中后期

无论是外企风投机构还是民企风投机构，其投资选择基本在农业产业发展的扩张期、成熟期，很少在初创期、成长期。主要还是因为早期的农业企业风险大，技术不成熟、管理落后、缺乏经营管理经验，包括企业家素养也达不到风险投资家的要求。而与企业一起成长的农民企业家，依靠自身力量经历了初

① 数据来源：王元等. 2014 年中国创业风险投资发展报告［M］. 北京：经济管理出版社，2014：93.

创期、成长期的磨练，其综合素养常常更胜于普通的企业管理者，再加上企业已进入稳定收益期，因此，此时很容易被风险投资选中。换句话说，对于农业企业，风险投资会选择扩张期、成熟期的企业进行投资，风险小，收入稳定，与企业家容易达成合作协议。

3.3.5.4 中介服务活跃

品牌的差异代表着品质的差异，知名的品牌对于一个企业来说是非常重要的，人们对某种产品是否安全，与是否是品牌产品有很大关系。许多农业企业都在追求最好的品质以及最让人们放心的品牌。品牌意味着企业形象和企业实力，是一种有效的推销手段，不仅容易吸引风险投资机构选择该企业项目，而且有利于引来多伦次投资。秉承资本就有意将水果、蔬菜、肉鸡、猪肉等都打造成知名农业品牌；正大养鸡场就是凭借品牌效应和科技现代化的影响力多次引来外企注资；宁波天邦股份也在有意打造成为以绿色环保为主题的农业产业化国家重点龙头企业。

3.3.6 市场背景农业科技创新风险投资存在的主要问题

3.3.6.1 风投机构多而杂

风险投资是一种很好的吸引各种资本进入某一产业的投融资制度创新。随着风险投资发展迅速，很多机构可以说是单纯的财务投资者，没有专业的资金管理团队，单纯地投资，赚到钱后就撤出，对于被投企业将来能不能存活便不多做关注。目前，我国农业产业领域里，完善、专业的团队并不多，懂得种植、豢养、销售等全部产业链条的企业也不多。民营机构实力不强，只能投资中等规模的企业，像双汇、蒙牛等大规模企业是不能轻松涉足的。回顾我国风险投资发展历史，风投行业发展还存在许多现行制度的问题，目前并不能完全满足发展需求，募资还是较为困难，天使支持力度有待加强，退出渠道有待畅通。这些都需要国家进一步政策支持。

3.3.6.2 内资分散而外资集中

内资风投机构投资的行业相对分散，外资风投机构投资行业的集中度较高，如表3－16所示。无论是从投资金额还是投资项目数量，外资所投行业的集中度均高于内资。从投资金额上看，内资风投机构投资前十大行业分布所占比重合计为70.6%；外资所占比重合计为81.5%。投资项目数量来看，内资风投机构前十大行业所占比重合计为59.7%；外资所占比重合计为71.4%。但与2012年比，行业集中度有明显下降趋势。

表3－16　　2013年内资与外资风险投资项目的十大行业分布　　单位：%

内资			外资		
投资行业	投资金额	投资项目	投资行业	投资金额	投资项目
医药保健	10.8	10.2	消费产品和服务	16.6	11.6
金融保险业	10.4	6.1	传播与文化娱乐	14.0	15.2
新能源、高效节能技术	9.6	6.9	光电子与光机电一体化	11.4	7.1
传统制造业	7.8	6.4	新材料工业	10.0	8.9
农林牧副渔	7.3	4.0	金融保险业	8.3	11.6
新材料工业	6.7	7.5	医药保健	5.4	7.1
其他制造业	5.4	5.0	其他制造业	4.5	0.9
传播与文化娱乐	4.9	4.4	其他行业	4.1	1.8
IT服务业	4.1	4.5	计算机硬件产业	3.8	2.7
光电子与光机电一体化	3.6	4.7	通讯设备	3.4	4.5

数据来源：王元等. 2014年中国创业风险投资发展报告［M］. 北京：经济管理出版社，2014：91.

3.3.6.3　投资倾向于项目中后期

我国粮食供求缺口在不断扩大，进口数量和品种逐年增多，今后必然面临着如何保障农产品总量和结构平衡、确保农产品质量安全的难题。农业科技产业化的风险和收益是极其不对称的：农业科技产业化的初期，风险在于研究与开发方面，收益很小，甚至没有收益；农业科技产业化的后期，继续开发和应用农业技术的风险变小，并可以为投资者带来非常可观的收益。因此大量农业科技创新创业企业在创业初期，很难得到以追求利润为目标的投资者的投资。

尤其外企投资于我国农业科技项目或企业时，倾向于成熟期或扩张期。同时，外资企业通常具有强大的资金实力和管理实力，对于项目的筛选有非常严格的要求，所以这两个时期的项目或企业符合外企的筛选标准。表 3－17 列举了 2012 年农业领域 VC/PE 背景企业上市情况，投资阶段均为成熟期和扩张期。

表 3－17　　2012 年农业领域 VC/PE 背景企业上市情况概览

上市企业	所在地区	时间	投资机构	币种	投资金额（百万元）	股份（%）	阶段
海魁水产	漳州市	2007 年 9 月	毅鸣投资 新纳资本 昆吾九鼎	美元	11.00	35.36	扩张期
福建腾新	福州市	2008 年 8 月	劲达创投	人民币	11.30	未知	扩张期
成都红旗	成都市	2010 年 4 月	浙江合丰 九鼎联合	人民币	270.00	18.00	扩张期
百洋股份	南宁市	2010 年 5 月	长润创投	人民币	8.00	2.45	扩张期
			深圳创新投	人民币	10.00	3.06	
		2009 年 3 月	金立创新投	人民币	10.00	7.99	扩张期
			弘德隆胜投资	人民币	2.00	1.60	
普邦园林	广州市	2010 年 6 月	广发信德	人民币	42.00	3.45	成熟期
蒙草抗旱	呼和浩特市	2010 年 7 月	红杉资本	人民币	50.00	4.88	扩张期
加加食品	长沙市	2010 年 8 月	加华伟业	人民币	182.16	14.47	成熟期
		2008 年 8 月	江苏恒安 深圳鼎源	人民币	44.33	13.75	扩张期
江西煌上煌	南昌市	2010 年 12 月	国信弘盛	人民币	38.25	5.38	扩张期

数据来源：杨凌农业高新技术产业示范区管委会等. 2012 中国农业产业投资报告［M］. 北京：科学出版社，2013：32.

3.3.6.4 中介平台服务方式的投融资风险较大

尽管平台本身的风险保障机制、内部约束机制都比较健全，但所有的利益都建立在中介服务平台建设者自身坚守服务宗旨的前提条件之下，一旦经营者过于追求经济利益、违背原服务宗旨、经营一些非法律保护的高盈利业务，往往就掉入摊子过大、投资项目风险过大、难以回收资金、资金链断裂的困境，最后受损失的必然是众多的中小投资者。

3.4 我国农业科技创新风险投资未来发展模式的几点思考

研究表明，现有的农业科技创新风险投资发展模式存在着市场自身难以克服的障碍性因素，需要政府部门制定相关的政策措施和制度性规定予以保护和激励。本部分结合我国农业发展方式转变和小康社会建设的基本国情，构建新时期农业科技创新风险投资发展模式，从发展经济学的角度进一步阐述构建此模式的理论依据与现实基础，最后，提出相关政策保障建议。

3.4.1 我国农业科技创新风险投资的目标模式

目标模式涉及两类不同性质的主体：一是政府机构，具体包括农业科技创新风险投资引导基金运营管理机构和政府设立的专门针对农业科技创新风险与资本对接的中介服务组织平台；二是市场主体，包括风险投资机构和农业科技企业。两者相辅相成，只有设置了政策性农业科技风险投资中介服务机构，提供农业政策、农业项目等信息才能满足风险投资机构投资和农业科技企业融资的需求，形成以市场需求为导向、优胜劣汰、追求效率最大化的市场化经济运行体制，实现资源的合理配置。结合我国经济大国、农业大国的基本国情以及未来现代农业的发展趋势，构建“政府引导 + 政策性中介服务机构 + 风险资本 + 农业科技企业”的农业科技风险投资运行模式，如图 3 - 22 所示。

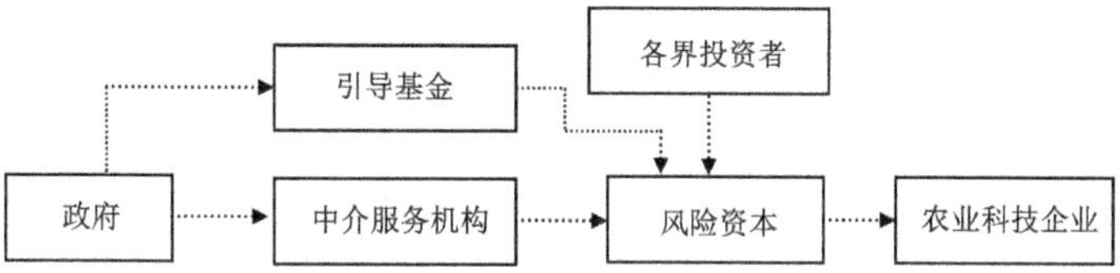

图3-22　农业科技创新风险投资运行模式

注：……代表资金流向。

观察我国农业科技风险投资历年来的发展情况，发现对农业支持的主体不少，但很分散，不成系统，很难形成前后衔接的一条龙式的高效服务体系。我国应将零散的服务集中起来，将不定期举办的对接大会或大赛规范化、长期化。

3.4.1.1　政府引导

政府引导，即政府设置专业化的农业科技创新风险投资引导基金。农业科技风险投资引导基金由中央政府部门专门设立，用于引导风险资本投资于农业科技企业。同时，目前农业企业只是作为中小科技型企业得到科技型中小企业基金的资金支持，若成立专门农业科技引导基金，则会更大地激发企业家创办或投资农业企业的积极性。地方政府设立配套资金，形成地方性农业风险投资引导基金。

3.4.1.2　政策性中介服务机构

目前一般性的中介服务组织包括三大类：一是科技服务类，主要指科技评估与招标机构、创业风险投资行业协会、信息咨询机构等；二是资金服务类，主要指银行、信托和专业性投融资咨询机构等；三是事务服务类，主要指会计事务所、律师事务所、资产评估事务所和信用评级机构等。风险机构在选择科技项目时需要这些一般性中介服务组织的参与，从而获得较为准确的项目库资源并辅助其完成科学的项目筛选。

农业科技风险投资是一项综合性和农业专业性很强的投融资活动，需要农业专业技术、风险投资技能、现代企业管理经验、科学技术评价、财务分析、法律等多方面的知识。农业科技风险投资中介服务组织能够在农业科技市场上，为科技成果提供方、需求方和投资方之间牵线搭桥，成为科技成果转化为现实生产力实现对接的中间人。由于农业的特殊性，政府成立专门服务于农业科技的政策性中介服务组织，能有效地提供农业相关信息服务、项目咨询与介绍和农业项目库资源，其中项目库由农业科技部门提供，农业项目咨询服务也一定由技术性强的专业人员提供，所以，涉农的中介服务机构必须有政府的参与。

3.4.2 构建目标模式的理论依据、现实基础与政策保障

3.4.2.1 理论依据

发展经济理论认为，农业经济活动具有突出的外溢性，健康发达的农业对生态环境、经济发展和社会稳定等会产生巨大的外部效益，从而推动国民经济的健康发展。我国的农业经济发展水平直接关系到我国国民经济的命脉。风险投资对农业科技研发、成果转化和推广应用的资金支持，有助于加速科技成果转向生产力，有效地催化我国现代农业发展。

公共产品理论阐述了公共产品的公共性、社会性特性，农业科技创新技术与产品，同样具有公共性、基础性、社会性等基本特征。政府需要承担提供公共产品的职责。目前，我国政府提供公共产品的方式已经多样化，如直接投资、直接补贴、间接补贴、风险补偿和政府采购等等。

金融发展理论认为，农村金融发展需要制度保护。农业科技创新风险投资作为农村金融的组成部分，其发展需要获得政策的支持与保护。

3.4.2.2 现实基础

（1）政府亟需改变直接投资方式

发展经济理论认为，一个国家工业化水平达到一定阶段的时候，就应该注重农业的发展。就我国目前经济发展水平来看，早已进入工业反哺农业的阶段。2004 年以来中央连续 10 多年 1 号文件锁定“三农”，近几年各部委、各省（市）更是密集出台了一系列的强农惠农政策，形成一整套较为完备的农业政策支撑体系。农业项目补贴政策每年都会出台，政府直接补贴存在涉农管理部门繁多、部门职能交叉、项目申报成本高、中间损耗大等问题。为了提高审批速度和财政资金使用效率，加快农业科技的推广和创新，政府

虽必须干预，但应提高干预效率。现阶段，如何改变政府支持农业的方式方法，是各级政府一直在探讨的问题。本文认为，政府的干预措施是设立农业发展引导基金，并规范中介服务组织机构，增加为农业科技成果转化与风险资本的对接机会。

（2）农业科技成果转化率亟需提高

我国是农业大国，农业的战略性地位不容动摇。虽然农业科技研发项目逐年增多，投资逐渐加大，但还是有大量科技成果沉寂于研发成功之后。原因有两点：一是研发成果不具备推广可行性，与市场需求不对接，不仅造成国家资金浪费，并消耗研究人员大量时间成本；二是研发成果找不到投资人。对于这两点原因的综合解决办法是：由政府牵线搭桥并提供政策措施，由风险投资机构联合国家农业综合开发办公室、科技部、农业部等部门，共同承担筛选农业科技项目职责，采用利益共享、风险共担的市场化运作模式，推动科技成果转化。

3.4.2.3 政策保障

（1）改进财政资金使用方式

农业部门的相关数据统计，每投入1元的农业科技资本可对我国国内农业生产总值产生9.59元的增值回报，远超教育、道路、通信等行业投入的回报。过去农业科技企业从政府科研经费中获得的科研经费较少，大量资金主要投向科研院所，企业的带动性被政府忽略。相反，农业科技企业的管理水平、技术水平都会在利益的驱使下发挥更强的优势，农业科研院所可能只在乎立项不注重成果转化和推广。所以，由企业来申请并承担商业化的科研课题；财税部门制定并实行农业科技创新企业税收减免政策、高新技术企业研发费用优惠政策等；通过银行、担保公司等金融机构提供信贷服务，支持科技企业进行技术研发，鼓励科技企业接收国内科技研究项目，加强科技企业独立自主的创新能力，应用并推广更多的农业技术来促进农业的发展。

（2）制定有针对性的保护措施

尽管多年来我国政府一直在加大支持农业发展的政策支持力度，但是，截至今日并没有出台专门针对农业科技风险投资的政策措施。要解决农业科技投资不足的问题，政府在制度安排上提供鼓励性措施是十分必要的，比如，设置专门的农业科技风险投资投资机构、专业化的农业科技风险投资中介服务机构、法律规范中增加保护性条款，建立引导风险投资机构投资的农业科技创新风险投资基金，建立农业科技创新风险投资补贴制度，建立农业科技创新最佳信号机制，引导投资者进行对自身乃至整个经济整体有利的投资策略等等。

（3）加大相应税收优惠力度

像英美等市场经济体制完善的国家，政府的任务主要是通过出台相应的政策来建立创业投资的扶持体系，而像我国这样的市场经济体制尚不完善的国家发展创业投资，政府的任务除了建立扶持体系外，更重要的是通过制度创新来构建创业投资的宏观运行体制。为了促进创业投资的发展，很多国家制定有关创业投资的税收优惠制度，或对处于早期发展阶段的创业企业给予启动资金补助，或对投资于创业投资的投资者给予投资亏损补贴，或对两者均给予补助。即使政府对所优惠的风险项目设立严格的审批制度，但只要政府通过向风险投资项目加大相关税收优惠政策，就意味着降低了风险投资者所面临的风险，提高了风险投资者的期望收益，从而吸引更多的创业者和投资者参与到农业科技创业投资中来，从而促进国家或地区农业科技水平的发展。

（4）强化农业科技融资服务监管机制

农业科技创新风险投资，不论是各类主体直接投资，还是借助中介服务机构的间接投资，都存在着更多的风险，因此，加强投资监管非常必要，比如通过制定相关制度限定投资服务范围等等。

3.5 本章小结

目前，我国农业科技创新风险投资投资主体多元化，整体可分为政府背景和市场背景两种模式，每种模式下又可分为不同主体投资即主导型和中介服务助推型，两种不同发展背景的农业科技风险投资运作模式，在我国农业、农村经济的发展过程中发挥着不同的作用。本章梳理了我国农业科技风险投资两种发展模式的基本特征和现实作用，结合案例总结出各模式存在的主要问题，突出表现在：政府背景发展模式政府干涉过度、出资比例高效率低、中介机构作用不突出等；市场背景发展模式风投机构多而杂、内资分散外资集中、倾向投资项目中后期、对政策依赖性强、风险大等。这些问题说明我国农业科技创新的发展在借力风险资本方面明显不足。为积极响应我国加快农业发展方式转变、全面建成小康社会的国家战略，笔者提出了适合我国经济大国与农业大国基本特征的农业科技创新风险投资发展模式，即“政府引导 + 政策性中介服务 + 风险资本 + 农业科技企业”的发展模式。

第 4 章 对我国农业科技创新风险投资发展的思考

经过多年的探索与实践，我国农业科技创新风险投资获得了前所未有的发展，但与其他行业相比较，差距还很大，不仅案例少，投资规模小，而且运行机制还不完善，对农业科技创新发展和农业科技成果的产业化促进作用还不强。“十一五”期间，农业科技成果转化率只有 40% 左右，远低于发达国家 80% 以上的水平，农业科技成果创新与转化急需引入社会资本和市场化运行机制，即通过创新转化方式来实现成果的转化和产业化，进而提升农业产业的经济价值与社会价值。关于农业科技创新领域引入风险投资的必要性，国内学者已经进行了大量的研究，这里不再赘述。本部分重点分析农业科技创新风险投资发展中存在的主要问题、制约因素以及发展的政策环境、微观基础、未来趋势等几个方面的内容，以期对我国农业科技风险投资的未来发展予以基本研判。

4.1 我国农业科技创新风险投资发展中存在的主要问题

4.1.1 内部运行机制不完善

风险投资内部运行机制包括资金筹集、项目投资与管理、投资退出等三个重要环节，农业科技创新风险投资资本筹集渠道狭窄，项目投资缺乏有效的管理机制，退出渠道少。

4.1.1.1 风险资本筹集渠道狭窄

目前，我国风险投资的资金来源主要是上市与非上市公司、政府财政资金（主要是科研经费投入、政府出资设立的风险投资公司和引导性质的基金）、私人投资、银行等金融机构投资，其中上市与非上市公司投资是主要部分，接近总投资的50%；政府资金排在第二位；个人资金则呈上涨趋势。总体看上市与非上市公司投资、政府投资占比都过高，而机构投资者包括银行、证券公司投资过少，有些机构投资者包括养老金、保险基金等还没有投资到该领域。资料显示，在美国，以养老金、保险基金为主的机构投资者是风险投资的主要出资人。其中养老退休基金是最大的风险资本的来源。投资于这一行业需要非同寻常的勇气、耐心和专业投资经验，广大中小散户由于认识上的原因，而且缺乏承受高风险的能力，一般只投资于证券，而不会冒险涉足风险投资领域。

4.1.1.2 农业科技项目风险投资缺乏有效的后续管理经验

我国农业科技风险投资的一个重要特征是投资的介入期多为农业科技企业发展的中后期，当然这一投资阶段的选择对于推进农业高新技术产业化发展起了至关重要的作用，但是却不利于农业科学技术的开发与创新。正因为如此，风险投资机构在选择农业科技项目时更多的是关注企业的财务指标、盈利能力以及商业运行模式等，而对于那些初创期的、需要引进管理经验的企业却少有问津。事实上，我国农业科技企业的发展，最急需的不仅仅是资金，更重要的是现代企业管理经验，包括技术管理、生产经营与管理、财务管理、人员管理等等。由于长期以来我国农业科技风险投资初创期、早期的项目较少，所以缺乏投资后续管理经验。

4.1.1.3 退出渠道不畅通

一般来说，风险资本退出风险投资运行过程的方式主要包括公开上市（IPO）、股权转让和回购、并购和破产清算。从过去我国农业科技风险投资的退出实践来看，主要是通过IPO和并购来完成，2014年后随着中关村股权转让系统（新三板市场）的对外开放，不少的农业科企业股权开始在此系统挂牌转让。但是，农业科技企业自身的一些特征决定了在IPO、股权转让系统的退出道路上困难重重。以IPO为例：2013年初，中国证监会掀起被业内称为“史上最严格的IPO自查”，年初在审企业851家，到5月底剩余666家，短短几个月，待审IPO的企业数量迅速下滑，其中涉农企业成为撤单的重灾区，包括安徽铁观音在内的30多家企业因盈利能力差、运行模式不完善、财务制度不健全、企业资产和农产品产权不明晰等问题撤回申请，还有像绿大地、新大地、万福生科等因财务造假问题受到了有史以来最严格的处罚。事实上，农业类公司普遍存在着业绩差、可持续盈利能力低、现金交易多、结算不规范、账目不完整、产权不清晰、社保不健全等问题，多数企业在申请IPO时不得不临时组织材料，编制账目甚至造假。因此，农业企业要想走上顺畅的上市融资之路，较其他行业需要面临更多的困难。

4.1.2 外部运行环境亟待改善

拜格雷夫和蒂蒙斯（Bygrave and Tllnlnons）研究发现，完善的法律法规体系、优惠的税收政策、活跃的证券市场、宽松的投资政策、健全的会计审计制度等都是决定一个国家创业投资发达程度的基本条件。风险投资不同于传统投资，在整个运作过程中有许多各式各样的风险因素在直接或间接影响着风险投资的命运，特别是农业科技创新领域，风险大，投资周期长，创造一个有利于风险投资向农业领域投资资本的政策环境，是保证农业科技风险投资健康发展、农业科技创新不断和成果转化的重要环节。在我国，经过近30年的发展，国家政府在风险投资法律法规建设及激励政策方面做了大量的努力，但依然不能满足发展的需要，甚至是一些法律法规的改进严重滞后，制约了农业科技风险投资的发展。

从现行的法律法规体系来看，至今没有颁布“风险投资法”，尽管颁布了《创业投资企业管理暂行条例》，但立法层次不高，遇到与其他法律相冲突时不得不让行，同时，法律条款中缺乏专门针对农业科技风险投资的保护与激励；风险资本的筹集受到有限合伙人数量限制和机构投资者进入限制的双重约束。从税收政策来看，缺乏引导风险资本投向农业领域投资的税收优惠政策，相比先进制造业、信息化等产业，农业现代化发展相对较慢，行业整体抗风险能力偏弱，未来 PE/VC 机构在涉农项目投资上，也需要得到税收、财政等政策方面的大力扶持。另外，缺乏专门针对农业科技创新风险投资中介服务机构发展方面的制度设计，农产品产权交易市场建设滞后，不利于农业科技风险投资的顺利退出；我国企业会计制度建设方面早已与国际接轨，但在农业企业的会计制度建设还严重滞后，大多数农业科技企业自己不设专职会计人员，而是从社会上聘用有从业经验的人员代理会计，其结果往往是会计人员不专业、素质低，账务处理不规范，难以满足专业投资者的要求。

4.1.3 农业科技创新风险投资发展的区域差距很大

广东、江苏、北京、福建、甘肃、新疆、内蒙古等地农业科技创新与风险资本结合的创新方式较多，包括直接引入风险投资、将农业科技特派员制度与风险资本结合、配合国家科技部组织的农业科技创新创业大赛积极组织本省的相关赛事、利用高校科研优势与农业企业合作开发科研产品再与风投相结合等等。总体来看，投资区域主要集中于东部沿海地区。《中国农业产业投资发展报告（2013）》显示，从 2006—2012 年发生的 287 起农业科技风险投资案例分布情况看，案例数量排名前十位的地区其投资案例数占全部投资案例数的 60%，投资金额占全部投资额的 55%，如表 4 - 1 所示。

表 4 - 1　　2006—2012 年中国农业领域投资前 10 位地区分布情况

投资地域		投资案例（起）		占比（%）	投资金额（百万美元）		占比（%）
东部沿海地区	山东	26	97	34	545.92	1343.04	35
	福建	21			266.86		
	江苏	20			200.87		
	北京	18			184.75		
	深圳	12			144.64		
中部地区	湖南	20	44	15	187.03	477.90	12
	湖北	13			147.41		
	安徽	11			143.46		

续表

投资地域		投资案例（起）		占比（%）	投资金额（百万美元）		占比（%）
西部地区	新疆	17	32	11	173.24	328.14	8
	内蒙古	15			154.90		
其他地区		114		40	1737.86		45
合计（全国）		287		100	3886.94		100

数据来源：杨凌农业高新技术产业示范区管委会等.2012中国农业产业投资报告［M］.北京：科学出版社，2013：23.

实践表明，资本更倾向于流向农业大省和经济建设较为发达的地区，无论投资金额还是投资案例数，北京、福建、江苏、山东均居于全国领先的地位，因此农业科技风险投资的区域集中度较高。一部分原因是农业大省本身的产业聚集效应，内外部发展环境相对完善，为企业投资带来了交易成本低、资源共享、共同提高市场竞争力等积极作用。新疆、内蒙古有独特的地理条件、自然资源优势，若加以实施支持政策、资金投入和科技推广等，其农业产业体系将逐步完善，投资吸引力加大。虽然我国中西部省份有着从事农业生产较为便利的土地资源优势，或农业产出更高，但从资本交易的角度看，东部地区的资本对接更方便顺畅一些，因此，导致农业科技创新风险投资发展的区域差距很大。

4.2 制约我国农业科技创新风险投资发展的主要因素

4.2.1 我国农业产业整体科技创新能力不足

2014年我国农业科技进步贡献率达到56%，这一数据表明我国农业科技创新能力较之以往有了很大的进步，但与发达国家相比较还有很大差距。农业科技创新能力不足的原因体现在两方面：一是科研资金投入少；二是科技成果转化率低。

从我国农业科技研发资金投入看，政府农业研发投入占农林牧渔业产值的比重仅为 0.4% 左右，远低于世界平均水平（国际粮农组织公告 20 世纪 80 年代世界平均水平为 1%），也远低于国家整体研发投入水平（2014 年国家研发经费投入强度为 2.05%）；同时，大多数农业企业科研投入占主营业务收入的比重也不足 1%（2010 年典型农业类上市公司研发投入数据），甚至部分上市公司研发领域的投入是空白。表 4－2 显示了我国部分农业上市公司的科研投入情况。

表 4－2　　2010 年典型农业类上市公司科研投入情况

企业名称	科研投入	
	支出总量	占营业收入的比例
登海种业	2761.7 万元	2.94%
敦煌种业	—	0.19%
隆平高科	960.3 万元	0.75%
孟山都（跨国种业巨头）	12.05 亿美元	11.47%
雏鹰农牧	78 万元	0.11%
圣农发展	774.6 万元	0.37%
史密斯菲尔德（跨国肉制品加工巨头）	3880 万美元	0.35%

资料转引自：胡军华，邰思．研发投入不足 1%　多数农业企业核心竞争力缺位．第一财经日报．2012－02－03，http：//www.yicai.com/news/2012/02/1400618.html，2015/12/13 浏览。

由于研发投入有限，中国农业类上市公司的创新能力不足，导致竞争力孱弱，国内不少像登海种业这样的种业巨头宁愿花钱从外部买品种[①]，也不愿意自己投入资金研发新种子，自主研发风险大，短期收益没有买种子高。中粮集团董事长宁高宁指出，“中国文化中充满了做买卖的文化，缺少长远的产业心态，没有技术创新，没有产品至上的心态。”

从农业科技成果转化来看，我国的农业科技成果转化率不足 40%，远低于发达国家 80% 左右的水平。成果转化率低的原因有两个：一是财政资

① 登海种业的收入和利润来源有一半以上来自于美国杜邦公司研发的玉米品种“先玉 335”。

金实力不足，成果转化资金投入少；二是推动成果转化方式机制落后，缺乏创新。

总之，农业产业整体科技创新能力不足，降低了农业科技发展对风险投资的吸引力量。

4.2.2 农业科技创新具有显著的基础性、社会性和公益性特征

按活动类型划分，农业科技创新研究可分为基础研究、应用研究和试验发展研究，其中，基础性研究的社会性、公益性特征突出，经费主要是政府提供，这也是国际惯例；而应用研究与试验研究，具备社会价值和商业价值的双重属性，可以引入社会资本参与开发研究，但是需要政府设置引导力量。多年来我国农业科研服务的研究经费主要是政府提供，科技统计数据显示，2008—2013 年，政府资金年均占比 87.2%，企业投入 2.2%，其他投入 10.6%。

国内重大动物疫病和植物病虫害防治、农业资源保护与高效利用、农业设施轻简化机械化生产技术、农产品精深加工等技术的研发与应用以及农业防灾减灾技术体系、节水及抗旱农业技术保障体系、循环农业及生态农业技术支撑体系等，都是一些应用性很强的农业生产技术，既有公共性、社会性特征，也有很高的市场价值。目前我国主要是采取政府提供科研经费资助的方式，把这些项目放在农业科研院所、大专院校以及农业科技企业内展开研究。近年来为了推动农业科技成果转化，各级政府还出台措施鼓励科研人员技术入股，提高成果收益分成比例。但是，不论是在研究开发还是技术推广，获得风险资本支持的项目并不多。其根本原因在于这些科技研究的双重属性，与风险投资追求商业价值的单一性目标有冲突，这就使得农业科技项目在获得风险投资时遇到困难。

4.2.3 农业科技企业成长性不强，早期投资市场价值相对较低

被投企业（或项目）的成长性是风险机构关注的核心点。企业的成长性体现在科技投入水平、生命周期、生产规模、产业链、企业管理能力等多个方面。实践中我国农业企业科研投入水平低，企业自身缺乏长期做产业的心态，

导致企业生命期短。2013 年 8 月国家工商总局公布的一组数据显示，近 5 年退出市场的“夭折”企业（包括各行业）平均寿命为 6.09 年，寿命在 5 年以内的接近六成。2011 年中国政法大学民商经济法学院教授李建伟的一份研究报告显示，中国民营企业平均寿命仅有 2.9 年。金华市工商行政管理局和金华市双和经济管理研究所的研究数据显示，金华农业市场主体平均寿命仅 2.66 年。

从规模上看，国家工商行政管理总局网站信息显示，90% 以上的农业企业属于中小微企业，生产规模小，抗风险能力低。截至 2009 年上半年，金华市在册市场主体总数为 305314 户，农业市场主体为 3833 户，占比仅为 1.26%。虽然当时金华市有市级以上农业龙头企业 247 家，但是，80.72% 的农业市场主体注册资金大多在 50 万元以下，500 万元以上的比重仅 1.61%。

从产业链条看，完整的产业链应该是指把种植和中间的运输加工到后面的产销深加工都整合起来，这样的企业具有抗风险的能力，生命力强。现实中我们国家农业比较分散，除了地域特点外，农业产业链也不完整，农户、种养大户甚至家庭农场仅仅是农产品的生产者，在包装设计、品牌打造、营销模式、市场开拓等方面参与较少，而且大部分农业企业是由私有的个体经济发展而来，无论是资金规模还是技术规模都很有限，所以产业上下游很难掌控，抵御市场风险能力比较弱。

同时，农业企业在管理上还比较落后，产品交易常常采用现金交易，企业采购及销售没有发票，缺乏农业经营活动记录的有力证据，生产能力不如一般制造企业容易推算，农产品数量也不容易盘点，导致农产品的真实性存在不确定性，财务制度不健全，账目混乱。2013 年年初中国证监会掀起被业内称为“史上最严格的 IPO 自查”时，几个月时间里有 30 多家农业企业因自身的盈利能力差、运行模式不完善、财务制度不健全、企业资产和农产品产权不明晰等问题自动撤回申请，还出现了像绿大地、新大地、万福生科等因财务造假而受到了有史以来最严格处罚的现象。

总之，处在种子期、初创期的农业科技企业因科研投入力量小、生产规模小、产业化程度低、财务管理制度不健全等问题导致成长性不强，降低了农业项目早期投资的市场价值。也是基于此，多年来我国农业领域的风险投资案例大多数发生在有了一定生产规模、产业链比较完整、管理制度相对健全的成熟企业，基本固定在扩张期和成熟期。

4.2.4 部分投资机构缺乏对农业产业投资的深刻理解，存在着投机心理

农业的投资价值在于它是国民经济之根本，恰恰由于农业是基础产业，投资周期比较长，回报比较慢，故而农业投资的长期稳定性更强于其他产业。真正的农业投资家和企业家应该具备更高层次的投资境界，要把农业的双重属性——经济属性和社会属性放在首位，而不单单关注他的经济属性。实际上很多成功的农业企业比如新希望集团、登海种业、承德露露等都是持续的关注与投资才换得了长期稳定的收益。图4－1显示的是2011年5月份由中国农业大学发布的A股大农业类上市公司投资价值排行榜（不含酒类）（2011）中的前10家公司[①]，仔细分析这十家公司的经营理念和发展历程，不难看出他们对农业投资都有着坚定的信念和执着的追求。国外农业发展的成功经验也说明了农业投资所特有的这个基本道理。近年来，随着惠农政策的不断推出和风险投资事业的发展，大量投机资本进入传统农业领域，实践中不论是工商资本下乡还是风险资本投资，多多少少都存在着不了解农业投资运行规律、急功近利的追求获利却反而遭受投资损失的现象[②]。正是这种急功近利的投机心态才促使着投资机构更多地关注成熟企业而非初创期、成长期的企业，失去了风险投资的本源意义。从风险投资自身发展来讲，农业领域的PE投资远大于VC投资。事实上不管是对风险资本还是创业者来讲，若要想从农业产业投资中获利，就要有长期做涉农产业投资或者实业的打算，做农业必须要有更长期的产业投资心态，而不是投机心态。只有保持长期投入、稳定收益的心态，农业产业才能越做越扎实，越做收益越稳定。

---

① 《A股大农业类上市公司投资价值排行榜及投资研究报告（2011）》，该排行榜由中国农业大学MBA教育中心与北京希望美好投资管理有限公司两家研究单位联合发布，上榜前10名的公司除了登海种业、中牧股份和湖北宜化三家外，其余7家均为酒业。

② 丁磊养猪5年都在赔钱、上海多利农庄投资4年来生产有机农产品却不见产出。

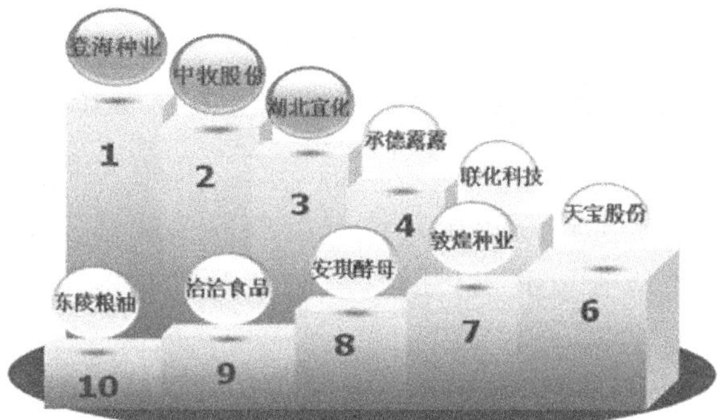

图4-1 A股大农业类上市公司投资价值排行榜（不含酒类）（2011）中的前10家公司

4.2.5 缺乏专业化的农业科技创新风险投资中介服务组织

农业科技创新风险投资是一项综合性和农业专业性很强的投融资活动，尽管目前我国有大量的风险投资中介服务机构或服务平台，但都难以满足风险投资对农业项目投资的服务需求。首先，缺少公开的农业科技企业（或项目）信息数据库，风投机构在网络平台和市场上发现的农业科技项目筛选成本很高；其次，缺少专业化的农业科技成果价值估值与评价机构，一些社会评估机构对农业科技产品的估值准确性较低；最后，农业企业普遍管理水平不高，缺乏与风险投资对接的能力，急切需要一个专门的机构对其进行包装、培训与辅导，实现企业外在价值的提升。由于农业项目投资的特殊性，这些中介服务功能的缺失，在很大程度上阻碍了农业科技创新风险投资的发展。

4.2.6 政府对农业科技创新风险投资的重视程度不够

尽管经过30年的发展风险投资的政策制度环境有了很大的改善，但是，与农业科技风险投资直接相关的环境建设相对滞后，截至今日还没有出台一项专门的鼓励和指导农业科技风险投资发展的相关文件，在有关风险投资发展的法规或条例中没有设立专门针对农业的鼓励和保护性条款，包括对专门的引导基金、专业化的信息服务中介，规范的农业产权交易市场，规范的农村企业财务制度与现代企业管理制度等等。另外，包括各地方政府的相关鼓励性措施、对农业科技企业的认定与培育、农村产权（包括土地）交易市场的建设、政府对组织并鼓励农业企业参与各种风险投资竞赛活动的热情、新型的互联网众筹与农村电子商务的运用能力、农业企业的现代融资意识和对风险资本的认识等方面都需要进一步培育与完善。

以科技型中小企业创业投资引导基金的设立为例：2007 年，财政部和科技部共同印发了《科技型中小企业创业投资引导基金管理暂行办法》的通知，对科技型、创新性的中小企业（包括农业科技中小企业）获得风险投资给予引导基金的支持，每年各地方政府都组织当地中小企业组织申报。但是，总体而言，对农业科技企业获得风险资本的引导力度还不够，大量的农业科技企业得不到风险资本的投资。以科技部网站公布的 2013 年度中小企业创业投资引导基金支持的技术创新领域产业分布来看，现代农业立项 561 项，尽管比 2012 年增加了 268 项，增幅达 91.47%，资助金额 37940 万元，但是，支持的额度仅占 10%，见表 4－3 所示，并且支持项目主要分布在甘肃、云南、贵州等地，内地农业主产区的大批农业科技企业得不到应有的支持。

表 4－3　　2013 年度中小企业引导基金技术创新项目领域分布情况　单位：项、万元

序号	技术领域	立项数	支持金额	资金所占比例
1	电子信息	1012	65702	18.14%
2	生物医药	493	34635	9.56%
3	新材料	801	58660	16.20%
4	光机电一体化	1634	110235	30.44%
5	资源与环境	426	28455	7.86%
6	新能源与高效节能	372	24360	6.73%
7	现代农业	561	37940	10.48%
8	新能源汽车	22	1540	0.43%

续表

序号	技术领域	立项数	支持金额	资金所占比例
9	高技术服务业	11	590	0.16%
合计		5332	362117	100.00%

资料来源：科技型中小企业技术创新基金 2013 年度报告。

4.3 我国农业科技创新风险投资发展的宏观环境

4.3.1 经济新常态下国家出台了一系列鼓励现代农业发展的政策措施

2014 年 11 月 9 日，国家主席习近平在亚太经合组织（APEC）工商领导人峰会上发表演讲时，首次在国际场合对中国经济“新常态”作出了全面阐述。新常态的突出特征有三点：经济增长速度从高速增长转为中高速增长；经济结构不断优化升级，第三产业和消费需求逐步成为主体；经济增长的动力机制从要素驱动、投资驱动转向创新驱动转变。改造传统农业向现代农业转变，推进城乡一体化发展，缩小城乡差距，成为新常态下转变经济发展方式、优化产业结构的重要内容。为此，2015 年全年我国政府先后出台了 30 多项与农业直接相关的政策文件，包括农业生产、农村“互联网 +”、农村电子商务、农产品物流、农村金融、农村扶贫政策等等全方位支持政策，如表 4 – 4 所示。这些政策措施的出台与实施，表明我国农村经济再次迎来大发展的契机。与此同时，2015 年资本市场在国家意志主导下，为保增长、调结构制定了宏观持续的宽松货币政策，连续多次降息、降准导致无风险利率下行，释放出大规模的社会增量资金进入投资市场；加之国家不断出台的鼓励民间资本进行创业投资的相关政策和大众创业、万众创新的投资创业导向，无疑为农业科技创新引入风险资本创造了良好的政策环境。

表 4－4　2015 年中央及各政府部门出台的惠农政策与措施

时间	文件名称	政策内容
2015 年 2 月 1 日	2015 年中央 1 号文件《关于加大改革创新力度加快农业现代化建设的若干意见》	围绕促进农民增收、加大惠农政策力度、城乡发展一体化、深入推进新农村建设、增添农村发展活力、全面深化农村改革、做好“三农”工作、加强农村法制建设等方面作出部署。
2015 年 2 月 4 日	农业部《关于扎实做好 2015 年农业农村经济工作的指导意见》	毫不放松抓好粮食生产，稳步推进农业结构调整。提高农产品质量安全和农业科技运用水平，加快转变农业发展方式。推进农业标准化生产。完善强农惠农政策，加强农业发展建设，鼓励利用财政资金撬动金融保险支农。争取资金用于金融支农试点。
2015 年 2 月 11 日	农业部、中央农村工作领导小组办公室、财政部、国土部、国务院法制办、国家档案局：《关于认真做好农村土地承包经营权确权登记颁证工作的意见》	在稳步扩大试点的基础上，用 5 年左右时间基本完成土地承包经营权确权登记颁证工作。2015 年继续扩大试点范围，在 2014 年进行 3 个正盛和 27 个整县试点的基础上，在选择江苏、江西、湖北、湖南、甘肃、宁夏、吉林、贵州、河南等 9 个省区开展整省试点。其他省市，根据本省区市根据本地情况，扩大开展以县为单位的整体试点。
2015 年 3 月 16 日	交通运输部、农业部、供销合作总社、国家邮政局：《关于协同推进农村物流健康发展、加快服务农业现代化的若干意见》	提升农村物流信息化水平，加快县级农村物流信息平台建设。完善乡村农村物流信息点服务功能。提升农村物流企业信息化水平。加快农村物流企业与商贸流通企业、农资经营企业、邮政和快递企业信息资源的整合，鼓励相关企业加强信息化建设，推广利用条形码和射频识别等信息技术，逐步推进对货物交易、受理、运输、仓储、配送全过程的监控与追踪，并加快企业与农村物流公共信息平台的有效对接。鼓励农村物流企业积极对接电子商务，创新 O2O 服务模式。
2015 年 3 月 23 日	国务院《关于深化供销合作社综合改革的决定》	推动供销合作社由流通服务向全程农业社会化服务延伸，向全方位城乡社区服务拓展，加快形成综合性、规模化、可持续的为农服务体系，在农资供应、农产品流通、农村服务等重点领域和环节为农民提供便利实惠、安全优质的服务。
2015 年 5 月 4 日	国务院：《关于大力发展电子商务加快培育经济新动力的意见》（电商国八条）	推动转型升级，创新服务民生方式，推动传统商贸流通企业发展电子商务，积极发展农村电子商务，创新工业生产组织方式，推广金融服务新工具，规范网络化金融服务新产品。

续表

时间	文件名称	政策内容
2015年5月13日	商务部：《“互联网＋流通”行动计划》	提出将培育200个电子商务进农村综合示范县、创建60个国家级电子商务示范基地、培育150家国家级电子商务示范企业、推动建设100个电子商务海外仓、指导地方建设50个电子商务人才培训基地。
2015年5月22日	财政部、农业部：《关于调整完善农业三项补贴政策的指导意见》	一是在全国范围内调整20%的农资补贴资金用于支持粮食适度规模经营，二是选择部分地区开展农业“三项补贴”改革试点。试点的主要内容是将农业“三项补贴”合并为“农业支持保护补贴”，政策目标调整为支持耕地地理保护和粮食适度规模经营。
2015年5月28日	农业部、国家发展和改革委员会、科技部、财政部、国土资源部、环境保护部、水利部、国家林业局：《全国农业可持续发展规划（2015—2030年）》	综合考虑各地农业资源承载力、环境容量、生态类型和发展基础等因素，将全国划分为优化发展区、适度发展区和保护发展区等三大区域，因地制宜、梯次推进、分类施策。
2015年6月2日	财政部：《农业综合开发推进农业适度规模经营的指导意见》	加大对农产品流通环节扶持力度，支持农业产业化龙头企业发展仓储及冷链物流设施，向乡镇和农村延伸生产营销网络。探索对农产品电子商务的支持政策，支持企业建立电子商务平台及信息化建设。
2015年6月17日	农业部：《全国农产品产地市场纲要》和《中国农产品批发市场发展研究报告》	纲要：重点明确产地市场发展布局，提出四个衔接：产地市场发展要与现代农业体系发展相衔接，产地市场布局要与农产品优势区域布局相衔接，产地市场建设要与一二三产业发展相衔接，产地市场要着重推进农产品品牌战略实施相衔接。重点是不同地区、不同产品三级市场体系（全国性、区域性、田间地头）的布局条件、布局依据和实现功能。
2015年6月21日	国务院办公厅：《关于支持农民工等人员返乡创业的意见》	支持农民工、大学生和退役士兵等人员返乡创业，通过大众创业、万众创新使广袤乡镇百业兴旺，可以促就业、增收入，打开新型工业化和农业现代化、城镇化和新农村建设协同发展新局面。

续表

时间	文件名称	政策内容
2015年6月24日	国务院：《“互联网+”行动指导意见》	明确了推进“互联网+”，促进创业创新、协同制造、现代农业、智慧能源、普惠金融、公共服务、高效物流、电子商务、便捷交通、绿色生态、人工智能等若干能形成新产业模式的重点领域发展目标任务，并确定了相关支持措施。
2015年6月30日	国务院综合开发办公室：《关于调整和完善农业综合开发扶持农业产业化发展相关政策的通知》国农发〔2015〕52号	产业化经营项目由深及农发机构组织项目申报和审核批复。经有权部门认定或登记的专业大户、经有权部门认定或登记的专业大户、家庭农场、社会化服务组织等新型农业经营主体，可纳入产业化经营项目扶持范围，不受独立法人资格条件的限制。单个财政补助项目的财政资金申请额度不高于自筹资金额度，单个贷款贴息项目的贷款额度一般不高于1亿元人民币。申请额度下限由各省根据实际情况自行确定。
2015年7月4日	国务院：《国务院关于积极推进“互联网+”行动的指导意见》	明确了11项重点行动：“互联网+”创业创新，“互联网+”协同制造，“互联网+”现代农业，“互联网+”智慧能源，“互联网+”普惠金融，“互联网+”益民服务，“互联网+”高效物流，“互联网+”电子商务，“互联网+”便捷交通，“互联网+”绿色生态，“互联网+”人工智能。
2015年7月6日	财政部、商务部：20亿元专项资金扶持老区电子商务	财政部、商务部公布2015年电子商务进农村综合示范工作的200个示范县名单，计划安排20亿元专项资金进行对口扶持，发展当地农村电子商务。
2015年7月22日	中国人民银行、国家发展和改革委员会、中国银监会、中国证监会、中国保监会、四川省人民政府会同中央农办、财政部、国土资源部、住建部、农业部：《成都市农村金融服务综合改革试点方案》	成都市是全国首批统筹城乡综合配套改革试验区，2009年以来在党中央国务院的正确领导和相关部委大力支持下，按照国务院批复的总体方案，在建立农村产权制度、城乡统一的公共服务制度以及探索城乡一体化的金融改革发展等方面积极探索，成效较为显著。在成都实施农村金融服务综合改革，对探索符合新型城镇化和农业现代化要求的金融改革创新，强化农村金融在农业增效、农村发展、农民增收中的积极作用将起到重要的示范带动效应。

续表

时间	文件名称	政策内容
2015年7月24日	商务部：第二批电子商务进村示范县倍增每县1850万元	2015年每个示范县将获得1850万元的财政资金。年底将对这些示范县进行绩效评估，对评估合格的县，2016年继续安排资金150万元；评估不合格的将收回全部财政资金。
2015年7月29日	财政部：财政拨20亿元支持农民专业合作组织发展。	中央财政已拨付20亿元资金专项用于支持农民专业合作组织发展，旨在促进加快构建新型农业经营体系，不断提高农民组织化程度。
2015年8月7日	国务院：《关于加快转变农业发展方式的意见》	把转变农业发展方式作为当前和今后一个时期加快推进农业现代化的根本途径，以发展多种形式农业适度规模经营为核心，以构建现代农业经营体系、生产体系和产业体系为重点，着力转变农业经营方式、生产方式、资源利用方式和管理方式，推动农业发展由数量增长为主转到数量质量效益并重上来，由主要依靠物质要素投入转到依靠科技创新和提高劳动者素质上来，由依赖资源消耗的粗放经营转到可持续发展上来，走产出高效、产品安全、资源节约、环境友好的现代农业发展道路。
2015年8月13日	国务院：《关于促进融资担保行业加快发展的意见》	系统规划了通过促进融资担保行业加快发展，切实发挥融资担保对小微企业和“三农”发展以及创业就业的重要作用，把更多金融“活水”引向小微企业和“三农”。发挥政府主导作用，研究设立国家融资担保基金，通过股权投资、技术支持等方式支持省级再担保机构发展；推进政府主导的省级再担保机构基本实现全覆盖；明确省级再担保机构保本微利的经营原则，不以盈利为目的的定位，以及与之相适应的考核机制。
2015年8月17日	农机机械化管理司：《主要农作物生产全程机械化推进行动的意见》	到2020年，力争全国农作物耕种收综合机械化水平达到68%以上，其中三大粮食作物耕种收综合机械化水平均达到80%以上，机械化植保防治、机械化秸秆处理和机械化烘干处理水平有大幅度提升。在主要农作物的优势生产区域内，建设500个左右率先基本实现生产全程机械化的示范县；在有条件的省份整省推进，率先基本实现全省（自治区、直辖市）主要农作物生产全程机械化。

续表

时间	文件名称	政策内容
2015 年 8 月 21 日	商务部等 19 部门：《关于加快发展农村电子商务的意见》	争取到 2020 年，在全国培育一批具有典型带动作用的农村电子商务示范县。电子商务在降低农村流通成本、提高农产品商品化率和农民收入、推进新型城镇化、增加农村就业、带动扶贫开发等方面取得明显成效，农村流通现代化水平显著提高，推动农村经济社会健康快速发展。
2015 年 8 月 24 日	国务院：《国务院关于开展农村承包土地的经营权和农民住房财产权抵押贷款试点的指导意见》	按照所有权、承包权、经营权三权分置和经营权流转有关要求，以落实农村土地的用益物权、赋予农民更多财产权利为出发点，深化农村金融改革创新，稳妥有序开展“两权”抵押贷款业务，有效盘活农村资源、资金、资产，增加农业生产中长期和规模化经营的资金投入，为稳步推进农村土地制度改革提供经验和模式，促进农民增收致富和农业现代化加快发展。
2015 年 8 月 28 日	国务院：《国务院关于推进国内贸易流通现代化建设法治化营商环境的意见》	推进城乡流通网络一体化。统筹规划城乡商业网点的功能和布局，提高流通设施利用效率和商业服务便利化水平。整合商务、供销、邮政等各方面资源，加强农村地区商业网点建设。建设重要商品追溯体系。坚持政府引导与市场化运作相结合，以食用农产品、食品、药品以及其他对消费者生命健康有较大影响的商品为重点，利用物联网等信息技术建设来源可追、去向可查、责任可究的信息链条，逐步增加可追溯商品品种。
2015 年 9 月 1 日	商务部、国土资源部、住房城乡建设部、交通运输部、农业部、中国人民银行、税务总局、质检总局、国家标准委、供销合作总社等 10 部门：《全国农产品市场体系发展规划》	根据我国各地经济社会、交通区位、人口分布、农产品流通基础等因素，结合“一带一路”建设、长江经济带、京津冀协同发展等国家战略部署和全国主要商业功能区、农产品优势产销区分布，在全国农产品生产、集散和消费集中区域布局 100 个左右全国骨干农产品批发市场和 8 个市场集群，依托市场集群形成“三纵三横”的全国农产品流通骨干网络，与区域农产品流通网络相对接，形成全国网与区域网相结合、公益性和市场化相结合、实体网与虚拟网相结合、批发网络与零售网络相结合的全国农产品市场体系。

续表

时间	文件名称	政策内容
2015 年 9 月 5 日	国务院：《促进大数据发展行动纲要》	开启大众创业、万众创新的创新驱动新格局。形成公共数据资源合理适度开放共享的法规制度和政策体系，2018 年底前建成国家政府数据统一开放平台，率先在信用、交通、医疗、卫生、就业、社保、地理、文化、教育、科技、资源、农业、环境、安监、金融、质量、统计、气象、海洋、企业登记监管等重要领域实现公共数据资源合理适度向社会开放，带动社会公众开展大数据增值性、公益性开发和创新应用，充分释放数据红利，激发大众创业、万众创新活力。
2015 年 9 月 15 日	农业部、国家发展和改革委员会、财政部、中国银监会《关于扎实推进国家现代农业示范区改革与建设 率先实现农业现代化的指导意见》（农计发〔2015〕151 号）	改善生产条件，率先实现基础设施完备化；强化科技支撑，率先实现技术应用集成化；激发发展活力，率先实现生产经营集约化；加大投入力度，率先实现支持保护系统化；加强涉农资金整合，提高财政资金使用效率；创新农业金融产品和服务模式，完善农业保险服务。
2015 年 9 月 23 日	农业部、国家发展和改革委员会、商务部：《推进农业电子商务发展行动计划》	到 2018 年，农业电子商务基础设施条件明显改善，制度体系和政策环境基本健全，培育出一批具有重要影响力的农业电子商务企业和品牌，电子商务在农产品和农业生产资料流通中的比重明显上升，对完善农产品和农业生产资料市场流通体系、提升消费需求、繁荣城乡经济的作用显著增强。

续表

时间	文件名称	政策内容
2015 年 10 月 28 日	农业部、共青团、人社部：关于开展农村青年创业富民行动的通知	深入贯彻落实党中央、国务院关于创业创新一系列方针政策，以促进农村青年创业就业、带动农民增收致富为目标，以农村青年为主体，以县（市）乡（镇）为重点区域，支持农村青年创办领办家庭农场、农民合作社和小微企业等市场主体，发展设施农业、规模种养业、农产品加工业、民俗民族工艺产业、休闲农业与乡村旅游、农产品流通与电子商务、养老家政服务、生产资料供应服务等农村一二三产业，充分发挥市场在资源配置中的决定性作用和更好发挥政府作用，加强政策扶持、产业指导和创业服务，加快形成有利于农村青年创业的良好氛围，让千千万万农村青年创业者活跃起来，以产业促创业、创业促增收、创新促发展，成为创业兴业、致富一方的新型农民，为推进农业强、农村美、农民富和全面建成小康社会提供有力支撑。
2015 年 11 月 2 日	中共中央办公厅、国务院办公厅印发《深化农村改革综合性实施方案》	到 2020 年，农村各类所有制经济尤其是农村集体资产所有权、农户土地承包经营权和农民财产权的保护制度更加完善，新型农业经营体系、农业支持保护体系、农业社会化服务体系、农业科技创新体系、适合农业农村特点的农村金融体系更加健全，城乡经济社会发展一体化体制机制基本建立，农村社会治理体系和农村基层组织制度更加完善，农民民主权利得到更好保障，农业农村法律法规进一步完善并加强，农村基层法治水平进一步提高，农业现代化水平和农民生活水平进一步提升，农村经济社会发展更具活力。

4.3.2 改造传统农业并向现代农业转变是“十三五”时期经济发展的重要内容

长期以来国内有一种观点认为创业投资就是向高新技术的一种投资，这实际上是对创业投资发展的一种误解和对我国未来创业投资发展的一个误导。即使在美国，高新技术产业投资虽然是创业投资的一个重要方面，但投资于一般适用技术甚至传统农业、传统制造业的投资仍然占有相当比重。早期，我国创业投资在一定程度上是作为推动高新技术产业发展和科技成果转化的一项措施提出来的，以发展科技作为创业投资发展切入点和突破口，借“科教兴国”的强劲东风来为创业投资快马加鞭，无论对于科技成果转化还是对于创业投资发展无疑都是非常重要的。但是，如果仅仅将创业投资定位于促进高新技术发展及其成果转化则是不全面的。这不仅不利于传统产业发展和一般适用技术的创新，也不利于创业投资的发展。因此，农业科技风险投资的发展，必然包含着对传统农业现代化改造的内涵。

2015 年 10 月 29 日，中国共产党第十八届中央委员会第五次全体会议审议通过了《中共中央关于制定国民经济和社会发展第十三个五年规划的建议》，突出强调“必须牢固树立并切实贯彻创新、协调、绿色、开放、共享的发展理念”，其中协调发展的重点是“促进城乡区域协调发展，促进经济社会协调发展，促进新型工业化、信息化、城镇化、农业现代化同步发展”。因此，运用科学技术和现代金融服务手段，改造传统农业向现代农业转变，是我们党十三五时期规划发展现代农业的重要议题。“十三五”时期，将会在不同区域的资源优势和现代科技及信息技术相结合的基础上，大力发展生态农业、休闲农业、中药农业、物理农业、数字农业、观光旅游农业、文化创意农业等多种现代农业发展模式，形成特色农业并努力打造品牌效应，为城乡居民提供多样化、多层次的农村消费市场，深入挖掘农业的多功能性，将农业这个刚需产业培育成我国小康社会建设的强大基础产业。

4.3.3 我国农业产业发展方式的转变使得农业与现代金融的结合更加紧密

2015年8月份，国务院办公厅下发了《关于加快转变农业发展方式的意见》（国办发〔2015〕59号）指出，“当前我国经济发展进入新常态，农业发展面临农产品价格‘天花板’封顶、生产成本‘地板’抬升、资源环境‘硬约束’加剧等新挑战，迫切需要加快转变农业发展方式。着力转变农业经营方式、生产方式、资源利用方式和管理方式，推动农业发展由数量增长为主转到数量质量效益并重上来，由主要依靠物质要素投入转到依靠科技创新和提高劳动者素质上来，由依赖资源消耗的粗放经营转到可持续发展上来，走产出高效、产品安全、资源节约、环境友好的现代农业发展道路。”农业发展方式的转变，将会推动我国传统农业通过引进新技术、提升组织化和规模化水平，以及通过产业链延伸形成第一、第二、第三产业的有机融合和利用互联网创新经营方式、商业运营模式等变化，向精准农业、科技农业的现代农业方式转变，这就需要金融创新的配合与驱动。通过深化农村金融改革与服务创新，推动生态金融、惠农金融、现代金融、农业金融发展，加快农业产业化与金融的融合，推进农村资本市场多层次化建设。信用不对称是我国农业企业融资存在的最大问题，金融的基础是信用，信用的基础是产权，随着我国农村土地三权合理定位的加速，将释放农村土地的证券化、信用化潜力。未来农村金融改革，将通过私募股权基金模式、风险投资基金模式、土地资产证券化模式、信用债券模式、互联网金融模式等多种手段，按照各地优势和特点，满足农村各类经营主体对金融服务的差异化需求。现阶段，发展互联网农业金融是农村金融服务创新的一种途径，用基金、证券、互联网加在一起的模式，来支持农业转型升级。

4.3.4 农村经济规模化、农业资本化将会创造农业科技创新金融服务新方式

党的十八届三中全会以来，农业规模化经营成为必然趋势，通过不断创新土地流转制度和努力培养新型农业经营主体，我国农村经济将进入适

度规模化经营时代。农民种养大户、家庭农场等新型农业经营主体的适度规模经营，有助于引进先进科技和生产手段，有助于农业的产业化生产经营与打造优质品牌，有助于获得各种生产性服务和其他农业社会化服务，包括农资经销、农机服务队、农技服务公司等，同时也便于国家制定实施农业政策，实现农民增加收入。2005年河北省推出了旨在提高农业科技水平的“农业科技入户”的政策，但是受当时农户经营规模的限制，技术推广只实施了一些简易的农业生产技术，大面积的农用设备、农业技术、新品种、新种子的推广等难以推进，主要原因在于农地规模小，农户的主要收入来源不依赖于土地，对于土地上的收益以及生产技术改造不关心。近两年随着专业大户、家庭农场的出现，农业新技术的应用有了承载主体，产生了多个以规模化经营为基础的现代农业发展模式，比如襄阳模式、杨凌模式等。

近年来我国农业资本化趋势明显：一是在农村适度规模经营的推动下，从普通农民中分化出来的家庭农场、专业大户不断涌现，这些新型经营主体重视增加土地的资本投入；二是城市工商资本下乡潮方兴未艾，工商企业在农村圈地少则几百亩、多则几千亩，他们以工业化方式组织农业生产，农民则以转包土地或将土地作价入股的方式进入农业企业，农民自己则成为农业公司的打工者。上述两类经营主体尽管具体经营方式有不同，但经营的基本逻辑有一致性，即使用相当比例的雇佣劳动、以利润最大化并扩大再生产为目标。以龙头企业为载体的外来工商资本下乡的形式，体现的是一种自上而下的资本化驱动力量；以家庭农场、农业种养大户为载体的资本化形式，是从农村分化中内生的资本形态，则反映了我国农村自下而上的资本化驱动力；其他新型农业经营主体——主要是指农民专业合作社，则更多的是结合了这两种动力。不少专家认为，未来我国农业的规模化、资本化将成为现代农业发展的核心①。

实践表明，近几年各级政府也在发展规模经营和现代农业的口号下，采取

① 目前理论界也有一些专家对“农业规模化、资本化将是现代农业的核心”的提法持不同意见。在如何看待农业资本化的问题上，基本观点是欢迎和鼓励资本化的。“小农经济派”的学者反对资本下乡，反对政府帮助资本下乡，但是鼓励或默认农村自下而上的资本化。相关内容参见澎湃新闻记者李丹的文章，“新三农问题之变：农民在分裂，农业资本化在威胁中国”，http://www.thepaper.cn/newsDetail_forward_1374126_1，2015年12月14日。

各种手段鼓励支持专业大户、家庭农场以及城市工商资本下乡流转农民的土地，不断将国家的各种惠农项目重点倾斜投入到家庭农场、城市工商资本经营的土地上。农业规模化、资本化的发展，使得农业技术与金融的结合的方式不断增多，形成了“专业大户＋科技投入＋商业信贷＋农业保险”、“龙头企业＋农户＋商业信贷＋政府担保机构”、“农民合作组织＋农民资金互助＋专家大院＋农民保险互助基金＋商业信贷”等多种科技与金融结合服务模式，大大提升了科技和金融在农业经济发展中的贡献水平。

4.3.5 “互联网＋”时代的来临，为农业信息化和农业金融化提供了基础条件

信息化、金融化是现代农业的重要特征，信息不畅通、金融服务不到位，根本原因是基础设施落后。随着国家“互联网＋”行动计划的推出，“互联网＋现代农业”、“互联网＋农业电商平台”等成为农业信息化建设的新思路、新平台。互联网在农村生产、生活中的广泛应用，将会从以下方面推动农业信息化和农业金融的发展：一是利用大数据、云平台、物联网等互联网技术，整合金融、物流等各类社会资源，实现农业产业链去中间化，提升生产流通效率，同时建立农业信息监测体系，为灾害预警、耕地质量监测、重大动植物疫情防控、市场波动预测、经营科学决策等提供服务；二是可以提升农业生产、经营、管理和服务水平，培育一批网络化、智能化、精细化的现代“种养加”生态农业新模式，形成示范带动效应；三是能够培育出多样化的农业互联网管理服务模式，进而加快培育农业新型经营主体和完善新型农业生产经营体系，发展精准化生产方式，提高农业生产与经营的数字化、科技化、组织化和精细化水平，推进农业生产流通销售方式变革和农业发展方式转变，提升农业生产效率和增值空间；三是可以逐步建立农副产品、农资质量安全追溯体系，促进农业现代化水平的明显提升；四是促进农业金融化，开发线上 PTP、众筹等融资方式，成为现代农业、科技农业的新型融资方式；五是互联网金融正在扭转金融资源从农村流向城市的局面。一大批互联网金融企业在城市募集闲余资金，以农村农业作为主要对象发放贷款，这些互联网金融企业形成了与传统金融相反的金融资源流动方向，推动资金从城市向农村，从东部发达地区流向中西部农村流动，农民的支付结算资金都比过去方便了很多，农村的一些专业养

殖户、种养大户尤其受到互联网金融企业的青睐。互联网金融正在为农村发展作出重要贡献。

4.3.6 养老基金、商业银行、保险、信托等机构投资者即将进入风险投资领域

2014年6月30日，中国证券监督管理委员会第51次主席办公会议审议通过了《私募投资基金监督管理暂行办法》，该办法的第十三条明确规定，将下列投资者视为合格投资者：（1）社会保障基金、企业年金等养老基金，慈善基金等社会公益基金；（2）依法设立并在基金业协会备案的投资计划；（3）投资于所管理私募基金的私募基金管理人及其从业人员；（4）中国证监会规定的其他投资者。新的规定放开了对机构投资者进入私募基金领域的限制，这是中国资本市场领域的一次重大变革，不仅会给金融机构带来新的发展机遇、活跃金融市场，而且也会为风险资本的筹集打通了机构投资者这一重要通道。

进入2015年以来，先后有10家商业银行拿到了私募基金管理人资格①，与此同时保险机构也在积极申请私募基金管理人资格②。商业银行和保险公司获得私募基金管理人资质后，可以直接发行包括但不限于产业投资基金、创业投资基金、股权投资基金、证券投资基金等多种产品，使银行股权投资变为现实。此前，银行只能作为私募基金的代销方，而获得管理人资质后，银行可作为发行方直接开展证券、股权、创业投资基金等私募基金管理业务。事实上，不仅是银行，截至目前还有30多家信托公司已备案成为私募基金管理人，自2014年10月23日万向信托成为首家备案私募基金管理人的信托公司之后，信托公司中已有近半拿到了私募牌照。尽管这些获得私募基金管理人资格的金融机构至今都还没有管理私募基金的产品推出，但是，金融机构利用私募基金进行股权投资以及风险投资已经成为必然趋势。

---

① 中国证券投资基金业协会网站公示信息，江苏银行、徽商银行、光大银行、平安银行、浙商银行、广西北部湾银行、宁波银行、包商银行、南昌银行和民生银行，共10家银行申请备案后获得了私募基金管理人资格。10家银行均为区域性或地方性商业银行，工农中建交五大银行还未申请。

② 2014年12月31日，中国保监会批准保险资金设立私募基金，专项支持中小微企业发展。

4.4 大力推动我国农业科技创新风险投资发展的微观基础

4.4.1 农业科技企业获得培育

多年来，为了推动现代农业与农业科技创新发展，我国政府及相关部门建立了多种类型的突出农业科技特征的园区建设项目，包括1996年原国家科学技术委员会启动的“工厂化高效农业示范工程”项目①、1997年国务院与陕西省人民政府共同启动的国家农业高新技术产业园区建设②、1999年国家财政部和国家农业综合开发办公室共同启动了农业综合开发高新技术示范项目③、2001年国家科技部启动的农业科技园区建设规划④、农业部推动的现代农业综合开发示范区项目等等，特别是近年来科技部推行的农业科技园区建设和科技特派员制度积累了大批农业科技创新企业，也培养了一大批新型农民。以国家农业技园区建设为例，截至2015年年底，科技部已批准设立近200家国家级农业科技园区。园区已培育的农业科技企业总数达6376家，其中国家和省级龙头企业总数达到2642家，年产值4827亿元，上缴税额为95.5亿元。通过建立星火基地、科技特派员创业基地、专家大院、科技超市、农技110等多种方式，形成了各具特色的多元化农村科技服务模式，建立了62个国家科技特派员创业基地，1万多名科技特派员落户园区，实施科技开发项目860项，组建专业协会1500多个，会员人数达34.8万人；同时，园区累计组织举办技术

① 首批选择在北京、上海、沈阳、杭州、广州五大城市组织实施，其后天津市也被列为示范区，目的是将设施农业发展为高新技术集成的工厂化高效农业。

② 山东、浙江、江苏等地启动了省级农业高新技术产业示范区建设，大多数省份没有专门启动农业科技高新技术产业示范区建设，而是在高新技术产业示范区建设中包含着农业企业。

③ 宗旨是依靠科技改造中低产田、提高农业综合生产能力。

④ 20世纪90年代中期，部分省份试点建设了省级农业科技园区，起到了很好的产业聚集与科技示范带动作用。2000年农村工作会议决定，在全国范围内开展国家级农业科技园区建设工作。2001年认定了第一批国家级农业科技园区，与此同时，非试点省份也开始大规模推行省级、市级甚至县级农业科技园区建设项目。

培训4.57万次，培训人数超过800万人，吸纳农村就业人员数量达到76.3万人[①]。

4.4.2 农业科技企业的商业运营模式正在发生着变化

传统的农业企业，不论是种、养、加企业还是农民合作组织，基本遵循传统商业运营模式：一是企业组织单一化，一个人或几个人合作（主要是资金入股）注册成立一个农业企业或合作组织，开始从事农业生产或农产品销售活动[②]；二是销售渠道传统化，农民企业家往往是依靠自身的拼搏精神闯市场、找销路；三是销售产品初级化，企业对农产品的科技含量、文化内涵、包装设计等技术创新重视不够，导致产品初级化、售价低；四是合作关系松散化，合作组织与农户之间虽建立了合作关系并签订了合作契约，包括资金合作、生产资料合作、技术指导、农产品回购等，但是，当市场行情发生较大变化时，双方均选择有利于自身利益而损害对方利益的毁约现象时有发生，导致合作契约形同虚设；五是企业规模微小化，主要是受土地不能集中的约束，企业生产规模小，无法实现规模经营；六是资金筹集内部化，面对金融融资困难的局面，只得企业内部集资或向社会融资，有的不惜借民间的高利息资金，有的企业因内部高息融资走向了非法集资的不归之路；七是生产区域农村化，一说农业企业就想到在农村生产与经营，而农村各种基础设施的差距又进一步制约了农业企业的发展与成长。

近十几年来，在国家连续不断的惠农政策支持、鼓励和保护下，农业企业发展的政策环境发生了很大的变化，也推动着农业企业的运营模式不断创新与提升：一是产品设计科技化。开始重视自主创新产品的研究与开发，通过增加研发投入，对种子、农药、饲料、管理技术等研究与开发，整体提升了企业的创新能力；通过提供市场需要的个性化产品，减少大众化和仿制产品生产，包括农业生产技术化、农村服务科技化、服务产品设计等。如一些农业公司开发

---

① 除国家级农业科技园区总数为2015年年底数据外，其他数据均为2013年年底数据。

② 早期的农民合作组织往往是建立在成功的农业企业基础之上，即从事种子营销、饲料生产、种养殖生产或加工等的农业企业，在自己获得良好发展的同时，主动成立农业合作组织与周边农户合作，为合作社社员提供种子、农药、生产用其他原材料、联系市场销售产品等合作，合作社的一个重要功能就是帮助农户链接大市场，解决一家一户链接市场的困难。

地域特征突出的集休闲、旅游、文化创意于一体的现代旅游观光园区、现代示范园区及科技园区。二是企业管理现代化。大型农业科技企业开始重视用现代管理理念管理企业，包括现代企业内部控制制度建设、现代人事管理制度、激励科技人员创新制度等等，发展成为其他众多中小型农业科技企业追中效仿的现代农业企业管理模式。三是企业总部城镇化。将农业科技企业的研发总部迁到城市，农村设立下属公司或连锁经营公司，进行农业技术指导或者连锁服务，小城镇建设的发展为农业科技企业的发展提供了良好的基础条件，打破了过去一提农业企业就必然是在农村区域的传统运作机制。四是企业发展集团化、全产业链化。规模化且覆盖全产业链的农业企业集团迅速形成，包括中粮集团（国企）、新希望（民企）、雨润、双汇、伊利、蒙牛等等，这些大型农业企业集团不仅实现了农业产业化发展，实现了全产业链的价值提升，而且创造了国内著名的农业品牌，集团化、产业化、科技化、品牌化、资本化，成为这些大型农业企业集团的重要特征，他们已经成为引领中国农业现代化发展的重要龙头企业。据农业部官网数据显示，截至2012年国家批设了第五批农业产业化重点龙头企业为止，全国已经有1253家国家重点龙头企业，另外还有地方政府批设的1万多家省级龙头企业和10万多家中小型龙头企业，再加上2012年以来各地方政府依据本省发展需求而批设的不同批次的省级重点龙头企业，至今已经形成了庞大的农业产业化龙头企业队伍。其中，国家重点龙头企业中已经有接近90%以上的企业建立了研发中心，拥有了具有自主知识产权的名优新特农产品品牌。五是企业发展园区化。随着国家现代农业园区、农业科技园区、现代农业综合改革示范基地、农村改革综合示范区等一系列的园区化发展战略的实施，优质的农业科技企业不断向园区聚集，园区的产业聚集效应、区域规模效应正在不断显现，而且园区的孵化器功能也使得农业科技企业获得了一站式的综合化服务。六是农产品销售网络化。利用互联网平台——电商销售已经成为农产品销售的一条重要渠道。七是企业融资渠道多样化，不再仅仅停留在商业银行的贷款需求上，而是更多的利用了多层次资本市场的融资，包括主板市场、创业板市场、中小企业板以及新三板市场等，最新数据显示，截至2015年12月7日，我国主板上市农农林牧渔公司45家，食品饮料类52家；创业板农林牧渔上市公司13家，食品饮料上市公式家1家；中小板（含ST）农林牧渔上市公司28家，食品饮料上市公式家23家。另外，还有各地的产权交易市场等等。总之，在农业科技企业发展过程中，基于现代化、组织化、科技化、资本化等特征的现代农业全产业链[①]商业运营模式正在成为起主导作用的新型商业运营模式。

4.4.3 创业板市场的不断完善，有利于农业科技风险投资的退出

创业板是创新型国家建设的基本条件，是创新型、成长型企业融资的重要平台，是多层次资本市场的重要组成部分，如果没有创业板，投资于科技型、创新型企业的风险投资几乎是没有快速退出的路径。实践证明，风险资本投资五年左右的时间如果不能找到合适的退出机制，那么，风险资本的投资热情就会被遏制，就无法形成批量的高科技企业，创新型国家建设将无从谈起。

作为主板市场的补充，我国创业板市场自 2009 年开通以来，建设不断完善，2012 年 5 月 1 日起深圳证券交易所新修订的《创业板上市规则》开始施行，2014 年 2 月 11 日中国证券监督会审议通过《首次公开发行股票并在创业板上市管理办法》并于公布之日起施行。截至 2015 年 11 月底，创业板上市交易股票 493 只股票，其中农业类上市公司 14 家。从实际运行来看，整体而言我国的创业板对企业的审核要求还是过于苛刻，如连续两年盈利的要求与科技性企业的特点不相符合，持续经营 3 年以上、公司股本总额不少于 3000 万元、公司股东人数不少于 200 人等等要求也使很多具有高成长性的科技型小微企业被挡在门外。为帮助我国中小型科技企业上市融资，2013 年中国证监会推出全国性的股权转让交易市场（新三板市场），作为创业板的延伸，受到很多企业的青睐，截至 2015 年 11 月底，新三板挂牌交易企业数量接近 4300 家，其中农业类中小企业（包括农林牧渔业生产、农产品加工制造、农机具生产）挂牌交易的有 170 多家。为进一步规范新三板市场发展，2015 年 11 月 20 日中国证监会又出台《关于进一步推进全国中小企业股份转让系统发展的若干意见》，进一步明确了新三板是资本市场的重要组成部分，定位服务于科技型、创新型小微企业，鼓励机构投资者对新三板市场的投资、经过新三板市场的培

---

① “全产业链”是指由田间到餐桌所涵盖的种植与采购、贸易/物流、食品原料/饲料原料及生化、养殖与屠宰、食品加工、分销/物流、品牌推广、食品销售等多个环节构成的完整的产业链系统。通过对产品质量进行全程控制，实现食品安全可追溯，打造“安全、放心、健康”食品产业链。

育可以转板创业板市场等等规定，使得新三板成为培育科技型中小企业成长并向创业板转板的重要平台，未来将形成全国股转系统与区域性股权市场的合作对接机制，成为农业科技企业风险投资退出的重要通道。

4.4.4 懂投资会管理的专业人才队伍已经形成

进入21世纪后，一枝独秀的中国经济日益吸引留学海外的中国学子回国创业发展。一个高科技项目，一个创业小团队，一笔不大的启动资金，这是绝大多数海归刚开始创业时的情形。像百度、搜狐这样的网络公司以及UT斯达康这样的通讯公司，创业伊始，资金、人力都非常有限，就是因为不断得到风险投资基金（私募股权投资基金的一种表现形式）的融资，这些公司才最终从一大批同类中脱颖而出。

海外学人创业投资事业经历了近十年的发展，规模日益壮大。在纳斯达克上市的中国企业共40多家，总市值300多亿美元；在纳斯达克上市的中国企业中，高管大多有海外留学背景；在纳斯达克上市的中国企业正推动新技术及传统产业发展，创造了企业在中国发展、在海外融资的新模式。

在纳斯达克上市的中国企业，已突破了互联网和高科技公司的范围。有来自多行业、多领域的公司登陆纳斯达克。以北京中关村科技园区为例，在纳斯达克上市的来自中关村科技园区的中国企业中，高级管理层大多拥有海外留学背景，这些海归企业，正在由推动国内新经济、新技术、互联网等诸多领域的发展，扩展到推动中国传统产业的发展。

以百度、新浪、搜狐、携程、如家等为代表的一批留学人员回国创业企业给国内带回了大批风险投资，这种全新的融资方式，极大地催化了中小企业的成长。同时，国内几乎所有国际风险投资公司的掌门人大都是清一色的“海归”，IDG资深合伙人熊晓鸽、鼎晖国际创投基金董事长吴尚志、赛富亚洲投资基金首席合伙人阎焱、红杉基金中国合伙人沈南鹏、金沙江创业投资董事总经理丁健、美国中经合集团董事总经理张颖、北极光创投基金创始合伙人邓锋、北斗星投资基金董事总经理吴立峰、启明创投创始人及董事总经理邝子平、德克萨斯太平洋集团合伙人王兟等10多位掌管各类风险投资基金的海归人士。大部分风险投资都是通过海归或海归工作的外企带进国内的。这些投资促进了国内对创业的热情，促进了一大批海归企业和国内中小企业的发展，同时也带动了国内创业投资行业的进步。

4.4.5 大量农业科技成果转化效率低，亟待创新转化机制

多年来，我国农业科技虽已取得重要进步，但成果转化和推广应用水平仍然不高。“十一五”期间，农业科技成果转化率只有40%左右，远低于发达国家80%以上的水平。“十二五”以来，我国大力实施创新驱动发展战略，农业科技创新步伐明显加快，成果转化和推广不断加强，农作物良种覆盖率超过96%，主要农作物耕种收综合机械化水平超过61%，农业科技进步贡献率达到56%，农业科技已成为农业农村经济稳定发展的决定性力量。尽管如此，在国际农产品市场竞争日益激烈的大环境下，我国农产品的自给率每况愈下，最新数据显示主要农产品自给率已低于90%，粮食安全问题日渐尖锐。我国与发达国家的这些差距，唯有提高农业科技创新水平、提高成果转化效率，才能够增加有效供给，增强自我竞争能力。

实践表明，我国农业科技成果转化率不高，与科研立项机制、评价导向和长期资金投入不足相关，但更重要的还在于成果转化方式、转化机制相对落后。“十二五”期间尽管不断创新转化方式，比如科技部推动的农业科技特派员制度，鼓励农业科技人员特别是国家科研院所、高校的科技人员将科研活动直接搬到企业进行，即将科技创新过程根植于企业再生产过程，与企业的生产活动紧密结合在一起，待科研成果产出后直接推广应用，大大提升了科技成果转化的速度。但是，仍然有大量的农业科技成果躺在实验室中不能转化出去。因此，有必要在科技创新水平不断提高的条件下进一步创新转化方式，提高转化效率。比如发挥财政资金的引导作用，将社会资本引入成果转化之中；或者政府机构出面搭建农业科技成果转化平台，即在成果持有单位和企业之间建起沟通和交流的平台，解决科技成果转化交易过程中存在的信息不对称、服务不到位，缺乏科学管理、成果评价评估机制不健全等问题。总之，农业科技成果转化亟待引进新机制、新方法，既需要市场主体的积极参与，也需要政府机构的积极引导，相关政策措施及其可行性亟待研究。

4.5 我国农业科技创新风险投资的未来发展趋势

4.5.1 现代农业的发展将推动我国农业领域成为风险资本投资的重要价值高地

对农业投资价值的判断主要基于以下几点：首先是产业规模的不断增长。在人口增长、政策推动等诸多因素影响下，农业产业总值连年增长，而未来，随着工业现代化基本完成以及城镇化过程中农村劳动力的转移，农产品价格将长期上行，农业产业化将加速推进。其次是全产业链运营模式下的投资机会。产业链投资机会主要包括两个层面：一是消费升级、产业升级导向下，将面临产品结构、产业结构调整，进而带来整个产业链的横向扩张及纵向整合，包括新产品研发、生产新技术应用、包装设计、冷链物流、品牌设计与营销等全产业链过程；二是控制物价过快增长、加强食品安全的形势下，对农业产业链控制、降低流通成本等方面提出更高要求。最后是技术创新带来的产业投资机会。近年来，国家积极推动生物技术、先进制造业、农村互联网等战略新兴产业发展，而这些创新技术的引入，将进一步推动农业的技术创新及规模化生产。未来的农业产业，将会出现一些新的细分市场及创业方向，为风险投资提供了更大的想象空间，此外，技术创新也将加速产业整合升级，资本运作空间得以拓展。

2015 年 11 月 19 日，国务院出台了《关于积极发挥新消费引领作用加快培育形成新供给新动力的指导意见》（国发〔2015〕66 号），圈定六大消费领域将引领新供给新动力，包括服务消费、信息消费、绿色消费、时尚消费、品质消费和农村消费。这六大消费领域必然涉及对农产品的高品质、高质量要求，因此，农业领域再次迎来新的发展动力。基于逐渐凸显出的农业投资价值，ChinaVenture 投中集团认为，未来农业产业的投资机会主要集中于以下五个领域：

生物农业。整个农业领域从上游的种子、疫苗到下游的食品，都将大量使用生物技术。除了产量上的突破，生物技术对农业的食品安全、环境保护也意义重大。目前，在育种领域生物技术得到广泛应用，并有多家企业登陆资本市场融资，如神农大丰、大康股份等。

农业装备。随着我国土地流转政策的实施，农业规模化经营、机械化生产已经成为大势所趋。此前，小农经济是中国农业的一个基本特征，未来在相对广阔的平原区域小农经济将快速退出，而代之以机械生产为主的规模经济。近年来国家出台了大型农机具购置补贴政策，农业机械获得了广泛应用，未来该行业还将处于高速成长阶段。

品牌农业。品牌农业的本质是产品结构及品质的升级，其主要动力来源于食品消费结构升级。新消费领域所关注的食品安全、高端消费主题，都可以归结于品牌农业，也就是食品的品质、安全都将依附于“品牌”媒介。比如“好想你枣业”的上市，即是品牌农业的典型案例。

休闲农业。与品牌农业一样，休闲农业也同样受益于消费升级。目前，我国人均国内生产总值已超4000美元，人们对休闲消费的需求正得以释放，休闲农业的商业前景十分广阔。此前上海多利农庄的成功融资，已显示出投资者对休闲农业的认可。

农业流通。作为农业产业链各环节的衔接，流通领域将是农业产业链投资的重要目标。2010年10月，新希望集团曾出资数亿元收购北京新发地农产品股份公司约15%股份；另外，由黑石牵头，包括华平、兰馨亚洲、Capital International等组成的财团注资寿光农产品物流园有限公司，投资大约6亿美元，这也是农业领域金额最大的一起PE投资案例。

4.5.2 未来的农业科技创新风险投资投资重点在农业科技、有机农业、品牌农业

整体而言，目前我国农业还存在着规模小、集中度低、单产效率低等诸多问题。我国平均每个农民占有耕地为1.2亩，还不到世界平均水平的三分之一，因此，未来风险资本投资我国的农业产业将重点关注三个领域：一是重点关注农业科技。提高资源的利用效率只有一个办法，就是提高单产率，而提高单产率的唯一办法是和农业科技相结合，选择农业产业投资的标准，选择具有科技含量的农业企业。二是重点关注有机农业。作为投资人，有义务有责任让农业回归到自然，向更加生态的方向发展。目

前，有机农业产业还刚刚起步，投资机会丰富，而且有向有序正常化发展的趋势。三是重点关注品牌农业。目前我国农业还是以地域性农产品为主，农业企业种植养殖体系都已比较完备，但是品牌经营上还缺少团队的建设，应该注重将品牌建设贯穿于下游发展中，建立起属于中国的农产品品牌，这需要大量资本的支持。

4.5.3 未来投资的重点应该是帮助农业企业转型升级，完善商业运营模式

就农业本身而言，在小农经济向现代化农业转型的过程中，虽然存在着一定的技术欠缺，但技术并不是最大的障碍，而商业化程度不高，技术无法转化为生产能力才是农业发展的瓶颈。工商及其他产业资本的介入虽可以推进农业的机械化、现代化，但商业化生产所必需的生产资料，则非单一资本之力所能及，还需转变观念，将发展的重点放到转型升级、完善商业运营模式上来。农业企业转型升级应体现在三个方面：一是企业产品的改变，由传统的产品变为创新的产品；二是企业产品的升级，即由初级产品到中级产品、高级产品的升级；三是商业模式的改变，由传统的商业模式变成比较先进的商业模式。目前大多数农业科技企业都是处在转型升级过程中，应该作为风险投资机构的主要投资方向和选择。

以有机农业项目的投资为例。有机农产品因其品质高、无污染的特性越来越成为高品质消费的重要选择，也是风险资本在农业领域重点关注的细分投资领域。目前市场上做有机农业投资的项目超过 90% 是做渠道、做销售，如超市、电子商务、甚至是直销，很少涉及上游的种植。在项目对接的实践活动中一些大牌的 VC 机构一听到该项目属于农业种植类的，马上拒称“我们不看种庄稼的企业”，种植类企业遭拒投资的现象很普遍。目前国内纯粹做有机农产品渠道方面的投资，规模都不大，而且越做越难，这可能和目前国内对有机农产品的接受度偏低以及有机食品自身的标准化程度不高有关。美国的“全食”

食品超市①、乔氏连锁、阿尔迪超市和克鲁格超市等之所以相当成功，和当地市场有机农产品的标准化、渗透度和接受度直接相关，因此这类项目的商业运营模式与获利水平吸引了众多风险资本的投资。相反，纯粹做种植的靠土地吃饭、"可复制性"不高的项目，基本不在风投喜欢的"轻资产"类投资项目选择范围之内。国内有机食品的生产还处于起步阶段。国内有机食品的生产与销售尽管发展了很多年，有些农业类公司也打出自己的品牌如上海多利农庄的有机食品，但因国家标准化管理不到位，超市中有机农产品徒有虚名者居多，低品质、高价位的农产品，打击了消费者的消费预期和消费热情，所以，目前国内有机食品消费还没有成为主流消费。但是，随着我国新消费引领新供给战略的实施，高品质的高端消费、绿色消费都将会提升对农产品品质的要求，国家将会为此出台新的措施。因此，帮助农业企业转型升级并打造全产业链商业运营模式，比如通过自身强化、与高校及其他科研院所合作建立新研究开发机制、与大公司合作建立供销合作机制，使得农业生产企业参与产品研发、生产、销售的整个产业链全过程。这种全产业量商业运行营模式，需要风险资本、投资专家的介入与帮助。因为投资家依靠自己敏锐的投资眼光和投资技能，能够帮助企业确定该不该转、怎么转、能不能转的问题，创投是最好的转型助力，因为创投第一有资金，第二有良好的眼光，第三有配套的服务资源，来促使这些企业真正能够转型升级。

4.5.4 未来投资重点将会转向初创期和成长期的企业

目前农业项目的投资已逐渐呈现出科技化、规模化、绿色化的倾向，但是，农业是受政策驱动因素较强的行业，并且对气候、地理环境等因素依赖程度较高，不确定因素较多。为了更好地规避风险和追求投资稳定性，在未来的

① "全食食品超市"，NASDAQ上市公司，是目前全美最大的天然食品和有机食品零售商，拥有265家分店。它充分利用了消费者对有机和天然产品日益增长的兴趣，以高出其他超市商品几倍的价格稳定销售自己的高端产品。然而，近期资料显示，全食的高品质、高价格销售方式也面临着挑战，一篇"美国食品连锁巨头全食超市陷困境"的文章（腾讯财经2015-05-17，http://finance.qq.com/a/20150517/016952.htm，2015/12/2浏览）介绍了这一基本转变事实。该文章指出，"超市连锁品牌克罗格超市预计赶超全食，成为美国最大的有机食品超市，而乔氏超市连锁店每平方英尺的销售量是全食的两倍。"诸如乔氏连锁、阿尔迪超市和克鲁格超市都能够通过出售私有品牌而非其自身品牌，为顾客提供更低廉的价格。这种高品质、较低价格的营销策略迫使"全食"的价格策略作出调整。

农业投资方向中，扩张期和成熟期的企业仍然是股权投资机构的优先选择。这就需要各级政府出面干预，引导投资投向初创期和成长期。

着力解决尚未成熟企业的融资难和服务难的问题。尚未成熟的中小企业，可能因为缺少资金而夭折，而且也可能因为缺少服务他们成长得非常艰难。随着国家对农业科技创新风险投资政策的不断完善，比如设立专门的农业科技创新风险投资引导基金、设立农业科技融资担保公司、设立专业化的中介服务机构等，为风险投资进入农业领域创造风险分担机制。创投进入后，一方面提供企业资金运行资本，另外一方面通过自己的资源给这些企业做各式各样的服务，使这些企业能脱颖而出。初创期的企业最需要钱，也最需要钱背后的服务。一个成熟的风险投资机构，早期的第一单、第二单、甚至是前几单生意，一定是要做中后期的投资，待积累了财富与经验之后，必然走向支持初创期的企业。一些好的创投机构，都是以成长期和初创期为主战场，而不是 IPO 为主战场。

4.6 本章小结

本章对我国农业科技风险投资发展中存在的主要问题、发展过程中的制约因素、发展的宏观环境、微观基础以及未来发展趋势等五方面进行了系统分析与现实思考，分析结论如下：尽管目前我国农业科技风险投资发展存在着很多的问题与不足，也存在着一些制约发展的不利因素，但是，从未来创新型国家建设、农业发展方式转变、小康社会建设、农业现代化建设等多层面看，既存在着有利于农业科技风险投资发展的外部环境，也存在着良好的微观基础，未来农业科技领域蕴藏着风险投资发展的巨大空间。本章的研究结论成为后续政策与制度等问题讨论的理论与现实依据。

第 5 章

我国农业科技创新风险投资发展的区域差距与比较

——以推动河北省农业科技风险投资发展为视角

近年来，随着我国创新型国家的建设和市场资金充裕度增强，风险资本作为一种直接融资方式，日渐成为解决科技型中小企业融资难、融资贵问题的新型资本形式，山东、江苏、福建等省份农业科技领域风险资本的注入，大大提升了农业科技创新能力，推动了这些省份农业科技贡献水平和农业生产能力的提高。本章选择农业科技风险投资发展较好的华东五省份作为比较对象，目的是充分认识河北省与这些省份的发展差距，探寻差距产生的原因，深入挖掘阻滞河北省农业科技风险投资发展的体制机制障碍。同时，还分析了河北省未来农业科技创新领域获得风险投资支持的优势和有利条件，最后提出推动河北省农业科技风险投资发展的对策与建议。本章的研究成果对于推动河北省农业科技企业和现代农业发展有一定的现实意义，也可作为省政府及相关部门制定鼓励农业科技创新发展的政策依据。

5.1 河北省农业科技创新风险投资发展的现实研判

5.1.1 农业科技创新风险投资案例数量较少

据清科中心统计，2002 年至 2013 年年底已经披露的河北省农业科技创新风险投资案例累积共 9 起，其中披露了具体投资金额的有 7 起，共涉及投资金额 1.46 亿元人民币和 2.9 亿美元，见表 5－1。2002 年河北国富草业有限公司得到了河北科技风险投资公司提供的 740 万元风险资金，2009 年晨光生物科技集团股份有限公司得到了达晨创投、深圳创新投资公司、君润投资及河北金冀达创业投资公司提供的 4900 万元风险资金，这是仅有的两个获得省内风险投资机构投资的案例。2008 年河北梅花味精有限公司的玉米加工项目得到了鼎晖投资及新天域投资等机构提供的 1.95 亿美元风险资金，创下了 12 年来单笔风险投资金额之最。2011 年，国内外风险投资机构分别对华夏畜牧有限公司等三家农业科技企业进行了风险投资，是近年来风险投资累积案例数最多的一年。

表 5－1　2002—2013 年农业科技创新风险投资典型案例（河北省）

企业名称	投资项目	投资时间	投资金额	风险投资公司名称
河北国富草业有限公司	苜蓿种植及加工	2002 年 9 月	740 万元	河北科技风险投资公司
隆化三北种业股份有限公司	玉米种子生产	2003 年 6 月	2900 万元	深圳中科招商创业投资公司
河北梅花味精有限公司	玉米及副产品加工	2008 年 3 月	19500 万美元	鼎晖投资，新天域投资
中兴农牧有限公司	奶牛饲养与乳品加工	2008 年 8 月	—	北京国巨创业投资有限公司

续表

企业名称	投资项目	投资时间	投资金额	风险投资公司名称
晨光生物科技集团股份有限公司	农产品加工与提取	2009 年 9 月	4900 万元	河北金冀达创业投资公司等
丰宁满族自治县思汗农业有限公司	蔬菜果木生产种植	2011 年 1 月	5000 万元	华兴泰达基金管理有限公司
河北吴氏润康牧业股份有限公司	种猪繁育与饲料研发	2011 年 7 月	1080 万元	和君荟盛股权投资合伙企业
华夏畜牧有限公司	乳品加工	2011 年 7 月	4500 万美元	泰山投资亚洲控股有限公司等
		2012 年 11 月	5000 万美元	泰山投资亚洲控股有限公司等
雪川农业发展有限公司	马铃薯生产及加工	2010 年 12 月	—	鼎新投资有限公司
		2013 年 4 月	2400 万元	中农高科科技产业投资管理有限公司

数据来源：清科数据库。

图 5－1 显示了 2012 年全国发生的 1071 起投资案例在全国 31 个省市地区的分布情况。北京市发生风险投资案例 237 起，位居第一。位居第二的是上海市和江苏省，投资案例数分别为 145 起和 125 起。西部地区的四川和重庆，分别获投案例数 19 起和 17 起。河北省仅发生 6 起，在 31 个省市中排名第 22 位。与这些地区相比，河北省风险投资案例数目少之又少。

5.1.2　农业科技创新风险投资行业分布狭窄

从案例的行业分布来看，畜牧业和农产品加工业获得风险投资的案例数都为 3 起，处于行业之首。正是由于 2008 年的河北梅花味精有限公司的大额融资，推高了农产品加工业的投资金额总量，农产品加工业披露的总投资额达到了 2.05 亿美元。种植业、林业、农资获得的风险投资案例较少，分别为 1 起，

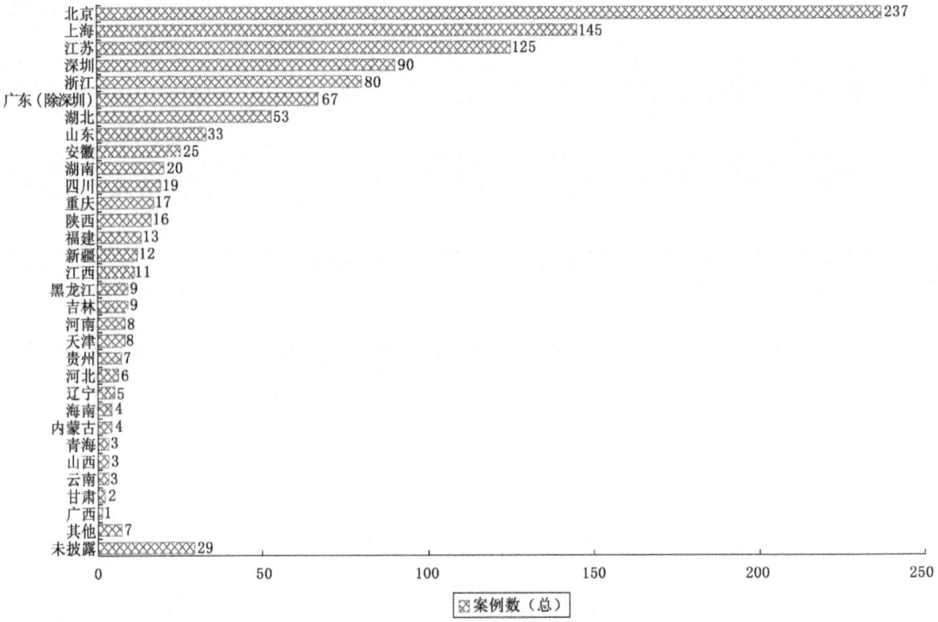

图 5－1　2012 年中国创业投资市场投资地域分布（按案例数，起）

涉及金额分别是 740 万元、5000 万元、2900 万元①（如图 5－2 所示）。

总体而言，河北省农业科技创新风险投资行业相对狭窄，大部分案例集中在畜牧业和农产品加工业，实际上在河北省经济发展过程中种植业、林业、农资以及渔业占有非常重要的位置，这些行业的发展急需社会资本的支持。

5.1.3　农业科技创新风险投资地域分布集中

从案例数量的地区分布看，9 起案例中承德市 3 起，廊坊、邯郸各 2 起，沧州、张家口分别各 1 起，其他设区市没有发生②。发生案例分布情况与我省农业区域发展水平有密切的关系。近些年来，承德市十分重视特色农业的发展，把发展特色农业上升到了战略层次，不断培育具有创新技术、地方特征和市场潜力的特色农业产业，到 2013 年已经初具规模；廊坊市重点发展农业产

① 数据来源：清科数据库。

② 数据来源：清科数据库。

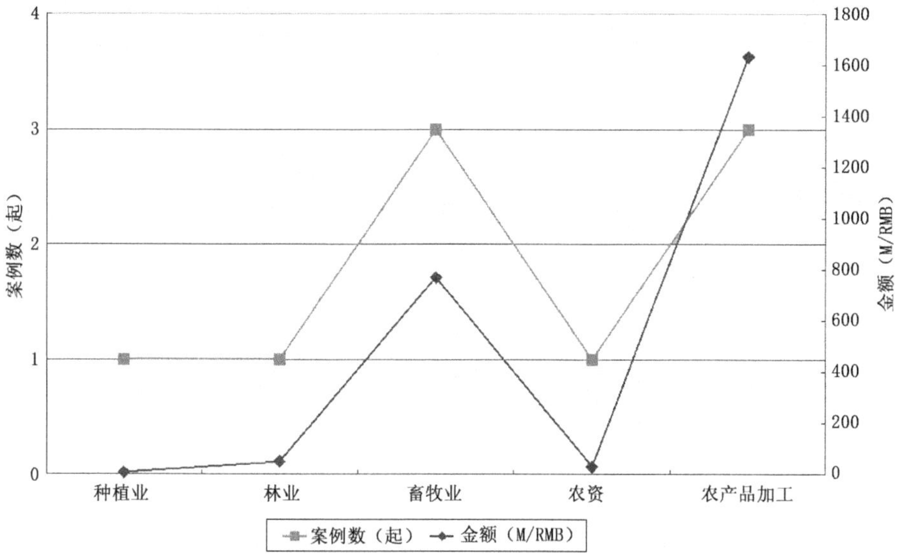

图 5－2　2002—2013 年河北省农业科技创新风险投资行业分布

业化示范园区，积极引进农业科技企业，大力发展高端食品生产，努力推进企业科技创新，截至 2013 年一季度，廊坊市规模化的农业产业化示范园区已建成 37 个；邯郸市则更注重科技创新与生态农业的结合，2007 年就被列为了全国首批 10 个循环农业示范市之一，邯郸市以此为契机，不断推进现代农业技术体系建设，大力鼓励农业龙头企业发展，按照抓龙头、建园区的农业产业化发展模式，走出了一条龙头带动园区的特色发展道路。

5.1.4　农业科技创新风险投资中外币投资规模相对较大

已经披露金额的 7 起案例中，由国外风险投资机构主导的投资额占总投资额的 30.56%，由本土风险投资机构主导的投资额占总投资额的 69.44%。其中，人民币投资案例有 5 起，占总案例数的 56%，但投资额仅占总投资额的 6%；外币投资案例仅占 2 起，但投资金额占总投资的 93%[①]，其平均单起投资金额大大高于人民币投资。我们可以看出外币投资是河北省农业科技创新风

① 数据来源：清科数据库。

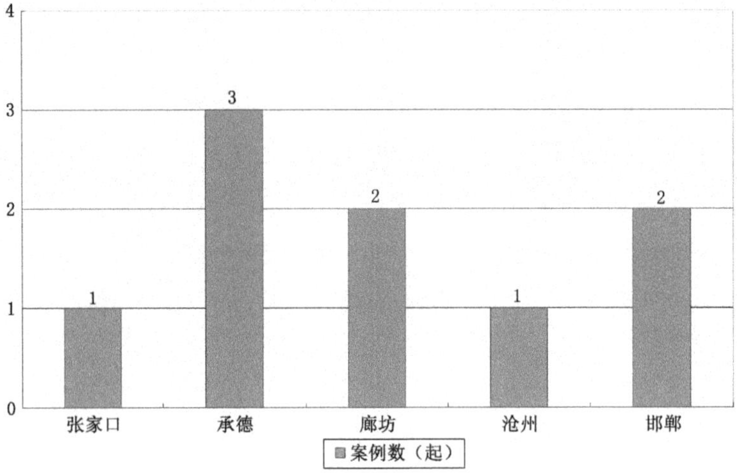

图 5-3　2002—2013 年河北省农业科技创新风险投资地域分布

险投资的主要依靠力量（如图 5-4 所示）。

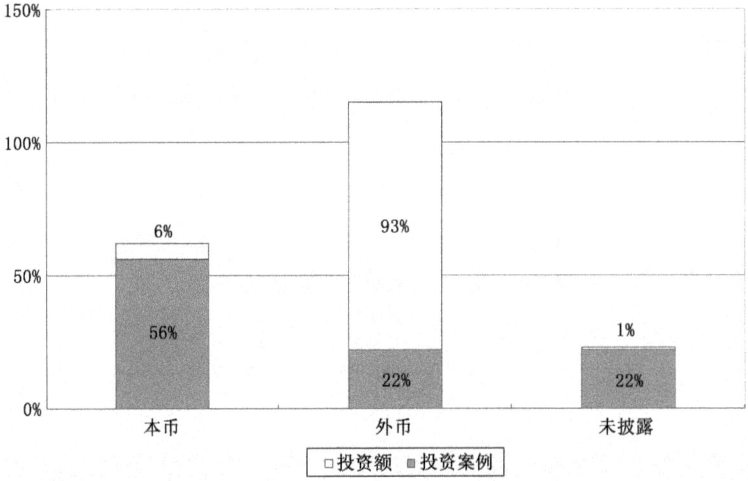

图 5-4　2002—2013 年河北省农业科技创新风险投资币种分布

5.1.5　农业科技创新风险投资退出案例少

9 起案例中共发生了 2 起风险投资退出案例，共涉及 5 家风险投资机构，其中2010年达晨创投、深圳创新投等4家投资公司通过IPO方式退出了晨光生物科技集团股份有限公司，其账面回报倍数为6.12，非常可观；1家通过并购方式退出，即2007年深圳中科招商创业投资公司通过并购方式退出了隆化三北种业股份有限公司（见表5-2）。

表5-2　　　　河北省农业科技创新风险投资退出情况

企业名称	退出机构	退出时间	退出方式	账面回报（倍数）	账面IRR（%）	是否国有股转持
隆化三北种业股份有限公司	深圳中科招商创投	2007年5月15日	并购	—	—	否
晨光生物科技集团股份有限公司	达晨创投	2010年11月5日	IPO	6.12	—	否
	金冀达创投				411.74	否
	君润股权投资				411.74	否
	深圳创新投				411.74	否

数据来源：根据2002—2013年底风险投资年鉴、清科研究中心整理。

5.2 河北省与华东五省区农业科技风险投资发展差距表现

5.2.1　总体发展水平：起步早，案例少，规模小，发展缓慢

可查证的资料显示，我国首例农业领域的风险投资案例发生在1996年，以广东省科技创业投资公司投资3500万美元参股“广东新会现代农业发展有限公司”为起点。河北省首例农业科技风险投资案例发生在2003年，以中科招商投资于“三北种业”为起点，与全国首例相比晚了7年。与华东5省发生的第一笔农业领域风险投资案例相比较，河北省起步相对较早，但从发生案例总数与规模来看，案例少、规模小，发展缓慢。2006—2013年，我国农业领域已披露的风险投资案例有483起，其中，

河北省共发生10起，占全国发生农业科技风险投资案例总数的2%，相当于山东省的22.5%、江苏省的36%、福建省的27.27%、安徽省的60%、浙江省的56.25%。安徽省虽然起步晚于河北，但发生的案例数比河北省多50%（如表5－3所示）。

从投资规模及其分布看，与五省相比较，虽然河北省总投资金额居中，但从单个投资案例来看，除3笔较大规模的投资案例外①，其他大多数单笔投资金额在1000万—5000万元区间分布，5000万元以下的占到总案例数的50%多，而山东、福建、浙江、安徽、江苏五省的投资单笔投资规模大多数在5000万—2亿元人民币。很明显，河北省单笔投资规模相对偏小。

表5－3　2006—2013年河北省与华东五省区农业科技风险投资总体水平

地区	第一起案例发生时间（年）	已发生案例总数（个）	投资规模分布（案例个数）				
			总规模（亿元人民币）	5000万元以下	5000万—1亿元	1亿—5亿元	5亿元以上
河北省	2003	10	18.04	5	1	2	1
山东省	2000	51	49.87	14	11	9	2
江苏省	2002	27	9.04	23	2	2	0
浙江省	2005	18	4.20	16	2	0	0
福建省	2006	35	20.32	20	8	3	0
安徽省	2011	16	2.94	12	4	0	0
合计		157	—	—	—	—	—

数据来源：清科中心私募通数据库。说明：①原数据库中的美元单位均按照案例发生当年汇率换算成人民币；②数据库中有些案例并没有披露投资规模，所以表中六省份投资总规模与分布仅表示已经披露的投资案例的投资情况。

① 期间，河北省发生3起较大的风险投资案例，分别是：2008年3月鼎晖创投、纪源资本、新天域资本三家共同出资1.95亿美元投资于梅花集团，2009年9月26日，君润投资、达晨创投、深圳创新投、河北科技四家公司出资4900万美元投资于晨光生物，2011—2012年美国泰山资本、加州科技投资、大河资本先后共出资0.95亿美元投资于华夏牧场。

5.2.2 二级行业领域投资分布狭窄

从河北省与五省区投资的农业二级行业分布来看，农林牧渔以及上下游相关的支持性产业均有所涉及（如表5-4所示）。

表5-4　河北省与华东五省农业科技风险投资案例二级行业分布结构表（占比%）

	农业	林业	畜牧业	渔业	农资	其他	合计
河北省	45.45	2.5	18.18	0	9.09	24.77	100
山东省	38.46	5.13	20.51	20.51	0	15.38	100
江苏省	57.14	4.76	9.52	14.29	0	14.29	100
浙江省	50	10	0	20.00	0	20	100
福建省	37.5	9.38	1.25	1.25	3.13	25	100
安徽省	50	33.33	0	0.00	0	16.67	100

数据来源：清科中心私募通数据库，其中福建省数据来自Wind资讯数据平台。

总体来看，各省份的农业（主要包括农作物育种、种植等）获得风险投资的案例所占的比例最高，林业、渔业、农资行业获得的风险投资案例很少，另外一些未被分类的领域，包括农产品加工、物流、仓储等，也吸引了风险投资的关注。从不同省份投资案例的二级行业分布结构看，河北省农业科技风险投资主要集中在农业、畜牧业、农资及其他产业领域，渔业领域的风险投资还处于零投资状态。山东省、江苏省、福建三省份，在农业、林业、畜牧业、渔业和其他行业均有所投资，投资涉及的二级行业比较广泛，其中山东省农业科技风险投资投资于畜牧业、渔业的案例占比分别达到20.51%。比较而言，河北省农业科技风险投资领域相对狭窄，大部分案例集中在农业生产、农产品加工及其他行业，实际上在河北省经济发展过程中畜牧业、林业、渔业占有非常重要的位置，这些行业的发展急需社会资本的支持。

5.2.3 涉农风险投资公司机构发展水平：公司数量少、资本规模小

据 Wind 资讯平台统计，截至 2013 年年底，全国共有风险投资公司 3682 家，平均每省有 119 家。河北省风险投资公司总数为 45 家，不仅低于全国平均水平，且与其他五省区相比较差距还很大。从涉农风险投资公司数量来看，河北省有 6 家，山东省 17 家、安徽 9 家、福建 10 家、浙江省 38 家、江苏省 26 家。从投资于本省农业领域案例来看，河北省发生 3 起①，福建、安徽各 10 起，山东 24 起，浙江 37 起，江苏 41 起。从公司管理的资本规模来看，河北省 3 家涉农风险投资公司的资本金规模总量为 57.384 亿元，江苏省 26 家涉农风险投资公司管理资本规模达到 764 亿元，其他四省份风险投资公司管理的资本规模分别是安徽省 12.32 亿元、福建省 4.5 亿元、山东省约 21.55 亿元、浙江省约 117 亿元（如表 5－5 所示）。

表 5－5　　河北省与华东五省区涉农风险投资机构发展水平

（截至 2013 年年底）

地　区	风险投资机构总数（家）	其中，涉农风投公司机构			
		数 量（家）	投资案例数量（个）	投资总规模（万元）	管理的资本规模（注册资本，亿元）
全国	3682	—	—	—	—
河北省	45	6	3	980	58.74
山东省	106	17	24	11730.28	34.51
江苏省	200	26	41	163632.85	764
浙江省	204	38	37	89106.96	124.91

① 投资领域涉及农林牧渔及产品初加工、再加工、农业物流等相关行业的风险投资公司，河北省仅有 3 家，分别是河北科技风险投资有限公司、石家庄科技创业投资有限公司和河北融投创业投资有限公司，均为政府参股公司。到 2013 年为止，三家涉农风险投资公司中只有河北科技风险投资有限公司参与了一起农业科技风险投资案例，即 2009 年 9 月 26 日，河北科技风险投资有限公司同达晨创投、深圳创新投、君润投资共同出资 4900 万元人民币投资于晨光集团，其中河北科技风险投资有限公司通过金冀达创投基金投资 980 万元。其他两家目前并没有发生农业科技投资案例。

续表

地　区	风险投资机构总数（家）	其中，涉农风投公司机构			
		数 量（家）	投资案例数量（个）	投资总规模（万元）	管理的资本规模（注册资本，亿元）
福建省	61	10	10	31830	5.23
安徽省	33	9	10	84008.08	82.92

数据来源：Wind资讯数据库。

总之，与五省市相比较，河北省涉农风险投资公司数量少、投资规模小、管理的资本规模小。江苏、浙江省涉农风投公司数量较多，管理的资本规模在3000万元到60亿元之间，资金区间跨度较大，这种资金实力上的差异，正好契合了不同规模企业的差异化需求。

5.3 河北省与华东五省区农业科技风险投资发展的外部环境差异

目前，我国政府虽然没有颁布全国统一的专门针对农业科技风险投资的相关法律法规，但是制定的鼓励农业及农业科技发展的相关政策措施包括设立农业产业发展基金、国家高新技术产业发展基金（包括农业高新技术产业）、中小企业创业投资引导基金（包括农业科技企业）、农业税收优惠和财政补助政策等，都对农业科技企业引入风险资本有一定的吸引与推动作用。从各省区来讲，不同省区实施的地方性鼓励农业科技企业发展的政策措施，以及地方风险投资发展水平、资本市场发展水平、中介服务水平、农业科技企业引入风险投资意愿等外部环境，也都对当地农业科技风险投资的发展产生着重要影响。

5.3.1 政策环境差异

本部分从各省农业科技企业培育情况、政府设立的涉农投资引导基金数量与金额、全社会 R&D 经费支出等三个指标的比较，来说明河北省政策环境差距。

5.3.1.1 农业科技企业培育方面的差距

这些差距包括：一是各类农业园区的建设；二是农业科技企业认定。实践表明，各类农业园区的建设在农业科技企业培育过程中发挥了重要作用。从全国来看，多年来，我国政府及相关部门为了推动现代农业与农业科技创新发展，设立了多种类型且突出农业科技特征的园区建设项目，包括 1996 年原国家科学技术委员会启动的“工厂化高效农业示范工程”项目①、1997 年国务院与陕西省人民政府共同启动的国家农业高新技术产业园区建设②、1998 年国务院批准设立中国高新技术产业开发区、1999 年国家财政部和国家农业综合开发办公室共同启动的农业综合开发高新技术示范项目③、2001 年国家科技部启动的农业科技园区建设规划④、2009 年农业部推动的现代农业示范区项目等等。各省区园区建设程度的不同，形成各省农业科技企业的孵化环境差距。从百度搜索各省区各类园区的建设情况发现，山东、浙江、江苏、安徽等地在各类农业园区建设方面更加积极，各类园区数量较多，河北、福建两省建设相对落后（如表 5 -6 所示）。比如山东、浙江两省启动了省级农业高新技术产业示范区建设项目，并连续多批次批准设立农业高新技术产业园区，同时将其纳入省级高新技术开发区建设体系，享受省级高新区的各项优惠政策。江苏、河北两省也启动了该项目，但建设力度有限。河北省在 1999 年提出了要“加大对农业高新技术产业园区的管理和扶持力度，制定出台《河北省农业高新技术产业园区管理办法》，由省科技主管部门对在建的藁城、遵化、香河等 20 个省级农业高新技术产业园区进行考核和认定，享受高新技术产业开发区（园区）的各项扶持政策”的发展计划，但实际工作中仅批设了香河、三河等

---

① 首批选择在北京、上海、沈阳、杭州、广州五大城市组织实施，其后天津市也被列为示范区，目的是将设施农业发展为高新技术集成的工厂化高效农业。

② 这是我国政府设立的唯一一家级农业高新技术产业园区。

③ 宗旨是依靠科技改造中低产田、提高农业综合生产能力。

④ 20 世纪 90 年代中期，部分省份试点建设了省级农业科技园区，起到了很好的产业聚集与科技示范带动作用。2000 年农村工作会议决定，在全国范围内开展国家级农业科技园区建设工作。2001 年认定了第一批国家级农业科技园区，与此同时，非试点省份也开始大规模推行省级、市级甚至县级农业科技园区建设项目。

几个省级园区，且园区建设的后续投入、管理与企业培育均遇到困难，政府关注度降低。

就农业科技企业认定而言，江苏、浙江两省较早启动了农业科技企业认定工作。早在2004年，浙江省就出台了认定办法，至今已认定了九批次上千家农业科技企业；江苏省从2008年开始，至今已认定4批次几百家农业科技企业；安徽省滁州市开展了农业科技企业认定工作；福建、山东、河北三省没有开展认定工作。网上公开信息显示，河北省仅在2013由科技厅主持召开过一次认定标准讨论会，再无下文。

表5-6　截至2013年年底，河北省与华东五省各类农业科技企业培育孵化器

省份	国家级高新技术开发区	省级农业高新技术产业示范区	国家级农业科技园区	国家级现代农业示范区	大学科技园区	园区金融中心服务平台	合计
河北省	5	2	3	6	2	0	18
福建省	4	0	3	5	3	0	15
浙江省	11	5	5	8	12	0	41
山东省	4	11	7	10	1	0	33
江苏省	4	1	4	10	1	12	32
安徽省	9	0	6	6	2	0	23

数据来源：百度网页搜索；百度百科网站，http：//baike.baidu.com/view/5024075.htm。

5.3.1.2　设立涉农风险投资引导基金的差距

从各省政府部门设立的涉农风险投资基金数量和金额来看，河北省数量最少，金额最低。河北省设立了3只政府主导的创业投资引导基金，其中涉农引导基金仅1只①，出资1亿元人民币；安徽省设立了8只政府引导基金性质的

① 河北省共设立了5只涉农风险投资基金，其中，4只为投资公司设立的创业投资基金，分别是石家庄晟鼎创投中心、石家庄石以投资中心、河北海冀创业投资公司和河北产业基金；1只是由地方政府设立的引导基金，为廊坊市创业投资引导基金，基金规模为1亿元人民币。资料来源于清科中心私募通数据库。

创业投资基金，其中涉农引导基金有 3 只，政府出资 22.2 亿元人民币；浙江省设立了 28 只政府主导的引导基金，其中涉农引导基金有 12 只，资金规模达到 42.3 亿元人民币；山东省设立了 7 家政府引导基金，涉农基金有 3 只，资金数额为 5.5 亿元人民币；江苏省设立了 23 只政府基金，涉农基金有 4 只，资金数额为 8 亿元人民币；福建省设立了 3 只政府引导基金，无涉农领域（如表 5 -7 所示）。

表 5 -7　截至 2013 年年底河北省与华东五省涉农投资引导基金数量一览表

项目 省份	政府设立的涉农引导基金数量 （引导基金总数）	涉农引导基金总金额 （亿元）
河北省	1（3）	1
山东省 （含青岛）	3（7）	5.5
江苏省	4（23）	8
浙江省	12（28）	42.3
福建省	0（3）	0
安徽省	3（8）	20.2

数据来源：政府设立的涉农引导基金数量和规模来自私募通数据库。

5.3.1.3　全社会研发经费投入的差距

一般认为，研发经费投入强度不到 1% 的国家或地区是缺乏创新能力的，说明这个国家或地区处于研究开发的初级阶段，1%—2% 之间则说明该国的研发处在中级阶段，超过 2% 就说明这个国家创新能力比较强。近年来，我国科技研发投入力度呈不断加大趋势。2012 年，我国全社会研发经费支出占 GDP 的比重为 1.98%，2013 年上升到 2.09%，说明我国的国家的科技创新能力进入比较强的发展阶段。从六省区研发经费投入比较来看，差距比较大（如表 5 -8 所示），江苏省最高，达到创新能力较高阶段，山东、浙江、福建、安徽处在中级阶段，河北省投入规模最小，强度最低，还处在初级阶段。全社会研发经费投入规模与强度的差距，表明河北省科技创新意识、创新能力的差距。

表5-8　2011年河北省与华东五省研发（R&D）经费支出一览表

项目 省份	R&D经费支出（2011年）	
	R&D支出（亿元）	R&D投入强度（%）
河北省	201.3	0.82
山东省（含青岛）	844.4	1.86
江苏省	1065.5	2.17
浙江省	591.8	1.85
福建省	221.5	1.26
安徽省	214.6	1.40

数据来源：来自于科技部网站公开数据。

5.3.2　风险投资发展水平差异

5.3.2.1　省域发展差距

省域及相邻区域内风险投资发展水平，会对当地农业科技风险投资发展产生直接影响。科技部网站公布的“2012年中国创业风险投资统计分析”指出，我国的风险投资活动主要聚集在资本、技术与投资环境相对良好的沿海发达地区，其中，江苏、广东、浙江的资本总额占据前三甲，三省份管理资本总额占全国的58.8%，地区集聚现象显著。另外，部分风险资本已经开始向中部地区，如安徽、湖北、湖南、四川等科技资源丰富的地区转移，培育和寻找新的利润增长点①。从河北省与五省区管理的创投基金数量和资本额来看，江苏省排名第一，浙江、安徽、福建、山东都在前十名之列，河北省在列表中没有显示（如图5-5所示）。

① 图表来自科技部网站公开信息《科技统计报告》第15期总第550期（2012年），2012年12月25日。

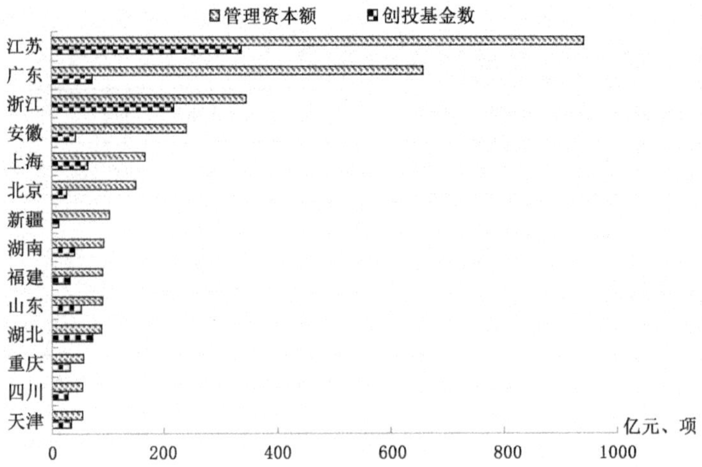

图 5－5　2012 年中国创业风险投资机构地区分布

5.3.2.2　河北省风险投资机构数量、资本规模与投资领域

2014 年 6 月，河北省发展和改革委员会在其官方网站上正式公布，截至 2013 年年底在河北省发展和改革委员会已备案的创业投资企业有 25 家，其中 21 家企业审核合格（如表 5－9 所示）。

从河北省发展和改革委员会备案情况来看，目前河北省审核通过的创业风险投资公司有 21 家，而根据北京、上海创业投资协会资料显示，目前已在协会登记的北京创业风险投资公司有 31 家，上海更是有 50 多家。另外，根据河北省审核通过的备案风险投资公司情况可以看出，21 家创投公司中规模比较大的有河北科技风险投资有限公司、河北省信息产业投资有限公司等，其注册资本最大为 7.5 亿元左右，大多数风险投资公司仅仅有上千万元的资本，而相关资料显示，在全国来看政府出资设立的省级风险投资机构的平均管理资本为 12.3 亿元。显然，河北省创业风险投资的规模与我国的平均水平相差甚远。河北省风险投资机构数量少、规模小的现状直接影响了全省科技成果的转化。据科河北省技厅统计，2014 年全省共登记 3085 项科技成果，但是科技成果的转化率仅为 14%。由此可见，河北省难以形成较大规模的风险资本，抑制了高新技术产业的发展，更阻碍了风险投资进一步发展。

表5-9　　河北省审核合格的备案创业投资企业名单

企业名称	所有制形式	成立时间	注册资本（万元）
河北省信息产业投资有限公司	国有独资	2001年12月17日	75417.9
河北科技风险投资有限公司	国有合资	2001年2月15日	34020
河北信产新材创业投资有限公司	国有合资	2012年5月4日	25000
河北国创创业投资有限公司	国有合资	2012年8月29日	25000
河北融投创业投资有限公司	国有合资	2011年4月21日	20500
荣盛创业投资有限公司	民营独资	2007年9月18日	15000
河北天鑫创业投资有限公司	民营合资	2011年7月4日	10100
秦皇岛市科技投资公司	国有独资	2000年2月18日	10000
河北中茂创业投资有限公司	民营合资	2008年6月17日	10000
河北产业基金创业投资有限公司	民营合资	2008年7月8日	10000
河北汇富亿通创业投资有限公司	民营合资	2010年11月18日	10000
河北汇兴创业投资有限公司	民营独资	2011年12月2日	10000
河北兴石创业投资有限公司	国有合资	2009年12月21日	6000
河北天骥创业投资有限公司	民营合资	2010年8月19日	5250
大众瑞安创业投资有限公司	民营合资	2012年6月1日	5000
河北金冀达创业投资有限公司	国有合资	2009年8月31日	5000
保定市科锐特创业投资有限公司	民营合资	2006年2月27日	5000
石家庄科技创业投资有限公司	国有合资	2002年9月19日	4560
秦皇岛昌兴创业投资有限公司	民营合资	2010年12月15日	3000
河北金润创业投资有限公司	民营合资	2007年7月16日	3000
黄骅市渤源骅商创业投资有限公司	民营合资	2012年9月28日	3000

资料来源：河北省发展和改革委员会在其官方网站，具体数据来自各个创业投资公司的官方网站。

河北省风险投资项目十分广泛，涉及生物医药技术等多个领域。清科研究中心数据显示，2012 年河北省共有 6 起风险投资案例，分别投资了生物技术、机械制造、清洁技术、新能源、化工原料、农林牧渔等六个一级行业，每个案例投资一个行业。其中，农业、化工原料及加工、机械制造行业投资金额较多，分别为 3382 万、3177 万、1238 万美元，具体情况见表 5－10 所示。

表 5－10　　2012 年河北省风险投资案例投资领域情况

	生物技术/医疗健康	机械制造	清洁技术	化工原料及加工	农/林/牧/渔	能源及矿产
投资案例数（起）	1	1	1	1	1	1
投资金额（US \$ M）	3.18	12.38	2.38	31.77	33.82	4.44

数据来源：清科研究中心，2013 年 1 月。

5.3.3　资本市场发展水平差异

风险资本是一种现代资本形式，本质上讲属于金融创新活动，是在经济货币化程度达到一定阶段时货币资金的创新性价值增值方式。高度发达的证券市场是风险资本发展的基础条件，默里（Murry，1995）的研究表明，活跃的证券市场能够极大地刺激创业投资的发展，健全的证券市场能够大大地降低创业投资的退出风险。因此，凡是创业投资发达的国家或地区均具备较为完善的创业投资资本市场环境。Wind 资讯平台数据显示，目前，河北省共有 51 家上市公司，在全国 2640 家上市公司中只占 1.93%，而浙江省上市公司占全国的 9.7%，安徽省占 2.95%，山东省占 5.83%，福建省占 3.41%，江苏省占 9.32%，在与其他五省区的比较中河北省上市公司数量最少，其中，河北省农业上市公司占本省全部上市公司的比重虽然不是最低的，但数量也是最少的（如表 5－11 所示）。

表 5-11　截至 2014 年 6 月河北省与华东五省上市公司水平比较

省份	上市公司数量（个）	占全国(2640 家)的比重	总资产规模（亿元人民币）	农业上市公司数量（个）	占上市公司总量的比重
河北省	51	1.93%	7577	5	9.80%
福建省	90	3.41%	42685	17	18.89
浙江省	256	9.7%	17611	18	7.03%
山东省	154	5.83%	12742	27	17.53%
江苏省	246	9.32%	17121	15	6.1%
安徽省	78	2.95%	9985	12	15.38%

数据来源：Wind 资讯平台。

5.3.4　中介服务组织发展水平差异

风险资本选择科技创新项目时需要多个中介服务组织的介入，以便获得准确的项目信息和做出科学的投资判断。这些中介机构既包括一般性的中介服务组织，比如律师事务所、会计师事务所、财务顾问公司、资产评估所、科技中介机构等机构，也包括专业性的中介服务组织，比如技术标准或水平认证机构、知识产权估值机构、项目市场潜力调查机构、信用担保公司、督导机构、履行监管和自律职能的行业协会等，其中，专业性的中介机构提供的专业服务水平是一个国家或地区风险投资发达程度的重要标志。河北省与华东五省区中介服务组织的差异，主要体现在为科技项目与金融资本结合提供专门服务的专业性中介服务机构发展相对落后（如表 5-12 所示）。

表 5-12　河北省与华东五省农业科技风险投资专业性中介机构建设情况一览表

省份	风险投资行业协会	农业科技企业认定机构	农业知识产权估值机构	科技项目评估机构	专业性融资担保机构
河北省	无	无	无	有	有
福建省	有	无	无	有	有
浙江省	有	有	无	有	有

续表

省份	风险投资行业协会	农业科技企业认定机构	农业知识产权估值机构	科技项目评估机构	专业性融资担保机构
山东省	有	无	无	有	有
江苏省	有	有	无	有	有
安徽省	有	有	无	有	有

数据来源：百度搜索。

从风险投资行业协会来看，除河北省之外，其他五省区均有设立，在国家风险投资法律不很健全的情况下，这些行业协会作为行业自律组织，发挥着规范、指导、监督行业发展的作用。从农业科技企业认定机构来看，河北、福建、山东三省没有开展此工作，也就没有设置为此服务的专门性机构，浙江、江苏、安徽（部分设区市）三省的科技管理部门内部审理专门机构开展农业科技企业认定工作，这一工作的开展会大大降低风险投资公司为选择农业科技企业而付出的交易成本，进而有利于将风险资本引入农业科技领域。关于知识产权估值机构，六省区均未设立专门的知识产权估值机构，相关工作一般是由资产评估事务所来完成。农业知识产权估值的作用在于通过对知识产权的估值，能够为农业科技企业中科技成果或无形资产所占股权比例提供可参考的科学依据，也可以为符合条件可在二板市场或场外交易市场上市的农业科技企业提供上市申请所需的企业总资产规模评价依据。关于科技项目评估中心，各省区的科技部门均有设立，科技项目评估中心完成项目的技术性、先进性、独创性的特征评价，同时对农业科技项目进行客观的市场前景评价，为保持投资项目技术上的先进性、独创性、高进入壁垒以及高成长性提供客观依据。专业性融资担保机构各省区均有设立，融资担保机构一般都是由政府出资设立，为农业科技企业向银行等金融机构申请贷款而提供担保服务，对农业科技企业引入风险资本有辅助作用，因为风险企业即使已经得到了风险资本，在一定程度上仍然需要向银行贷款以满足短期融资需要，而多数银行一般缺乏向风险企业提供贷款的热情，此时融资担保公司的介入，能够起到为风险企业融资提供担保的作用。

5.3.5 农业科技企业引入风险资本意愿差异

2010年和2013年，国家科技部先后组织了两次全国性的农业科技创新创业大赛[①]，各省市科技厅负责组织企业报名参赛，坚持企业自愿报名的原则。从两次参赛进入决赛或者获奖的企业数量看，河北省企业数量远远少于其他五省份（如表5-13所示）。

表5-13　河北省与华东五省参加全国农业科技创新创业大赛进入决赛企业数量（家）

省份	首届(2012年)农业科技创新创业大赛进入决赛企业数量(120家)							第二届(2014年)农业科技创新创业大赛进入决赛企业数量(110家)		
	入库项目(120家)	农业科技创新创业大赛获奖企业数量(40家)			科技特派员创新创业大赛获奖企业数量(241家)			成长组(75家)	初创组(35家)	合计
		成长组(25家)	初创组(15家)	合计	成长组(117家)	初创组(124家)	合计			
河北省	1	0	0	0	1	0	1	3	1	4
山东省(含青岛)	9	4	1	5	18	12	30	11	1	12
江苏省	16	1	4	5	9	6	15	3	2	5
浙江省	3	1	1	2	2	6	8	0	1	1
福建省	13	4	1	5	17	10	27	8	2	10
安徽省	5	2	1	3	5	3	8	6	4	10

说明：两次大赛在内容上稍有差异：第一次是农业科技创新创业暨科技特派员创业大赛，大赛分创业项目和科技特派员项目并分别组织评奖；第二次是专门的农业科技创新创业大赛。第一次进入决赛的120个项目优秀项目全部进入“十二五”农村领域科技计划预备项目库，科技部为此专门发文《关于中国农业科技创新创业大赛优秀项目入选“十二五”农村领域科技计划预备项目库有关工作的通知》，成为入库项目。入库项目享受立项、优先推荐风险机构投资、推荐进入地方科技园区、享受落地政策等优惠。数据来自国家科技部网站相关新闻信息。

① 科技部组织的农业科技创新创业大赛旨在通过大赛选拔优秀企业的形式为农业科技企业和风险投资提供一个对接平台，在企业竞赛和优秀项目评选过程中，农业技术专家和风险投资家共同担当评委，以确保选拔的企业（或项目）既有技术上的先进性，又具有良好的成长性。

通过对国家科技部参赛企业报名情况和河北省科技厅组织企业参加大赛情况的了解获知，河北省进入决赛或者获奖企业数量少的直接原因不是企业本身就差[①]，而是企业主动参赛的积极性不高[②]，对风险资本认识不够，导致报名参赛企业很少；而福建、江苏、山东等省份的企业参赛积极性非常高，对引入风险投资有着很强烈的愿望。

5.4 河北省农业科技企业引入风险投资的意愿调查与分析

根据需求决定供给的基本经济原理，农业科技企业作为市场需求主体，对农业科技风险投资的发展起着决定性作用。本章通过调查问卷对河北省农业科技企业引入风险投资的意愿进行了调查，进而运用 Logistic 模型分析了其影响因素。

5.4.1 农业科技企业引入风险投资意愿调查

5.4.1.1 调查问卷设计与说明

该调查问卷主要是为了能够全面准确地了解河北省农业科技企业融资状况与引入风险投资的意愿。调查问卷的具体问题设计包括农业科技企业的基本情况、融资状况、科技创新及融资环境概况、农业科技创新风险投资影响因素总结四大部分。基本情况部分包括企业的性质、经营领域、财务状况等方面的问题。融资状况部分包括企业贷款情况、融资成本、风险投资情况等方面的问题。科技创新及融资环境概况部分包括技术来源、技术水平、政府需要的鼓励措施等方面的问题。农业科技创新风险投资影响因素总结部分概括了影响河北

① 河北省有国家级农业产业化龙头企业 47 家，省级 454 家，市级 1100 多家。55 个省级以上农业科技园区培育着近千家农业科技企业，应该是农业科技企业数量不少，本身并不差（数据来源于中国农业产业化龙头企业网）。

② 2013 年下半年，我们曾经对石家庄市农工部所属 100 家科技特征较突出的农业科技企业进行问卷调查和走访调查，结果显示，67% 的企业不愿意引入风险投资。

省农业科技创新风险投资的15个因素。

5.4.1.2 调查问卷样本构成

考虑到研究目的与调查的可行性，在选取样本企业上，采用随机抽样的方法抽取样本，调查对象包括河北省内石家庄地区、保定地区、廊坊地区和唐山地区的各类农业科技企业。调查通过电子邮件的方式共发出300份问卷，回收了270份，回收率为90%。由于调查问卷涵盖的内容比较多，有些数据还可能涉及商业秘密，很多企业所填写的内容都不够完整，对于这些填写不够完整的调查问卷，我们将作为不合格样本予以剔除。因此，确定了本次回收问卷中有效问卷246份，无效问卷24份，问卷有效率为91%。在246份有效问卷中，可分别按样本企业规模、经营领域、发展阶段详细划分（图5－6、图5－7、图5－8）。

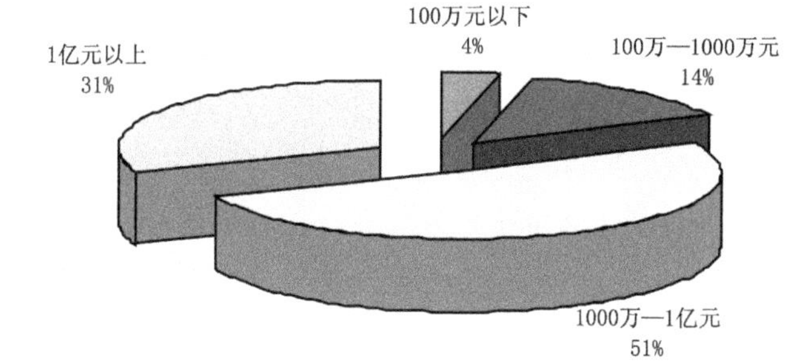

图5－6 采集样本企业规模分布图

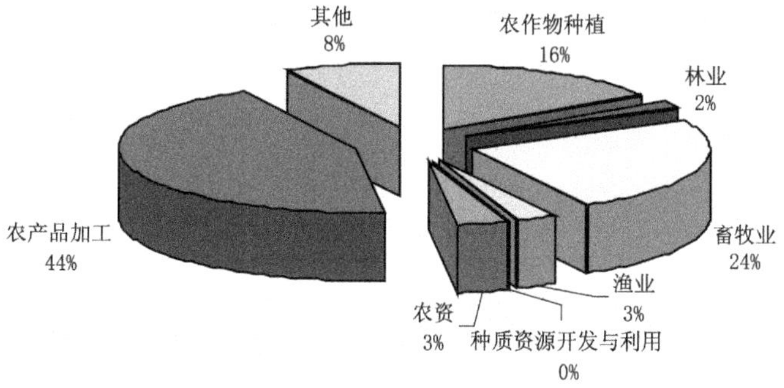

图5－7 采集样本企业经营领域分布图

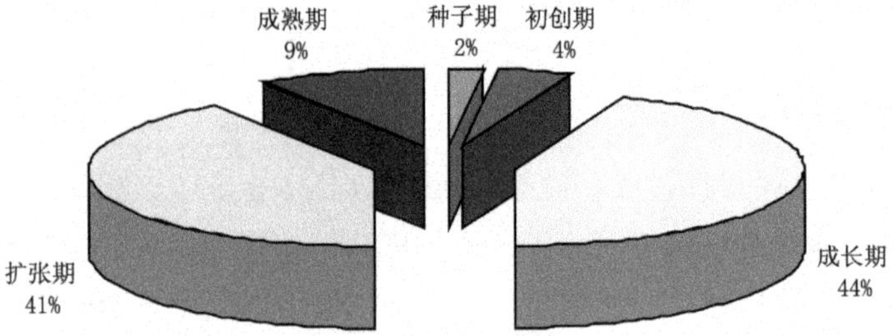

图5-8　采集样本企业发展阶段分布图

5.4.1.3　调查数据分析与结果

（1）农业科技企业普遍遇资金问题

调查数据显示，目前面临资金和财务问题的农业科技企业较多，其企业数量比例达67%，面临缺乏科技管理人才、市场竞争激烈、研发投入不够问题的企业数量比例分别为13%、9%、7%，还有一些企业最大的困难是企业治理结构和内部管理不科学或者政府扶持力度不够，其数量比例为4%（见图5-9）。这说明大多数农业科技企业都存在资金和财务问题，因为农业科技型企业不仅在成长初期需要大量资金投入，在成长后的创新过程中仍需不断注入资金。国外相关经验表明，农业科技企业往往是把大规模资金投入研发阶段来进行技术创新的，它们会把自己的研发经费控制在企业销售收入的5%—15%。而河北省大部分农业科技型企业在研发阶段的资金投入低于国内的平均水平，更是远远低于国外水平。由于银行等金融机构注重的是资金的安全性，而农业科技企业无论是自然风险还是市场风险都比一般企业要大得多，因此银行信贷对于农业科技企业往往很少提供支持，而风险投资高风险的偏好，正好能满足农业科技企业的要求。

（2）农业科技企业引入风险投资目的明确

调查数据还显示，扩大生产是农业科技企业引入风险投资的最主要目的，其企业数量比例为68%；其次是开拓市场，企业数量占15%；技术研发的企业数量占11%；为了引入现代化企业管理理念与管理方式的企业数量比例为4%；为了购买固定资产等企业的数量占2%。由此可以看出，随着农业科技企业的不断发展壮大，自有资金已经不能满足产品的扩大生产，那么就会增加风险投资的需求来满足其后续资金（见图5-10）。

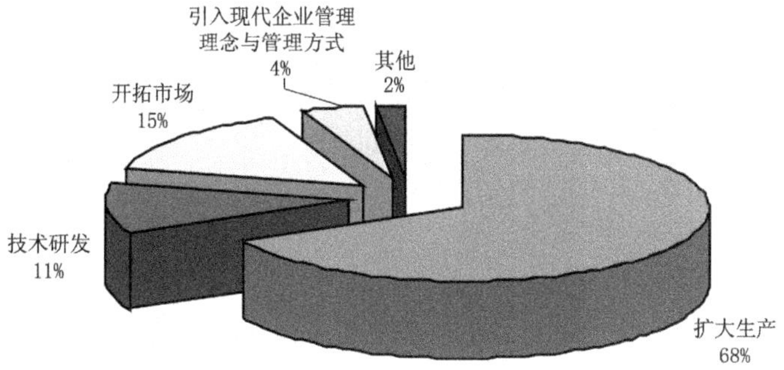

图5-9　采集样本企业面临困难分布图

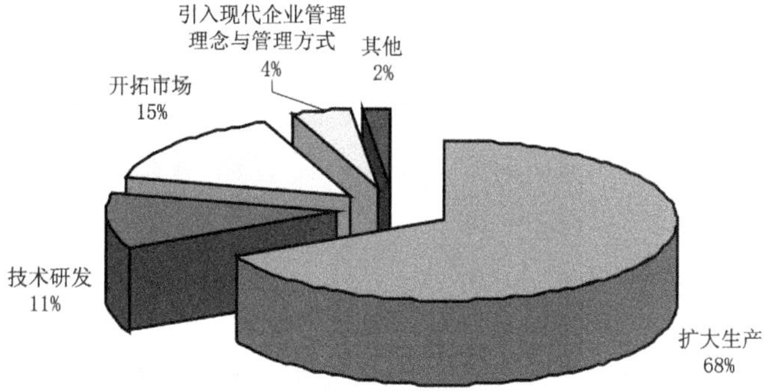

图5-10　采集样本企业引入风险投资目的分布图

数据来源：根据调查问卷数据计算。

（3）农业科技企业引入风险投资意愿不足

在有效回收的246份问卷中，16%的农业科技企业表示非常需要风险投资，15%的农业科技企业比较需要风险投资，回答为一般的占30%，而比较不需要和非常不需要风险投资的农业科技企业分别占37%和2%。由此可见，大部分农业科技企业对风险投资的需求意愿是不足的，只有31%的农业科技企业有较为强烈的引入风险投资意愿（见图5-11）。

5.4.2　农业科技企业引入风险投资意愿的影响因素分析

5.4.2.1　研究假设

近年来，有学者已对农业科技企业引入风险投资问题进行了探索性的研

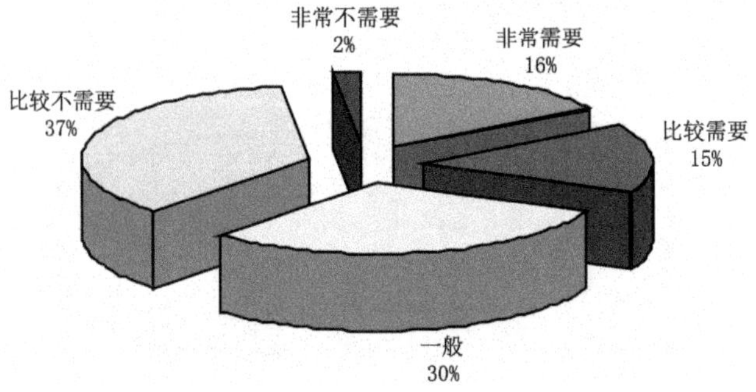

图 5－11　采集样本企业引入风险投资意愿分布图

数据来源：根据调查问卷数据计算。

究。周仁仪（2008）认为影响农业科技企业风险投资风险损失的因素中既有外部因素又有内部因素，具体总结为四个方面：外部环境不稳定，内含素质较低，管理风险偏大，财务关系滞后。根据总结已有的研究，本文认为影响农业科技企业引入风险投资的因素主要包括以下几个方面：

（1）企业自身的特征

主要是指企业的规模、性质、经营领域、发展阶段、融资成本及是否有核心技术。从理论上讲，企业的规模会影响其引入风险投资的意愿，规模越大，所需周转资金越多，由于企业自身资金已经不能满足其正常生产经营，企业引入风险投资的欲望就越大；不同性质、经营不同领域及不同发展阶段的企业，其引入风险投资的意愿具有一定的差异性；企业的融资成本和其对风险投资的需求呈负相关，融资成本越高，越不愿意引入风险投资；如果企业有核心技术，由于其研发和市场开拓需要大量资金，则对风险投资的需求较大，反之就会较低。

（2）企业管理的水平

主要包括管理人员素质及组织管理机构水平。理论上讲，企业管理人员的素质与风险投资需求为负相关，管理人员素质越高，企业对风险投资的需求意愿就越低；组织管理机构水平与对风险投资的需求也呈负相关关系，组织管理机构水平越高，越不需要引入风险投资对其企业进行共同管理，则对风险投资的需求意愿越低。

（3）企业的外部环境

企业的外部环境具有一定的多样性，企业所处外部环境不同，对风险投资的需求意愿也不同，最具代表性的就是企业是否享有政策扶持。如果政府对企业有相应的税收优惠或者专项资金供给，再加上自有资金，企业已经满足了资金需求，那么对风险投资需求意愿就会降低。

（4）企业对风险投资的认识

企业对风险投资的认识程度不同也会影响企业对风险投资的需求意愿。如果企业对风险投资有一定的了解，则对风险投资的需求意愿越旺盛；若企业对风险投资基本不了解，对风险投资的需求就会较低。

5.4.2.2 模型的选择与设计

Logistic 回归模型是对定性变量的一种回归分析，在社会科学研究中，Logistic 回归模型是使用最为普遍的回归分析。Logistic 回归分析一般分为 Binary Logistic 回归分析即因变量只能取 0、1 两个值和 Multinomial Logistic 回归分析即因变量可以取多个值。在本章的研究中，农业科技企业对于引入风险投资只有愿意与不愿意两种行为意愿，符合二元逻辑回归，所以本文使用的就是二元逻辑回归分析。因变量是否愿意引入风险投资（Y），取 0 和 1 两个离散值；自变量以规模（X_1）、性质（X_2）、经营领域（X_3）、发展阶段（X_4）、管理人员素质（X_5）、组织管理机构水平（X_6）、融资成本（X_7）、是否有核心技术（X_8）、是否享有政策扶持（X_9）、是否了解风险投资（X_{10}）表示，μ 为随机误差项。则建立经济计量模型如下：

$$Y = \alpha_1 X_1 + \alpha_2 X_2 + \alpha_3 X_3 + \alpha_4 X_4 + \alpha_5 X_5 + \alpha_6 X_6 + \alpha_7 X_7 + \alpha_8 X_8 + \alpha_9 X_9 + \alpha_{10} X_{10} + C + \mu$$

表 5-14　　自变量对因变量的预期作用方向

变量名称	预期作用方向	变量名称	预期作用方向
规模	+	组织管理机构水平	-
性质	+/-	融资成本	-
经营领域	+/-	是否有核心技术	+
发展阶段	+/-	是否享有政策扶持	-
管理人员素质	-	是否了解风险投资	+

注：“+”代表正作用方向，“-”代表负作用方向，“+/-”可能为正也可能为负。

5.4.2.3 变量定义及特征描述

首先对246份符合变量要求的问卷数据进行整理分析，然后给被解释变量和10个解释变量分别进行赋值，如对被解释变量“农业科技企业引入风险投资意愿（Y）”进行赋值，如果农业科技企业回答“愿意”，则赋值为1，如果回答“不愿意”，则赋值为0，具体相关说明见表5－15和表5－16。

表5－15　被解释变量说明及统计数据

变量名称	变量说明	平均值
被解释变量：农业科技企业引入风险投资意愿	1＝愿意；0＝不愿意	0.80

表5－16　解释变量说明及统计数据

变量名称	变量说明	平均值
规模	1＝100万元以下；2＝100万元—1000万元；3＝1000万元—1亿元；4＝1亿元以上	3.56
性质	1＝联营企业；2＝集体企业；3＝国有独资企业；4＝股份合作企业；5＝有限责任公司；6＝股份有限公司；7＝私营企业；8＝外商投资企业；9＝港、澳、台商投资企业；10＝其他企业	5.50
经营领域	1＝农作物种植；2＝林业；3＝畜牧业；4＝渔业；5＝种质资源开发与利用；6＝农资；7＝农产品加工；8＝其他	5.10
发展阶段	1＝种子阶段；2＝初创阶段；3＝成长阶段；4＝扩张阶段；5＝成熟阶段	3.57
管理人员素质	1＝大学专科及以下；2＝大学本科；3＝硕士研究生；4＝博士研究生	2.59
组织管理机构水平	1＝低；2＝一般；3＝高	2.26
融资成本	1＝低；2＝一般；3＝高	2.31
是否有核心技术	1＝是；0＝否	0.59

续表

变量名称	变量说明	平均值
是否享有政策扶持	1=是；0=否	0.56
是否了解风险投资	1=是；0=否	0.73

5.4.2.4 Logistic回归的估算结果及显著性分析

在进行回归分析时，自变量的筛选使用逐步回归法中的向后法，即在回归过程中，先将对因变量有影响的所有自变量全部代入方程并检验，根据检验结果，剔除掉对因变量影响并不显著的自变量，然后继续对剩余的自变量建立方程并检验，重复这一过程，直到自变量都不能剔除，也就是自变量对因变量影响的检验结果基本显著为止，具体分析结果见表5-17。

表5-17　　logistic模型回归分析结果（一）

Variable	Coefficient	Std. Error	z-Statistic	Prob.
X_1	3.292687	0.998984	3.296035	0.0010***
X_2	0.300092	0.510072	0.588333	0.5563
X_3	-0.097644	0.170834	-0.571571	0.5676
X_4	-0.007323	0.402270	-0.018204	0.9855
X_5	-0.317552	0.124529	-2.550014	0.0108**
X_6	-2.040312	0.662040	-3.081858	0.0021***
X_7	-3.233970	1.029063	-3.142635	0.0017***
X_8	3.515829	1.095413	3.209593	0.0013***
X_9	-2.196659	1.072585	-2.048005	0.0406**
X_{10}	3.282448	0.928243	3.536193	0.0004***
C	2.057450	5.270564	0.390366	0.6963

注："**"、"***"表示统计检验分别达到5%和1%显著性水平。

$$Y = 3.29X_1 + 0.30X_2 - 0.10X_3 - 0.01X_4 - 0.32X_5 - 2.04X_6 - 3.23X_7$$

$$+3.52X_8-2.20X_9+3.28X_{10}+2.06$$

变量 X_1、X_6、X_7、X_8、X_{10} 的系数为零的概率分别为 0.0010、0.0021、0.0017、0.0013、0.0004，五个数都小于 0.01，即表明 X_1、X_6、X_7、X_8、X_{10} 这五个变量的系数在 1% 的水平上显著不为零；变量 X_5、X_9 对应的系数为零的概率为 0.0108、0.0406，即表明 X_5、X_9 的系数在 5% 的水平上显著不为零。变量 X_2、X_3、X_4 的系数为零的概率大于 0.1，说明变量 X_2、X_3、X_4 的系数在模型中不显著，因此将变量 X_2、X_3、X_4 剔除，然后继续进行回归分析，具体结果见表 5－18。

表 5－18　　　　logistic 模型回归分析结果（二）

Variable	Coefficient	Std. Error	z－Statistic	Prob.
X_1	3.034363	0.907835	3.342418	0.0008 ***
X_5	－0.314506	0.114741	－2.741001	0.0061 ***
X_6	－1.965903	0.640976	－3.067046	0.0022 ***
X_7	－3.197338	1.002520	－3.189300	0.0014 ***
X_8	3.291525	0.986529	3.336469	0.0008 ***
X_9	－1.951365	0.947790	－2.058857	0.0395 **
X_{10}	3.134564	0.851166	3.682669	0.0002 ***
C	3.699297	3.695830	1.000938	0.3169

注：“**”、“***”表示统计检验分别达到 5% 和 1% 显著性水平。

$$Y=3.03X_1-0.31X_5-1.97X_6-3.20X_7+3.29X_8-1.95X_9+3.13X_{10}+3.70$$

X_1、X_5、X_6、X_7、X_8、X_{10} 这六个变量的系数为零的概率分别为：0.0008、0.0061、0.0022、0.0014、0.0008、0.0002，六个数都小于 0.01，说明 X_1、X_5、X_6、X_7、X_8、X_{10} 这六个变量的系数在 1% 的水平上显著不为零；变量 X_9 的系数为零的概率是 0.0395，大于 0.01 且小于 0.05，说明变量 X_9 的系数在 5% 的水平上显著不为零，此回归模型通过检验。

5.4.2.5　实证结果分析

（1）企业的性质、经营领域、发展阶段三个因素对农业科技企业引入风

险投资意愿影响相对不明显

这与前面我们的研究假设相同，不同性质、经营不同领域及不同发展阶段的企业，其引入风险投资的意愿是具有一定的差异性，但是结果证明差异性很小，影响并不明显，也就是说各种不同性质、经营不同领域或不同发展阶段的企业都可以尝试引入风险投资，风险投资既可以投资于有限责任公司，也可以投资于股份有限公司；既可以投资于农作物种植，也可以投资于畜牧业；既可以投资于成长期，也可以投资于扩张期，只要农业科技企业符合风险投资机构的投资要求，就能引入风险投资。这也同我们调查样本企业的结果相同，单拿经营不同领域的农业科技企业来说（如图 5－12 所示），我们可以看出不同的经营领域对农业科技企业引入风险投资的意愿并没有明显影响。

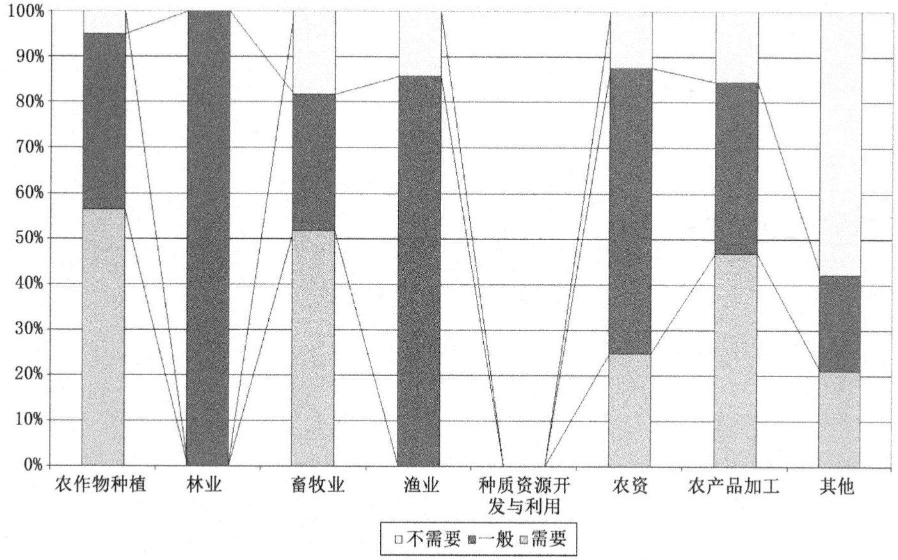

图 5－12　不同经营领域的样本企业对风险投资的需求意愿

数据来源：根据调查问卷数据计算。

（2）农业科技企业引入风险投资的意愿受规模、管理人员素质、组织管理机构水平、融资成本、是否有核心技术、是否了解风险投资六个因素的显著影响

从结果中可以看出，规模、是否有核心技术、是否了解风险投资这三个因

素的系数均为小于 0.01 的正值，这与前面的假设相同。由此说明：第一，农业科技企业的规模越大对风险投资需求意愿越高。原因可能是随着生产规模不断扩大，购买固定资产、开拓市场等所需资金投入明显增加，企业自有资本已经满足不了需要，那么就会增加风险投资的需求来满足其后续资金。调查样本企业的显示结果也一样，如图 5－13 所示。第二，若农业科技企业有核心技术，其对风险投资的需求意愿就会越高，反之则降低。因为有核心技术的企业需要大量的资金来进行前期的技术成果实验以及后期技术成果的推广销售，风险投资是最佳的选择。风险投资不仅会提供一定的资金支持，还会采取相应的措施保护企业的核心技术，提高企业的市场竞争力。第三，如果企业了解风险投资，看到风险投资会给企业带来的好处，对风险投资的需求意愿就会越高，反之则降低。

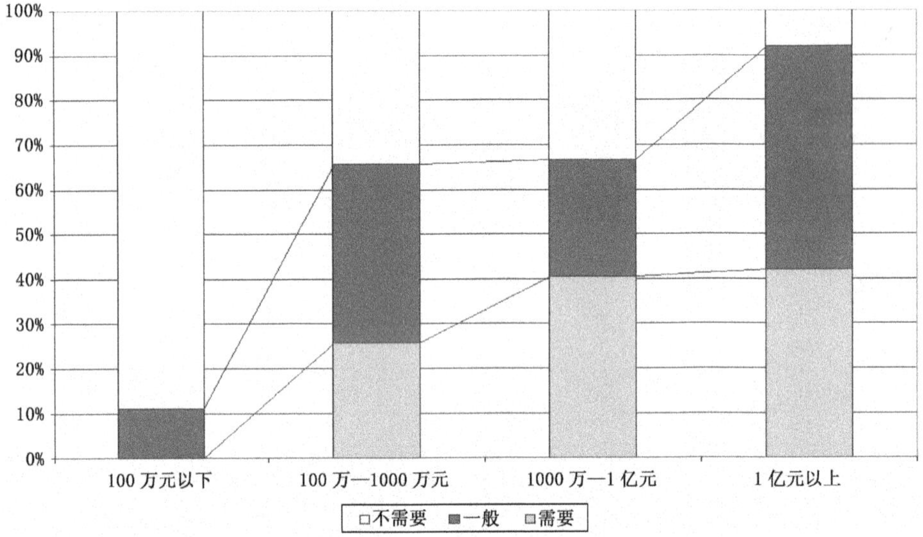

图 5－13　不同规模的样本企业对风险投资的需求意愿

数据来源：根据调查问卷数据计算。

从模型结果来看，管理人员素质、组织管理机构水平、融资成本这三个因素的系数均为小于 0.01 的负值，这与研究假设也相同。由此说明：第一，农业科技企业的管理人员素质越高，对风险投资的需求越低。因为高素质管理人员的市场察觉力较强，不但能全面了解市场需求，还知道怎么去进一步开拓市场，他们会通过各种各样的渠道去融通资金，所以对风险投资的需求意愿相对会较少些。第二，农业科技企业的组织管理机构水平越低，对风险投资的需求越高。组织管理机构水平是现代企业制度是否完善的重要指标，反映了所有企业相关人员之间权力与利益的制衡和分配处理的好坏。企业组织管理机构水平越低，越需要风险投资机构提供高水平的管理团队来帮助企业完善现代企业制度，保证企业良好的管理与运行，提高企业的创新能力，增加企业的利润。第三，农业科技企业的融资成本越高，对风险投资的需求越低。高的融资成本及相关成本降低了企业的经营利润，使农业科技企业对引入风险投资望而却步，对风险投资的需求意愿相应较低。

（3）农业科技企业引入风险投资的意愿也受是否享有政策扶持的影响

"是否享有政策扶持"这一变量的系数在5%检验水平上显著，而且系数符号为负。这说明，在其他条件不变的情况下，若农业科技企业享有一些政策扶持，例如税收优惠、财政补贴、银行放宽贷款条件等，则它对风险投资的需求意愿就会越低；若农业科技企业没有享受什么重要政策支持，但是在生产经营中有资金缺口的，则它对风险投资的需求意愿就会提高，这跟前面我们的研究假设正好相同。

5.5 风险投资机构对农业科技企业投资的影响因素模糊综合评价

风险投资机构作为供给主体，对农业科技创新风险投资的发展也起着至关重要的作用。风险投资机构对农业科技企业投资不积极，会使河北省农业科技创新风险投资的总体发展停滞不前。本章运用模糊综合评价法就风险投资机构投资农业科技企业的一系列影响因素进行了深入分析。

5.5.1 指标层次结构的构建

通过搜集查找相关文献了解到我国与农业科技风险投资发展相关的研究有：王荣（2010）提出可以从三个角度分析归纳农业风险投资发展的制约因素：项目供给角度、风险投资供给角度和宏观配套环境角度，主要包括农业科技推广体系不完善、风险资本规模较小、农业技术评估机构较少等等；谢玉芳等（2012）指出影响我国农业风险投资发展的因素包括：农业研发经费投入较少、风险资本规模较小、宏观环境影响较大、风险投资退出渠道不畅等等。根据这些研究我们可以总结出河北省风险投资机构投资农业科技企业受多种因素影响，因此在对河北省风险投资机构投资农业科技企业影响因素进行分析之前，首先要建立能全面反映风险投资机构投资农业科技企业影响因素的指标层次结构图，见图 5－14。

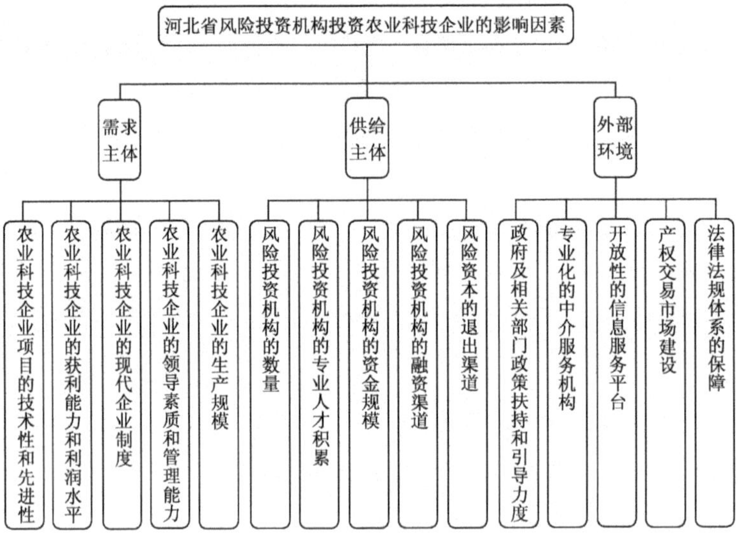

图 5－14　指标层次结构图

5.5.2　模型选择和变量说明

本章采用模糊综合评价法对河北省风险投资机构投资农业科技企业的影响因素进行分析。模糊综合评价法是汪培庄教授 1980 年在《数学实践与认识》期刊中首先提出的，所谓的模糊综合评价法就是根据模糊数学的隶属度理论去定量分析那些现实生活中存在的相对模糊、不确定的事物，得出比较客观且符合实际的评价，从而解决一些有模糊现象的实际问题。

对于河北省风险投资机构投资农业科技企业来说，由于其影响因素自身的复杂性（这些影响因素本身也有一些影响因素）以及这些因素间的相互耦合，会使得对风险投资机构投资农业科技企业的影响因素分析变得模糊。而模糊综合评价法可以避开这些影响因素间复杂的联系，不仅能得出风险投资机构投资农业科技企业的影响因素哪个较大、哪个较小，还能比较准确得出某个影响因素所占权重的数值，进而可以有效的找出较为显著的影响因素。

在建立的模糊集合中，给定范围内的各个元素对被研究对象的隶属关系并不是只有“是”或“否”两种选择，而是存在过渡状态的，可以用0和1之间的实数来表示不同的隶属程度。此次问卷调查了解了各因素对风险投资机构投资农业科技企业的影响程度，各因素隶属程度由六级来表现。如果农业科技企业认为影响很大的，从属程度用1来表示；影响较大的，从属程度用0.8表示；影响一般的，从属程度用0.6表示；影响较小的，从属程度是0.4；影响很小的，从属程度是0.2；无影响的，从属程度则为0。为进一步明确相关程度，在此建立了各影响因素与各种规模农业科技企业的多元矩阵，应用246份问卷调查数据进行分析。具体形式如下：

（1）被调查企业按其注册资本的不同可分为多个规模类型，不同规模设为集合：$U=\{u_1,u_2,\cdots,u_j,\cdots,x_s\}$，其中$u_j$代表企业的规模、$s$为企业不同规模类型个数。在本书中，变量$u_1$代表规模在100万元以下的企业，数量为9家；$u_2$代表规模在100万—1000万元之间的企业，数量为35家；u_3代表规模在1000万—1亿元之间的企业，数量为126家；u_4代表规模在1亿元以上的企业，数量为76家。

（2）设立农业科技创新风险投资发展的影响因素集合：$X=\{x_1,x_2,\cdots,x_i,\cdots,x_t\}$，其中$x_i$代表影响因素、$t$为影响因素个数。

（3）根据U集合中各规模企业对X集合中各因素变量评价的隶属程度和公式$r_{ij}=$(0×出现频数+0.2×出现频数+0.4×出现频数+0.6×出现频数+0.8×出现频数+1×出现频数)/实际填表的企业总数，得出U集合和X集合的相关矩阵：

$$R=\begin{bmatrix} r_{11} & r_{12} & \cdots & r_{1s} \\ r_{21} & r_{22} & \cdots & r_{2s} \\ \vdots & \vdots & \ddots & \vdots \\ r_{t1} & r_{t2} & \cdots & r_{ts} \end{bmatrix}$$

其中 $r_{ij}(i=1,2,\cdots,t,j=1,2,\cdots,s)$ 表示 u_j 规模的企业评价因素 x_i 对农业科技创新风险投资发展的影响程度。

(4) 结合 r_{ij} 结果再根据模型 $a_i=\sum r_{ij}/s$ 得出每一个因素与 U 的相关水平 $A=\{a_1, a_2,\cdots, a_i,\cdots, a_t\}$，其中 $a_i(i=1,2,\cdots,t)$ 表示因素 x_i 对农业科技创新风险投资发展影响程度的平均值。

(5) 结合 a_i 结果再根据模型 $y=\sum a_i/t$ 得出一级指标 y 的影响程度。

(6) 分别对需求主体、供给主体以及外部环境的 y 值进行分析。

X 集合各因素变量的解释见表 5－19，遵循模糊综合评价法对数据计算结果见表 5－20 所示。

表 5－19　　X 集合各变量的解释

变量类型	变量名称	变量解释
需求主体	X_1 农业科技企业项目的技术性和先进性	影响很大 =1　影响较大 =0.8　影响一般 =0.6　影响较小 =0.4 影响很小 =0.2　无影响 =0
	X_2 农业科技企业的获利能力和利润水平	影响很大 =1　影响较大 =0.8　影响一般 =0.6　影响较小 =0.4 影响很小 =0.2　无影响 =0
	X_3 农业科技企业的现代企业制度	影响很大 =1　影响较大 =0.8　影响一般 =0.6　影响较小 =0.4 影响很小 =0.2　无影响 =0
	X_4 农业科技企业的领导素质和管理能力	影响很大 =1　影响较大 =0.8　影响一般 =0.6　影响较小 =0.4 影响很小 =0.2　无影响 =0
	X_5 农业科技企业的生产规模	影响很大 =1　影响较大 =0.8　影响一般 =0.6　影响较小 =0.4 影响很小 =0.2　无影响 =0
供给主体	X_1 风险投资机构的数量	影响很大 =1　影响较大 =0.8　影响一般 =0.6　影响较小 =0.4 影响很小 =0.2　无影响 =0
	X_2 风险投资机构的专业人才积累	影响很大 =1　影响较大 =0.8　影响一般 =0.6　影响较小 =0.4 影响很小 =0.2　无影响 =0
	X_3 风险投资机构的资金规模	影响很大 =1　影响较大 =0.8　影响一般 =0.6　影响较小 =0.4 影响很小 =0.2　无影响 =0

续表

变量类型	变量名称	变量解释
供给主体	X_4 风险投资机构的融资渠道	影响很大 =1 影响较大 =0.8 影响一般 =0.6 影响较小 =0.4 影响很小 =0.2 无影响 =0
	X_5 风险资本的退出渠道	影响很大 =1 影响较大 =0.8 影响一般 =0.6 影响较小 =0.4 影响很小 =0.2 无影响 =0
外部环境	X_1 政府及相关部门的政策扶持和引导力度	影响很大 =1 影响较大 =0.8 影响一般 =0.6 影响较小 =0.4 影响很小 =0.2 无影响 =0
	X_2 专业化的中介服务机构	影响很大 =1 影响较大 =0.8 影响一般 =0.6 影响较小 =0.4 影响很小 =0.2 无影响 =0
	X_3 开放性的信息服务平台	影响很大 =1 影响较大 =0.8 影响一般 =0.6 影响较小 =0.4 影响很小 =0.2 无影响 =0
	X_4 产权交易市场建设	影响很大 =1 影响较大 =0.8 影响一般 =0.6 影响较小 =0.4 影响很小 =0.2 无影响 =0
	X_5 法律法规体系的保障	影响很大 =1 影响较大 =0.8 影响一般 =0.6 影响较小 =0.4 影响很小 =0.2 无影响 =0

表 5－20　　不同规模农业科技企业与各影响因素的相关矩阵

Y		U_1	U_2	U_3	U_4	A
需求主体（0.85）	X_1	0.91	0.94	0.92	0.91	0.92
	X_2	0.82	0.86	0.82	0.85	0.84
	X_3	0.84	0.83	0.84	0.83	0.84
	X_4	0.87	0.83	0.86	0.87	0.86
	X_5	0.82	0.79	0.80	0.76	0.79
供给主体（0.73）	X_1	0.62	0.57	0.59	0.66	0.61
	X_2	0.73	0.72	0.67	0.82	0.74
	X_3	0.67	0.73	0.78	0.90	0.77
	X_4	0.73	0.74	0.79	0.85	0.78
	X_5	0.68	0.75	0.75	0.82	0.75

续表

Y		U_1	U_2	U_3	U_4	A
外部环境（0.79）	X_1	0.89	0.90	0.90	0.86	0.89
	X_2	0.73	0.74	0.72	0.76	0.74
	X_3	0.76	0.77	0.74	0.77	0.76
	X_4	0.73	0.73	0.71	0.76	0.73
	X_5	0.84	0.82	0.88	0.84	0.85

数据来源：根据模型计算得来。

5.5.3 实证结果分析

5.5.3.1 需求主体分析

根据表5-20的数据，需求主体与农业科技创新风险投资的总相关程度为0.85。从纵向看，农业科技企业项目的技术性和先进性、农业科技企业的领导素质和管理能力对风险投资机构投资农业科技企业的影响程度较大，比例分别为0.92、0.86，农业科技企业的生产规模影响最小。从横向看，大体上各规模的农业科技企业对五个因素评价的差异相对较小。以上结论表明，不同规模农业科技企业对风险投资机构投资农业科技企业的影响因素的评价趋于一致，都认为需求主体中的各因素与其相关程度很高，所以提高需求主体的质量是促进河北省风险投资机构投资农业科技企业的有效途径。

5.5.3.2 供给主体分析

供给主体与农业科技创新风险投资的总相关程度为0.73，与其他两个一级指标相比相关程度最小。供给主体中的二级指标与农业科技创新风险投资的相关程度排名前两位的为风险投资机构的融资渠道和风险投资机构的资金规模，相关程度最低的是风险投资机构的数量，相关值仅为0.61。各个规模企业对供给主体中影响因素的评价差异很大，最大差异为对风险投资机构的资金规模的评价，达到了0.23。从以上结论可以看出，供给主体与农业科技创新风险投资的相关程度较低，不同规模农业科技企业对供给主体的相关性程度的理解也有很大差异，出现这种情况的原因主要是各规模农业科技企业对风险投资机构的认识了解程度不同。规模在1亿元以上的农业科技企业一般拥有高水平的核心技术，需要大量的风险投资资金，对风险投资机构的资金规模有着严格的要求，所以在判断风险投资机构的资金规模与农业科技创新风险投资的相关程度时的相关值是最高的，达到了0.90。可见风险投资机构的资金规模对风险投资机构投资农业科技企业的影响是十分大的。

5.5.3.3 外部环境分析

通过表5-20的数据还可以看出，与前两个一级指标相比，外部环境因素对风险投资机构投资农业科技企业的影响处于居中水平，外部环境各因素对风险投资机构投资农业科技企业的影响程度差异比较明显，其中程度最大的是政府及相关部门的政策扶持和引导力度，比重为0.89，其次为法律法规体系的保障，比重为0.85，相关程度最低的是产权交易市场建设，比重为0.73。以上数据表明，外部环境对风险投资机构投资农业科技企业的影响不可忽视。

总的来说，农业科技企业中各因素影响的相关性显著，风险投资机构中各因素影响的相关性相对较低，而外部环境的影响程度则处于居中水平。这说明对于河北省来说，农业科技企业的发展对风险投资机构的投资意愿起着关键作用，理论上风险投资机构本身和外部环境对风险投资机构投资农业科技企业的影响也是至关重要的，而数据显示其影响不太显著可能是因为农业科技企业对它们的认识不全面，造成了对其综合作用不太明显。

根据表5-20的数据，综合15种因素对河北省风险投资机构投资农业科技企业影响的相关程度由高到低排名如表5-21所示。其中农业科技企业项目的技术性和先进性对风险投资机构投资农业科技企业的影响程度最大，政府及相关部门的政策扶持和引导力度次之。

表 5－21　各要素对风险投资机构投资农业科技企业影响的相关程度排名

排名	要素名称	排名	要素名称
1	农业科技企业项目的技术性和先进性	9	风险投资机构的资金规模
2	政府及相关部门的政策扶持和引导力度	10	开放性的信息服务平台
3	农业科技企业的领导素质和管理能力	11	风险资本的退出渠道
4	法律法规体系的保障	12	专业化的中介服务机构
5	农业科技企业的获利能力和利润水平	13	风险投资机构的专业人才积累
6	农业科技企业的现代企业制度	14	产权交易市场建设
7	农业科技企业的生产规模	15	风险投资机构的数量
8	风险投资机构的融资渠道		

数据来源：根据模型计算整理得来。

5.6 制约河北省农业科技风险投资发展的深层次矛盾

新制度经济理论认为，制度既是行为约束，也是行为激励与保障。就产业发展而言，农业产业因其基础性、公共性、社会性特征而获得制度的激励与保护，这已经被世界大多数国家的经济发展实践所证明。新制度经济理论在研究过程中将制度分为正式制度和非正式制度。风险投资正式制度是由各级政府机构制定的与风险投资行业发展相关的鼓励和规范性法规、政策及规则，风险投资非正式制度是经济发展过程中影响风险投资发展的思想认识、文化传统与风俗习惯等。从风险投资制度演进来看，由于风险投资是从国外引进，所以我国风险投资正式制度设计先于非正式制度环境建设。随着风险投资实践的发展，市场主体包括政府对风险投资认识不断加深，非正式制度环境获得了不断改善。

5.6.1 正式制度的缺失

为了推动风险投资事业的发展，我国政府先后颁布了《外商投资创业投资企业管理规定》（2003年）、《创业投资企业管理暂行办法》（2005年）、《关于促进创业投资企业发展有关税收政策的通知》（2007年）、《科技型中小企业创业引导基金管理暂行办法》（2007年）等一系列规章制度和税收优惠政策，同时还颁布了《中华人民共和国合伙企业法》，修订了《中华人民共和国公司法》、《中华人民共和国企业所得税法》等相关法律条例。实践中，因农业科技项目的特殊性，这些具有一般意义的风险投资正式制度建设对农业科技风险投资的激励作用非常有限，农业科技风险投资没有获得应该有的保护和激励。目前，我国政府并没有设立专门的与农业科技风险投资直接相关的法律法规及其相关政策性文件，河北省政府制定的与农业科技风险投资相关的法律法规及其相关政策性文件也较少，可谓正式制度严重缺失。这与华东五省区相比较形成明显的差距（如表5-22所示）。

表5-22　河北省与华东五省2010年以后出台风险投资相关文件

省份	出台时间	管理办法	出台方
河北省（3部）	2012年10月	河北省进一步支持小型微型企业和民营经济健康发展重点工作责任分工方案	河北省政府
	2011年9月	河北省人民政府关于加快培育和发展战略新兴产业的若干意见	河北省政府
	2011年3月	关于做好全省股权投资基金业发展管理工作的通知	河北省发展和改革委员会
安徽省（7部）	2011年8月	安徽省人民政府关于进一步鼓励台湾同胞投资兴业古今皖台合作发展的若干意见	安徽省政府
	2011年4月	鼓励股权投资类企业发展暂行办法	长沙市政府
	2011年3月	关于规范安徽省股权投资企业发展和备案管理工作的通知	安徽省发展和改革委员会
	2011年3月	安徽省战略新型产业发展引导资金项目管理办法	安徽省政府

续表

省份	出台时间	管理办法	出台方
安徽省（7部）	2011年3月	关于规范安徽省股权投资企业发展和备案管理工作的通知	安徽省发展和改革委员会
	2010年12月	关于进一步鼓励和引导民间投资健康发展的实施意见	蚌埠市政府
	2010年12月	关于鼓励和引导民间投资健康发展的实施意见	安徽省政府
浙江省（11部）	2013年12月	关于促进融资性担保行业健康发展的若干意见	嘉兴市政府
	2013年11月	丽水市人民政府关于印发鼓励支持股权投资类企业发展若干规定的通知	丽水市政府
	2013年10月	湖州市人民政府关于进一步促进科技和金融结合工作的若干意见	湖州市政府
	2013年10月	衢州市人民政府办公室关于加强民间融资管理的实施意见	衢州市政府
	2013年4月	温州市人民政府办公室关于加大支持融资性担保行业发展的实施意见	温州市政府
	2013年3月	绍兴市人民政府办公室关于促进股权投资业发展的意见	绍兴市政府
	2011年10月	宁波市创业投资引导基金管理办法（试行）	宁波市政府
	2010年12月	关于鼓励和引导民间投资健康发展的实施意见	温州市政府
	2010年9月	关于印发温州经济技术开发区创业投资引导基金管理暂行办法的通知	温州经济技术开发区
	2010年7月	关于印发促进我市股权投资基金业发展的实施办法	杭州市政府
	2010年5月	浙江省权投资企业、股权投资管理企业登记办法、浙江省公司债券转股权登记管理暂行办法	浙江省政府
江苏省（12部）	2013年7月	省政府办公厅转发国家发展和改革委员会办公厅关于促进股权投资企业规范发展通知的通知	江苏省政府
	2013年2月	市政府关于促进全市创业投资和股权投资发展的若干意见（试行）	南通市政府
	2012年6月	省政府关于加快促进科技和金融结合的意见	江苏省政府
	2011年1月	南京市紫金科技创业投资基金暂行管理办法	南京市政府
	2011年9月	关于加快创业投资发展的意见	徐州市政府

续表

省份	出台时间	管理办法	出台方
江苏省（16 部）	2011 年 5 月	江苏省政府办公厅转发省科技厅等部门关于加快促进科技和金融结合若干意见的通知	江苏省科技厅、财政厅、金融办、中国人民银行南京分行、江苏省银监局、江苏省保监局
	2011 年 2 月	关于鼓励和引导民间投资健康发展重点任务分工的通知	无锡市人民政府
	2010 年	江苏省新兴产业创业投资引导基金管理办法	江苏省财政厅、发展和改革委员会
	2010 年 1 月	关于鼓励和引导民间投资健康发展的意见	南京政府
	2010 年 12 月	关于转发省财政厅省发展改革委江苏省新兴产业创业投资引导基金管理办法	江苏省政府
	2010 年 11 月	关于促进苏州工业园区股权投资产业发展办法的通知	苏州工业园区
	2010 年 10 月	关于鼓励和引导民间投资健康发展的实施意见	江苏省政府
山东省（3 部）	2012 年 6 月	山东省人民增幅关于贯彻国发〔2012〕14 号文件进一步支持小型微型企业健康发展的实施意见	山东省政府
	2011 年 4 月	山东省人民政府关于加快培育和发展战略性新型产业的实施意见	山东省政府
	2010 年 5 月	青岛高新区促进股权投资基金发展暂行办法	青岛高新技术产业开发区

数据来源：《中国创业投资行业发展报告 2012》。

据 2012 年中国创业投资行业发展报告统计，河北省 2010—2013 年相关政策仅颁布了 3 部，而安徽省 7 部，山东省 3 部，浙江省 11 部，江苏省 16 部。河北省颁发的相关政策文件少，说明河北省政府部门并没有将风险投资放在重要位置，对风险投资对发展农业科技创新的重要作用认识不足。同时，从河北省与华东五省颁布的文件的内容上来看，河北省没有颁发一部专门正对创业投资的政策性文件，说明对风险投资的重视度不够，而华东五省的政策文件中针对创业投资引导基金、促进科技和金融相结合、加强民间融资的相关文件，具有较强的针对性和指导性。很明显，无论从政策的数量上还是相关性上，河北省政府出台的政策文件均存在着很大的差距。

5.6.2 非正式制度建设严重落后

从非正式制度建设来看，农业科技风险投资的非正式制度环境是随着整个风险投资非正式制度环境的改善而不断改善的，包括农村市场主体对风险投资的认识不断深入，市场主体正在初步尝试引入风险资本，农产品产权交易市场体系不断完善、相关政府部门与社会各界积极营造良好的风投氛围等等，可以肯定的说，我国农业科技风险投资的发展，正是得益于这些非正式制度环境的建设。

鉴于此，全国不同省区存在着农业科技风险投资发展的差异，也正是源自各省区非正式制度建设强度不同所致。与江苏、浙江、山东等经济发达省区，河北省农业科技企业的融资意识、金融市场发育程度、市场主体对风险投资的认识程度、政府对农业科技企业的培育、政府对组织并鼓励企业参与各种风险投资竞赛活动的热情、对农业上市公司的培育、土地产权交易市场建设等方面，都有着很大的差距。以国家级农业科技园区加入全国国家科技园区协同创新战略联盟为例，据了解浙江、山东等五省区的农业科技园区已全部加入，但是，河北省的三家国家级农业科技园区却没有一家加入，这在很大程度上反映了河北省政府部门和农业科技企业对加入联盟未来所产生的预期效应认识不到位。因此，在全国农业科技创新风险投资正式制度缺失的背景下，非正式制度环境建设滞后，是导致河北省农业科技创新风险投资发展缓慢、与发达省份差距加大的根本原因之一。

5.7 河北省农业科技创新风险投资发展的优势与有利条件

一般而言，风险投资发展需要五方面的基本条件：要有一群掌握创新技术与成果的创业者，要有一批优秀的风险投资专业人才，要有充裕的后续资本支持，要有合适的退资通道，要有良好的政策法规和环境。在京津冀一体化大环境下，目前河北省推动农业科技风险投资发展的五方面条件都非常充足，可谓是天时地利人和兼备。

5.7.1 京津冀一体化带来的良好政策环境

京津冀一体化为河北省农业带来了前所未有的发展契机，也为农业科技风险投资发展提供了良好的投资环境。在京津冀一体化发展战略中，“农业的协同发展是题中应有之意”，“京津冀一体化要农业先行”。就农业协同发展而言，河北省作为农业大省，具有耕种面积广阔、农业人口众多的区位优势，必将承担着现代农业生产、为三地提供农产品供给的重任。与此同时，现阶段国家正在下大力气调整优化经济结构，河北省过去的当家产业包括钢铁、水泥、玻璃、煤炭等都遇到了前所未有的压减产能压力，这对河北省经济发展来说是伤筋动骨的冲击。作为后发地区，处在落后地位，河北省只有靠改革创新、扩大开放来寻求发展的出路。开放本身也是改革，通过向省外、国外开放促进省内高水平、深层次的改革，创新培育新的经济增长点。特别是在京津冀一体化的发展规划与政策背景下，积极向京津开放引进与学习，利用京津地区的农业科学技术、人才及资金优势，把河北省的现代农业做大做强，从发展战略的角度来看，努力形成三地农业协同创新发展战略联盟，实现河北省的创新性发展。

5.7.2 京津冀三地拥有一流的风投机构、人才、资金、服务及退出渠道

京津冀三地拥有大量的风险投资机构、风险投资专业人才、农业创业公司、农业科技成果、风险投资中介服务机构，社会资金充裕，退出渠道相对畅通。截至2012年年底，京津冀三地在发展和改革委员会备案的风险投资机构总量达到99家，占全国的11.22%；掌握着约248亿元的资金，相当于全国备案风险投资公司资金管理规模的11.24%。风险投资家是决定风险投资成败的关键。风险投资家的作用就是用他们的专业知识和经验来筹资和投资。风险投资家要靠他的业绩取得投资人的信任，并取得他应有的回报。同时，风险投资家还要参加他投资的风险企业的董事会，并负责作出重大的财务和人事决策，所以，风险投资家和其他投资家不同，既要利用他的专业知识，还要有一定的权力。与此同时，京津冀三地高校和科研院所云集，聚集了大量的科技与风险投资专业人才，特别是中关村，是大批创业者的聚集地，有全国性的中小企业股权交易系统平台，为河北省的农业科技风险投资资本的退出提供了重要通道。这些机构、资金和人才力量，都是河北省农业科技风险投资发展的潜在投资支持力量。2013年，以中国农科院为主体创设的国内首支农业科技领域私募股权基金——中农科产业发展基金（基金面向全国）已经运行，其服务宗旨是为农业领域高新技术孵化以及高成长、创新型、科技型企业的成长提供资金支持，这为河北省农业科技企业也提供了更多的创业机会。

5.7.3 河北省自身农业科技企业发展迅速，农业科技成果丰富

河北省现有55个省级以上农业科技园区，培育着上千家农业科技企业，90%以上都属于企业家自主创业，企业家创新精神、风险意识都比较强。尽管现阶段引入风险投资意愿不强烈，但从发展的角度看，随着河北省省政府扶持力度的加大以及各部门的协力推动，未来将对风险资本产生强大的内在需求。与此同时，河北省农业科研成果数量增长迅速，但转化成现实生产力的比例并不高。河北省科技厅统计数据显示，近几年在科技厅进行成果登记的科技成果

中，农业领域的科技成果所占比例一直呈上升趋势，2011年约占全部成果的7.25%，到2013年占比达到18.88%，2014年第一季度统计成果已经达到32.25%①。依据创新理论，科技成果只能代表技术水平，并不代表科技创新水平，科技成果只有通过商业运作转化成现实生产力，带来经济效益，才能成为科技创新。有资料显示，河北省农业科技成果转化率低，不足50%，真正形成规模的不到20%，而发达国家达到80%。河北省农业科技成果推广亟待创新模式与方式。

5.8 结论及发展建议

5.8.1 结论

（1）目前河北省农业科技创新风险投资的案例数量较少；投资行业分布狭窄，主要为畜牧业和农产品加工业；投资地域分布集中，主要分布在农业科技水平较高的承德市、廊坊市等；投资币种集中，外币投资成为农业科技创新风险投资的主要力量；投资退出案例少，退出方式主要为IPO及并购。

（2）以涉及河北省4个设区市的246家农业科技企业调查数据为依据，对河北省农业科技企业引入风险投资的意愿进行分析，发现河北省农业科技企业引入风险投资的意愿不足，通过Logistic回归分析法对其影响因素进行了详细研究并得出：企业的性质、经营领域、发展阶段三个因素的影响相对不明显；企业的规模、管理人员素质、组织管理机构水平、融资成本、是否有核心技术、是否了解风险投资、是否享有政策扶持七个因素的影响相对显著。

（3）通过模糊综合评价法对风险投资机构投资农业科技企业的影响因素进行了分析并明确了其相对权重，得出农业科技企业自身的发展对风险投资机构投资的影响至关重要，其总相关程度为0.85；其次是外部环境，相关程度

① 数据来源：河北省科技厅2011—2014年河北省科学技术成果公报，http://www.hebstd.gov.cn/banshi/zxyw/node_1056.htm。

为0.79；影响相对最不明显的是风险投资机构的发展，相关程度为0.73。

(4) 通过与华东五省区的比较分析发现，总体而言，河北省发展农业科技风险投资发展与华东五省区的发展差距较大，发展缓慢的根被原因在于制度环境建设滞后，体制不健全、机制不完善。

(5) 从河北省作为农业大省和在京津冀一体化中的市场定位角度出发，河北省农业科技与风险投资具有很大的发展空间。换句话说，未来风险投资的介入，必将为河北省农业科技创新发展提供一般商业金融无法企及的现代资本力量和现代管理方式。因此，河北省政府有必要加大政策支持力度，为农业科技创新风险投资发展和现代农业建设创造良好的外部条件。

5.8.2 发展建议

5.8.2.1 改善农业科技风险投资发展的制度环境

借鉴发达省份的经验，着力培育非正式制度软环境，同时敢于创新，突破正式制度建设瓶颈。首先，以提高农业科技企业对风险资本的认知度为出发点，相关政府机构可定期筹划与风险投资及其他金融组织的对接活动，积极组织企业参加全国的风险投资大会、大赛、展销会及其他相关活动，增强企业与风险投资机构之间的相互了解；其次，尝试制度创新，突破正式制度建设瓶颈。比如尝试延长农业科技风险投资的减免税期限，设立农业科技创新风险投资担保机构，尝试建立省域土地产权交易市场试点并完善产权交易管理规章，积极组织农业科技企业认定工作并建立补贴、培训机制等等。

5.8.2.2 设立区域性农业科技创新风险投资引导基金

在京津冀一体化中，河北省无疑要承担着农业生产者的角色，依托京津冀农业协同创新战略和农业科技创新发展的产业定位，有必要三地联合，设立专门的区域性农业科技创新风险投资引导基金，加大对区域内农业科技创新的财政支持力度，提升三地特别是河北省农业科技水平与农业发展水平，满足京津冀大市场的需求。现阶段，河北省可率先设立农业产业发展基金，以参股、直接补助、风险补偿等形式，鼓励风险投资加快对农业科技创新领域的投资。在总结经验的基础上，与京津共同商讨设立区域性农业科技创新风险投资引导基金的长远计划。

5.8.2.3 加快中介服务组织建设，积极组织参加各类创新创业活动

建议政府出资或参股建立专业化的农业科技风险投资中介服务机构，提供农业科技信息咨询、农业知识产权估值、投资咨询、上市路演、风投对接、企业培训等服务。比如借鉴全国中小企业科技创新平台建设和江苏、山东、浙江等地的科技金融服务平台建设经验，在农业科技园区设置专门的农业科技金融中心，搭建一个一站式的农业科技金融服务平台，实现农业科技企业、科技项目、科技成果、科技人才、知识产权、天使投资、风险投资、银行、保险、担保、评估、法律、财务和培训等多种信息和服务资源等多方面资源的聚集，为农业科技创新发展提供全面地支持与服务。

5.8.2.4 尽快加入中国国家农业科技园区协同创新战略联盟，培育现代农业科技企业

2013 年 12 月 30 日，中国国家农业科技园区协同创新战略联盟在北京成立，标志着中国国家农业科技园区管理由政府主导的行政化管理向联盟主导的社会化管理模式的转变，这是一次转变政府职能、提高服务效能、发挥市场和政府“双轮驱动”作用的重大体制改革与创新。正如科技部副部长张来武所讲，联盟成立之后，将充分发挥全国农业科技园区之间政策联动、资源整合、优势互补、成果对接、产业互动作用。据悉，全国大部分省市的国家级农业科技园区都已加入。建议河北省政府予以政策推动，尽快加入联盟。新的联盟已经成为未来国家农业科技园区建设的最高管理机构和执行机构，国家对农业科技园区建设的相关政策必将通过联盟组织来贯彻实施，包括设立农业科技园区产业投资基金、组织参与创新创业大赛以及各种项目对接活动、园区享受相关税收政策优惠等等。及早加入应理解为要抓住有利于农业科技企业发展的任何一次机会。

5.8.2.5 推进农业科技企业上市，积极培育农业科技企业发展的资本市场环境

省科技厅作为农业科技企业管理部门，应主动或者利用新建平台完成农业企业上市推荐、上市培育等工作。通过上市融资管理培训，鼓励有能力的农业

科技企业上市融资，提高改善融资能力；鼓励其他资本，比如养老基金、私人投资等参与到农业科技风险投资领域；建立公平、规范的市场化融资机制，完善相关法律制度，为各项资本进入农业科技风险投资领域提供保障。

5.7 本章小结

本章在全面梳理河北省农业科技风险投资发展现状的基础上，从农业科技风险投资发展水平和外部发展环境两个大的方面分析了河北省与华东五省区农业科技风险投资发展的外部环境差异；通过对河北省部分地区农业科技企业引入风险投资意愿的调查与分析，发现农业科技企业引入风险投资的意愿不强，进一步对影响农业科技企业引入风险投资意愿的主客观因素的系统分析表明，制约河北省农业科技创新风险投资的深层次矛盾是制度环境建设严重滞后；从自身资源比较优势和京津冀一体化战略出发，河北省具备农业科技风险投资发展的良好条件。最后，从加大政策支持力度的角度提出设立农业科技创新风险投资引导基金、重视资本市场培育、健全中介服务机构体系、尽快加入全国国家农业科技园区协同创新战略联盟等方面提出了河北省加强农业科技风险投资的制度环境建设的对策建议。

第 6 章

我国农业科技创新风险投资内部运行机制

农业科技创新风险投资内部运行机制是指从事农业科技创新投资的风险投资机构，从资金筹集、项目投资、后续管理到投资退出的整个运行过程以及各环节之间的相互连接关系的总和。与一般风险投资运作过程相同，农业科技风险投资内部运行机制也是依次经历融资、投资、退出三个阶段（如图 6－1 所示）。

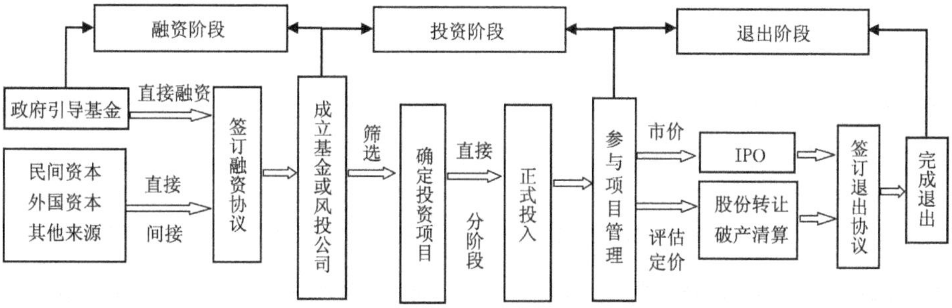

图 6－1　农业科技风险投资运作过程

6.1 国内外研究现状与评述

6.1.1 国外研究现状

国外风险投资行业发展比较成熟，无论是对参与主体中有关机构投资者的限制、风险投资行为的税收政策、还是风险资本的退出渠道等方面，国家都给予了越来越积极的政策支持。学者们研究的重点主要在于对“投资决策过程”方面，最有代表性的是狄波基和布鲁诺（Tyebjee and Bruno，1984）研究所得出的风险投资决策评估指标体系。1994 年，美国万斯弗莱德和罗伯特海斯里奇（Vance H. Fried and Robert D. Hisrich）两位教授联合在美国西北地区、硅谷和波士顿三个地区做了相关调查，他们选择了六个著名风险投资机构，并且选取 18 个分属不同行业、不同发展时期、不同投资额的最新案例，进而得出包括战略思想、管理能力和收益三个方面的 15 个“基本评估标准”。2001 年，美国芝加哥大学史蒂芬·卡普兰和斯特姆伯格（Steven N. Kaplan and Per Stromberg）两位教授对 10 家风险投资机构的投资决策过程进行了研究，并且得出了风险投资机构的投资决策准则。他们将这些准则细划分为四大类：投资机遇、管理团队、投资条款和投融资环境。除对“投资决策过程”的研究之外，学者们对项目筛选、投资风险控制、退出渠道选择等方面也进行了深入的研究。在项目决策和筛选研究方面，布库和伍兹（Boocoo and Woods，1997）认为，面对大量的申请，风险投资家往往通过阅读商业计划书来决定是否进一步实施下一阶段的工作。可见商业计划书的设计至关重要，在很大程度上显示出创业者的管理头脑和营销策划能力。狄波基和布鲁诺通过实证分析总结出风险投资家在对项目进行筛选时所采取的一些共同标准，维宁和汉（Vining and Haan，2002）研究了风险投资家对商业计划书的筛选标准。在风险投资的风险控制及评估方面，西尔佛（Silver，1994）认为风险企业面临创业、生产、市场、管理、运作等方面的风险，而市场风险和管理风险相对容易控制。巴赫勒尔（Bachler，2000）认为管理团队和风险企业面对的目标市场是风险投资评估当中最应考虑的两个因素。在风险资本的退出方面，保拉冈玻(PaulA. Gomper，1998）等人则认为有风险资本支持的企业在首次公开上市后的表现优于无风险资本支持的企业。理查德（Richard，2001）认为，风险投资可以加快风险企业首次公开上市的速度，但是，冈玻斯（GomPers）却发现一些经验不够丰富的年轻风险投资家在时机并不成熟时便选择让风险企业上市，最终导致投资收益大打折扣。因此，风险投资机构选择合适的时机以合适的方式退出至关重要。

6.1.2 国内研究现状

我国农业科技风险投资的发展起步于20世纪90年代中期国家推动农业高新技术产业发展及其对资金产生的需求，使得早期的研究主要是针对农业高新技术领域风险投资的风险控制与如何退出的问题（谢群2001，高锁平2006，房德东2007，潘洪刚2008等）。随着我国经济发展方式的转变、经济结构调整不断向纵深方向发展以及改造传统农业向现代农业转变进程的加快，农业科技风险投资的重点也开始由过去单一的农业高新技术领域投资向传统农业的改造、现代农业的建设方面拓展。基于此，农业科技风险投资问题的研究也开始转向资金的筹集（包括投资参与主体中机构投资者的准入、个人投资者的数量限制范围）、引导基金的设立、投资项目筛选与评价、退出渠道的完善等方面。较有代表性的成果有：张义珍、杨少梅、王淑娟等人（2001）研究探讨了农业高新技术投资项目的综合评价方法，该方法以经济效益、社会效益、生态效益及技术效益四个大方面、十三个指标为基础，分级确定了各指标的权重，并依此建立了综合评价模型。王小林、杨秋林（2002）对农业项目投资评估的研究领域进行了划分，他们认为将决策支持技术应用于农业项目投资评估中，可以解决农业项目投资决策的决策方案的模糊性、结构不良、目标的冲突性等问题，进而提高项目决策效果。张社梅、王慧莹（2004）提出，“以政府为引导，构建我国农业风险投资支撑体系，该体系包括多元化的农业风险资本体系、完善的农业风险投资市场运行机制、完善的农业风险投资政策扶持体系三大部分”。吕冰、李铭（2010）分析了针对农业科技成果转化的农业科技风险投资投融资渠道及退出机制问题。段慧军在2010年全国政协会议上以“设立农业科技创新风险投资引导基金”为题，提交了政协议案。谢玉芳、刘晓利、贾茂辉（2012）从我国农业风险投资发展制约因素的角度，系统分析了农业科技风险投资发展的制约因素，并指出，要从强化政府在农业风险投资中的功能作用、创造有利于农业风险投资发展的宏观环境、开辟农业风险资本渠道来源、扩大风险资本规模、完善农业风险投资的退出机制等方面加强农业风险投资的对策研究。张旭波（2012）运用经济选择理论和定量模型，分析了在不确定性条件下农业生产和处理企业决策分析二阶段的风险资本投资，并提出了这两个阶段的风险资本投资决策的数学表达式。介绍了不确定条件下选择定价理论的二阶段风险资本投资决策选择模型。至此，我国对农业风险投资问题的研究也从定性分析转向了定量分析。

6.1.3 简要评述

总的来说，国外关于风险投资运行机制问题的研究比较成熟，针对农业科技投融资的研究都是建立在农业科技创新具有公共产品性质的基础之上，对于农业科研公共投资领域的研究比较深入，但研究方向比较单一，关于农业科技创新私人投融资的理论与实证研究尚未有突破性的进展。国内对农业科技风险投资运行的研究，多数是围绕着某一环节展开，系统性研究相对不足。尽管农业科技风险投资与一般风险投资的运行过程一样需要经过四个环节，但是，由于农业科技自身的公共特性、高风险性特征，导致农业科技企业在获得风险投资时需要更多的政策支持，包括税收优惠、政府直接出资设立引导基金、农业产业发展基金等，不仅如此，农业科技风险投资项目在项目筛选及其指标评价、风险投资退出的方式与渠道等环节，与一般风险投资的要求也有所差别。因此，单独就农业科技风险投资的运行机制问题进行研究，既有重要的理论意义，也有现实意义。本部分立足于前人研究成果基础之上，对农业科技创新的风险投资内部运行机制进行系统研究，以期构建比较完整的农业科技创新风险投资运行系统，为相关政府部门制定鼓励农业科技创新风险投资的政策措施提供理论依据。

6.2 我国农业科技创新风险投资的资金筹集

农业科技创新风险投资的资金筹集是指风险投资机构运用一定的筹资方式（通过与风险投资者签订融资协议的方式），将不同的资金来源整合到一起，形成农业科技风险投资基金或者组建农业科技风险投资公司的过程。在我国，专门投资于农业科技创新领域的风险投资机构仅是少数，大多数的风险投资机构是在其广泛的投资领域中涵盖了农业领域，因此，对农业科技风险投资的资金筹集分析使用了我国整个风险投资资金筹集的数据资料。筹集资金是风险投资运行的第一步，是风险投资产生的基础。2013 年，全国创业风险投资管理的资本总量达到 3573.9 亿元，较 2004 年的 617.5 亿元增长了将近 5 倍。表 6-1 显示了 2004—2013 年中国创业风险投资管理资本总额变化情况。

表 6-1　　中国创业风险投资管理资本总额（2004—2013 年）　　单位：亿元,%

项目＼年度	2004	2005	2006	2007	2008	2009	2010	2011	2012	2013
管理资本总额	617.5	631.6	663.8	1112.9	1455.7	1605.1	2406.6	3198.0	3312.9	3573.9
较上年增长	0.2	2.3	5.1	67.7	30.8	10.3	49.9	32.9	3.6	7.9
基金平均管理资本规模	2.4	2.28	2.13	3.36	3.55	3.24	3.34	3.72	3.52	3.26

数据来源：王元等主编．中国创业风险投资发展报告 2014，经济管理出版社．

资料显示，欧洲风险资本市场上最重要的投资主体是银行，大体占资金来源的三分之一，其他投资主体还包括保险、企业年金基金、大型公司和富裕的家庭等，美国的情况不同，其主要来源是养老基金，大体占 47%，其次是捐赠基金，占 21%，然后就是个人，占 12%，保险公司 9%、大型工商企业占 9% 等。

6.2.1 我国农业科技创新风险投资的资金来源

多年来我国创业风险资本规模的扩大得益于两方面的变化：一是经济高速增长带来的社会资本规模扩大和资金充裕度的提升；二是风险资本资金来源渠道的拓宽。仅就资金来源渠道而言，我国风险资本的来源大体包括以下几条渠道：上市与非上市公司投资、政府资金、外资、私人投资、银行等金融机构投资。图6－2显示了2013年我国风险资本构成情况，其中，非上市公司依然是出资的主体，其出资额占全部资本额的42.81%，而政府出资占11.4%，国有独资投资机构17.78%，个人出资占17.45%，上市公司出资占3.61%，外资占3.18%，银行占1.17%，非银行金融机构0.26%。

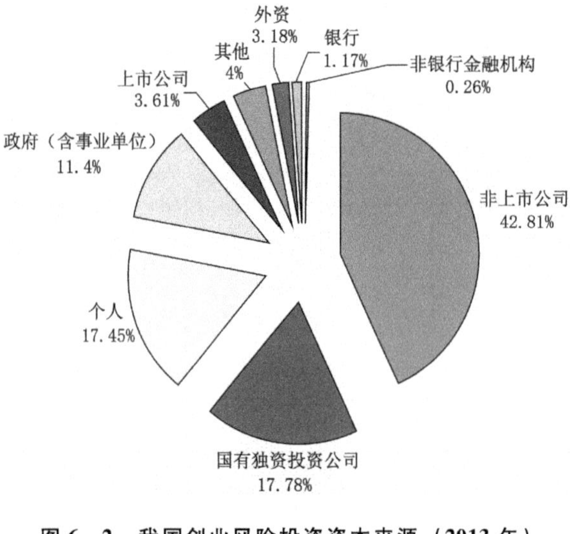

图6－2 我国创业风险投资资本来源（2013年）

6.2.1.1 上市与非上市公司投资

上市与非上市公司是风险投资的主要参与者，从2006年至2010年资金投入所占比例均超过50%，2011年之后呈下降趋势，到2013年时已降至47%[①]，但依然远高于其他主体。近些年来，一些大公司或大型集团公司出于

① 数据来源：王元等主编．中国创业风险投资发展报告2014．经济管理出版社，2014．

战略考虑，不断通过设立投资基金或直属投资公司的方式，投资于与自身战略利益有关的风险企业，以合资或联营的方式注资，目的是构建可控的产业链条和提高产业各环节的技术水平。比如自2010年后，新希望集团先后创设两期产业投资基金，用于投资农业产业链的上下游企业。2010年3月起，一期基金共投资了北京新发地、二商食品、宁夏伊品、深圳中央大厨房、科迪乳业等十多家企业，投资金额超过5亿元，投资对象涉及水稻、棉花、农资流通等农业子行业及新材料、新技术等新兴产业。在2011年3月成功并购了新西兰第二大农业上市公司——PGGWrightson，交易金额涉及2亿美元，该公司主要经营种子、畜牧业等，其草种业务位居南半球第一，新希望看中的正是其草种业务。2011年11月，新希望集团携手淡马锡、ADM、三井物产等跨国公司，共同打造的新希望产业基金二期正式成立。这只基金重点关注食品安全、农业进步和粮食保障等领域，对整合型和成长型企业进行投资。“做长做深产业链光靠我们自身的资本实力是不够的，所以我们就新创立了基金。创立基金是为了在产业链上下游做一些投资衔接。”（刘永好，2011）。当然，我国还有一些大型的国有控股企业（像中信实业集团、联想集团）和具备较强实力的民营企业（比如好想你枣业、阿里巴巴等），都已经通过设立投资基金的方式大量参与到了高新技术产业风险投资中。

在国外创业资本的发展历程中，大型企业和企业集团都曾经是重要的资金供给者。虽然随着创业投资的迅速发展，工商企业资金在创业资本中所占的比重逐渐下降，但目前仍然有不少工商企业，尤其是大型企业、企业集团将大量的资金投入创业资本之中，且近年来国际著名跨国公司对创业投资的兴趣日益加大。在国外，大型企业和企业集团进入创业投资的目的主要为企业长远发展进行战略投资，寻求符合企业战略需要的高新技术项目，以便使企业不断地拥有一定的技术优势，在长期竞争中立于不败之地。我国国内的一些工商企业尤其是大型企业和企业集团在规模扩张阶段完成之后，一方面持有大量资金需要寻求投资途径，另一方面在技术创新和结构升级方面缺乏出路，许多企业的技术水平处于一个基本相同的平台，当某一企业在技术方面有所突破后，大家竞相模仿，恶性竞争，企业的自主创新能力较弱。资料显示，目前上市公司的资本金只有十分之一用于实际投资，大量的资本金以存款或其他金融资本形式存在，导致大量工商企业及从事生产经营，也从事资本投资，陷入“多元化”经营误区。创设产业投资基金的方式则是一种很好的解决上述难题的方式，企业通过设立产业投资基金，在将资金投向限定在与自身产业直接关联的上下游企业的前提下，既为富余资金找到了适当的投资渠道，又为企业技术创新和结构升级提供了技术支撑，不至于使投资经营的跨度过大。目前，一些大型企业对于创业资本的兴趣日益浓厚，无论从当前现实条件考虑，还是从长远发展趋势来看，完全可以成为创业资本的一大重要资金来源。

6.2.1.2 政府投资

政府对科技创新领域的投资包括三部分：

一是在我国每年的财政预算中列支的研发经费，用于农业科技研发、高新技术产业的投资项目补助以及对投资者投入资本进行补助的资金等（如表6－2所示）。

表6－2　　我国农业R&D投入资金构成　　单位：万元

年份	总量	政府资金	
		总量	占比
2008	531628	467952	88.0%
2009	701503	596999	85.1%
2010	810574	717800	88.6%
2011	883664	773785	87.6%
2012	1060115	915710	86.4%
2013	1134735	1011043	89.1%
合计	5533870	4827219	87.2%

资料来源：根据《中国科技统计年鉴》（2008—2014年）数据整理得出。

二是中央及各地方政府部门利用财政资金直接出资设立的风险投资公司。我国最早成立的风险投资公司——中国新技术创业投资公司，即为国家财政注资的风险投资公司，当年注册资本金2700万元。后来，各地方政府相继出资设立地方性风险投资公司，如表6－3所示。这些机构通过直接投资、参股投资或跟进投资等方式，引导风险投资进入高新技术领域。目前，除中央部委包括原经济贸易委员会、科技部、中国人民银行等参与设立的风险投资公司之外，各地方政府设立的风险投资机构很多，基本上每个省份至少设立一家，有些省市如广东省、深圳市、北京市、上海市、江苏省等政府参股设立的风投机构不止一家。总体而言，我国政府直接出资进行风险投资的资金数额在总投资中的比例呈下降趋势，从2006年的33%下降到2013年的11.4%[①]。当然，政府注册成立的风险投资公司成立时间都比较早，投资领域主要是高新技术，农业高新技术领域获得了政府投资基金的支持，现代农业创新领域包括休闲农业、创意农业、数字农业等一般不会获得政府投资的支持。

表6-3　　　　政府财政资金注资成立的部分风险投资公司

年份	公司名称	业务内容	注册资本金	出资单位
1985	中国新技术创业投资公司	为高新技术风险企业提供投资、贷款、租赁、财务担保和咨询等服务	2700万元	原国家科学技术委员会 中国人民银行
1993	中国经济技术投资担保公司	是国内首家以信用担保为主要业务的全国性专业担保机构。为高新技术风险企业提供投资、融资和担保服务	5亿元	原国家经济贸易委员会和财政部
1987	中国高新投资集团公司（简称“中国高新”）	重点投资领域为新医药及生物工程、新材料及资源利用、新能源及节能环保、新模式及先进制造业等战略性新兴产业	29.39亿元	原国家计划委员会轻纺出口产品基建项目办公室，现为国家开发投资公司全资子公司
1989	中国科招高技术有限公司	主要负责国家高技术计划（863、火炬等）成果的产业化投资，支持高新技术成果、发明、专利等尽快转化为产品。这是中国第一家中外合资的创业投资公司	8000万美元	国家科学技术委员会、国防科学和工业化委员会、香港招商局集团有限公司所属的四家公司共同出资
1992	江苏省高新技术投资公司	成立之初主要为高新技术成果转化提供资金服务，2000年重组后负责管理运作“江苏省科技发展风险投资基金”。现主要从事省级风险基金管理、证券投资管理、投资咨询、资产托管、房产租赁等业务，受托管理的资产达9亿元	1.8亿元	江苏省政府

① 数据来源：王元等主编．中国创业风险投资发展报告2014．经济管理出版社，2014.

续表

年份	公司名称	业务内容	注册资本金	出资单位
1993	上海创新科技集团公司	境内较早专业从事科技风险投资的企业	4800万元	上海市科学技术委员会出资成立
1994	深圳市高新技术产业投资服务有限公司	为深圳市政府认定的高新技术企业和项目，列入国家、省、市新技术、新产品开发推广计划项目，重点科技开发项目和技改项目，其他高新技术产品（符合深圳高新技术产品目录）投资、开发和生产的项目，提供贷款担保、投资和咨询评估等服务	1亿元	深圳市投资管理公司、市科技局、市经济发展局共同出资。深圳市财政从1998年起每年注资1亿元，使公司资本金在2000年达到4亿元人民币。
1998	北京科技风险投资股份有限公司	重点投资高端装备制造业、现代信息技术产业、生态农业与生物医药、新材料、环境保护、新能源、消费升级等领域	4.65亿元	北京市国有资产经营有限责任公司、中青创益投资管理有限公司、北京市海淀区国有资产投资经营公司三家股东组成
2001	河北科技风险投资有限公司	对高科技项目产业化发展阶段给予资本金投入，并引导民间资本进入科技风险投资领域，推动河北省高科技产业的发展	3.4亿元	由河北省科技投资中心、河北利丰燕山投资管理中心和国富投资公司三家股东投资组成，政府主导型投资机构
2001	济南科技风险投资有限公司	以高新技术项目为主的股权投资。为企业提供管理咨询、财务咨询服务；资产的受托管理；企业重组、改制、回购、上市与证券投资的咨询、策划等。	1.26亿元	由济南市政府和多家国有企业出资设立的全市第一家科技风险投资机构

资料来源：百度搜索。

三是中央及各地方政府运用财政资金设立的创业投资引导基金，这部分资金既发挥着引导社会资本参与风险投资的作用，也是风险投资的组成部分，成为风险投资的一个重要资金来源。政府引导基金是一种不以营利为目的的政策性基金，通过投资于创业早期的企业，扶持创业投资企业的设立和发展，引导更多的社会资金进入风险投资领域，而自身不直接从事风险投资。政府引导基金发挥其财政资金的杠杆放大效应，增加风险资本早期的供给，解决单纯依靠市场机制来配置创业资本存在的功能不足问题。政府引导基金能够引导风险资本进入企业初创期、种子期，在一定程度上改善风险资本过多的投资于企业成长期、成熟期的现状。引导基金的设立吸引了广泛的社会资本，促进多元化投资体系建设，对中小企业的创新能力起到了很好的促进作用。2005年以后，全国各地陆续设立了不少引导基金（如表6－4所示）。

表6－4　　中央各部委及地方各级政府设立的风险投资引导基金

部门	基金名称	资金来源	作用	设立时间
科技部	科技型中小企业技术创新基金	中央财政拨款	支持中小企业技术创新	1999年
科技部	科技型中小企业创业投资引导基金	中央财政拨款	引导创投资金向初创期科技型中小企业投资	2007年
北京市海淀区	海淀区创业投资引导基金	区级财政预算资金，中央、市财政补助的扶持企业发展资金。总规模5亿元	鼓励创业投资企业向初创期和成长期中小企业投资	2009年
上海浦东新区	浦东新区创业投资引导基金	区政府预算资金，首期资金规模10亿元	引导社会资本向科技创新创业领域集聚	2006年
山西省政府与国家开发银行共同设立	山西省创业投资引导基金	基金规模为8亿元人民币	鼓励和支持山西省科技型中小企业和高新技术产业的发展	2007年

续表

部门	基金名称	资金来源	作用	设立时间
北京市中关村科技园区	中关村创业投资引导基金	中关村科技园区管委会共出资 1.65 亿元，引进外部资金 3.85 亿元	引导创业投资机构向园区企业投资，提升园区企业融资能力	2007 年
天津市滨海新区与国家开发银行共同出资设立	天津滨海新区创业投资引导基金	公司初期注册资本为 20 亿元人民币	引导投资于滨海新区电子信息、生物医药、新材料、新能源等高新技术产业	2008 年
苏州工业园区与国家开发银行共同出资设立	苏州工业园区创业投资引导基金	总规模将达到 10 亿元	促进苏州和园区加快培育具有自主品牌、自主知识产权和核心竞争力的企业与产业	2006 年

资料来源：百度搜索。

6.2.1.3 私人投资

私人投资主要是指富有家族或个人将自己的财富或资金投入风险投资活动的投资者。私人投资者参与风险投资是为了获得投资的高收益。风险投资的流动性较差，风险较高，与之相对应的是投资者要求更高的投资回报率。从国外创业投资发展历程来看，虽然个人投资者的资本数量已经不占优势，但由于个人投资者承受风险能力较强，是创业投资发展中不可缺少的重要力量。2013 年，我国个人出资在风险投资总额中占比达到 17%，私人投资处于上升期。今后随着我国经济增速的放缓和“大众创业、万众创新”氛围的形成，更多的个人投资者会把资金从不景气的房地产投资和金融产品投资转移到创新创业领域进行投资。据世界银行统计，目前中国的中等收入及以上的家庭已经接近 50%，“20% 的人掌握着中国 80% 的财富”的“二八定律”在中国又被进一步放大趋势，居民储蓄率高达 50% 以上。随着收入的不断增加，中等收入以上的家庭已经开始从单一生活预算向生活与投资分立的复式预算转变，投资开始成为家庭理财的重要内容。这些富裕的家庭和个人把风险投资作为投资组合的一部分来提高收益。大额个人资本可以以私人资本形式直接进行创业投资，小额个人资本和风险承受能力比较低的大额个人资本则可以通过购买基金股份投入创业投资基金。截至2015年10月底，我国城乡居民储蓄存款余额为54万多亿元，这还不包括居民手持现金和各种有价证券。我国民间资本充足，私人投资呈现连续上升趋势，且增幅较大，保持每年将近2个百分点的增长速度，作为最具潜力的投资者，正在逐渐展露锋芒。

6.2.1.4 外资投资机构

经济较发达的国家风险投资发展较快，因此国外资本较早的发现了中国风险这块肥沃的土地，自我国风险投资发展以来，外资始终占有一定的比例，2006—2011年期间平均占比将近2%。1998年IFC对太行农产品进行投资，是我国首例外资风险投资案例，随着改革开放的发展，外资对我国农业的投资快速增多，与此同时很多成功的案例诞生，例如2002年起英联投资、鼎晖投资与摩根士丹利对蒙牛投资5000多万美元、2004年英联投资对宁夏红投资1000万美元，IFC对张裕酿酒投资1760万美元（如表6-5所示）。

6.2.1.5 银行、证券公司与信托公司

商业银行一般以有担保的贷款为主要的投资方式，但是随着股份制改革的完成，市场竞争压力增大，各地方银行、民营银行及各种专业支付机构（通联支付等）异军突起，使得各银行开始扩宽业务范围，增加盈利渠道。银行投资风险投资领域整体呈现上升趋势，从2006年的2亿元上升为2013年的60多亿元，所占比例从0.11%上升为1%（表6-6）。

表 6－5　**我国著名的外资或合资风险投资机构**

公司名称	投资阶段	公司发展与投资领域	成功案例
IDG 技术创业投资基金	初创期 成长期 成熟期	成立于 1992 年，专注于中国市场的专业投资基金，目前管理的基金总规模为 38 亿美元。投资领域为：软件产业、电信通讯、信息、电子、半导体芯片、IT 服务网络设施、生物科技、保健养生	也是迄今国内投资案例最多的 VC，成功投资过腾讯，搜狐等公司
红杉资本中国基金	成长期	红杉资本创始于 1972 年，共有 18 只基金，超过 40 亿美元总资本，总共投资超过 500 家公司，200 多家成功上市，100 多个通过兼并收购成功退出的案例	美国著名互联网投资机构，投资过甲骨文，思科等公司
软银中国风险投资基金	初创期 成长期 成熟期	成立于 2000 年，致力服务于中国、印度、韩国、中国香港和中国台湾等地区，目前在中国已参与投资近 20 亿美元。投资领域涵盖消费品和服务、技术、媒介、电信、金融服务、医疗保健、旅行和旅游业和制造业，IT 服务软件产业、半导体芯片、电信通讯硬件产业、网络产业	日本孙正义资本，投资过阿里巴巴、盛大等公司
鼎晖创业投资中心	成长期 成熟期	鼎晖投资成立于 2002 年，目前管理基金规模达 55 亿美元，其中包括私募股权、创业投资、地产投资和证券投资基金，在香港、北京、新加坡、上海、深圳和雅加达有办公室。投资领域涉及日用消费、网络产业、电信通讯、环保节能	成功投资了永乐电器、分众传媒、江西塞维、世通华纳、奇虎等
深圳市创新投资集团有限公司	成长期 成熟期	2002 年 10 月正式成立。公司现下辖全资、控股、合资的投资（基金）公司和投资管理公司 13 家，是目前中国本土规模最大、实力最强、声誉最佳的创业投资机构。投资领域：互联网，通信/无线，传媒/新媒体，消费品/餐饮，医疗健康，环保新能源、现代农业	仅 2011 年，深圳创新投投资了 379 个项目，总投资额近 94 亿元人民币

续表

公司名称	投资阶段	公司发展与投资领域	成功案例
软银赛富投资顾问有限公司	初创期 成长期 成熟期	成立于 2001 年，其主旨在于为我们的境外投资基金提供投资咨询以及被投公司管理服务。主要重点投资领域包括信息技术、互联网络、房地产、通讯、消费服务、医疗保健、清洁能源、教育服务产业、现代农业、金融服务及制造业。赛富基金成为亚洲地区最大和最活跃的基金之一	赛富目前管理将近 250 亿元人民币的 4 只美元基金及多只人民币基金。在过去 10 年中累计投资超过 100 余家
高盛中国	成长期 成熟期	1984 年在香港设亚太地区总部，又于 1994 年分别在北京和上海开设代表处，正式进驻中国内地市场。也是第一家获得上海证券交易所 B 股交易许可的外资投资银行，及首批获得 QFII 资格的外资机构之一	向中国政府和国内占据行业领导地位的大型企业提供全方位的金融服务
兰馨亚洲投资集团	成长期	创建于 1993 年，是最早进入中国的国际投资基金之一。在香港、上海、北京和广州等地设有有办公室。兰馨亚洲投资分别设有私募及对冲基金，主要投资者包括全球知名的机构投资者、独立私人银行、大学基金、保险公司、策略性个人投资者及家族基金	投资过 A－S 空调有限公司（ASAP）、北京东大正保远程教育集团、齐心文具、携程旅游网、易趣网、元祖等
凯鹏华盈中国基金 KPCB	初创期 成长期 成熟期	创建于 1972 年，和红杉资本被称为全球创业投资界的双子星座。投资领域细分为：互联网、通信/无线、传媒 /新媒体、医疗健康、环保新能源、软件/硬件/半导体等。到 2007 年，已先后投资支持了 475 家创业企业。	美国在线（AOL）、亚马逊、harmaceuticals、康柏、Google、Intuit、Juniper Networks、Netscape、莲花软件、太阳微系统（Sun Microsystems）等。KPCB 的投资组合当中已经有 150 多家公司成功上市

资料来源：中国风险投资网，http：//www. vcinchina. com/l/42. html。

表 6-6　　我国开展风投业务的商业银行及其投资案例

商业银行	介入企业	介入方式	介入时间	介入领域
华侨银行	黑龙江飞鹤龙江原生态牧业股份有限公司	PE	2013 年 6 月 3 日	农产品
	北京清大世纪教育投资顾问有限公司	PE	2014 年 12 月	教育服务
	华福实业股份有限公司	VC	2013 年 6 月	农产品
	宁波银行股份有限公司	PE	2010 年 10 月	区域性银行
	河南心连心化肥有限公司	PE	2007 年 5 月	化肥、农用化工
	多维科技控股有限公司	PE	2007 年 3 月	机械
亚洲开发银行	亚洲基础设施项目开发公司	Vc	2008 年 4 月	能源
	中国中科智担保集团股份有限公司	PE	2007 年 10 月	多元金融
	杭州银行股份有限公司	PE	2006 年	区域性银行
	海航机场控股（集团）有限公司	PE	2008 年	机场服务

资料来源：Wind 资讯数据库。

据统计，自 2015 年 6 月监管部门对私募基金业务开闸以后，有 10 家银行依次获得私募投资基金管理人资格，分别是光大银行资产管理部、平安银行、浙商银行、广西北部湾银行、宁波银行，包商银行、南昌银行、民生银行、江苏银行、徽商银行。尽管上述 10 家至今还没有管理的私募基金产品出现，而且各家银行在其备案时提交的主要基金类别也有所不同①，如光大银行、浙商银行、广西北部湾银行、包商银行、江苏银行、民生银行申报的基金主要类别是“证券投资基金”，宁波银行申报的是“股权投资基金”，其他三家都是“其他投资基金”，但是商业银行涉足投资银行业务的趋势已经形成②。实践证明，早期以信托业务为牌照的部分商业银行已经获得了私募基金管理人资格，

① 基金业协会公示信息。

② 早在几年前，部分银行已经获得了信托投资的部分业务，并同时获得了私募基金管理人资格。比如浦发银行旗下有上海国际信托，兴业银行旗下有兴业信托，建设银行旗下有建信信托，交通银行旗下有交银国际信托等。此类上市银行间接获得私募基金管理人资格，开始进入投行领域。

他们已经通过设立风险投资基金、未上市公司股权投资基金或者产业投资基金的方式进入了风险投资领域。

投资银行是指主要从事证券发行、承销、交易、企业重组、兼并与收购、投资分析、风险投资、项目融资等业务的非银行金融机构，是资本市场上的主要金融中介。在我国，从事证券发行、承销、交易、企业重组、兼并与收购等工作的证券公司很多，而从事投资业务为主的专业性投资银行并不多，主要代表是中国国际金融有限公司，但能够从事投资银行业务的金融机构越来越多，包括金融资产管理公司、部分可以从事创新业务的证券公司、信托投资公司、金融投资公司、各类民间投资公司等机构。从西方国家从事风险投资的经验来看，投资银行与风险投资之间具有内在的相融性，其金融中介和投资主体功能对风险投资的发展起着重要的推动作用，风险投资过程中的每一个环节都离不开投资银行的支持，同时风险投资也极大地促进了投资银行自身的发展和相关业务创新。投资银行涉足风险投资主要采取以下一些形式：一是采用私募的方式为这些公司筹集资本；二是对于某些潜力巨大的公司进行直接投资，成为其股东；三是设立“风险基金”或“创业基金”向这些公司进行股权投资。目前，在我国从事风险投资业务的国际知名投资银行有高盛、摩根士丹利、黑石集团、瑞银中国等，外资或中外合资风投机构已在表6-5中有所显示，这里不再赘述。

证券公司作为资本市场融资的中介机构，参与风险投资的积极性更是高于银行，2007年投资资本2亿元，到2013年投资资本超过230亿元，所占比例达到1.83%。从发展的历程看，我国证券公司发展早期，业务范围仅限于有价证券发行、买卖等传统中介业务，不具备美国投资银行的投资类业务功能。进入21世纪之后，随着券商行业竞争的加剧和证券公司业务运营能力的提升及监管体制的不断完善，监管部门逐步放宽了证券公司业务经营范围，2004年8月12日中国证监会发布了《关于推进证券业创新活动有关问题的通知》，明确了证券公司创新试点工作的基本框架和基本要求，8月13日中国证券业协会发布了《关于从事相关创新活动证券公司评审暂行办法》，启动了创新试点类证券公司的评审工作，2005年4月又启动了规范类证券公司评审。获得创新试点的证券公司积极进行业务创新，推出了集合资产管理计划、外汇资产管理专项理财计划、权证创设、资产证券化、资产信托等新业务与新产品，也开始了涉足风险投资领域的探索。以光大集团旗下的光大金控资产管理公司为例，该公司成立于2009年6月，注册资本15亿元人民币，是中国光大集团的核心资产管理平台。2013年年底，管理资产112亿元，管理基金23支，设立了10家子公司，覆盖京津、长江三角洲、珠江三角洲、中西部主要经济区，其业务范围遍及直接股权投资、PE基金管理及投资、并购及结构性融资、证券基金管理及投资等多个创新领域。该公司推出的资产管理产品——308私募股权投资业务（PE）是一款典型的风险投资基金产品，对非上市企业进行权益性投资，即以持有股权的形式对优质成长性或待上市企业进行投资，通过上市、并购或管理层回购等形式出售股权获得收益。

2014年，中国证监会下发了《证券期货经营机构资产管理业务管理办法（征求意见稿）》（下称“《管理办法》”）及修订说明。其中提出，“将非上市公司股权纳入资产管理产品的投资视野”。表明证监会对券商资管放开了非上市公司股权投资的渠道（表6－7）。

表6－7　　中信证券与中信建投参与的投资案例

券商	介入企业	介入方式		介入领域介入时间
中信证券	友搏药业	PE		制药 2012年6月13日
	高能环境	VC	环境与设施服务	2011年11月12日
	华电重工	VC	建筑与工程	2011年4月
	西部黄金	PE	黄金	2011年7月
	浙江民泰商业银行	PE	区域性银行	2012年3月
	陕西煤业	PE	煤炭与消费用燃料	2010年10月28日
	百隆东方	PE	纺织品	2010年9月
	西凤股份	PE	食品、饮料与烟草	2010年5月
	快乐购	VC	零售	2010年3月
	红星美凯龙	PE	家庭装饰零售	2010年3月
	贝因美	PE	食品加工	2009年12月
	渤海轮渡	PE	海运	2009年9月
	江河创建	PE	建筑产品	2009年8月
	会稽山	PE	白酒与葡萄酒	2009年7月
	盛运环保	PE	环境与环保设施	2009年7月

续表

券商	介入企业	介入方式		介入领域介入时间
中信建投	北京华谊兄弟音乐有限公司	PE	电影与娱乐	2015年8月19日
	上海客齐集信息技术有限公司	PE	互联网软件与服务	2015年7月22日
	同济堂医药有限公司	PE	中药	2015年2月
	北京天神互动科技有限公司	VC	家庭娱乐软件	2013年12月
	南京莱斯信息技术股份有限公司	VC	信息科技咨询	2010年8月

资料来源：Wind资讯。

在我国，信托公司是一家既具有融资功能又有范围广泛的投资功能的投融资金融机构，是唯一既能投资资本市场、又能投资货币市场、还能投资实业领域的金融机构。其持有的“私募股权投资信托”牌照，从某种角度讲，也是最具投资价值的私人信托产品。私募股权投资信托是指信托公司以《中华人民共和国信托法》、《信托公司管理办法》、《信托公司集合资金信托管理办法》等相关法律法规为依据，以非公开方式与投资者订立信托合同，投资者将自己的资金信托给信托公司，由信托公司将募集的信托资金以权益投资的方式进入合适的公司（多为非上市公司），并适时退出实现增值，进而将信托收益按照信托合同的约定交付给受益人的资本运营方式。2009年3月，福建联华信托（后更名为兴业信托）首开国内信托公司投资未上市公司股权先例，募集规模3000万元的信托基金，用于补充福建福日电子股份有限公司机电产品出口等方面的流动资金。有资料显示，截至2012年年底，平安信托也已投资非上市企业股权接近80家，投资总金额接近350亿元。

6.2.2 我国农业科技创新风险投资筹集中存在的问题

6.2.2.1 机构投资者投资受限

在美国，养老退休基金是最大的风险资本来源。投资于这一行业需要非同寻常的勇气、耐心和专业投资经验，广大中小散户由于认识上的原因，缺乏承受高风险的能力，一般只投资于有价证券，不会冒险涉足风险投资领域。随着风险投资发展日益成熟，养老基金、大学后备基金、捐赠基金、保险公司、银行、证券公司等机构投资者是风险资本的主要来源。如 1978 年，美国风险投资的资金构成为：个人投资家 32%，外国资金 18%，保险公司 16%，养老基金 15%，大企业 10%。20 世纪 90 年代以来，美国风险投资的资金来源发生了明显的变化，养老基金等机构投资者成为主要的投资来源，发生了风险投资基金出资的机构化现象①。这主要是缘于美国政府的支持政策。自 1979 年，当风险投资带来的丰厚回报越来越足以弥补风险损失时，政府便开始放松了对机构投资者进行风险投资的限制，比如允许银行用自有资本的一定比例进行投资，允许将 2%—5% 的养老基金投资于新兴企业，于是这些机构投资者便成了风险投资的主要来源之一。为了减轻这些机构投资者的风险顾虑，风险投资公司常采用利润分享和投资限制协议等方式及采用有限合伙制组织形式等来控制风险。

在我国，尽管法律上以允许信托机构、投资公司以及部分商业银行进入投资领域，但是，依然管制还比较严格，每年最终实际发生的投资金额在整个风险投资总额中的占比极其有限，拥有庞大资金规模的养老基金、捐赠基金、保险基金，亟待需要政策层面推出涉足风险投资的有关制度措施和基金投资途径与方式等方面的指导。据财政部统计，2013 年社会保险基金共 32829 亿元，居民社会养老保险基金收入 2098 亿元，养老基金和社会保险基金汇集了大量的社会资本，具有雄厚的资金实力成为风险投资的出资者。但是我国 2011 年 7 月起施行的《中华人民共和国社会保险法》规定，包括基本养老保险基金在内的社会保险基金在保证安全的前提下，按照国务院规定投资运营实现保值增值，投资渠道仅为购买国债和银行存款，限制了这类基金的投资领域，阻碍其进入农业科技风险投资领域。目前，我国已经允许保险公司以有条件地投资未上市风险企业股权的形式参与我国的高新技术产业风险投资。中国保监会发布的数据显示，截至 2013 年 8 月末，保险业资金运用余额达到 72706.48 亿元，但是并未发生保险公司风险投资案例，这与保险行业庞大的资金余额不相适应。

6.2.2.2 资金来源结构不合理

（1）政府资金（包括政府出资和国有机构）所占比例过高

① 金永红. 风险投资资金供给状况的国际比较研究（上）. 金融教学与研究，2013（01）.

据清科数据库统计，从1998年我国风险投资业发展以来，风险投资公司共有984家，其中涉农风险投资公司有106家。在106家中外涉农风险投资机构中，政府出资组建的有26家，约占24.5%；国有性质机构22家，约占20.8%。国有资本占比共计高达45.3%，如图6-3所示。

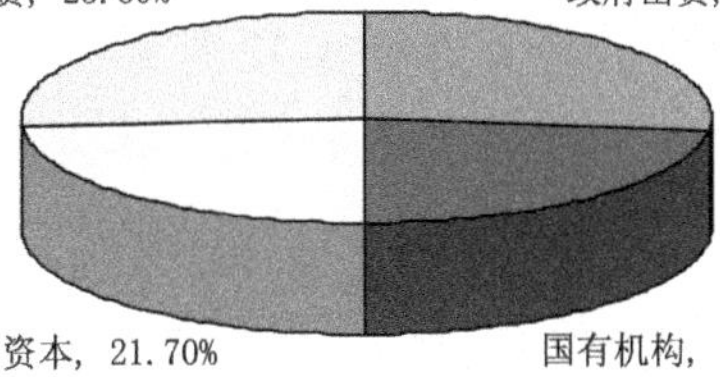

图6-3 涉农风险投资资本来源结构

数据来源：清科数据库。

政府出资的投资方式主要是直接投资。而直接投资效率低，财政资金在有限的条件下提高资金使用效率就显得极其重要。农业科技风险投资的特殊性决定了其发展必然要以政府参与为引导，但是其出资比例占到约50%，虽然政府有强大的资金基础，但是政府资金承受风险的能力较弱，一旦发生风险可能对整体经济运行产生不利的影响，同时政府资金的逐利性较差，资金运用成本低，可能导致盲目投资等现象，造成资金的不合理运用，与民间资本相比还有很大的差距，缺乏民间资本的灵活性。积极吸引民间资本进入农业科技风险投资领域，成为政府首先要考虑的问题。

（2）民间资本比例偏低

据清科数据库统计，在106家中外风险投资机构中，23家是非政府机构，资金来源以民间资本为主，约占21.7%，远远低于国有资本所占比例。到2012年年底我国城乡居民储蓄存款总额，达到40余万亿元，民间资本充足，美国的风险投资发展已经比较成熟，其资金超过70%来自民间资本，为美国风险投资业的发展提供了源源不断地动力。

6.2.2.3 我国农业科技创新风险投资筹资中的第一重委托代理问题突出

在农业科技创新风险投资的过程中，存在双重委托代理机制问题，即风险投资者与风险投资机构（或基金）之间的委托—代理关系和风险投资机构（或基金）与农业科技企业之间的委托—代理关系。融资阶段主要涉及第一重代理关系。风险投资者在与风投机构（或基金）签订投资协议时，往往对农业科技企业与风险投资机构的多重风险认识不足或者考虑不充分。实际上，一个非常现实的问题是农业科技项目一旦投资失败，其前期的投资将付之东流，没有任何收益补偿。委托—代理问题的产生缘于两方面的原因：一是投资人对风险投资家的过度信任，投资人往往是本着对风险投资家个人的信赖投出资金，他们的投资在很大程度上是对风险投资家个人的投资，而不是对企业或项目的投资；二是由于信息不对称造成的，风险投资家作为代理人，往往是追求自身利益最大化而忽视被代理人的利益，比如在明知项目不会成功的情况下，隐瞒实情，抽逃基金或企业资金，使项目最终破产，投资者遭受很大的损失。

6.3 我国农业科技创新风险投资的投资

6.3.1 我国农业科技创新风险投资的投资特征

我国农业科技创新风险投资的项目主要来源于科技企业主动向风险投资企业的自荐、风险投资机构或基金主动寻找、政府推荐等几个方式。对农业科技企业或项目进行筛选是指风险投资机构在大量的农业科技企业或投资机会中，通过对农业科技企业进行评价比较，筛选出符合自己的投资标准的企业。项目筛选一般要经过初步筛选和最终确定阶段。对于农业科技创新风险投资来说，大多数机构都应该考虑农业企业所处的发展阶段、所需要的投资规模以及所处的区位等因素。现阶段我国农业科技创新风险投资的项目筛选主要呈现以下特征：

6.3.1.1 多投资于成熟期和获利重组期

根据企业生命周期理论，产业的成长过程中会经历具有不同特点和危机的若干发展阶段，标准的生命周期分析将市场分为发展、成长、成熟和衰退几个阶段。就一般投资理论而言，决定 VC 的投资方向的重要因素就是对投资的风险和收益的权衡。就农业科技产业的发展来看（如图 6－4），种子期和成长期的投资风险较大，成果见效缓慢，成本收益率较低，因此一般的 VC 都不愿意投资于该阶段；成熟期和技术推广获利重组阶段的风险比较小，风投的成本收益率较高，因此 VC 投资于这两个阶段的偏好性较强。

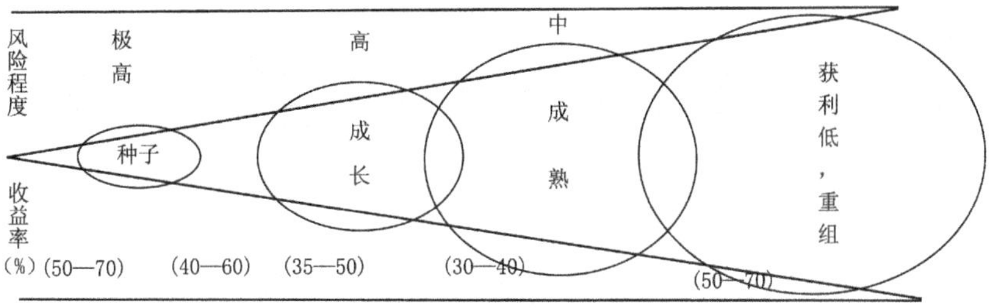

图 6－4　不同投资阶段风险程度与收益率关系

6.3.1.2　投资趋向于规模化

恰当的投资规模是分散投资风险一种必然要求。对于农业科技企业过小的投资规模会因过高的管理费用导致规模不经济。虽然较大的投资规模耗费的管理费用较低，但是整个风险投资公司的风险全部集中于一个或几个项目，一旦投资失败则会造成巨大的损失。风险投资公司会综合权衡管理费用、投资风险与投资回报，根据总体风险资本的规模及偏好确定一个较为理想的单笔投资规模，VC 既不会将大规模的资金投资于农业科技企业，也不会选择需要资金规模很小的农业科技企业。1996 年至 2001 年平均单笔投资额 337 万美元，2003 年、2004 年单笔达到 900 万美元，2006 年以后平均单笔过亿，投资金额不断增加。

6.3.2　我国农业科技创新风险投资的投资中存在的问题

6.3.2.1　项目评估标准不统一，决策程序混乱

与一般风险投资项目相同，农业科技创新风险投资在投资决策前也要先对项目进行评估，评估时需要考虑政策因素，项目技术的先进性、适应性和成长性，项目管理团队能力等多方面因素，但是目前业内还没有一个专门的可以广泛应用的农业科技创新企业（项目）的评价指标体系，不同的风投机构对农

业科技投资项目的筛选标准，往往与风投机构自身的特征和偏好有直接关系。比如有的风投公司非常看重企业家素质，有时项目不一定好，但企业因企业家的个人魅力而获得风投公司的青睐；也有的风投公司看中农业项目本身，比如在眼下“工商资本下乡”的浪潮中，一些投资机构看重了农业规模化生产项目本身，而对项目的经营者考察不够，大量的案例证明这类投资往往亏损严重，利润目标遥遥无期。另外，与一般的科技风险投资类似，农业科技风险投资运行过程中评估与决策非常容易被混为一体，将决策看成是评估的最后环节，常常在评估结论形成的同时就决定了是否投资，至于投资时机、投资方式及投资规模等决策问题常常被忽略。实际上投资决策至关重要，应该在严密的评估之后，根据评估结果，做出合理的投资决策，做到评估与决策的紧密结合。

6.3.2.2 缺乏专门的投资人才

农业科技创新风险投资是一项专业活动，需要懂技术、通管理的“通才”。目前我国缺乏培育这类人才的土壤，高校培养出的高材生，空有理论知识不懂实践，在社会上摸爬滚打出来的实战企业家缺乏必要的专业知识。

6.3.2.3 投资地区分布不平衡

农业科技企业的地理位置同样会影响风投机构的投资决策。从比较优势理论的角度来说，处于不同区域的农业科技企业，其发展的经济环境、政治环境以及文化环境都存在很大差异，因此处于不同地理位置的农业科技企业具有不同的比较优势。图6－5所示，2006年至2011年我国农业领域的VC/PE在地域分布中[①]，东部地区占到43%，中部地区14%，西部地区11%[②]，东部地区的投资案例比例高于中西部地区之和。以我国东中西部三大区域划分标准来看，东部地区一直是投资比较集中的地区，优越的农业发展优势、较好的经济发展基础、密集的科研院所和高校和有效的政策支持，东部地区引入农业科技风险投资的绝对优势。虽然中部地区的农业正在不断向着先进水平发展，但是相对于东部地区来说中部地区的经济文化水平较低，相对于西部地区来说国家

① 数据来源于中国农业产业投资报告2011。

② 百分比计算是把各个省市按东、中、西部地区划分后加总，再剔除其他项所得。

政策支持的不足，再加上自身的开放程度不足，不容易接受新鲜事物，中部地区农业科技创新方面引入的风险投资不具有比较优势。

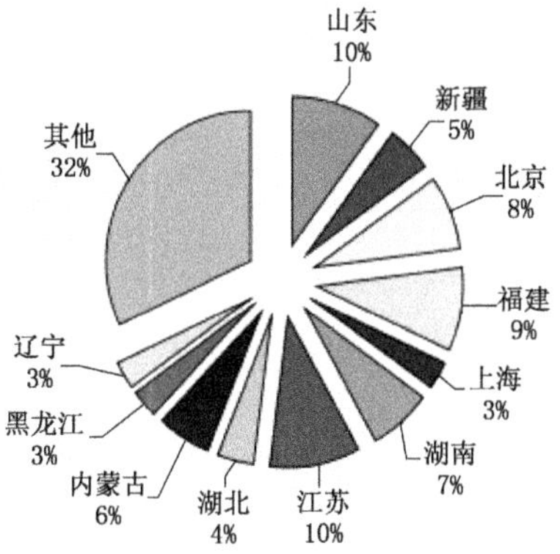

图 6-5　2006—2011 年中国农业领域 VC/PE 投资地域分布（案例数）

6.3.3　农业科技创新风险投资项目筛选评价指标体系

6.3.3.1　确定评价指标

初步筛选结束后，会有一部分企业进入最终确定阶段。对农业科技企业或项目的评估最重要的是评估其风险和可能带来的收益。从我国农业科技创新风险投资的发展现状来看，风险资本大多投资于成长期的企业。与其他发展时期的风险企业不同，进入成长期的农业科技企业发展前景大都比较明朗，影响企业发展的各种不确定因素大为减少，风险也随之降低。由于产品已被市场接受，市场需求比较明确，企业组织渐具模糊，投资风险评价应侧重于团队管理的有效性、技术和产品的持续发展能力、企业研发体系、产品的竞争力、市场竞争优势、市场成长的潜力、企业市场业绩、企业财务状况、上市可能性、全方位风险因素分析等。

借鉴首届中国农业科技创新创业大赛的实际评选经验，结合农业科技企业的特点、风险投资决策的一般规律和中国风险投资业发展的现实状况来建立农业科技企业分析投资项目筛选的评价指标体系，具体包括创新能力、管理团队、商业模式、行业及企业的行业地位、运营状况、财务状况、融资情况和环境等8个方面，一共43个指标，见表6-8。

表6-8　　农业科技创新风险投资项目筛选评价指标体系

目标层	准则层	次准则层
农业科技创新风险投资风险A	创新能力 U_1	产品或技术的先进性
		产品或技术的更新能力
		产品或技术的实用性
		产品或技术的可替代性
		配套产品或技术的完善性
	管理团队 U_2	管理层素质
		管理经验
		管理人员道德风险
		管理团队知识结构的互补性
		管理团队的稳定性
		组织机构的完善性
	商业模式 U_3	商业模式创新
	行业及企业的行业地位 U_4	行业的前景
		市场现有规模
		市场供求关系
		竞争优势比较
		市场占有情况
		企业增长潜力
	运行状况 U_5	技术来源
		技术的消化
		后续的研发能力和计划
		产品的竞争力
		产品的知名度
		产品的技术标准
		产品的生命周期

续表

目标层	准则层	次准则层
农业科技创新风险投资风险A	运行状况 U_5	产品被模仿的难度
		新产品的开发周期
		上游供应商的波动情况
		生产能力
		产品的定价策略
		销售渠道
	财务状况 U_6	股东结构
		内部控制完善程度
		经营状况
		期望收益率
		投资规模
	融资情况 U_7	融资方案
		采用什么方式退出，可行性如何
		其他融资渠道是否畅通
	环境 U_8	政策的支持程度
		政策支持的波动性
		经济周期的波动对企业的影响

6.3.3.2 选择评估方法，进行项目评估

对风险投资项目评估的方法主要有多指标综合评估方法、财务分析方法和齐全分析法，但是目前应用较多的是AHP模型，即层次分析方法。风险投资业的AHP—模糊综合评价，就是对建立起来的多层次指标体系用模糊评价的数据和层次分析的方法来定量研究，最终得出农业科技企业的风险投资水平。运用AHP模型评估投资风险的流程如下：

（1）AHP法确定评价指标权重指数

①建立层次结构模型。深入分析并确定影响企业投资风险的因素，列出影响因素的递阶结构及从属关系，并设定对应的符号（表6－1）。设 $U = \{U_1,$

$U_2,U_3,U_4,U_5,U_6,U_7,U_8\}$ 为评价因素集，A 表示目标，其中，创新能力 $U_1 = \{U_{11},U_{12},U_{13},U_{14},U_{15},U_{16},U_{17},U_{18}\}$，

管理团队 $U_2 = \{U_{21},U_{22},U_{23},U_{24},U_{25},U_{26},U_{27},U_{28}\}$

商业模式 $U_3 = \{U_{31}\}$

行业及企业的行业地位 $U_4 = \{U_{41},U_{42},U_{43},U_{44},U_{45},U_{46}\}$

运营状况 $U_5 = \{U_{51},U_{52},\cdots,U_{513}\}$

财务状况 $U_6 = \{U_{61},U_{62},U_{63},U_{64},U_{65}\}$

融资情况 $U_7 = \{U_{71},U_{72},U_{73},U_{74}\}$

环境 $U_8 = \{U_{81},U_{82},U_{83}\}$

②构造判断矩阵。建立判断矩阵 U，矩阵中的元素 U_{ij} 表示对评价目标 A 而言，U_i 比 U_j 的相对重要性，U_{ij} 值采用 1—9 判断标度法并综合专家群体咨询意见进行确定。

$$U = \begin{bmatrix} U_{11} & U_{12} & \cdots & U_{1j} \\ U_{21} & U_{22} & \cdots & U_{2j} \\ \vdots & \vdots & \vdots & \vdots \\ U_{i1} & U_{i2} & \cdots & U_{ij} \end{bmatrix}$$

③层次排序及其一致性检验。对特征向量做归一化处理，确定各层次单排序权向量 W，接下来计算各判断矩阵的一致性指标 CI，CI =（λmax - n）/（n - 1），进一步计算随机一致性比率 CR = CI/RI，进行一致性检验。

④层次总排序及其一致性检验。根据层次单排序的计算结果，由层次结构模型的最底层向最高层逐层推求层次总排序权重向量，得出各项投资风险因素对于最高层次（总目标层）项目整体投资风险的相对重要性的排序权重，最后进行一致性检验。

（2）模糊综合评价模型对投资风险进行评价

①确定评价指标集和评判评语集。评价指标集同 AHP 法；评语集 $V = \{V_1,V_2,V_3,V_4,V_5\}$，其中 V_1 代表风险高，V_2 代表风险较高，V_3 代表风险一般，V_4 代表风险较低，V_5 代表风险低。

②确定评价矩阵。设 U_{ij} 隶属于第 $k(k = 1,2,3,4,5)$ 个的评语隶属于 r_{ijk}，

$$R_i = \begin{bmatrix} r_{i11} & r_{i12} & L & r_{i1k} \\ r_{i21} & r_{i22} & L & r_{i2k} \\ M & M & M & M \\ r_{ij1} & r_{ij2} & L & r_{ijk} \end{bmatrix}$$

其中，r_{ijk} 是整个评审专家组在第 k 种风险程度对第 U_{ij} 项指标进行评价的概率，$r_{ijk} = m_{r\,ijk}/N$ 通过统计调查法得到，N 表示参与评审的专家人数，m_{ijk} 表示对第 U_{ij} 项指标合计有 m_{ijk} 个人选择第 k 个评语。

③准则层模糊综合评判。对每个 $U_i = \{U_{i1}, U_{i2}, U_{i3} \cdots U_{im}\}$ 的 m 个因素，按模糊综合评判方法可得准则层综合评价 $A_{i\circ} A_i = W_{i\circ} R_i = \{a_{i1}, a_{i2}, a_{i3}, a_{i4}, a_{i5}\}$，$i = 1, 2, \cdots, 8$，$W_i$ 为 U_i 指标的权重系数，其值由层次分析法确定；R_i 为对 U_i 的单因素评价矩阵，式中的符号“o”表示模糊合成运算。

④目标层模糊综合评判。将 U_i（i = 1，2，…，8）看成一个指标，这样 $U = \{U_1, U_2, U_3, \cdots, U_8\}$，得出目标层综合评价矩阵 R。

$$R = \begin{bmatrix} r_{11} & r_{12} & \cdots & r_{1k} \\ r_{21} & r_{22} & \cdots & r_{2k} \\ \vdots & \vdots & \vdots & \vdots \\ r_{i1} & r_{i2} & \cdots & r_{ik} \end{bmatrix}$$

进而得目标层综合评价向量 $A = W_i\{a_1, a_2, a_3, a_4, a_5\}$。

⑤根据最大隶属度原则进行风险判断和分析。最大隶属度原则，即风险评价向量中的最大值所对应的风险评语，即为项目综合风险的风险等级。

6.4 我国农业科技创新风险投资的管理

投资后参与管理是风险资本家降低投资风险、确保预期投资收益的重要手段，也是风险投资区别于银行贷款、项目融资的重要标志。双方达成风险投资协议后，风险投资家进入农业科技企业进行项目管理，管理权限一般在签订的投资协议中有所约定。风险投资家对农业科技项目参与管理主要包括财务监控、参与决策、财务及经营状况报告制度、股权及薪酬激励等方面。总体来说，风险投资基金进入项目管理的最终目的仍然是确保自己的投资获得预期收益，保证项目的盈利性。由于农业科技创新项目具有其独特性，风险投资家进行投资后管理也具有一定的特殊性。

6.4.1 农业科技创新风险投资参与管理的过程

农业科技风险投资管理是在农业科技企业和风险投资公司达成协议后，风险资本进入农业科技企业后所面临的资金管理问题。在管理过程中又可分为资本参与和辅助经营两部分：

6.4.1.1 资本参与过程

风险投资公司选定项目后，就与农业科技风险企业就股本投入的方式、条件及双方权利义务进行洽谈并签订合同。风险资本一般以股权形式的权益资本投入，参股形式可以是普通股、优先股或可转换公司债券，不同的股权形式影响着风险投资公司的风险收益、风险分摊、资金投放与撤回的时机与方式。风险投资公司为分散投资，一般是随着企业成长的不同阶段对资金的不同需求而分期投入，待农业科技风险企业成熟后即撤回资本，因此，双方必须明确资本投入时期、撤回时间以及企业无法达到预期财务目标时双方的责任、风险投资公司参与农业科技风险企业决策及辅导经营的范围与程度。

为了减少农业科技企业对股权分散的抵触心理，风险投资公司尽量减少对农业科技企业正常生产运作的干预。此外，还可适当调低风险资本的收益率，因为农业领域相对其他高科技领域（如 IT 和医药领域）收益性要差一些，但其涵盖的范围大，受众的人群多，市场潜力大，所以投资农业科技领域要本着长远的角度来考虑，那种快进快出的赚钱模式很难在农业科技领域奏效。

6.4.1.2 辅助经营过程

风险投资不同于银行贷款等一般投资的一大特征是风险投资家不仅仅是金融家，还是企业家，既是投资者，又是经营者。他们在投资后，不是坐等企业偿还本金和利息，而是要参与企业经营管理，向企业提供专业特长和管理经验。一是向农业风险企业提供辅导。大多数农业科技企业创业者是某一领域的专家，但缺乏管理经验，依靠自身力量往往难以使企业走向成熟，风险投资公司在这方面则有优势，它通常拥有市场研究、生产规划、经营战略、法律财务等方面的管理专家，并有广泛的信息与社会关系网络，可以为农业风险企业提供各种咨询服务，帮助企业建立职能完善的管理体制。二是直接参与经营管理。风险投资的对象本质上是农业风险企业的创业者，风险资本针对的往往是农业风险企业家的气质和才能，在风险投资公司认为农业风险企业管理人才不足时，可以利用其控股身份替企业物色人才或派出高级管理人员。

6.4.2 农业科技创新风险投资参与管理的方式

不同的组织形式决定了不同的管理内容及管理方式。目前农业科技风险投资家参与管理的组织形式与一般风险投资参与项目或企业管理的形式基本一致，大致可分为以下三种形式：

6.4.2.1 董事会制

作为股份公司的权利机构，公司董事会行使公司的决策权。这些权利包括对公司高级管理人员的任免权，对企业的经营状况的监督管理和评估权，制定企业发展计划的权利等。风险投资机构派遣专业的风险投资家加入农业科技企业的董事会，风险投资机构通过这些人员来监管科技项目，以此来保证农业科技项目发展和项目的收益，进而维护自身的权益。

6.4.2.2 直线职能制

直线职能制组织形式是现实中运用最为广泛的一种组织形态，它把直线制结构与职能制结构结合起来，实行主管统一指挥与职能部门参谋、指导相结合的组织结构形式。在这种结构中，风险投资机构一般不接手被投资企业，而是成立专门的组织管理层统一指挥下属的各个职能部门，对投资的农业科技项目进行必要的监管，以确定企业提供信息的真实性和可靠性，从而确保项目的顺利进行。

6.4.2.3 投资咨询

投资咨询管理是风险投资者对农业科技企业遇到的有关风险投资的问题、企业管理问题等给予咨询支持的管理模式，包括为缺乏管理经验的风险企业提供有关决策的咨询服务，对风险企业的管理模式和管理方法进行评估，并且进行可行性分析。

6.4.3 我国农业科技创新风险投资参与管理的内容

创业风险投资机构对农业科技创业公司的投资后续管理主要集中在两方面：一是委托代理风险管理；二是增值管理。

6.4.3.1 委托代理风险管理

（1）可转换优先股股权设计

创业风险投资机构对农业科技创业企业家的激励约束机制之一是可转换优先股股权设计。创业风险投资机构通过投资得到一定比例的可转换优先股，当农业科技创业企业收益低的时侯，优先股会得到比普通股高的回报；当企业出现问题，优先股可以转换成普通债券要求偿还；当企业预期收益高时，优先股可以转换成普通股得到更多的回报。可转换优先股股权工具被广泛的运用在创业风险投资实践中，这类投资工具不仅风险低，可控性好，而且在约束创业企业家代理行为、激励创业企业家努力工作方面有良好的效果。

（2）进驻董事会，行使决策权

创业风险投资机构有权利参加农业科技创业企业董事会并获得一定数量的董事席位，从而拥有了重大战略决策的决定权，能够参与企业战略决策，比如修改公司章程、企业并购和企业清算、选用或替换关键岗位人员、设计人力资本补偿计划——如高薪和股票期权等，保证了创业风险投资机构对企业管理具有一定的控制权。还可设计可转换证券以调整风险投资家和企业家间的利益关系，控制和激励双方行为。通过自身的风险管理经验对相对来说缺乏风险投资经验的农业企业予以指导，帮助企业筹集资金和提高管理能力，整体提升农业科技企业管理效率。

（3）监控财务报告，控制投资进度

创业风险投资机构通过阶段注资方式控制投资进度，可以较好地解决信息不对称问题和委托代理风险。通过分期考察被投资农业科技企业的财务报告，了解创业企业的经营状况、财务状况和潜在的问题，据此决定下期是否投资、投资多少以及投资方式。这种方式使得农业科技企业家认识到所得资金和经营成绩是正相关的，从而形成有效激励；同时给予创业投资机构视企业发展状况和前景选择追加或撤资的权利，降低了投资风险。实践证明，投资的期间越短，投资轮数越多，创业风险投资机构对创业企业的约束力度越大，委托代理风险就越小。同时，在出现财务危机或管理危机时，VC应进行一定程度的干涉，直至更换企业管理队伍。在投资退出阶段，VC也会扮演十分积极的角色，能够直接指导企业的收购兼并和股票发行上市。

6.4.3.2 增值管理

（1）提供信息和专家，化解创业企业技术风险

创业风险投资机构可以利用其广泛的信息网络向农业科技创业企业提供国内外技术发展信息，招募技术开发人才，帮助创业企业攻克技术难关。农业科技项目风险投资与其他风险投资项目管理不同之处在于，项目管理者不仅要有一般的风险投资知识、企业管理的知识，还要有农业科技方面的专业知识，能够客观的评价一个农业科技项目的科学性、成长性和实用性。

（2）制定策略，寻找客户，化解创业企业市场风险

创业风险投资机构可以利用自己的人际资源优势和业内声誉、地位帮助农业科技创业企业开拓市场，吸引客户。帮助创业企业寻找重要客户，扩大企业的营销网络，完善企业的营销策略，从而最大化降低创业企业的市场风险。

（3）参与战略决策，提供管理服务，化解创业企业管理风险

创业投资家可以利用其在董事会的地位选择高级管理人员，并通过专家顾问身份指导企业管理层改善经营管理，帮助制定人力资源政策，培训高级管理人员等，向创业团队提供管理建议和意见。

（4）开辟融资渠道，完善财务制度，化解创业企业财务风险

当农业科技创业需要后续资金或出现流动性问题时，创业风险投资机构有能力在短时期内为创业企业筹集发展需要的巨额资金，比如提供担保为创业企业取得银行贷款，引进战略投资者等，帮助企业上市融资等。此外，创业风险投资机构还可以为创业企业提供相应的财务服务，包括资产结构优化、财务制度完善以及重大合同的谈判、交易条件的评价等。

6.4.4 我国农业科技创新风险投资管理中存在的问题

6.4.4.1 农业科技创新风险投资运行过程中的委托代理问题

农业科技创新风险投资与农业科技企业之间由于信息不对称，农业科技创新风险投资不管是加入农业科技企业的董事会还是组建专门的组织管理层，都很难对企业家的经营管理进行全面的监督，这就可能产生委托代理风险，企业家可能违背风险投资公司的意愿进行管理。

6.4.4.2 管理人才专业性较差

由于农业科技创新的特殊性，要求管理人员不仅要懂得人力资源管理，还要懂一定的技术知识，目前我国高等教育学科划分过细，既懂管理又懂技术的专业人员短缺，可能导致科技资源的不合理配置。

6.4.4.3 风险投资机构对农业科技创新企业的非财务信息关注度不够

目前我国的农业科技创业风险投资较多关注的是创业企业的财务报表，我国农业科技创业企业经营过程中的产品、技术、组织架构和人事管理等非信息方面区别于其他行业而具有自身复杂的特点，应更多关注此类信息的收集。为了更好的收集信息和介入管理，创业风险投资机构应当与农业科技创业企业密切合作，建立双方的长期合作机制。

6.5 我国农业科技创新风险投资的退出

6.5.1 我国农业科技创新风险投资的退出渠道

6.5.1.1 首次公开上市（IPO）

企业第一次向社会公众公开发行股票，被称为首次公开上市。在公开的资本市场上退出是指通过股票上市交易将风险投资公司持有的被投公司股权出售给公共投资者。首次公开发行是风险资本退出收益最高的途径，能给风险资本带来丰厚的利润，也是风险资本退出最理想的途径。

从 IPO 的地点分布来看，主要集中在深圳中小板市场及深圳创业板市场，分别占总 IPO 企业数的 63% 和 10%；其余几家企业分别选择 NASDAQ、中国香港、新加坡、韩国、纽约证券交易所、上海证券交易所等地主板上市，如图 6－6 所示。

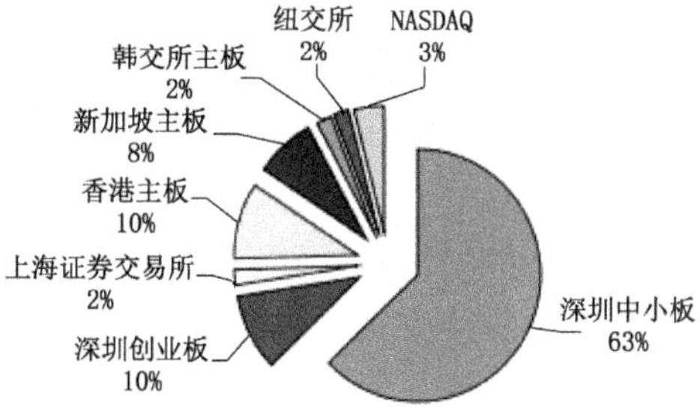

图 6－6　2006—2011 年我国农业领域上市地点分布

数据来源：《中国农业产业投资报告 2011》。

由于近几年我国鼓励农业科技创新发展，大力支持农业产业龙头企业以及上市退出的收益较大，IPO 成为农业科技风险投资退出的首选，而一般风险投资首选退出方式是股权转让，其次才是 IPO 及其他退出方式。

6.5.1.2　股份转让（回购、并购）

股份转让是指风险投资者通过将所持风险企业的股权转让给别人，收回投资及其收益进而退出风险企业，主要包括回购和并购两种方式。股份回购是指风险企业或风险企业家本人出资购买风险投资家手中的股份，并购又包括整体并购即被整体收购和一般并购即协议转让。股份转让满足了那些急于收回资金的投资者的要求，弥补了首次公开发行对出售股份比例的限制，一般风险投资采用协议转让方式实现股本退出的案例占比一直稳居第一位。2011 年与 2010 年相当，占比 51.68%，且仍在高位增长（如图 6－7 所示）。这与我国的商业文化传统有紧密的关系。在我国当前的商业文化中，创业者仍然比较关心自己对企业的控制权，除非迫不得已，一般不会接受自己所创业的企业被整体收购，农业科技创新风险投资并购比例明显低于上市退出的比例。

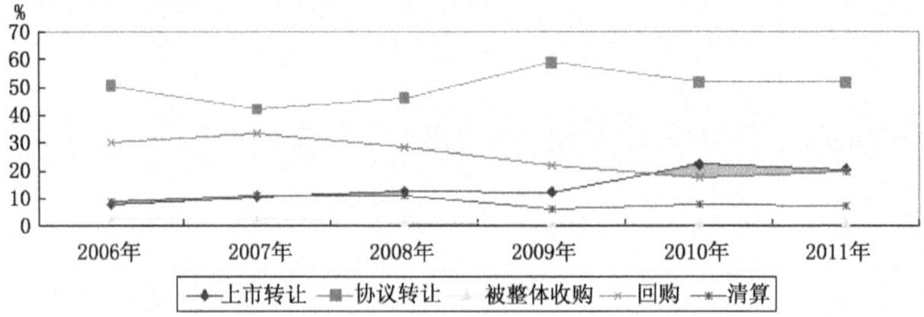

图 6－7 2006—2011 年风险投资不同退出方式股本退出案例占比趋势

数据来源：中国创业投资行业发展报告 2012.

6.5.1.3 破产清算

据统计，美国有风险资本背景的企业当中，完全失败的企业占到 20%—30%，约 60% 受到挫折，获得成功的风险企业只有 5%—10%。当风险投资人意识到风险企业不能达到预期收益时，果断将资金退出进行破产清算则成为唯一的选择。风险投资人一般会在此时将资金从被投资企业收回，将收回的资金投资于具有更高的投资回报率和更具有发展前景的项目中，寻找更好的获利机会。虽然在破产清算的过程中，双方都会承担一定的亏损，但是如果不进行破产清算，那么结果将会是更大的损失。我国采用清算方式退出的案例占比一直较低，2011 年仅占 7.1%，如图 6－7 所示。这一比例低于国外。

6.5.2 我国农业科技创新风险投资退出存在的问题

资本的退出作为风险投资运行的最后一个环节，对风险投资的成功与否起着比较关键的作用。但是，虽然我国的资本退出途径已经出现多元化趋势，我国农业科技创新风险投资的退出过程中仍然存在着退出渠道单一、结构不合理、渠道不顺畅、收益缺乏保障等问题。

6.5.2.1 退出渠道狭窄

农业科技创新风险投资退出渠道的选择同样是以利润为导向。一般来说，IPO 是风险投资退出的最理想方式，可以给企业和风险资本带来丰厚的收益。从 2006—2011 年期间我国农业科技领域风险投资的退出的渠道来看，主要是通过 IPO 和并购两种方式退出，回购、清算、整体并购退出的案例很少。2006—2011 年我国共有 52 家农业企业成功实现上市，其中受到 VC/PE 资金支持的企业占 1/3，尤其是 2011 年成功上市的 10 家企业中有 8 家具有 VC/PE 投资背景；2010—2011 年，农业领域共披露并购案例 38 起，其中 37 起为国内并购。实践表明，并购是农业科技创新风险投资退出的主要途径，随着对 IPO 申请审核的加强，一些农业类公司上市难度加大。以在北京中关村股权交易系统拟上市的农业科技企业为例，在 2013 年拟 IPO 的公司财务核查中，农业企业终止 IPO 申请的比例远高于其他行业，分析其原因，一是财务管理不规范，二是财务造假严重，使得农业类公司 IPO 陷入困境。

6.5.2.2 投资不同二级行业的退出有差异

从 2006—2011 年我国农业领域上市及并购实现退出的案例中，农资类企业及种植业两个行业企业数量较多，林业、畜牧业和渔业等案例较少。在中国农业领域 VC/PE 支持的 IPO 企业中，农资行业由于具有工业化特征，上市更容易、受青睐程度较高，企业数量占 44%；种植业占比达到 28%；畜牧业、林业、渔业分别占比 11%、11%、6%，如图 6-8 所示。

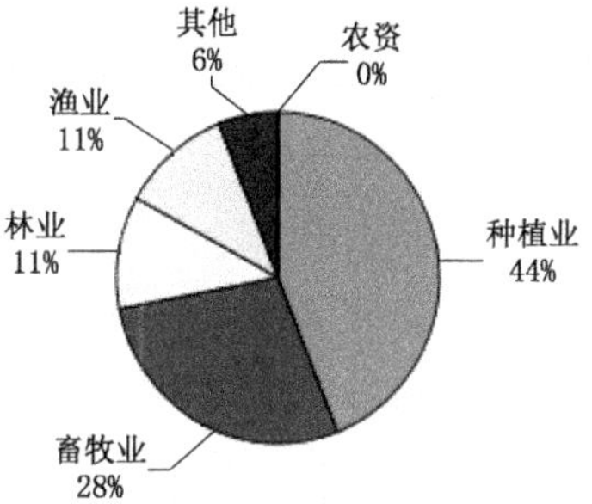

图 6-8　2006—2011 年中国农业领域 VC/PE 支持的 IPO 企业行业分布

数据来源：中国农业产业投资报告 2011.

在并购企业中，种植业和农资行业分别发生了 14 起、12 起并购案例，畜牧业、林业、渔业、农产品加工业分别为 6 起、3 起、2 起、1 起；从并购金额的行业分布来看，由于中国化工以 14.48 亿美元收购马克西姆—阿甘 60% 的股份，单笔金额较高，使农资行业并购金额在整个行业的总并购金额中占比 85%，其次是种植业，占比 5%，其余四大行业共占 10%，如图 6-9 所示。

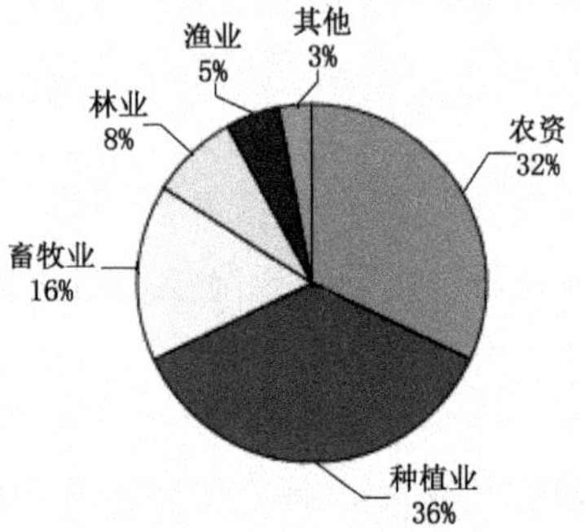

图 6-9　2006—2011 年中国农业领域并购方行业分布

数据来源：中国农业产业投资报告 2011.

总体来说，无论从退出的案例还是金额来看，我国农业科技创新风险投资资本退出以传统的具有工业性质的农资类企业和种植业为主，而林、牧、渔等行业实现退出的企业相对较少，对这几个行业的重视程度不够，导致农业科技风险投资退出的二级行业分布结构不合理。

6.5.2.3　市场环境建设滞后，不能满足农业产权资本的退出需求

资本市场的发育不健全、法律法规的缺乏、中介服务的缺陷都导致了我国风险资本退出资本市场的不顺畅。首先，我国多层次的资本市场虽初步建成，但是主板市场，还是中小企业板块、创业板以及新三板，都对上市交易的股权有较高的要求。作为初创期的农业科技企业，规模小，收益低，依然无法满足上市交易条件。其次，国内一些区域性的股权交易市场，发展缓慢，例如天津、郑州、大连、石家庄等产权交易所，无法满足农产品股权交易的需要。再其次，我国针对股权配置方面的法律法规尚未建立，风险资本通过股权转让方式退出企业没有明确的制度安排，得不到明确的法律保护，风险投资者的收益不能得到保障。最后，农业科技创新风险投资中介机构体系尚未建立完善，中介服务的内容和方式来看发展还不成熟、不专业，并且缺乏必要的环境支撑，在风险投资者获取退出信息时未发挥很好的作用，造成了风险资本退出的不畅。错过最佳退出时机、资产评估的误差、不专业的资本退出收益分析，股权价格的不合理大多数由于公司本身及中介机构的不专业造成，导致资本退出时不能获得合理的收益。

6.6 完善我国农业科技创新风险投资内部运行机制的对策建议

6.6.1 建立健全政策支持体系

6.6.1.1 加大财政税收政策支持力度

出台专门针对农业科技创新风险基金或企业的税收优惠政策，激励风险投资进入农业科技领域。比如对风险投资者个人的所得税收优惠、对投资于农业科技创新项目风险投资基金或企业实施税收减免、降低税率等政策，对农业科技项目成功后获得的收益进行再投资的税收优惠等。也可以采取补贴政策，对于投资于农业科技创新的风险资本进行补贴，获得国家相应比例的支持资金，比如对农业科技创新项目投资金额达到1000万元的投资基金或机构给予100万元的资金支持其运作；对投资的农业科技创新项目失败的风险企业或基金给予亏损补贴，比如政府可以规定，对投资失败损失率达到风险投资总额50%的投资基金或企业，给予损失资金的50%的亏损补贴。对风险投资者的配套资金津贴和亏损补贴能够有效的吸引风险资金进入农业科技创新领域，扩大农业科技创新风险投资的融资来源。

6.6.1.2 设立专门的农业科技创新风险投资引导基金

设立专门的引导基金引导社会资本投资于农业科技企业，与风险资本共同承担风险，降低风险资本的风险，在盈利的情况下让利于风险资本。政府只是起引导的作用，并不参与资本运作，风险投资公司基于利润最大化的原则，一定会积极参与管理，使风险资本实现最大的增值可能性。与一般的风险投资类似，政府出资能够起到引导和杠杆放大作用，不同的是，农业科技风险投资比一般风险投资具有更高的风险性，在这里政府出资设立引导基金是必不可少的。

6.6.1.3 建立专业化的农业科技创新风险投资中介组织

农业科技风险投资中介机构的服务贯穿于从风险资本融资、研究和筛选农业科技项目、资金与项目匹配过程、投资主体谈判、签协议、风险企业运作到农业科技风险投资退出整个过程，主要提供信息和匹配服务以及咨询培训服务，对农业科技企业进行培育并建立健全农业科技企业的现代企业制度，需要有政府参与的中介服务机构提供市场难以提供的中介服务。

6.6.1.4 加大农业科技人才培养力度

农业科技创新风险投资作为风险投资领域的一个新兴投资领域，人才在其运行过程中更具有突出的作用。在融资阶段、项目筛选阶段、项目评估阶段都需要具有专业知识和高素质的人才作为其参与主体，对融资的计划实施、项目评估筛选起到不可替代的作用。农业科技创新风险投资不仅要求从业人员有专业的投资知识、管理知识等，还要求具有一定的农业科技知识。首先，面对经营风险，培养能够全面把握市场需求，建立可行的风险识别预警机制的人才，建立具有高素质的、专业的营销队伍；其次，面对财务风险，管理者要建立合理的财务风险预警信号，有效识别和计量财务风险，为了规避财务风险要确定合理的资产负债结构，加强农业科技企业的内部管理；最后，企业管理人员为了确保农业科技风险投资的资金来源，保持投资者对投资项目的兴趣，想吸引投资者，企业的经营者和管理者需要提高自身的管理水平和效率。同时战略投资者往往看重的是企业或融资项目的高成长性、巨大的发展空间以及高额回报，为其提供管理、技术、客户等方面的行业资源，促进项目的成功。

6.6.1.5 放宽资金限入管制，建立多元化融资渠道

农业科技创新风险投资的资金来源一直是一个亟待解决的问题，多元化的融资渠道是保证资金来源的重要方式。对于具有特殊性的农业科技创新风险投资，在融资阶段应设计相关法律加强对融资阶段的相关交易、签订协议中的相关违法行为的监管。比如对《中华人民共和国商业银行法》、《中华人民共和国保险法》、《中华人民共和国担保法》等进行合理的修订，放开社会养老基金、医疗保险金及其他资金进入风险投资领域的限制，进一步鼓励民间资本和

国外资金参与农业科技创新风险投资领域。在项目筛选和评估阶段，设立法律法规规范农业科技创新风险投资中的农业科技企业和风险投资机构之间的信息公开制度，尽量保证农业科技企业提供的信息的真实性和完备性，避免信息不对称引起的道德风险和逆向选择问题。在风险资本的运作即投资后管理阶段，规范农业科技创新风险投资基或公司运作的法律法规，这是风险资本的操作依据和指南。在风险资本的退出阶段，首先要设立完善关于企业制度特别是关于股权配置方面的法律法规。风险企业股权的交换作为风险资本进入和退出的核心，实现股权交换不可缺少的基础是企业股份的制度安排和确立这种安排的法律地位。其次要从法律上保障风险投资机构投资于农业科技获得相应的较高收益的权益。制定这类法律的目的主要是保障投资者利益并顺利退出，同时吸引更多的风险投资，规范政策的执行。

6.6.2 完善风险投资机构内部管理

6.6.2.1 加强项目投资风险控制

根据委托—代理理论，在农业科技风险投资的过程中存在着两重代理关系，第一重是投资者与风险投资公司之间的委托—代理关系，风险投资公司接受风险资本的提供者的委托，进行资金的运作；第二重是风险投资公司与农业科技企业之间的代理关系，风险投资公司将筹集的资金投入农业科技创新企业，由企业家进行运作。对于直线职能型组织管理，出现委托代理问题的风险较高，因此完善委托—代理机制有利于农业科技创新风险投资健康、顺畅的运作。首先要明确造成信息不对称的风险因素，包括财务风险、技术风险、风险企业管理者自身管理水平和效率带来的风险等；其次要加强对风险企业的监管，实施与风险企业经营业绩挂钩的投资激励机制；最后要完善市场的自主监管机制，建立信用评级体系。

资本市场风险是影响农业科技企业融资的最重要的不确定性因素，农业科技从发明到推广，投资周期长，一旦某个环节的资金出现问题就会造成对整个进程的影响；同时，由于目前我国资本市场发育不完善，农业高科技企业的融资渠道比较单一，传统的内部融资或者直接融资不能满足其资金需求，在整个研发、生产、推广的过程中确保资金来源十分重要。

6.6.2.2 完善投资代理关系

为避免委托代理问题的产生，权责对等是重要的解决方法，协议中可以约定农业科技创新风险投资基金或企业定期提供农业科技项目的进展状况，并赋予风险投资者对项目及财务状况等进行考察的权利；可以采用分阶段投资的方式，在项目出现问题时风险投资者中断资金供给，一方面保护自身利益，另一方面还能促进风险投资企业及农业科技企业改善管理方法，保证项目的顺利进行。签订协议要以公平为首要原则，在协议双方的利益目标基本一致的前提下确定项目收益和损失的合理分配及承担。

6.6.2.3 选择联合投资和组合投资的方式分散风险

联合投资和组合投资通常是指多家创业风险投资机构联合起来，共同对某一家或者某几家创业企业项目进行投资。创业企业家可以突破地域、资金和精力的限制，有利于创业风险投资机构实现信息共享，提高项目选择的准确性，分担项目风险。据 EVCA 统计，2001 年欧洲实行联合投资的金额约占全年投资金额的 30%，在美国，这一比例更是高达 90% 以上。所以，我国的农业科技创业风险投资也应该积极采取联合投资和组合投资策略，达到降低风险，提高收益的目标。

6.6.2.4 积极谋求新的退出渠道

建立多层次的资本市场体系，对加快落实我国自主创新科技金融政策的基础。目前我国已经基本建立了创业板市场、三板市场、新三板市场，青岛、浙江、贵州等省也建立了地方四板市场，为资本的筹资和退出提供了多元化的渠道。但是，相比较国外一些发达国家，我国的资本市场制度、体系仍然存在一些问题，农业科技创新风险投资市场的发展基本形成，但是还未充分发育，不能满足农业科技企业融资的需求，尚需进一步完善。比如，积极发展完善创业板和中小企业板块，使中小企业板块成为真正意义上的“二板市场”，创业板成为“三板市场”，为我国农业科技企业上市提供途径；探索利用产权交易市场为小微农业科技型企业股权流转和融资服务，促进科技成果转化和知识产权交易；积极发展并购、管理层收购、股权转让等方式，完善并购、收购、转让、清算机制，探索新的退出方式，如抵押担保退出。同时，产权交易市场是否完善影响到农业科技创新风险投资的顺利退出，健康的产权交易市场能够保证农业科技风险资本的迅速流动和转让，保证投资收益。

6.7 本章小结

本部分系统阐述了我国农业科技风险投资从资金筹集、项目筛选、到投资管理与投资退出的整个运行过程及其存在的主要问题，并指出，农业科技创新自身的公益性、基础性特征决定了我国农业科技创新风险投资的运行不论是资金筹集还是项目筛选所需信息和筛选指标体系的确定、以及投资、退出等环节，都需要政府给与一定程度的参与。具体而言，在资金筹集阶段，需要政府放宽渠道、减免税收的政策支持；在投资阶段需要政府设置引导基金以引导风险资本的投入，在项目信息咨询、农业科技企业培育、农业企业家培训与教育等方面需要城府提供具体服务；在项目投资的退出方面，需要政府加快完善农村产权交易市场。

第 7 章

我国农业科技创新风险投资引导基金的设立与运行

自 2007 年起，我国开始在国家层面设立科技型中小企业创业投资引导基金，之前还设立了国家层面的高新技术产业创新基金、战略性新兴产业发展基金等具备引导性质的基金，所有这些基金在一定程度上都与农业项目相关联，但是，总体而言相关度比较低，大批农业科技企业难以获得基金的支持。纵观世界各国风险投资引导基金的设置情况，确实还没有一个为促进某一产业的风险投资发展而设置的引导基金，但是，鉴于我国农业产业的特殊地位和农业产业发展中的资金困境，我们认为非常有必要创新财政支农方式，配合国家推动农业高新技术产业发展、农业现代化建设和农业科技的具体政策，设立专门针对农业产业的科技创新风险投资引导基金，把政府部门的规划与调控能力、风险投资的资金与管理效率和农业科技企业的创新精神有机整合在一起，以提高农业科技水平，促进现代农业发展。因此对农业科技创新风险投资引导基金的设立、运行等一系列问题进行系统、科学的研究具有重要的理论价值和现实意义。

7.1 国内外研究现状与评述

7.1.1 国外研究现状

国外关于风险投资引导基金的研究始于21世纪初，主要分为两个阶段：早期的研究主要集中在论述政府行为对风险投资行业的影响，即对政府成立引导基金必要性的研究；后来的研究主要侧重于对各个国家不同引导基金实践情况的分析总结。

7.1.1.1 关于风险投资引导基金必要性的研究

OECD（1997）认为，政府直接启动风险投资项目投资于创新性高和就业空间较大的领域，对私人部门的风险投资产生了一定的引导作用，并对社会资本产生杠杆效应，弥补市场在科技型企业和中小企业资金配置上的不足。但是政府直接项目投资方式可能面对更高的决策风险和巨大的公共成本耗费。有研究成果认为，要取得更好的效果，政府投资应更加明确地选择投资目标，重视解决由于金融系统缺失导致的市场失灵领域，选择适当的投资方向、投资阶段和退出方式，发挥私人部门的专业管理作用，减少日常干预。莱斯利·A.（Leslie A. Jeng）与利普·C. 威尔斯（Philippe C. Wells，2000）以21个国家为样本进行分析研究后发现，政府采用资金支持或者制度供给的方式，都对风险投资的发展产生重要影响。伯努瓦·列勒瑟斯分析了1990—1996年间欧洲15个国家风险资本中的政府资本和社会资本构成，发现政府资本并没有对社会资本产生“挤出效应”，反而具有示范效果，吸引了更多的私人机构资本进入投资领域。欧盟委员会（European Commission，2005）对欧盟及其成员国政府支持早期股权融资的行为进行研究，并形成了报告，认为政府有必要介入早期股权融资领域，弥补市场方面的不足。克莱瑞斯（Clarysse，2009）等比较研究了英国、美国和以色列三国风险投资的发展，得出以下结论：政府建立母基金（Fund - of - Fund），由私人部门管理，能吸引私人部门投资者投资于市场失灵领域；培养资本市场，完善风险投资的退出平台。

7.1.1.2 关于风险投资引导基金运作的研究

毛拉（Maula）和莫瑞（Murray，2003）受芬兰贸易和工业部的委托，对芬兰引导基金进行了评估。芬兰引导基金的宗旨主要是为了弥补市场不足，吸引资金帮助设立、发展那些投资于早期创业企业的风险投资。研究发现为了满足政府提出的盈利要求，芬兰引导基金在实践中偏离了本来的政策性目标，资金广泛投向收益较为稳定的成熟期企业，降低了在解决市场失灵问题上的有效性。文章建议芬兰引导基金应该改变直接投资于项目的运作模式，更专注于间接运作，在利润分配上优先考虑私人部门投资者，以激励风险投资投资于种子期和初创期。库明（Cumming，2007）、库明和约翰（Cumming and Johan，2009）分别对澳大利亚创新投资基金（Innovation Investment Fund，简称 IIF）和澳大利亚前种子基金（Pre - seed Fund，简称 PSF）进行了研究。研究发现 PSF 与 IFF 相比，前者专注于投资种子期创业企业，后者更专注于投资高科技企业；前者每个基金管理人管理的投资组合较后者小，后者则采取了更多的分期投资和联合投资。澳大利亚引导基金的成功经验证明无论是风险投资引导基金的运行模式，还是基金管理模式的选择，都会影响引导基金的运行效果。卡赛（Karsai，2004）考察了匈牙利风险投资的现状后发现，政府虽然重视风险投资行业的发展，但采取的越过私人部门直接投资于项目的方式，并没有显著地刺激风险投资，弥补风险投资在早期企业和中小企业领域的市场失灵。更有效的方式应该是政府和私人部门投资者共同投资，共担风险，并让利于私人部门投资者，达到吸引社会资金的效果。马库·毛拉和戈登穆瑞（Markku Maula and Gordon Murray，2007）对风险投资引导基金的利润分配和风险补偿的特点和局限性进行模型分析，得出结论：通过激励方式增加私人部门投资者的收益，效果优于通过损失担保的方式使私人部门投资者避免损失。

7.1.2 国内研究现状

国内关于风险投资引导基金运行的研究主要表现为对国外引导基金经验的借鉴，主要分为两方面，一方面是关于政府成立风险投资引导基金的必要性的论述；另一方面是结合国情，对国内风险投资引导基金的模式选择进行了研究与探索。

7.1.2.1 关于风险投资引导基金成立的必要性研究

吉洁、季景满（2001）对美国政府直接参与风险投资和积极引导风险市场的两方面，论述了美国政府在引导风险投资中发挥了重要作用，开启了国内学者研究政府风险投资引导基金的先河。之后国内学者从风险投资行业、政府以及被投资企业方面对政府成立风险投资引导基金成立的必要性进行了论述。房汉廷、王伟光、郭戎（2004）考察了2001—2003年国内风险投资的总体发展状况，根据对风险投资机构的总量、增量和投资结构的实证分析，得出以下结论：风险投资领域资金来源缺失导致行业缩水，投资项目中对高科技产业的比例逐步降低，投资结构与一般产业趋同化。陈士俊、柏高原（2010）认为，政府成立风险投资引导基金，通过加大对风险投资的利益和风险补偿，能够解决风险投资市场的这种“市场失灵”，引导风险资本从后期向早期转移。此外根据中国风险投资研究院的调研结果，研究发现我国风险投资主要集中在北京、上海、深圳等地，风险投资的地域失衡状况导致了不同地区科技创新和经济发展的不平衡。地方政府有必要建立风险投资引导基金，实现跨地域资金流通，解决风险投资发展的地域失衡。张亦春、王国雄（2010）认为，对于私人部门投资者来说，引导基金中政府和私人部门投资者双方按比例提供资金，分享利润，可降低私人部门投资者从事风险投资的投资风险，提高私人部门投资者的收益水平，不但不会挤出私人资本，还能吸引更多的社会资本进入风险投资领域。尤其对于中小型和早期的创业企业，由于面临更高的风险和更大的不确定性，难以吸引到风险投资，引导基金能够弥补市场在这方面的缺失，促进风险投资资金向早期阶段转移。

7.1.2.2 风险投资引导基金资金来源方式

刘健钧（2007）认为，为确保政策性目标实现，引导基金应当由政府全权出资成立，财政资金无法达到的情况下，政府可以提供适当的贴息支持，通过招标方式委托政策性银行或其他金融机构筹办。杜朝运、郑瑜（2009）认为，风险投资引导基金资金可以来源于三个方面：一是政府科技资金，来源于各个政府部门；二是国有资本和国有资产变现资金，来源于国有公司和大型企业集团；三是社会资金，来源于私人机构企业等民间资本。张亦春、王国雄（2010）吸取国际上成功的引导基金经验，指出要重视引导基金中国有资本和社会资本之间的构成比例，这一比例一般为 1 比 2。

7.1.2.3 风险投资引导基金资金运用方式

房汉廷、王伟光、郭戎（2004）总结了实践效果良好的引导基金资金运用方式：一是采用母基金运作方式，引导基金作为风险投资机构的出资人间接进行项目投资；二是采取承诺制出资方式，项目选定后引导基金直接对被投资项目出资，资金不经过管理团队；三是如果投资项目中早期企业比例达到一定标准，引导基金奖励部分收益给管理团队。龚建立、徐炳炳、王飞绒（2007）认为，除了母基金运作模式外，还有两种资金运作方式：一是从已有的中小企业专项资金中分出一定比例作为引导基金，再将这部分引导基金分为两部分：一部分吸引社会资本共同组建风险投资公司；另一部分成为补偿基金，为风险投资公司向银行申请贷款提供信用担保，在公司还款能力不足情况下作为首要还款资金偿还贷款，以提高风险投资公司的资本运作能力。同时指出这种模式启动较快，能快速产生示范效应，但政府投资风险较高，保值增值难度较大，容易出现亏损。二是政府将风险投资公司作为创业企业的投融资平台，先引入补偿基金，再引入担保机构。这种运作模式操作简单风险较低，减轻了政府的财政负担，有利于风险投资公司的市场化运营，但是增加了风险投资公司的成本开支，同时减缓了资金的流动速度。谭祖卫、胡芳日（2008）总结了 5 种引导基金资金运作模式，认为参股支持、融资担保是主要模式，风险补助、投资保障和跟进投资是辅助性模式。参股模式由于其广泛的适用性，是最基础的运作模式，融资担保方式适用于体系健全和资本市场发达的地区。风险补助、投资保障属于纯支出性质，跟进投资是一种直接投资方式，这三种模式都与引导基金运作原则相偏离，只适合作为辅助性的引导基金资金运作模式。在模式选择方面，庞跃华、曾令华（2011）认为，引导基金模式过多会增加管理难度，为了便于专业化管理，建议我国应因地制宜选择其中一种模式作为主模式，参股模式可以作为现阶段的主模式，等资本市场成熟后可以考虑转换为融资担保模式。除了普通的股权融资方式，杜朝运、郑瑜（2009）认为，引导基金可以通过债权方式融资，也可以以优先股方式参股，股息率可参照同期国债利率，但优先于私人机构投资者收回本金和股息。张亦春、王国雄（2010）借鉴美国的融资担保模式经验，提出在资本市场不成熟的条件下，引导基金发行债权型融资担保缺乏可行性，但可以通过贴息补偿等方式来提高风险投资的债权融资能力。

7.1.2.4 风险投资引导基金的利益分配方式

张亦春、王国雄（2010）认为，政府成立风险投资引导基金是以发挥财政杠杆效应，扩大创业风险资金倍数为宗旨，而非追求高回报；而社会资本是商业性质的，追求盈利才是其主要目标，要吸引社会资本进入风险投资领域，引导基金应当让利于民，较好的利益分配方式是政府只收取固定收益率，超额收益归社会资本所有。庞跃华、曾令华（2011）认为，政府应弱化对引导基金的盈利要求。在利润目标压力下，引导基金倾向于放弃高科技和早期风险项目，流入高收益低风险领域而偏离其政策初衷。政府应通过经济手段补贴私人部门投资者，提高私人部门投资者的投资收益，以此来激励社会资本投资于风险投资领域。刘健钧（2007）指出，如果引导基金只收取固定股息，剩余的超额收益都让渡给社会资本，则越是投资于早期并且成长性好的项目，超额收益率就越高，社会资本能分配的利润越高。引导基金以融资担保方式支持风险投资机构进行债权融资时，不仅能降低债权人的风险，而且由于债权人只分享较低的固定利息收入，因而能够提高风险投资的收益。

7.1.2.5 风险投资引导基金的管理方式

刘健钧（2007）认为，引导基金入驻所投资的创业企业董事会，行使重大战略决策权，但是不干预创业企业的具体经营和日常管理，这样既能加强对项目的监督，又能确保创业企业的市场化运作。谭祖卫、胡芳日（2008）认为，国内风险投资引导基金管理上存在以下问题：一是政府定位不准确，表现在政府仍然充当引导基金的实际控制角色，导致决策效率低下，缺少灵活性。二是考虑到引导基金的非营利性，需要建立一套兼顾政策目标和收益效果两方面的受托管理机构绩效考核制度。三是多重代理关系和信息不对称，加大了引导基金投资风险。四是引导基金让利于民的利益分配方式和多重委托管理成本，导致基金运行成本过高。建议政府建立一套健全的监督管理体制：其一，设立具有独立法人资格的受托管理机构，与政府签订正式的委托协议，由其代表引导基金行使民事权利、承担民事义务；其二，要建立项目评审和方案实施的公示制度，确保引导基金运作的公开性和透明度，以接受社会监督。杜朝运、郑瑜（2009）认为，为避免引导基金偏离政策性转向营利性，宜成立独立的事业法人机构负责日常管理，对被投资的创业企业行使出资人或担保人权利；设立由财政部门、风险投资企业备案管理部门等相关政府部门和风险投资协会等社会机构共同组成的决策委员会，对引导基金的项目方案进行独立决策。张亦春、王国雄（2010）指出，为解决引导基金的多重代理问题，应借鉴美国中小企业管理局、以色列 YOZMA 公司等国外经验，建立一个专门的事业管理局或政府独资公司等政策性基金管理组织，根据政策目标设计配套制度，包括资金使用、重大投资决策、激励监督等方面。

7.1.2.6 风险投资引导基金的政府退出方式

引导基金与社会资本参与风险投资的市场化运作，最终要实现退出。张亦春、王国雄（2011）认为，引导基金退出宜选择正确的退出时机和退出方式，由于创业资本的存续周期与产业的成长期大致相当，当被投资的创业企业发展稳定之后，引导基金就可以考虑逐步退出。退出包括转让、上市等方式，由于国内资本市场仍不发达，目前股权转让依然是国内创业风险资本的主要退出方式。

7.1.3 简要评述

国内外学者从不同视角研究了引导基金运行模式的相关问题，内容丰富，领域广泛，对指导引导基金产业的健康发展发挥了重要的理论作用。但是从已有研究中发现：

（1）国内外针对某一产业设立风险投资引导基金的论述并不多。鉴于我国农业的特殊地位和发展特点，有必要对设立农业科技创新风险投资引导基金的必要性和可行性进行分析。

（2）研究视角主要集中在宏观层面，关注于政府对风险投资产业的支持和引导作用，对微观视角上引导基金运作的研究不足。

（3）国内关于引导基金方面缺乏数据支持，限制了实证研究的开展。所以，未来对引导基金问题的研究，可以拓展到农业创新风险投资引导基金、引导基金的微观运作方式、基金运行效率评价等方面。

7.2 我国风险投资引导基金设立及其发展实践

7.2.1 风险投资引导基金的设立情况

2008年10月，国家发展和改革委员会、财政部、商务部联合颁布的《关于创业投资引导基金规范设立与运作的指导意见》明确规定："引导基金是由政府设立并按市场化方式运作的政策性基金，主要通过扶持风险投资企业发展，引导社会资金进入风险投资领域。引导基金本身不直接从事风险投资业务"。风险投资引导基金包含三个重要特征：一是不以营利为目的政策性基金，而非商业性基金；二是由专业管理团队按市场化模式运作，而非财政无偿资助；三是作用传导的机制是"通过扶持风险投资企业发展，引导社会资金进入风险投资领域"。引导基金的设立主要是为了发挥政府资金的杠杆放大效应，增加风险资本的供给，并克服单纯通过市场配置风险资本的市场失灵问题。特别是通过鼓励风险投资企业投资处于种子期、起步期等创业早期的企业，弥补一般风险投资企业主要投资于成长期、成熟期和重建企业的不足。

在政策的推动之下，1999年至2000年间，各地政府纷纷设立风险投资公司，但由于受互联网泡沫破灭的打击，整个风险投资业陷入低谷。2005年，中央十部委发布的《创业投资企业管理暂行办法》给整个风险投资业带来了新气象。该办法明确规定，国家和地方政府可以设立创业投资引导基金，引导民间资金进入创投业。2006年，国务院《关于实施国家中长期科学和技术发展规划纲要（2006—2020年）若干配套政策》中提出：鼓励有关部门和地方政府设立创业投资引导基金，引导社会资金流向创业投资企业，引导创业投资企业投资处于种子期和起步期的创业企业。2007年7月科技部、财政部《科技型中小企业创业投资引导基金管理暂行办法》规定了引导基金通过引导风险投资行为，支持初创期科技型中小企业。2008年10月国家发展和改革委员会、财政部、商务部《关于创业投资引导基金规范设立与运作的指导意见》从7个方面详尽的明确了引导基金设立的性质和宗旨，设立和资金的来源，运作原则和方式，管理和监管方式，正式形成了政府引导基金组织和设立的一个法律依据。

在政策的引导之下，各地风险投资引导基金开始设立并发展起来。截至2006年年底，北京、重庆、成都、深圳、天津先后成立了5支政府创业投资引导基金，总规模为35亿元，并在随后两年进入高速发展时期，在扶持当地创业投资产业和中小企业发展方面发挥了重要作用。2007年7月，科技部与财政部联合设立了首支国家级引导基金，初期规模为1亿元，再一次带动了国家和地方政府设立引导基金的积极性。自2006年至2008年年底，全国新增引导基金15只，规模为85亿元。2009年10月，国家发展和改革委员会、财政部与北京、上海、深圳、重庆、安徽、湖南、吉林7个省市人民政府联合设立创业投资引导基金，推出首批20支风险投资引导基金进行试点，共募集资金90亿元，其中中央政府注资10亿元、地方政府10亿元、社会募集70亿元，从数量和规模上都保持了一个增长的势头。截至2013年年底，获得政府创业风险投资引导基金参股支持的创业风险投资机构数量累计达到252家，政府创业风险投资引导基金累计出资326.91亿元，引导带动的创业风险投资股案例资金规模超过1600亿元①。

7.2.2 风险投资引导基金与产业投资引导基金的区别

关于引导基金，我国目前明确设置的有两类，即产业投资引导基金和科技创业投资引导基金，虽然两类引导基金的性质和资金来源都是一样的，都是通过中央财政的杠杆和引导作用，产生放大效应，且在其参股基金中的出资比例都有严格的限制，但是，两类引导基金也有严格的区别②。

7.2.2.1 相同之处

一是基金性质相同。都是由政府设立并基本上按市场化方式运作的政策性基金，属国资性质。

二是设立宗旨相同。发挥政府资金的引导和杠杆作用，推动创业投资企业

---

① 王元，张晓原，张志宏. 中国创业风险投资发展报告 2014 [M]. 北京：经济管理出版社，2014.

② 根据：来瑞磊文章“产业引导基金和科技引导基金的比较分析”整理而得，http://blog.sina.com.cn/s/blog_7a843ac90100ydqx.html.

（以下简称创投基金）的发展，引导社会资本投向国家鼓励发展的产业及企业。

三是资金来源相同。均来自中央财政，具体而言，科技投资引导基金来源于中央财政科技型中小企业技术创新基金、从所支持的创业投资机构回收的资金和社会捐赠的资金；产业投资引导基金来源于中央财政从产业技术研究与开发资金等专项资金中安排的资金。

四是参股都有限制。在每只参股的创投基金中的出资比例均有相应的限制，一般不会超过25%。

五是参股基金的管理原则相同。两类引导基金均不参与参股基金的日常经营和管理，但享有监督权，参股基金基本上都遵循“政府引导、规范管理、市场运作”的原则。

六是参股基金都设置了投资限制。都规定了诸如担保、贷款、房地产、股票等禁忌从事的业务。

七是风险退出机制要求相同。参股基金的章程或合伙人协议均须约定，当投资方向不符合约定时，引导基金均有权退出。

八是正常退出方式相同。一般通过到期清算、老股东回购、股权对外转让等方式实现退出。

7.2.2.2 不同之处

一是政策背景的不同。产业投资引导基金的政策背景：2009年10月29日，为贯彻党中央、国务院关于发展新兴战略性产业的战略部署，国家发展和改革委员会、财政部发布了《关于实施新兴产业创投计划、开展产业技术研究与开发资金参股设立创业投资基金试点工作的通知》（发改高技〔2009〕2743号），决定实施新兴产业创投计划，提出了利用国家产业技术研发资金，联合地方政府资金，参股设立创业投资基金（即创业投资企业）的方案，并展开了试点工作。2010年10月10日，国务院发布了《关于加快培育和发展战略性新兴产业的决定》，再次强调发挥政府新兴产业创业投资资金的引导作用，扩大政府新兴产业创业投资规模，充分运用市场机制，带动民间社会资金投向战略性新兴产业的工作方向。2011年8月17日，财政部、国家发展和改革委员会又联合出台了更正式的规范性文件《新兴产业创投计划参股创业投资基金管理暂行办法》。至此，关于产业引导基金参股创投基金的运作机制已趋于成熟和完善。创业投资引导基金的政策背景：2007年7月6日，为了支持科技型中小企业自主创新，财政部、科技部早联合下发了《科技型中小企业创业投资引导基金管理暂行办法》（财企〔2007〕128号），对于设立科技型中小企业创业投资引导基金，专项用于引导创业投资机构向初创期科技型中小企业投资进行了规范和引导。

二是主导单位的不同。科技投资引导基金由科技部主导；产业投资引导基金由国家发展和改革委员会主导。

三是扶持对象范围的不同。科技投资引导基金重点扶持科技型的处于初创期的中小企业，是以企业类型为标准；产业投资引导基金则重点扶持属于新兴产业的处于初创期、早中期的创新型企业，是以产业为标准的。

四是扶持方式的不同。科技投资引导基金有阶段参股（参股设立基金，一定期限退出）、跟进投资（与社会创投机构共同直投）等方式；而产业投资引导基金只有参股创投基金的方式，不直接对项目企业投资。

五是参股比例的不同。在参股基金中，科技投资引导基金参股比例最高不超过参股基金注册资本或承诺出资额的25%，且不能成为第一大股东；而产业投资引导基金参股比例原则上不超过参股基金注册资本或承诺出资额的20%，无不能成为第一大股东的限制。

六是参股方式的不同。科技投资引导基金参股只能采用发起新设创投基金的方式；产业投资引导基金可采用发起新设、增资入股创投基金的方式。

七是对发起人要求的不同。参股创投基金时，科技投资引导基金要求发起人为创投机构（创投企业、创投管理企业或具有投资功能的中小企业服务机构），视其形式不同，要求标准也不同；产业投资引导基金要求发起人的注册资本或净资产不低于5000万元人民币，出资额不低于1000万元人民币。

八是对一般出资人要求的不同。参股创投基金时，科技投资引导基金对一般出资人无要求，产业投资引导基金要求其出资额不低于1000万元人民币（参股基金管理机构除外），社会出资人一般多于3个（含），不超过15个（含）。

九是对参股基金要求的不同。科技投资引导基金对参股的创投基金没有明确要求。产业投资引导基金要求参股的每只创投基金募集资金总额不低于2.5亿元人民币，其中：地方政府出资额不低于5000万元人民币；社会出资额合计不低于1.5亿元人民币。

十是对参股基金管理机构要求的不同。科技投资引导基金对参股基金管理机构的资质标准没有明确的规定；产业投资引导基金要求其在中国大陆注册，注册资本不低于500万元人民币，且有软硬件实施、专业管理人员、成功案例等详尽要求。

十一是对参股基金管理机构报酬的不同。科技投资引导基金对参股基金管理机构的报酬没有明确的规定，产业投资引导基金明确规定其享有2%的管理年费和20%的业绩奖励。

十二是存续期限的不同。科技投资引导基金的参股期限一般不超过5年；产业投资引导基金的参股期限原则上不超过10年。

十三是收益分享的不同。科技投资引导基金进入参股基金后，其他投资者可以随时购买，3年之内，其转让价格为出资原值，超过3年的，其转让价格为出资原值加银行利息；即便是直投的项目，科技投资引导基金退出时，需按投资收益的50%向共同投资的创业投资机构支付管理费和效益奖励。而产业投资引导基金退出时，则按市场方式分享收益。

十四是参股基金清算的不同。科技投资引导基金参股的，按照法律程序清偿债权人的债权后，剩余财产首先清偿引导基金；产业投资引导基金参股的，当出现亏损时，首先由参股基金管理机构以其对参股基金的出资额承担亏损，剩余部分由中央财政、地方政府和其他出资人按出资比例承担。

7.2.3 “农业科技成果转化资金”计划

为了加强科技成果转化工作，充分挖掘农业科技的潜力，解决农业科技与生产脱节的问题，从2001年开始，中央财政设立了“农业科技成果转化资金”专项计划，第一年安排财政预算4亿元。转化资金实施两年来，共立项支持了1104个项目，涉及到动植物新品种、集约化种养殖、农产品加工、资源高效利用、节水农业、现代农业装备与农业高新技术、农村生态环境保护等领域。总体来看，项目进展顺利，并取得了非常显著的经济社会效益。到2002年年底，首批立项的809个项目，已有554个项目开始取得经济效益，实现工业增加值23.13亿元，创利税16.9亿元，创汇6300万美元，表明农业科技成果转化资金项目的实施对农业结构调整、农业增效、农民增收起到了极大的作用。

农业科技成果转化资金的来源为中央财政拨款，由科技部、财政部共同管理。转化资金是一种政府引导性资金，通过吸引企业、科技开发机构和金融机构等渠道的资金投入，支持农业科技成果进入生产的前期性开发，逐步建立起适应社会主义市场经济，符合农业科技发展规律，有效支撑农业科技成果向现实生产力转化的新型农业科技投入保障体系。农业科技成果转化资金项目是由科技部和财政部共同实施的、农业部负责监理的、农业部部属科研、教学、推广单位承担的农业科技成果转化资金项目。2006 年 2 月，农业部发布《农业部实施农业科技成果转化资金项目管理暂行规定》，规定农业科技成果转化资金项目管理遵循“突出重点、择优支持、规范管理、强化监督”的原则，提高农业科技成果的转化率。转化资金的支持方向和重点是根据农业科技成果转化地域性强、周期长、风险大的特点，围绕《农业科技发展纲要》的实施，支持有望达到批量生产和应用前的农业新品种、新技术和新产品的区域试验与示范、中间试验或生产性试验，为农业生产大面积应用和工业化生产提供成熟配套的技术与装备。

为加强农业科技成果转化资金项目实施过程的监督管理，客观评价项目实施效果，科技部农村中心于 2013 年年底启动了对 2012 年立项项目和 2011 年立项项目的监理验收工作，并于 2014 年上半年组织专家对项目监理单位上报的监理验收材料进行了复核。经审核，663 项监理项目中有 623 个项目通过监理，37 个项目基本通过监理，3 个项目不通过监理。在监理期内国拨转化资金与社会投入资金比例为 1：5.24，截至 2013 年年底，项目共实现销售收入 816269 万元，缴税总额 25514 万元，执行情况良好。676 个验收项目中，6 个项目未到验收时间，3 个项目延期，655 个项目验收合格，2 个项目验收不合格，整体项目通过率达到了 98.35%。据统计，参加验收的项目共引导社会投入 288684 万元，国拨转化资金与社会投入资金比例为 1：5.97。项目执行期内共实现销售收入 1824943 万元，出口创汇 15782 万美元，技术性收入 51210 万元，净利润 322222 万元，缴税总额 93318 万元，取得了较好的经济和社会效益①。

① 科技部网站，2014 年 9 月 11 日。

7.2.4 国内几个典型的风险投资引导基金运行模式

7.2.4.1 苏州工业园区创业风险投资引导基金

苏州工业园区创业风险投资引导基金（以下简称“苏州引导基金”）是2006年由苏州创投集团和国开金融公司共同出资设立，国内第一支完全按照国际惯例运作的风险投资引导基金。苏州引导基金旨在整合政府基金引导、专业团队管理、科技企业创新和产业资源优势的作用，丰富和完善长江三角洲地区和苏州工业园区的自主创新平台功能。苏州引导基金早期偏好于与经验丰富的国际风险投资机构合作，吸收海外风险资本。2008年苏州引导基金与德同资本、软银中国、智基创投共同设立6支人民币子基金。子基金规模均为5亿元左右，其中1亿元为引导基金参股，其余由风险投资机构自筹。由于国内对有限合伙制的制度约束，子基金的组织方式选择了与有限合伙制最为接近的中外合作非法人制，即外资风险投资与本土引导基金作中外合资（Joint Venture，简称JV）的结构。子基金在托管银行设立人民币账户和外币账户，当投资项目出现时，海外风险投资机构按照出资比例将外币汇入，按照当天的外汇牌价转为人民币后再投资。由于基金含有外资部分，在一些投资领域方面受到限制，同时基金设置程序较为复杂，要求管理团队和商务部进行沟通，工作量比较大。因此从2008年下半年起，随着创业板的开放，国内资本市场回暖，引导基金挑选风险投资机构的重心开始转向国内。2009年下半年，苏州引导基金完成所有投资，共参股了16家基金，总结出丰富的市场化运作经验：第一，引导基金以有限合伙人身份参股设立子基金，给予一般合伙人最大的决策自由，与其他有限合伙人同股同权，平等分享收益和承担损失。第二，与国家开发银行有业务对接，依托国家开发银行的优势，共同向被投资企业提供一条龙金融服务。第三，在国内法律许可的框架内，灵活选择适宜的子基金组织方式，16只参股基金中包含了8只中外合作非法人制，3只公司制以及5只有限合伙制三种不同的法律组织形式。第四，拥有专业敬业的引导基金管理团队，融资经验丰富，极大地提高了合作效率。第五，开放的投资策略和投资思路。被投资对象囊括了种子期、初创期、成长期等不同阶段，投资领域则覆盖了TMT、生物医药、新能源、消费服务等不同行业，这种分散化的投资组合能有效的降低投资风险，实现引导基金在整体收益上的安全和平衡。

7.2.4.2 上海浦东科技园区创业投资引导基金

上海浦东科技园区创业投资引导基金（以下简称“浦东引导基金”）成立于2006年，资金规模10亿元人民币，由上海市浦东科技投资有限公司负责具体运作，是国内第一支“走出去”参与国际主流风险投资基金的引导基金。具体运作是：先成立人民币基金，然后设计海外架构，投资于美元基金，再以外资身份作为有限合伙人回到国内投资，节约了经商务部、中国人民银行等审批流程。浦东引导基金虽然要求合作设立的基金优先投资浦东，但地域限制并不严格，带动了大量民间资本以及优质的境外资本。2009年引导基金规模追加到20亿元，吸引的社会资本超过240亿元人民币，有效地丰富了浦东、张江乃至长江三角洲地区的创业企业的资金供给。

7.2.4.3 安徽省风险投资引导基金

安徽引导基金是2008年由安徽省人民政府设立并按照市场化方式运作的政策性基金，总规模超过10亿元，旨在引导社会资金进入风险投资领域，重点支持合肥、芜湖、蚌埠三市成立市级风险投资引导基金，以推动安徽省高科技产业快速发展。在基金架构方面，安徽引导基金创新性地采用政府采购的方式，通过招标选择了上海浦东科技投资有限公司作为引导基金的基金管理人，负责基金的实际运营，再以招标方式招募了其他风险投资基金加盟。组建的4支子基金中，引导基金各出资1亿元，每支基金至少吸收社会资本3亿元。为了进一步放大引导基金的杠杆作用，安徽引导基金下拨资金与合芜蚌三市合作，规定1单位引导基金匹配2单位市政府基金，而1单位市政府基金再匹配3单位的社会风险投资基金，通过这种双重杠杆机制，引导基金带动社会资本发挥了1：6的倍数效应，加上市政府基金总募集比例达到了1：9。在激励约束方面，安徽省引导基金成立了理事会，由省委领导出任理事长，聘请风险投资界和学术界6位专家作为独立董事，形成兼顾政策性和专业性的监督机制。不论盈亏，给予基金管理人固定的2%的管理费，实现利润后则让渡引导基金份额最高可达20%的利润分成。设立风险补偿机制，在安徽投资的早期科技型企业出现亏损，会给予30%、最高1000万元的补偿，以鼓励投资基金于早期科技型企业。安徽引导基金极大限度地带动了社会资本，吸引了大量的资金和优秀管理人才。

7.3 设立我国农业科技创新风险投资引导基金的现实依据

7.3.1 设立我国农业科技创新风险投资引导基金的必要性

7.3.1.1 保障、维护我国农业基础地位的必要

首先，我国是一个农业大国，农业产业的增加值占GDP总量的十分之一，农业在我国国民经济中的基础地位长期不会改变。我国有13亿人口，占世界人口的近五分之一，大力发展农业，保障粮食安全和主要农产品的有效供给是国家的长期战略方针。努力提高农业科技水平，推动传统农业向现代农业的转变，是各级政府长期不懈的努力方向。

其次，长期制约我国农业产业发展的主要困境在于资金不足。农业生产的自然属性决定了单靠农业自身积累远远满足不了农业自身发展对资金的需求，尽管近些年我国政府推出了一系列工业反补农业、加大城乡统筹力度的措施，但农业发展不能吸收更多社会资本的缺陷导致农业生产技术含量提高缓慢，制约了农产品的产出与有效供给。在风险投资风靡全球投资市场的今天，非常有必要将风险资本引入农业科技领域，以推动农业科技的发展。

最后，单靠市场的力量配置风险资本资源，必然存在着农业科技领域的“市场失灵”。风险投资进入我国农业领域大概在1996年，但发展十分缓慢。据统计，2006年至2011年上半年5年多的时间里，我国风险投资投资项目共3532个，总投资额为人民币2174.4亿元，其中农业领域的投资案例为114个，仅占全部投资案例的3.2%，投资金额为17.6亿美元，仅占全部投资额的5%左右。风投机构关注的重点在于保障未来收益的前提下尽量缩短投资周期，他们常常投资于处在成长期和成熟期的高成长企业。因此，结合我国的农

业科技企业特点和风险投资环境要求，需要政府发挥调控作用，建立农业科技创新风险投资引导基金，通过参股投资、跟进投资、风险补助和投资保障等方式扶持农业科技风险投资，发挥财政资金杠杆放大效应，吸引多元社会资本，增加农业科技领域的风险资本供给，政府的有形之手和市场的无形之手共同发力，完善农业科技领域的资金配给机制，为农业科技企业提供增值动力，促进农业科技发展和农业现代化转型。

7.3.1.2 完善现代农业服务体系的必要

现代农业是以产业链延伸和科技含量提高为特征的现代产业，现代农业的发展需要包括金融服务在内的现代服务体系的有力支撑，然而，金融资本的逐利性特征和农业科技项企业（或项目）的高风险性、一定程度的公益性等特征，共同决定了在没有政策倾斜下的金融服务很难与农业科技实现紧密结合，导致长期以来我国农业科技企业从金融市场获得的资金很有限，尤其是对于初创期、成长早期的农业科研企业而言，更多的依赖于政府科研经费投入和企业自筹。实践中人们尝试着用提升农业科技企业信用水平和完善商业信贷服务的措施来增加商业信贷供给，但是，由于不能从根本上解决农业科技企业管理落后、信用等级低、风险大等关键性问题，所以银行信贷支持、信用担保支持、保险支持等均受到制约。另外，尽管主旨服务于中小型科技企业的我国创业板市场已经开通，但是，农业科技企业的资本市场融资也仅仅是凤毛麟角。科技风险投资作为一种新型的投资方式，已在高新技术开发与推广领域发挥着创新性的作用。基于我国政府大力倡导农业科技的现实需求，中央及各级政府有必要农业科技引导基金，以吸引风险资本对农业科技领域的投资，弥补财政补贴和商业性金融支持的不足，进而健全农业科技和现代农业金融服务体系。

7.3.1.3 增加农业科技研发经费、提高农业科技研发能力的必要

统计数据显示，目前我国农业科技与发展的研究基金主要来自四个方面：一是财政拨款；二是企业自筹；三是国外资金；四是其他资本（如表 7 - 1 所示）。

表 7－1　　农业 R&D 投入资金构成　　单位：万元

年份	总量	政府资金		企业资金		国外资金		其他资金	
		总量	占比	总量	占比	总量	占比	总量	占比
2008	531628	467952	88.0%	10000	1.9%	3314	0.6%	50361	9.5%
2009	701503	596999	85.1%	16088	2.3%	3874	0.6%	84543	12.1%
2010	810574	717800	88.6%	15673	1.9%	3679	0.5%	73421	9.1%
2011	883664	773785	87.6%	15315	1.7%	5943	0.7%	88621	10.0%
2012	1060115	915710	86.4%	23682	2.2%	6857	0.6%	113866	10.7%
2013	1134735	1011043	89.1%	25803	2.3%	8456	0.7%	89433	7.9%
合计	5533870	4827219	87.2%	121551	2.2%	36257	0.7%	548842	9.9%

资料来源：根据《中国科技统计年鉴》（2008—2014 年）数据整理得出。

可以看出，历年来我国农业科技的资金投入政府承担了近 90%，其他社会资本包括企业资金、国外资金等社会资本参与程度很低。这种单一的政府主导型的资金供给机制，直接导致了农业科技的资金不足。根据中国已有的实践，实现基本农业现代化每亩大约需要 1000 元，全国至少就需 1.5 万亿元，而 2007—2010 年四年农业研发经费总投入约为 245.5 亿元，远远达不到实现基本农业现代化的资金要求。从相对数据看，2009 年，我国农业科研投入占农业 GDP 的比例仅为 0.6% 左右，远低于发达国家 2% 以上的比例。研发经费的不足导致高水平研发成果很少，资料显示，我国 50% 以上的生猪、蛋肉鸡、奶牛良种，90% 以上的高端蔬菜花卉品种依赖进口。

实践表明，依靠单一的政府主导的农业科技研发经费支出，远远满足不了农业科技发展的需要，而通过设立风险投资引导基金及其他鼓励措施，鼓励引导以关注企业成长性和未来价值为核心目标的风险资本进入农业科技早期研究与开发阶段，必将极大地提高企业研发的资金保障，进而提高农业科技企业的研发水平。因此，发展风险投资，将社会资本引入农业科技研发资金供给体系，必将在更大程度上提高农业科技研发能力。

7.3.1.4　提高农业科技推广水平、保障农产品供给的必要

由于农业科技具有一定的“公益性”，我国政府非常重视农业科技推广工

作，先后设立国家农业开发基金、各级地方政府财政预算中的农业发展基金、产业技术推广基金等。2001年，为支持农业科技成果进入生产的前期性开发、中试、熟化，引导或推动农业科技成果尽快转化为现实生产力，国务院批准设立“农业科技成果转化资金”专项，由中央财政拨款，科技部、财政部共同管理。2001年至2010年，共投入资金33.5亿元支持农业科技成果转化，平均每年3.35亿元。星火计划自1986年实施以来，每年投入1.3亿多元，主要用于农业科技成果的产业化。另外，中央财政通过跨越计划、科技入户计划、小型工艺推广计划、产业结构调整计划等，每年支持农业科技发展的资金数额分别约为0.6亿元、0.3亿元、25亿元、0.2亿元尽管如此，我国每年经过中央和省级政府部门鉴定的农业科研成果1万项左右当中，大约只有30%可以推广，而最终的实际转化率也仅有10%—15%，远远低于发达国家的水平，也导致大量农业科技成果长期搁置成果库中。

农业科技成果转化率低的根本原因在于农业科研与推广中缺乏有效的市场约束与激励机制，必然导致重研究、轻推广的不良后果。相反，以资本增值为首要目的的风险投资，与政府引导基金形成混合资本后对农业科技企业（或项目）进行投资，必然对企业本身形成约束与控制，最大限度地降低生产经营者的道德风险，风险投资者与经营者必然会共同努力主动寻找和拓展成果应用市场，形成项目产生巨大经济效益的强有力支撑。国际经验证明，风险投资是许多国家高新技术产业化的驱动器，所以，将风险投资引入到农业科技领域，必将加速农业科技成果创新和科技成果推广，保障我国农业产品的有效供给。

7.3.1.5 创新财政支农方式、提高农业科技研发与推广水平的必要

财政支持农业和农业科技的资金使用有无偿和有偿两种方式。我国财政主要采取无偿拨款方式，比如每年几百亿元的农业直接补贴、几十亿元的农业科研立项补贴以及农业科技推广基金和农业科技发明后补助等，也有少量的农业科技贷款贴息和直接的农业科技开发贷款（低息或无息）。尽管这些支持也推动了农业科技项目的发展，并取得了非常显著的经济社会效益，但是这种无偿性的政府资金投入无论资金数量还是产业覆盖面以及项目运作等方面都存在着局限性，一方面这种无偿性质的捐助对资金运用者缺乏有效的约束激励机制，影响资金的利用效果；另一方面由于资金不需返还，无法形成循环的资金流，

影响财政资金的循环使用和资金放大效果。在大力倡导农业科技、风险投资日成为科技创新主要驱动力的现实背景下，创新财政支持农业科技发展的方式，以引导基金的方式变无偿为有偿，推动农业科技与风险投资的充分结合，在解决农业科技研发单位和农业科技企业资金短缺问题的同时，也给他们带去市场化运作约束，利用风险投资家的现代企业管理经验市场理念，引导研究机构和农业科技企业按照市场需求和农业产业需求的方向进行研发和生产，并依靠其丰富的市场人脉和商业化运作经验，加快研究成果和产品的市场化推广，促进农业科技成果转化水平的提高。

7.3.1.6 建立现代企业管理制度、提高农业企业管理水平的必要

我国农业科技企业的普遍特征是内部管理落后，缺乏规范性，制度不完善，很难走向成熟企业。通过引导基金引入风险资本后，可以从以下两方面提高企业管理水平，增强企业的发展动力：一是帮助企业建立健全的现代企业制度。风险投资不同于银行贷款等一般投资的突出特征是风险投资家不仅仅是金融家，而且还是企业家和经营者。风险资本注入后，风险投资家要主动参与企业经营管理，向企业提供现代企业管理经验。他们通常拥有市场研究、生产规划、经营战略、法律财务等方面的管理专家，并有广泛的信息与社会关系网络，可以为农业科技企业确立更加明确的发展路径和目标；二是提高企业的管理水平。引入风险投资，相当于企业引进了高水平的战略合作伙伴，必然会引导创业企业向现代企业制度改变。依靠其丰富的市场人脉和商业化运作经验，培育被投资企业上市融资，实现企业的增值。根据中国农业领域上市融资情况统计，2006—2011 年上半年上市的 50 家农业企业中，有风险投资背景的农业企业占 32%，但融资金额占比却接近 1/2。2011 上半年上市企业数量达到 8 家，共计筹资 11.24 亿美元，其中有 6 家具有风险投资背景，可以看出风险投资在扶植农业企业上市融资中扮演了愈发重要的角色。

7.3.2 设立我国农业科技创新风险投资引导基金的可行性

7.3.2.1 政策支持是建立农业科技创新风险投资引导基金的保障

党的十六大以来，我国政府制定了工业反哺农业、城市支持农村和多予少

取放活的方针，强农惠农富农政策不断完善，从2004年至今，中央已经连续发布了9份以“三农”为主题的“一号文件”，强调了“三农”问题的重要地位。2012年中央1号文件更是强调“把农业科技”摆在更加突出位置。这些政策的出台足以看出国家对农业科技领域的重视。同时科技部《国家中长期科学和技术发展规划纲要（2006—2020年）》中也已经明确指出，中国农业未来发展的核心竞争力就是农业科技与产业化。财政部、科技部在2007年就出台了《科技型中小企业风险投资引导基金管理暂行办法》，为建立农业科技创新风险投资引导基金提供了政策依据。

7.3.2.2 农业科技风险投资具备潜在的资金来源

历年来，我国政府都非常重视对农业科研的财政投入，先后成立设置了包括星火计划、863计划、农业科技成果转化基金等一系列支持农业科技发展的专项基金，同时国家开发银行、中国农业发展银行也是为农业服务的政策性银行。在国家大力推进农业科技的现实背景下，政府必然会为农业科技发展提供更多的资金支持。除此之外，经过30年特别是近10年的经济高速增长，我国已产生了大量的社会资金。帕累托的“二八定律”在我国的个人财富分配中也日渐凸显。有资料显示，我国仅山西、温州、鄂尔多斯三地民间资本拥有量就达约2万亿元。民间资本已经成为社会经济中一股不容忽视的力量，在全球经济起步缓慢的现实背景下，庞大的民间资本将会推动我国风险资本市场进入一个跨越式发展时代，他们将借鉴国外民间资本的投资经验，加大对高科技风险投资领域的投资以获取更多的财富。再有，金融危机过后，中国作为最大的发展中国家，仍将是世界经济增长的领头羊，而我国危机后经济增长的重点必将转向战略性新兴产业及其自主创新能力的培养，创新将成为国外资本对中国经济的新的追逐点。不论是国内的民间资本，还是国外资本，时时刻刻都在中国寻找着投资机会，农业科技引导基金的设立，必将会引导社会资本进入农业科技领域，形成潜在的巨大资金来源。

7.3.2.3 现代农业科技企业越来越受到风险资本的青睐

近几年来，世界金融市场不景气，以前不受关注的农产品市场受到众多风险投资基金的追捧，农业生产与流通正在成为风险投资关注的热点领域。有资料显示，作为美国最大私募基金之一的黑石基金，已经通过并购等资本运作方式控制了我国 100 多个冷链物流批发市场。在 2011 年 11 月份召开的第十八届中国杨凌农业高新科技成果博览会上，现代农业科技正成为资本市场的“新宠”。为期 5 天的展会吸引了来自加拿大、韩国、澳大利亚等五大洲 30 个国家和地区，以及国内 30 个省、市、自治区和港澳台地区的 1750 多家单位参展，7500 多项农业科技成果和项目参展、交流、交易。中国农业大学、北京林业大学、中国科学院、黑龙江农科院等 19 家大学、科研机构，也在农业高新科技成果博览会期间向参展商、风险投资机构、涉农企业“自我推销”，共发布国内最新农业科技成果和专利信息 572 个，实现了农业高新科技成果的落地，五天会期成交总额达 565.8 亿元，比上一届翻了一番。显示了农业科研成果对社会资金的强大吸引能力。风险投资的热点领域正在向高新技术农业产业转移。

7.3.2.4 农业科技创新风险投资引导基金专业人才充足

近年来中国风险投资行业的发展非常迅速，作为一个新兴行业，风投行业吸引了一大批高学历复合型人才，经过多年的市场历练，一大批具备风投运作和管理经验的高素质人才已脱颖而出。有数据显示，截至 2011 年上半年，风险投资行业的从业人员已超过 3 万人。与此同时，近年来随着用人制度改革的深入，竞争上岗，股权安排，期权安排，人才流动和管理层收购等已能为大多数人所接受，企业经理人人才市场正在逐步形成，从而构筑了中国职业经理人阶层诞生的基础，为农业科技创新风险投资引导基金的发展储备了充足的投资人才和管理人才。

7.3.2.5 相关法律法规正在加紧制定与完善

目前包括政府在内的有关各方都在积极推动风险投资产业的发展，2007 年颁布了《中华人民共和国科技进步法》，而其他包括《中华人民共和国风险投资法》、《中华人民共和国高新技术开发区法》、《中华人民共和国投资基金法》等相关法律也已列入立法计划。这些法律都会对支持农业科技风险投资有所涉及，相关法律环境的建设和完善将大大促进农业科技风险投资事业的发展，为发展农业科技创新风险投资引导基金奠定法律基础。

7.4 设立农业科技创新风险投资引导基金的理论基础

7.4.1 农业发展与技术创新关系理论

从本质上说，农业的发展过程是由传统农业向现代农业转型的过程。美国经济学家舒尔茨在《改造传统农业》一书中对发展中国家农业发展和农业转型问题进行了大量的理论演绎和实证分析。舒尔茨认为，只有通过技术变革，提供新技术、新产品、新动力等，才会有可能实现农业部门的增长，改造传统的农业，促进农业转型的关键是农业部门引入新的生产要素。“特殊新的生产要素现在是装在被称为‘技术进步’的大盒子里”，“为引入一种新技术，就必须采用一套与过去使用的有所不同的生产要素”。农业的增长和发展主要由于技术进步引起的要素效率改善和产出收益率增加带来的，因此，农业中现代要素的引入过程就是农业创新的过程。舒尔茨认为，建立有利于现代生产要素引入的制度安排，为现代要素的引入创造条件以及投入人力资本对于农业技术创新有着极其重要的作用。

“技术决定”是凡勃伦在20世纪初提出来的，他认为资本主义生产中的决定因素是机器、技术以及掌握工程技术的知识分子，并认为科学和技术是决定经济发展性质的关键力量，是社会进步的主要推动力。加尔布雷思根据凡勃伦的“技术决定”论，提出了自己的“技术发展的必然性”理论，他认为制度的演进和权力的转移都与“生产要素”的重要性的更迭有关，而“生产要素”重要性的更迭归根到底是由于技术发展的必然性。该学说在论述科学技术促进经济发展时，强调将科学技术应用于农业科技主体生产中的作用，而这种应用的最主要的形式就是农业科技主体技术创新。

速水和拉坦在20世纪70年代初提出了一个新的农业发展理论，即诱致性技术变迁和诱致性制度变迁假说。他们做出了资源、文化、技术和制度等四个因素共同作用促进农业发展的模型，其中技术创新是诱致性创新的核心因素。与新古典经济学和传统的发展经济学不同，速水认为农业技术的变革过程是人们对资源禀赋变化和需求增长的一种动态反应，即是人们追求效益最大化的理性选择的结果。因此，被称为资源禀赋诱导的技术变迁理论。

7.4.2 外部性理论

根据西方经济学的理论，外部性是指一个经济主体在自己的活动中对其他主体产生的一种非市场化的有利影响或不利影响。有利影响称为正外部性，是指某个经济主体的活动使他人或社会受益，而受益者无须花费代价；不利影响称为负外部性，是指某个经济主体的活动使他人或社会受损，而行为主体却没有为此承担成本。

科技成果是一种外部性很强的公共产品，缺少有效的激励机制会导致这种产品的供给不足；科技研发具有继承性，一项成果的推广应用能够为其他成果的研究、开发和应用开辟道路。高科技创业企业付出成本从事科技研发，低成本的仿冒活动会使收益转移到其他厂商、消费者等，而这种收益无需支付代价。这种正外部性在农业科技领域表现为：农业科技成果满足并改善人们的基本需要，一旦被广发认可和推广，常常能带来超出常规的功能和效益。成果和技术具有易扩散性且程度及范围很难测度。一次性商品交易很难覆盖这些被扩散的技术的价值，因此这种成交后的技术流失很难在交易中实现等价交换，无形中增加了投资农业科技企业的风险。为了改进整体福利，政府提供资金成立引导基金带头提供资金并匹配一定的社会资本，与私人部门投资者共担风险，并让渡大部分收益，具有补偿科技活动正外部性的作用。

7.4.3 市场失灵理论

市场失灵是指市场机制不能正常发挥作用，导致市场机制对经济的调节作用和对经济资源的基础性配置作用的丧失，是由于市场本身的不完善或缺乏必要的条件使得市场机制不能正常发挥作用的结果。市场机制以微观利益主体为运行核心，存在过分强调微观利益的局限性，而使其无法解决宏观层面的问题。

市场失灵在农业科技领域，表现为以下两个方面：第一，农业科技企业不易得到商业投资的支持。农业科技企业具有资金需求量大，资金占用周期长以及运营的高风险原因导致盈利风险普遍高于其他成熟行业，极难吸收融资。第二，农业科技企业早期难以得到风险投资的支持。在创业风险投资的不同阶段中，投资于企业发展早期（包括种子期和初创期）的创业风险投资被广泛地认为存在着市场失灵。Lerner（1994）指出了处于早期阶段的企业出现融资缺口最为严重，因为此阶段的信息不对称问题最为严重，商业风险大；而后期投资通常能有更具吸引力的回报，投资变现和价值的增长更快。并且种子期和初创期企业的尽职调查的费用和时间成本更大，使得早期企业对风险投资变得不具有吸引力。

7.4.4 经济增长、技术变迁与制度变迁理论

新制度经济学的代表人物诺斯（1997）认为，经济增长和发展的关键是制度因素，即引起经济增长的真正原因是制度的变迁。

拉坦（Latan）在综合舒尔茨和诺斯等人理论的基础上，提出了一种关于制度变迁的诱致性创新理论模型。他认为，导致技术变迁的新知识的产生是制度发展过程的果，技术变迁反过来又代表了一个对制度变迁需求的有力来源。他把技术创新和制度创新整合在一个相互作用的逻辑框架中，应用其对技术变迁的研究方法来考察制度变迁。

石定寰（1999）指出，一个完整的国家技术创新体系应由政府计划部门、企业和科研机构组成。在原有的计划经济体系下，单纯由国家计划部门、科研机构进行的科技活动缺少创新的动力，无法反映市场需求，效率低下，需要制度支持企业成为科技研发和创新的主体。

将新制度经济学中经济增长、技术变迁和制度变迁理论运用到农业科技投资领域中，可以有以下结论：第一，农业科技进步和现代农业转型，需要农业科技投融资制度的变革和进步，需要整合财政投资、风险资本、商业资本，建立更广泛和更有活力的农业科技投融资体系。第二，政府是实现制度安排最经常的主体之一，政府具有其他经济主体所不具备的强制力和权威性，由政府推行的强制性制度变迁可以减少制度变迁中的时滞和成本，使新制度的实施更加顺利。因此政府对农业科技创业风险投资给予政策支持，建立农业科技创业企业和风险投资、商业投资的对接制度安排，和维护制度环境，是政府基本的公共职能。

新制度经济学的研究表明，许多发展中国家的制度改革中，由政府推进的强制性制度变迁对后进国家的崛起和迅速发展起到巨大的促进作用。以市场为基础，政府发挥引导作用，用开发性金融解决中小企业融资问题，是许多国家的成功惯例。在美国有以中小企业署为核心的开发性金融体系，日本有8个与中小企业发展相关的政策性金融机构，韩国是由政策性银行、各种基金和二板市场组成中小企业开发性金融体系。我国农业科技领域急切需要风险资本，因此发挥政府“主导作用”，通过利用开发性金融的融资优势，建立农业科技创新风险投资引导基金，并配合相应的农业科技风险投资的政策支持，为农业科技风险投资的发展创建合理的制度环境。

7.5 国外风险投资引导基金运行模式分析

从国际经验来看，风险投资引导基金的杠杆放大作用可以推动风险投资行业的迅速发展，有效引导民间资金进入风险投资这种高风险领域。美国、英国、以色列、澳大利亚等国家，均通过设立政府引导基金，引导社会资本投资于创业期中小企业，以市场化的方式解决创业期中小企业融资难题，建立了成功的运作模式；虽然在运作上各有特点，但主要采用参股支持、融资担保以及复合运作三大运作模式。

7.5.1 参股运作模式——以色列、澳大利亚、中国台湾

参股是引导基金最基本的运作模式，是指由政府出资组建母基金，这个母基金就是引导基金。母基金以参股方式和具有较强管理经验及投资能力的创业投资机构合作，吸引社会资本以共同组建创业投资子基金来支持风险投资发展。母基金承担部分出资义务，负责与其他出资人共同确定子基金管理团队和基金运作规则，确保子基金投资于母基金特定规划领域中的创业企业，但具体投资决策由子基金的管理团队自主负责，最终以出售基金的形式实现退出。这种模式能够很好地发挥政府资金的杠杆放大效应，提高公共资金的使用效率，促进创业投资市场的繁荣。以色列、澳大利亚、新西兰、新加坡、中国台湾等

国家和地区是成功采取该种模式的典范。

7.5.1.1 以色列 YOZMA 基金

YOZMA 基金是以色列政府在 1993 出资 1 亿美元设立的风险投资引导基金，目标是通过引导社会资本设立更多的商业性风险投资基金，扶持国内风险投资和创业企业的发展，并培育风险投资专门人才。YOZMA 基金作为母基金，通过参股方式匹配社会资本共设立了 10 家商业性风险投资子基金，对每家基金的参股比例不超过 40%，私人投资机构占股比例 60% 以上。这 10 家商业性风险投资子基金均采取有限合伙制，引导基金作为有限合伙人，在风险投资子基金中没有投资决策权，子基金的普通合伙人以经验丰富的境外风险投资机构为主，以确保基金的专业化和市场化运作。以色列政府通过选择权制度，逐步吸收扩大民间投资并实现引导基金退出。子基金中的私人投资者在投资 5 年后拥有购买 YOZMA 基金所持股份的选择权，购买额为初始成本加 5%—7% 的利率。从 1997 年开始到 2000 年结束，YOZMA 基金所参股的引导基金全部私有化，政府回收本金并取得了远大于 1 亿美元的收益。YOZMA 引导基金的成功运作，吸引了大量的社会资本尤其是海外风险投资机构进入以色列市场中，有效地刺激并扩展了以色列的风险投资产业。到 2000 年，以色列国内注册的风险投资基金达 97 家，通过 62 家基金管理公司管理着 50 亿美元的资金，筹资额占当年 GDP 的 2.7%，极大地推动了高科技产业的发展。

7.5.1.2 澳大利亚创新投资基金计划（IIF）和前种子期政府创业投资项目（PSF）

澳大利亚典型的两个风险投资引导基金包括：1997 年设立的澳大利亚创新投资基金项目（Innovation In - vestment Fund，简称 IIF）和 2002 年正式运作的“前种子期政府创业投资项目”（Pre - Seed Fund，简称 PSF）。IIF 和 PSF 的设立目标都是与私人部门合作成立风险投资子基金，对所投领域提供资金和管理支持，促进科技成果商业化。区别在于 IIF 引导基金侧重发展早期的小型新技术企业，以及培养具有投资早期创业投资企业经验的基金管理人队伍。而 PSF 引导基金的宗旨在于鼓励大学、公共研究部门以及私人机构进行的研发活动的商业化；为科研成果的商业化，建立大学、公共研究部门、融资机构和企业的联系；在大学和公共研究部门中培养企业家技能和知识产权技能的形成。

政府对这两只基金的运作从投资领域、投资方式、资金匹配比例、分配次序以及管理费用方面都提出了规范性要求。

IIF引导基金的主要要求包括：①资金运作方面，子基金中引导基金和私人部门参股比例不得超过2：1，子基金投资一般以股权进行，每个子基金五年内必须投资出去认缴资本的60%，单个投资项目的投资额一般不得超过400万美元，或子基金认缴资本总额的10%（二者取小）。②利润分配方面，引导基金和私人投资者根据比例收回实际交付的资本和利息；取得利润的10%归引导基金所有，剩余90%在私人投资机构和基金管理人之间进行分配，基金管理人就该部分取得激励报酬。此外，管理人从认缴资本中固定收取2.5%—3%的管理费。③投资方向方面，被投资企业需满足以下标准：企业应正在执行研发成果的商业化；处于种子期、成长期或扩张期；大部分雇员和资产在基金投资时位于澳大利亚境内；前两年的年投资收益不超过400万美元，任意一年不超过500万美元。IIF计划在实施的近十年内，共成立了9个基金，单个基金规模在3000—5000万美元之间，主要投资于通讯、生物科技、信息技术等行业，取得了良好效果。

PSF引导基金的运行方式与IIF类似。区别在于：①资金运作方面，PSF引导基金在子基金中认缴更高的投资额，引导基金和私人部门投资的比例不能超过3：1；单个企业或项目的投资不得超过100万美元。②利润分配方面，由于PSF偏重投资于种子期的机构和项目，因此给予私人部门投资者更大幅度的利润分配优惠。引导基金只回收本金，不参与利润分配，收益完全让与私人部门投资者。③投资方向方面，被投资机构应为澳大利亚组建，并主要在澳大利亚经营的非营利机构，同时满足以下条件之一：由大学、公共研究部门或其他合格的研究机构控制；所使用的知识产权至少50%由大学、公共研究部门或其他合格的研究机构拥有。

7.5.1.3 中国台湾创业投资种子基金

中国台湾创业投资种子基金由“台湾行政开发基金”和“国资银行”筹建，在1985年到2001年先后设立了四期，规模分别为新台币8亿元、16亿元、20亿元、300亿元，用以支持台湾地区风险投资事业的发展。种子基金以参股方式向商业性风险投资基金提供资金支持，参股比例不超过49%；风险投资基金的投资项目在政府授权机构设定的范围内自主选择，经相关部门审核同意后即可进行投资；投资目标达成后，种子基金转让股权给私人部门投资者，回收资金循环运用。基金初期主要投资于石化工业、半导体工业，后来配合政府相关政策主要投资于十大新兴产业，如资讯、通讯、航太、生物科技工业等。至2007年10月，种子基金已参股投资于53家风险投资子基金，带动风险资本802.52亿新台币。在创业投资种子基金的扶持和引导下，台湾风险投资业和高科技产业都得到了快速发展。

7.5.2 融资担保模式——美国

融资担保模式是指政府设立引导基金为已有的风险投资企业提供担保，帮助其取得债权融资以增强投资能力。引导基金以货币形式向风险投资企业提供信用担保，同时风险投资企业遵照商业准则，将其股权作为反担保或作为质押提供给引导基金，对引导基金的资本亏损承担责任。融资担保模式适合于债券市场发达和信用体系健全的国家和地区。美国SBIC计划是该种模式运用成功的典范。

SBIC计划是指在小企业管理局（SBA）的主导和支持下，由民间机构提供资本金创建小企业投资公司（SBIC），并由其自主运营和独立决策，为特定领域的小企业提供风险资本。SBA负责审批SBIC的创立，对SBIC的注册资本、投资计划、管理人员的资格进行审查，为SBIC提供政府资助和贷款担保，并对SBIC的投资行为和财务状况进行监督。SBIC的开办者可以是个人、银行或其他金融机构与非金融机构，但在注册资本、管理人员、投资对象、投资方式及组织结构等方面受《SBIC法》约束。SBIC计划自1958年出台，本着让利于民的原则，先后采取了优惠贷款、债务担保和权益担保的方式，不断探索着发展。计划初期，美国政府通过SBA向SBIC提供优惠贷款，对于私人资本不超过1500万美元的SBIC，政府贷款金额与私人资本的比例达3∶1，对于规模更大的SBIC，比例也达到2∶1，当SBIC将其可用于投资的全部资金的50%委托或进行创业投资时，每投入1美元就可从政府获得4美元的低息贷款。这种短息贷款方式要求资金回收周期短，无法达到长期支持效果，并且由于市场准入门槛低，相当部分的小企业投资公司缺乏必要的投资和管理经验，因此20世纪70年代起SBIC发展陷入困境。1985年美国政府取消了短期贷款，以提供发行长期债券担保的方式，支持SBIC向初创企业提供股权投资。

这些政府担保的债券期限长达10年，并且由于债券长期利率固定且不允许提前兑现，受利率影响较大，因此在20世纪80年代末市场利率狂降时，小企业投资公司因高成本和投资收益的不对称进入了发展的低谷阶段。1995年政府增设了参与型证券，以提供权益担保来促进SBIC的股权投资，给予SBIC在未获得利润时可延迟对参与型证券的优先支付的权利。经过40多年的运作，SBIC计划很大程度上提高了美国创业资本的可获得性，使美国成为世界上创业投资最发达的国家之一。同时成功造就了硅谷的繁荣，催生了包括苹果、英特尔、耐克、联邦快递等一大批世界级创新企业的发展壮大。

7.5.3 复合运作模式——英国、芬兰

复合运作模式是指引导基金在选用参股模式或融资担保模式作为主要引导方式之外，再配合使用跟进投资、阶段参股、风险补助或投资保障等其他辅助性支持方式的一种多层次的运作模式。跟进投资和阶段参股是引导基金采用债券或股权直接投资于创业企业的方式，一般5年内退出；风险补助主要用于弥补风险投资损失，补助资金一般不超过实际投资额的5.0%；投资保障是指引入担保机构，对被投资企业或项目予以投资前或投资后的资助。跟进投资和阶段参股属于直接投资，风险补助和投资保障属于无偿资助，在一定程度上偏离引导基金引导和放大资金的宗旨，因此属于引导基金资金运作的辅助方式。

7.5.3.1 英国风险投资引导基金

1998年，英国首期投入1.00亿英镑成立政府风险投资引导基金，不直接投资中小企业，而是通过在全国各地设立区域性的风险投资子基金，用以解决中小企业的融资难问题。引导基金起初由贸工部中小企业政策理事会负责管理，2000年移交给新成立的小企业服务局。该基金采取以下扶持形式：以政府参股方式，吸引私人部门共同设立区域性风险投资子基金，辅以风险补偿和管理成本补贴等措施，属于复合运作模式。保证每个地区都有一家区域性风险投资子基金，为中小企业提供不高于50万英镑的股本投资；子基金实行商业化运作，由监管部门授权的专业基金管理人管理。英国风险投资引导基金发挥了良好的示范作用，每个区域的风险投资都得到了良好的扶持和发展。目前英

国国内风险投资规模超过了整个欧洲的一半，成为欧洲风险投资最发达的国家。

7.5.3.2 芬兰 FII 引导基金

芬兰 FII 引导基金于 1995 年开始运作，目的是促进芬兰风险投资产业的发展，增加高成长性企业和中小规模企业的融资。FII 主要投资于风险投资基金、私募股权投资基金，同时也直接投资于目标企业，采用的是一种复合模式。FII 运营中的主要要求包括：投资于基金的，引导基金所占比例不得超过私人投资部分；引导基金与私人部门投资者享有同样的利润分配权利；要求引导基金必须从长远来看保持盈利。政府提出的盈利性要求极大地限制了 FII 解决市场失灵问题的能力。从引导基金投资对象上看，处于“市场失灵”领域的早期风险投资基金比例为 17%，后期的成长基金和并购基金的比例高达 57%，剩余 16% 为政府直接投资和投资于区域性基金。FII 与其他私人部门投资者遵循同等商业条款的要求，则导致了政府与民争利，对私人部门投资者产生了“挤出效应”，降低了 FII 政策的有效性。

7.5.4 经验总结

国内外引导基金的成功经验和失败教训，为成立农业科技创新风险投资引导基金带来几点启示：

7.5.4.1 明确政府定位和投资领域

风险投资引导基金的建立旨在引导社会资本进入商业资本和风险投资不愿进入的、高风险的投资领域，尤其是处于种子期和起步期的中小企业和科技企业。政府做到有所为和有所不为，在引导基金宏观方面通过制定规则和参与重大决策，对其投资方向和投资领域提供机制约束；而不干预投资基金的实际运作，保障基金在政策引导下市场化的自主运作，不因市场环境的变化轻易改变自身的角色和定位。

7.5.4.2 专业团队管理

国内外大部分引导基金在对基金的管理者选择方面做出了严格规定。核心的管理团队成员至少包括3名5年以上风险投资或相关经验的专职高级管理人员。

7.5.4.3 因地制宜，灵活选择运作模式

不同国家和地区的风险投资引导基金根据自身经济、法律等因素，灵活选用不同基金架构和资金运作模式。国内外经验证明参股模式是引导基金有效运作的主要模式，这种模式受经济条件和法律约束不大，适用于大多数国家和地区，也是国内引导基金采用的主流模式；而融资担保模式适用于债券市场发达和信用体系健全的国家，如美国、德国，我国债券市场并不成熟的状况使得这种模式在国内运作困难较大。另外英国和国内安徽引导基金的成功经验，证明采用参股模式作为主模式，风险补偿等机制加以辅助的复合运作模式在吸引风险投资方面效果显著。

7.5.4.4 利益协调和监督管理机制

引导基金运作中，存在双重的委托代理关系。第一层是政府作为出资人与引导基金管理者之间的委托代理关系；第二层是引导基金作为出资人与混合基金管理者之间的委托代理关系。在第一层委托代理关系中，出资人为政府，管理者为国有资产管理者，要重点防范国有企业管理者中极易出现的“寻租”现象的发生，健全激励约束和奖惩机制。第二层委托代理关系中，出资人为引导基金和私人部门投资者，管理人一般为代表私人部门投资者的风险投资机构。私人部门投资者是只注重投资回报的，而引导基金作为政策性投资基金，不仅追求经济利益，更追求政策目标。因此，在引导基金和私人部门投资者之间存在着目标冲突，应完善引导基金与私人部门投资者的利益协调机制。根据不同的政策目标，确定引导基金与私人部门投资者在混合基金中的出资比例，完善二者之间的利润分享和风险分担机制。一般说来，政策性高的引导基金政府出资比例较高，承担风险较多，同时让渡给私人部门投资机构利润更大。

7.5.4.5 引导基金退出机制

退出机制是风险投资引导基金运作机制的重要组成部分。为了确保基金的引导作用，一般规定混合基金的其他投资者不得先于引导基金退出。风险投资真正获得收益通常需要7—10年时间，过晚或过早退出都会影响引导基金的成

效。引导基金要平衡考虑基金运行成效和基金周转效率，谨慎选择退出时机和退出方式，可以通过股权转让、上市减持、企业回购等途径实现退出。

7.6 我国农业科技创新风险投资引导基金运行模式构建

农业科技创新风险投资引导基金是指“由政府设立的、旨在扶持农业科技创业企业发展而成立的引导风险投资的政策性基金。”基金采取市场化运作方式，政府作为引导基金的出资人不直接从事风险投资活动”，是一种“政府承担主要风险，社会承担主体资金投入”的基金组织形式。依照2008年10月份国务院办公厅转发国家发展和改革委员会等部门“关于创业投资引导基金规范设立与运作指导意见的通知”（国办发〔2008—116〕号）精神，结合农业科技特点与发展要求，初步构建农业科技创新风险投资引导基金的可行性运行方案。

7.6.1 明确出资主体

农业科技创新风险投资引导基金属于政策性基金。可以是国家层面的，由中央财政出资设立国家级的农业科技创新风险投资引导基金，也可以是地方政府出资，设立具有区域特征的地方性农业科技创新风险投资引导基金。

目前，我国中央及各地政府引导基金设立的出资人有两类：一类是完全是政府财政直接出资型，如2009年1月由财政部会同北京、上海、深圳、安徽、湖南等7省市设立的创业人投资基金，2009年3月珠海市政府设立的珠海创投引导基金，同年山东省政府设立的省级创业投资引导基金等；另一类是由政府主导型创业投资公司和国家开发银行或其他国有企业共同出资设立，如2006年9月由苏州创投集团和国开金融公司出资创办的苏州工业园区创业风险投资引导基金，2009年3月由浙江省财务公司出资设立的浙江省创业风险投资引导基金等等。不同的出资主体所追求的目标必然是不同的。前者的出资以扶持、引导为主，不以盈利为目的，甚至可承诺亏损补贴、贷款贴息、信用担保等，后者则在引导、扶持中必然要求保本微利甚至盈利。农业科技创新风险投资引导基金的设立，应属于第一类，资金由财政全额出资。具体而言，可以整合目前正在运营的包括国家科技型中小企业技术创新基金中用于农业科技企业的投资、战略性新兴产业创新基金中用于相关农业项目的资金、农业科技成果转化基金、以及财政部等各部委和其他部门支持鼓励农业科技与发展的资金，设立农业科技引导基金，再用基金使用获得的收益以及社会捐助、财政补贴等补充追加基金数额。

7.6.2 明确支持对象

依据农业科技项目的公益性和商业性程度的不同，农业科技项目可分为具有突出的公益性特征、兼具公益性和商业性双重特征、具有突出的商业性特征三类，对于具备明显的公益性特征的农业科技项目（比如种质资源的开发与技术推广），一般由财政全额拨款进行研发与技术推广，此类项目投资规模大、期限长，不确定性风险大，很难吸引到银行信贷和风险投资；对于那些具有部分或全部商业性特征的农业项目技术研发与推广项目，则主要采用财政出资引导社会资本投资的方式，即政府出资设立引导基金引导风险资本投资、利用财政贴息引导银行的科技信贷。这样，既发挥了财政资金的杠杆作用，实现了引导社会资金资源向市场失灵领域的配置，又提高了财政资金的使用效率。

7.6.3 出资方式与组织管理

出资方式可采用参股投资、跟进投资、阶段参股、信用担保、投资补贴、风险补偿等多种方式。结合近几年我国政府引导基金运行经验和农业科技项目的特点，农业科技引导基金可采用以参股投资为主，结合使用投资补贴和风险补偿的方式进行引导投资。政府可先成立母基金，委托具有独立法人资格的专业管理机构或者新设立专业机构负责引导基金母基金的运营和管理，母基金再以参股方式与社会资本共同发起组建子基金，形成风险资本，参股比例可根据投资项目的公益化程度来确定。受托管理机构负责引导基金母基金的运营和管理，行使引导基金投资形成的股东权利，并选择、评估和监督子基金管理人，这样既能实现专业化的基金管理，又能避免政府直接作为管理人产生的寻租行为。同时设立由财政部、科技部、农业部指派人员组成的监督委员会，对引导基金投资方案进行监督评审，并定期向以上政府部门汇报，以确保农业科技创新风险投资引导基金的方向性和政策性目标。子基金由作为有限合伙人的风险投资机构或董事会选择的专业管理团队担任管理人，负责项目的寻找、调查、筛选、投资以及后续管理等，实现资金的保值增值和退出。

政府部门设立农业科技创新风险投资引导基金，一般由政府或相关部门首先拿出一部分资金设立一个专门基金，然后将这个基金作为垫底资金，或者是参股资金，采取入股方式引导民间资金，形成创业投资企业，再由该企业独立对外投资。政府性创业投资引导基金通常由政府出资或提供担保，目的是要引导社会资本投资于有潜力的农业科技企业。主要有三种运行模式：一是引入补偿基金。政府每年投入一定比例的引导基金，用于吸引社会资金共同投资或组建创业投资公司，并留有一部分资金作为创业投资的补偿基金。二是引入担保机构。在引入补偿基金的同时，再引入担保机构，并将创业投资公司作为创业企业的投融资平台。政府出资的引导基金不再对创业投资公司进行投资，而是全部作为担保公司的补偿基金。政府通过补偿基金扩大担保公司对创业投资公司进行担保的贷款规模，并引导创业投资公司的投资与创业企业在种子期和起步期的决策。这种运作模式有利于减少政府的初期投资，避免政府对创业投资公司的直接介入，有利于创业投资公司的市场化运作，充分发挥补偿基金的担保能力，增加创业投资企业的融资能力，放大政府基金的杠杆作用。比如2013年江苏省财政厅将投入2500万元作为农业龙头企业投资担保风险补偿基金，按照1：20比例放大，可为全省农业龙头企业发展提供银行贷款支持5亿元以上。三是建立“基金中的基金”。由政府出资组建母基金，即“基金的基金”，用于参与发起创业投资引导基金。由母基金作为引导基金，和具有较强管理经验及投资能力的创业投资基金管理机构或团队合作，吸引大量社会资金的投入以共同组建创业投资子基金来支持创业投资发展，子基金可采用公司制形式组建。具体投资决策由已选择的管理团队自由决策，最终可以出售基金的形式实现退出。

7.6.4 引导基金退出

农业科技创新风险投资引导基金作为风险资本的组成部分，直接参与了风险资本与实体经济结合的运营过程。如果投资项目获得成功，其退出时机、退出方式的选择与一般风险资本的退出相比较应更加灵活，可在企业步入稳定增长期之后上市之前通过股权转让、合伙人回购、风险企业收购等方式退出，也可采用公司上市后与其他风险资本一同实现股权转让、管理层收购等方式退出。引导基金退出的关键在于建立正确的利益与风险分配机制。按照国际惯例，风险投资成功后，除基金管理人获得一定比例的管理费用之外，剩余收益则由子基金出资各方按照出资比例或相关协议约定分配。为了激励社会资本对农业科技项目进行投资，政府引导基金应坚持“少分享利益、多分担风险”的原则，有必要借鉴国外政府引导基金的让利运作经验，比如母基金管理单位可承诺，风险资本成功获利后，可将自己收益的一定比例奖励给风险投资。如果投资失败、子基金出现亏损时，由子基金出资人各方按出资比例承担损失，引导基金以出资额为保障对参股基金债务承担责任。总之，只有建立有效的利益让渡和风险共担机制，才能够提高风险投资机构参与农业科技风险投资的积极性。

7.7 结论和对策建议

7.7.1 结论

依据对引导基金的一般理解，农业科技创新风险投资引导基金可解释为“由政府设立的、旨在扶持农业科技创业企业发展而设立的引导风险投资的政策性基金。基金采取市场化运作方式，利用政府资金的杠杆作用引导社会资金进入农业科技风险投资领域，达到扶持农业高新技术企业发展的目的。政府作为引导基金的出资人自身不直接从事风险投资活动”。这一政府出资设立的农业科技创新风险投资引导基金，既不同于政府通过直接出资创办创业风险投资公司的政府主导型基金，又区别于政府出资设立的高新技术产业投资基金。严格意义上讲，农业科技创新风险投资引导基金是一种“政府承担主要风险，社会承担主体资金投入”的基金组织形式。基于此，农业科技创新风险投资引导基金的特征体现在以下几点：

一是出资主体是中央和地方政府，而不是其他任何营利性组织，以确保基金使用的非营利性和引导性，达到增强农业科技项目对风险资本的吸引能力之目的。

二是扶持对象为农业科技企业，而不是一般农业企业。风险资本追逐企业的高成长性和未来财富的放大效应，只有蕴含着未来巨大财富的高科技农业技术才有可能获得风险资本的青睐。此时，如果政府设置专门的引导基金，就有能力将这种可能变成现实。

三是基金性质为非营利的政策性基金，不与市场争利，甚至也不需要追求保本微利，而是通过一定的让利机制，发挥财政资金的杠杆放大作用，最大限度的引导社会资本进入农业科技领域，引导风险投资企业增加对种子期、初创期等农业科技创业企业的投资。

四是基金的运行遵循市场化原则，区别于以往通过拨款、贴息或风险补贴等无偿资助性质的政府基金或产业基金，农业科技创新风险投资引导基金按照一定比例匹配社会资金共同投资于农业科技风险投资领域，在投资成功后实现有偿回收，使资金得以循环发挥引导作用，经营获利的绝大部分留给风投企业，以激励投资者的投资热情。基金委托专业的投资机构按市场化运作，政府不直接参与具体的投资管理活动。

7.7.2 对策建议

一般而言，设立风险投资引导基金只是风险投资发展早期的一种扶持政策，风险投资在进入市场化良性运作之后政府资本应逐步缩小其所占比例，甚至全部退出那些具有市场竞争性的领域。然而，我国农业科技领域的正外部性和吸引资本的弱质性，决定了我国设立农业科技创新风险投资引导基金是一项长期性、基础性的工作。因此为保障农业科技创新风险投资引导基金的良好运转，建议政府做好以下几点工作：

7.7.2.1 建立农业科技创新风险投资引导基金资金供给长效机制

农业科技创新风险投资引导基金运作的资金主要来源于政府财政投入。为保障引导基金的运作，政府应保障引导基金有充足的资金来源。引导基金能否获得政府连续增长性的投入，基于政府当前所具备的经济实力和所掌握的公共资金资源。政府可以考虑积极和国家开发银行、农业发展银行展开对接，整合已有的国家运用于农业科技领域的基金，健全资金供给和运转机制，从源头保障农业科技风险投资引导积极的运行。

7.7.2.2 科学监管和风险防范

政府部门对引导基金的监管应把握好“度”，在不干扰引导基金市场化运作的原则下，对农业科技创新风险投资引导基金预算进行审查和监督，检查引导基金投资方向和资金使用。选择风险投资企业备案管理部门作为业务指导部门，督促引导基金加强制度建设，引导其所参股的风险投资基金主要投资于农业科技企业，尤其是早期的小企业。引导基金管理机构独立负责项目的筛选、考察、论证、投资、管理并实现资金循环使用，银行作为托管机构根据项目投资计划和政府监管指令，直接实现大额款项转账，资金不由管理机构经手，可有效地防范可能出现的问题。

7.7.2.3 健全政策支持体系，完善配套措施

农业科技创新风险投资引导基金作为政策性基金不以盈利为目的，因此应尽快出台和完善符合农业科技风险投资行业特点的优惠政策体系，健全相应法律法规，着力创造有利于农业科技风险投资业发展的外部环境。对农业科技领域的风险投资采取税收优惠计划以降低资金成本，提高风险资本的平均收益；规范财务信息披露，增加农业科技企业的信息透明度；建立风险补偿和管理补偿机制，以激励投资者更加积极地参与农业科技风险投资活动；完善多渠道有效率的风险资本退出机制，以增加风险资本的流动性等等，从而推动农业科技风险投资的健康、良性发展。

7.7.2.4 短期努力与长期培养相结合，培育农业科技风险投资人才队伍

建立短期和长期相结合的完备的风险投资人才培养体系，培养风险意识强、市场洞悉力高、熟悉资本市场运作并且精通相关法律，集农业经济、农业科技、企业管理等多方面知识，多层次、高素质的农业风险投资人才队伍。短期内从现有的金融投资人才、财务人才、农业科技人才和农业科技企业家入手，将他们从擅长的单一领域培育成既懂投资又懂农业科技的风险投资人才；长期应促进风险投资机构与农业高等院校的合作，联合培育农业风

险投资人才。

7.8 本章小结

本章重点分析了我国设立农业科技风险投资引导基金的现实依据和理论基础，总结了国内外风险投资引导基金的运行模式与经验，构建了适合我国农业经济发展特征的农业科技风新投资引导基金的运行框架，包括主体、资金筹集、资金管理、投资管理、退出等各环节。引导基金的设立既有利于创新财政支农方式，发挥财政资金引导社会资本的杠杆作用，又有利于农业科技企业获得更多的社会资本投资，推动现代农业发展，还有利于农业科技企业的管理水平提升，克服长期存在的农业科技企业财务不规范并制约了企业发展的现实问题。总之，设置引导基金对于推动加快农业科技创新、推动现代农业的发展有重要的现实作用。

第8章 我国农业科技创新风险投资中介服务组织建设

西方发达国家风险投资发展的经验表明，健全的中介机构服务体系是风险投资业发达的重要标志之一。我国风险投资业的发展过程中虽然已有大量的中介机构，包括法律、评估机构、会计（审计）师事务所等，但这些机构还不足以满足风险投资机构对农业科技创新项目进行投资所必须的中介服务需求，亟待建立一个既能够体现政策意图、又能够市场化运作并能够提供专业化服务的完善的中介服务体系，来为农业科技项目与风险投资的对接提供综合化服务，包括组织对接活动、提供农业企业信息、开展项目咨询或企业培训、提供人才培训等活动。2013 年中央 1 号文件提出，要强化农业公益性的服务体系，培育农业经营性的服务组织，创新服务的方式和手段，在农业现代化的过程中，充分发挥涉农中介服务组织的重要作用。关于这类专业化服务组织及其运作方式亟待研究。为此，本部分重点围绕农业科技风险投资中介机构的设立和运行模式展开研究，研究的基本思路是在全面梳理现阶段我国农业科技风险投资中介机构发展的现状、问题与制约因素的基础上，通过对全国农业科技创新创业大赛活动、陕西杨凌农业高新技术产业示范区的中介服务活动、中关村农业科技园区的创新创业活动等几个典型案例的分析，总结提炼了我国政府部门和相关机构在农业科技创新项目推广及其与风险资本的对接中所发挥的中介服务作用及其运作过程，对健全我国农业科技创新风险投资中介机构服务体系据哟很好的借鉴与指导意义；结合我国未来现代农业建设和产业化、资本化发展的现实需求，进一步探讨了设立全国性农业科技风险投资中介服务机构的必要性及其运行机制；最后提出构建我国农业科技风险投资中介机构体系的对策建议。

8.1 国内外研究现状

8.1.1 国外研究现状

国外关于科技中介功能及其作用研究的成果较多，史密茨和库尔曼（Smits and Kuhlmann，2004）认为，科技中介组织的功能是界面管理，包括建立和组织创新系统，提供一个学习和实验平台以及战略上的智力基础结构，激发出更加清晰的需求、战略和发展；豪厄尔斯（Howells，2006）指出科技中介机构在克服供求双方信息不对称、管理和认知障碍的基础上搭建供需双方沟通的桥梁，并且提供扫描和处理信息、知识加工、机会筛选、评估、诊断等服务；霍普和奥斯本（Hoppe and Odzneorne，2005）提出了一个科技中介参与下的交易者行为分析的理论框架，认为技术转移中介能够减少大学研究人员和企业间技术交易的不确定性和逆向选择问题；沃特金斯和霍利（Waltkins and Horley，1986）对科技中介机构在技术转移中具有对技术进行包装、选择供应商并对企业提供支持的作用；舒赫和普雷韦泽（Shohert & Prevezer，1996）从制度经济学的角度指出科技中介机构在技术转移中的重要作用是以合同、许可证等形式将非正式合作正式化并指出提供专家谈判和订立契约的技巧是科技中介机构应着力开发的功能；琳恩（Lynn et. al.，1996）在对“创新区域”的研究中确认某类组织有助于联结、转化创新网络或系统的关系，这类组织被称为“超结构”组织，它们主要向其成员提供集体产品，并加速和协调“超结构”组织中的信息流动。上述研究结果显示，这类组织既可以是公共组织也可以是私人组织。从各国科技中介服务的角度看，尤素夫（Shahid Yusuf，2008）把美国的科技中介机构分为一般型、专业型、金融型、制度型四种类型；瑞安麦克（Ryan mack，2002）把英国的科技中介从整体结构上划分为政府层面、公共层面和私人层面等三个服务层级；罗·克洛克斯和希·洛里斯

(Lok lerkx and CoLeeuw is, 2008) 根据荷兰农业科技中介机构的实际情况把其分为面向私人企业的创新顾问型组织、面向集体企业的创新顾问型组织、搭建一般网络的经纪人型组织、支撑高层系统的技术创新的系统工具型组织、基于互联网的数据库型组织。

8.1.2 国内研究现状

国内关于农业科技风险投资中介问题的研究，主要围绕着风险投资中介机构的概念、功能及服务类型展开研究，且多以农业科技园区、产业园区、高新技术为载体展开研究。吉寿松、李正军（2000）认为，风险投资中介机构是指通过设计、创立和运用各种金融投资工具和手段，沟通和连接风险投资中的融资者与风险投资者，为风险企业发展及风险投资公司运作提供融资、财务、科技及法律等咨询服务的独立性中介组织；张昕光、尤天慧、樊治平（2001）认为，风险投资中介机构的作用具有全面性、独立性、审慎性和专业性特征，提出了建立行业协会、专门的认证机构、评估机构、督导机构和融资担保机构来完善风险投资中介机构体系；赵欣宇（2011）指出，风险投资是一项专业性很强的投资，提供专业化服务的中介机构就成为风险投资发展的“情报器”，也是风险投资减少信息非对称必不可少的条件；同时指出，中介机构对风险投资发展的功能可以从一般性和专业性两方面进行分析，一般性中介机构的作用是共性服务，专业性中介机构的作用是特性服务；张慧清、徐继超、李伯安（2010）指出，中介机构能够弥补风险投资家和风险企业家的不足，为风险企业和风险投资公司提供智力支持。在对农业科技风险投资中介机构的研究中，研究者普遍认为，中介机构的不完善制约了农业风险投资的发展。楚汴英（2001）在研究农业高新技术产业化风险投资的研究中发现，中介组织不完善制约了我国农业高新技术产业化风险投资的发展，提出健全农业高新技术产业化风险投资的中介机构和严格中介机构准入条件的政策建议；康东亮（2007）在分析风险投资在农业高新技术产业化中作用的基础上指出，风险投资发展的问题之一是中介机构不健全，并指出“农民中介组织新模式”促进风险投资的发展；黄秋萍、刘辉（2004）认为，制约农业高新技术产业化风险投资发展的主要因素是中介组织不尽完善，其各种职能和服务还很不完善。郑秀红（2004）认为，我国农业科技园区的孵化器作用发挥不明显成为制约我国农业科技风险投资发展的重要因素之一。

8.1.3 简要评述

国外专门针对农业科技风险投资中介机构和风险投资中介机构的研究比较少，多是围绕公共产品性质进行研究，对风险投资和科技中介的研究比较系统，角度比较全面，从技术转移、系统、服务、类型等多方面进行了研究，并充分肯定了中介机构在经济发展中的作用。尽管近几年随着风险投资在我国的发展以及向农业领域的渗透，国内已经有一些关于风险投资中介机构和农业科技风险投资的研究。在研究过程中对风险投资中介机构和农业科技风险投资中介机构进行了定义，指出了其服务性和桥梁性，把中介机构按照不同的标准也划分了类型，其中比较流行的划分是一般的和专业性的，但是对具体的服务内容、提供这些服务的方式、中介机构的存在形式以及运行模式的研究还比较少，亟需进行相关研究补充完善农业科技风险投资体系。

8.2 我国农业科技创新风险投资中介服务机构的发展现状

风险资本选择科技创新项目时需要多个中介服务组织的介入，以便获得准确的项目信息和做出科学的投资判断。这些中介机构既包括一般性的中介服务组织，也包括专业性的中介服务组织，其中，专业性的中介机构提供的专业服务水平是一个国家或地区风险投资发达程度的重要标志。在我国，随着市场经济体制的不断完善和金融市场的多层次发展，这些能够为市场主体与金融资本结合提供基础服务的一般性中介机构及服务体系已经比较健全，但是，为科技项目与金融资本结合提供专门服务的专业性中介服务机构发展相对不足。

8.2.1 一般性农业科技风险投资中介服务机构

一般性中介机构是指能够为风险资本和农业科技项目对接提供财务顾问、

会计审核、资产评估、法律咨询与保护等服务的中介组织，包括律师事务所、会计师事务所、财务顾问公司、资产评估所、信用中介机构、科技中介机构等机构，这些机构属于社会性中介机构，能够为市场上各类主体包括政府、企业、个人等提供中介公司自身特有的专业性中介服务，具有普适性服务特征。

会计师事务所为风险企业进行财务咨询与审计工作，对风险企业的财务审计报告是风险公司进行投资决策的财务依据。改革开放以来，我国注册会计师行业发展很快，成为提供财务会计、审计服务的重要的社会公允机构。截至 2014 年，全国会计师事务所的数量已达到 8295 家，执业的注册会计师达到了 7.2 万多人，行业竞争激烈，的市场份额也不断扩大。律师事务所为投融资双方提供法律咨询，帮助起草法律文件的中介机构。据统计，全国现有律师事务所 11691 家，其中合伙所 8024 个，合作所 1746 个、国资所 1742 个，现在律师人数 11.8 万人。资产评估机构主要评估风险企业资产，为公司估值及投融资双方股权分配提供参考依据。截至 2014 年，全国已有 3000 多家资产评估机构，3 万多名注册资产评估师，8 万多名从业人员。

信用评级机构是依法设立的从事信用评级业务的社会中介机构，即金融市场上一个重要的服务性中介机构，它是由专门的经济、法律、财务专家组成的，对证券发行人和证券信用进行等级评定的组织。国际上公认的最具权威性的专业信用评级机构只有三家，分别是美国标准·普尔公司、穆迪投资服务公司和惠誉国际信用评级有限公司。早期国内有五家较大的资信评级机构，分别为中诚信国际、联合资信、大公国际、上海远东资信、上海新世纪评级。其中，上海远东较早退出了评级市场。中诚信、联合资信、大公国际占有资本市场 95% 以上的份额，上海新世纪的市场份额不到 5% 。目前来看，联合资信占据评级市场一半以上的业务，为国内最大的评级机构。目前我国四家全国性的信用评级机构除大公国际始终坚持民族品牌国际化发展外，其余已经或正在被美国控制①。

信息咨询服务机构，是指提供企业咨询、房产咨询、财务咨询、婚姻咨询、心理咨询等服务的专业性或综合型咨询服务公司，同时这些咨询公司还提

① 2006 年，美国评级机构开始了对中国信用评级机构的全面渗控。2006 年，穆迪收购中诚信 49% 股权并接管了经营权，同时约定七年后持股 51%，实现绝对控股。同年，新华财经（美国控制）公司收购上海远东 62% 的股权，实现了对该机构的直接控制。2007 年，惠誉收购了联合资信 49% 的股权并接管经营权；标准普尔也与上海新世纪开始了战略合作。

供风险投资公司经营状况的信息、风险投资税收优惠政策、申办业务程序等信息服务。20世纪80年代初，我国的信息咨询业才开始起步。1992年6月16日，中共中央、国务院在《关于加快发展第三产业的决定》中，将信息咨询业列为重点之一。20世纪90年代中后期进入迅速发展阶段。目前，政府信息系统已初步形成全国规模的框架，由国家发展和改革委员会和国家信息中心牵头建设的国家经济信息系统已形成包含全国30个省（区、市）、280个中心城市、1500个县的四级信息系统，信息咨询业蓬勃发展，全国约有信息咨询企业17万多家，从业人员130万人。现在在中国成立一家咨询公司一般是有限责任公司，咨询公司与律师事务所的职能很像，不同的是律师事务所是专攻法律，而咨询公司包括很多方面，各类科技咨询机构1.3万多家，从业人员近30万人。

表8-1　　截至2014年年底我国农业科技风险投资一般性中介机构一览表

单位：家

机构名称	会计师事务所	评估师事务所	律师事务所	信用评级机构	信息咨询服务机构
机构数量	8295	3000	11691	80	170000

数据来源：百度搜索，会计师事务所数据来自中国注册会计师协会网站。

8.2.2　非专业化的农业科技风险投资中介服务组织

我国农业科技风险投资发展过程中，存在着大量的非专业化的提供中介服务的机构组织，包括风险投资公司、投资银行（证券公司）等金融服务机构、农业科技园区、农业高新技术产业园区、农业科技示范区、高新技术开发区、大学科技园区、高校及科研院所、其他各类科技创新孵化器等。这类机构不属于社会化的中介服务机构，但均承担着专业化中介服务功能。依机构性质不同又可分为两类：一类是专业性投资机构，包括风险投资公司、投资银行、证券公司、信托投资公司等，这些机构在从事专业化投资活动的同时，也承担着专业化的中介服务功能；另一类是政府管理机构，包括园区的管委会、高新区管委会、地方科技局农村处或地方农业局等机构，这些政府机构在承担着具体管理职能的过程中也充当起牵线搭桥、信息服务、组织培训等中介服务功能。

8.2.2.1 专业性投资机构

随着我国金融机构创新的发展，专业性投资机构越来越多，有资格从事风险投资业务的投资机构主要有风险投资公司、投资银行、证券公司、信托投资公司、资产管理公司以及其他类投资公司等。这些机构不仅承担着本公司的专业化金融服务及其管理的业务，而且还同时负责担负起对拟投资企业的商业运营模式改进辅导、财务及其他管理咨询、职工培训、投资策略辅导等中介服务工作。

风险投资公司是专门对初创期、成长期等未上市公司进行股权投资的专业性投资机构。为了选择好的投资项目并提高项目投资的成功率和收益率，常常担负着大量的中介服务职责。截至2014年年底，我国拥有备案的风险投资企业8157家，遍布东中西部的各个省市。2014年当年投资总规模达到2232.66亿元，2015年快速增长，达到3325.69亿元，比2014年增长48.96%①。投资银行主要从事证券发行、承销、交易、企业重组、兼并与收购、投资分析、风险投资、项目融资等业务的非银行金融机构。在我国，从事证券发行、承销、交易、企业重组、兼并与收购等工作的证券公司很多，而从事投资业务为主的专业性投资银行并不多。近年来，随着我国金融业务创新不断，监管部门逐步放宽了金融机构业务经营专业化限制，产生了多种能够从事风险投资业务的金融机构，包括创新类证券公司、金融资产管理公司、信托投资公司、金融投资公司、商业银行以及其他民间投资公司等机构。风险投资业务仅是这些机构投资业务的一部分。以商业银行为例，截至2015年11月份，已有10家银行完成了私募基金管理人备案登记，拿到了私募基金管理人资格。这意味着银行将能够以非公开方式向投资者募集资金来设立基金，并直接开展股票、股权、期货、债权等投资银行业务，更好地拓展资产管理业务范围。这些投资机构在进行风险投资项目筛选时，不仅要负责项目选择，同时提供了企业推荐、信息沟通与咨询、专业技术培训、商业化改造、投资与管理等中介行服务性工作。截至2014年年底，国内设有投资银行事业部的商业银行49家，证券公司114家，信托投资机构69家，金融资产管理公司4家，金融投资公司2900多家。

① 数据来源于Wind资讯PE/VC数据库。

8.2.2.2 政府管理机构

早在20世纪80年代，我国政府开始推出了以园区为载体的产业聚集发展策略，旨在利用园区的孵化器作用、产业聚集作用以及科技示范带动作用，培养创新创业人才、转化科技成果、孵化高新技术企业、推动高新技术产业发展、加速区域经济建设和行业技术进步。1988年国务院首次批复建立国内首家科技园区——中关村科技园，之后国家相继实施了高新技术产业园区、农业高新技术产业园区、大学科技园区、农业科技园区、现代农业综合示范区等建设，截至目前，国家已先后批设了113家国家级高新技术产业开发区[①]、3家国家级农业高新技术产业园区、206家国家级农业科技园区[②]、117家国家大学科技园[③]。以国家级科技园区发展为引导，一些地方省市也发展了省级、市级的各类园区建设。目前，我国已建成各类农业科技园区4000多个，现代农业示范区、农业综合开发高新科技示范区600多个。实践证明，园区建设很好的发挥了产业聚集、科技创新与孵化、区域发展示范带动等作用。在各类园区的建设过程中，园区管理机构发挥了重要的中介服务作用。

首先是科技部、农业部等部级的农业科技创新与农业农村经济发展管理机构。以科技部为例，科技部作为我国科技发展的主要管理机构，不仅颁布实施了多项鼓励农业科技创新与发展的计划，包括农业科技园区发展计划、星火计划、设立农业科技成果转化基金和中小企业科技创新风险投资引导基金等，而且还为计划的实施提供各种中介服务，包括2010年以来先后两次组织农业科技创新创业大赛，为农业科技企业（项目）与科技成果、风险资本的引入搭

---

① 高新技术产业开发区是指我国在一些知识密集、技术密集的大中城市和沿海地区建立的发展高新技术的产业开发区。

② 在《十二五农业与农村科技发展规划》中，提出要进一步推进国家农业科技园区建设的任务，按照“一城两区百园”的总体发展思路，优先加强北京国家现代农业科技城、杨凌国家农业高新技术示范区、黄河三角洲国家现代农业科技示范区建设。继续稳步推进国家农业科技园区发展，使国家农业科技园区总数达到120个左右，形成基本覆盖我国主要农业生态类型区的国家现代农业科技示范园区体系，充分发挥园区对区域现代农业发展的带动作用。加强园区公共服务平台与科技创业基地建设，提高园区科技公共服务能力和水平。截至2016年1月份，科技部已批设了七批次共200多家国家级农业科技园区。

③ 国家大学科技园依托大学的知识、人才密集和创新环境的优势，结合社会的资金、管理与市场需求，作为国家重要的科学技术创新基地、高新技术企业孵化基地、创新创业人才聚集和培养基地、产学研结合示范基地，带动了区域经济的发展，已成为国家创新体系的重要组成部分。

建对接服务平台，包括通过各类计划并出资培育农业科技企业（项目）、向风险投资企业推荐具有投资价值的项目、聘请技术专家为风险投资筛选项目提供技术支持、为优质企业合项目提供优惠政策，等等。

其次是省级、市（县）级园区管理机构。依照现行管理体制，大多数国家级农业科技园区都设有专门的园区管理机构——园区管委会，管委会负责园区建设与管理工作，包括日常管理、基础设施建设、招商引资、培育企业、组织项目申报、提供相关信息、组织人员培训等工作。国家级园区管委会一般为副县级机构，独立司职，而省级园区、市（县）级园区则是由当地科技局下设的农村处或农业局负责管理。这些管理机构同样承担着为风险投资公司与被投资企业牵线搭桥、企业培训等各种中介服务的功能。

农业科技园区的中介服务运作机制是：以园区建设为载体，管理部门出面（国家级园区为园区管委会，省级和县级园区则是当地政府机构——科技局或者农业局管理）搭建农业科技企业与风险投资对接平台，包括组织项目对接洽谈会、农产品博览会、农业企业（项目）推荐、农业企业（项目）培训、提供风险担保基金（政府出资设立融资担保机构）等能够为多方合作提供便利的中介服务工作（表 8－2）。

表 8－2　　截至 2014 年年底我国农业科技风险投资非专业性中介服务机构一览表

单位：家

机构名称	风险投资机构	证券公司	农业科技园区（国家级）	高新技术开发区	大学科技园
机构数量		114	123	113	117

数据来源：百度搜索。

8.2.3　专业化的农业科技创新风险投资中介服务组织

专业化的农业科技风险投资中介服务机构，是指那些专门为风险资本与农业科技项目对接提供服务的中介服务机构，中介服务是其主要的业务内容，比如有关技术标准或水平认证机构、知识产权估值机构、项目市场潜力调查机构、信用担保公司、督导机构、履行监管和自律职能的行业协会等，目前国内专门服务于风险投资行业的有代表性中介机构主要有中国科技金融促进会、中国科技金融促进会风险投资专业委员会、风险投资行业协会、知识产权估值机构、科技项目评估机构、专业性融资担保机构等。

8.2.3.1 中国科技金融促进会

成立于1992年，系在中华人民共和国民政部注册的全国性一级社会团体，现由国家科技部主管。促进会采取会员制，会员遍及全国科技与金融领域，吸收了政府管理者、著名学者、优秀企业家、成功投资家等个人会员，以及众多的科技企业、金融机构和社会团体等单位会员。此外，促进会还与国内外一批规范专业的财务、法律、知识产权、技术交易、社会团体等建立起合作或联盟关系。中国科技金融促进会的宗旨是：联合国内外科技界和金融界，促进科技与金融的多种形式结合，推动科技成果转化，倡导创业风险投资，拓宽科技投融资渠道，为科技创新提供市场化的资金支持途径。促进会依托国家各类科技扶持政策资金项目、国家科技孵化器及孵化项目等雄厚的科技资源，联合国内外投资公司、银行、证券机构、保险机构、担保公司和科技服务组织等，在科技产业与金融界之间、企业与政府之间、成果与资金之间、项目与人才之间构建桥梁和纽带，推动高新技术产业在规模化发展中的融投资业务。促进会联合了众多科技企业、金融投资机构和社会组织，会员遍及全国的科技和金融领域，其中有许多的领军人物。促进会建有自己的高科技创业孵化基地，在技术创业孵化领域进行创新探索，发挥示范引导作用。促进会重视开展科技金融理论研究，为政府制定科技金融发展政策提供咨询建议。

8.2.3.2 中国科技金融促进会风险投资专业委员会

中国科技金融促进会和科技部火炬高技术产业开发中心联合发起成立的“中国科技金融促进会风险投资专业委员会”，是我国首家经民政部批准的全国性风险投资行业社团组织。自2000年成立以来，强化服务功能，旨在推动我国风险投资机制的建立与完善，探索有利于风险投资事发展的政策环境，加强会员之间的联系。不断为各地风险投资公司、中介服务机构、高新技术企业提供学术交流、政策调研、专业培训和信息咨询等业务服务，在促进与世界各国险投资机构合作、交流的基础上，推进中国风险投资事业规范、健康地发展。参与机构广泛，包括54家高新技术开发区，100多个大学科技园，30多个地区风险投资行业协会。

8.2.3.3 风险投资行业协会

我国现在并没有建立全国性的风险投资行业协会，但大多数省区均设立了风险投资行业协会。在国家风险投资法律不很健全的情况下，这些协会作为行业自律组织，发挥着规范、指导、监督行业发展的作用，同时，行业协会也通过组织大会、企业培训、项目推荐等活动发挥着风险投资中介服务的功能作用。以浙江省风险投资行业协会为例，浙江省创业风险投资行业协会系浙江省科技风险投资有限公司、浙江天堂硅谷创业集团有限公司、浙江省创业投资集团有限公司、通联创业投资股份有限公司、杭州市高科技投资有限公司等7家单位联合发起成立，由浙江省科技厅进行业务指导，经浙江省社会团体管理机关核准注册登记的地方性非营利的社会团体法人，是以浙江地区的创业投资及相关担保、咨询、服务机构，以及创业投资领域的专业人士为基本会员的行业自律管理组织。行业协会汇集了浙江地区主流风险投资机构和一批高成长企业，整合政府、实务届、理论界专家资源，倾力打造针对中小企业的专业服务平台，旨在为中小企业提供与风险投资交流合作的畅通管道，形成稳定的交流机制，使企业管理者和风险投资人有直接沟通的机会，从而降低投融资双方寻求合作机会的成本，提高接洽配对的效率。浙江省创业风险投资行业协会本着真诚服务，加强行业自律管理、促进行业健康发展的宗旨，团结和组织广大会员，积极探索建立适合我国国情的新兴创业投资体系、鼓励创业投资机构的发展、加强从业人员管理和培训、开展与境内外同业之间的交流与合作、开展行业调查和咨询，参与国家及浙江省相关法律、法规、政策制定等，已经成为浙江风险投资行业之间、风险投资机构与中小企业之间、浙江风险投资业界与海内外同行之间沟通合作的重要平台。

8.2.3.4 农业知识产权估值机构

对产权进行准确的估值是风险投在选择项目的重要环节，也是对投资项目进行核算的重要依据。在相关管理机构对产权进行确权之后，一般都是有资产评估机构对产权进行估值，目前我国还没有设立专门的农业知识产权估值机构，农业知识产权的估值工作是由资产估值机构——资产评估事务所来完成的。农业知识产权估值的作用在于通过对知识产权的估值，能够为农业科技企业中科技成果或无形资产所占股权比例提供可参考的科学依据，也可以为符合条件可在二板市场或场外交易市场上市的农业科技企业，在申请上市时向上市审批部门提供企业总资产规模评价的依据。由于农业知识产权的特殊性，农业知识产权的估值具有更高的专业需求。

8.2.3.5 农业科技项目评估机构

多年来，国家科技部以及省级科技厅是负责科技成果鉴定的主要机构，科技成果鉴定中心对完成项目的技术性、先进性、独创性进行特征评价，同时对科技项目进行客观的市场前景评价，为保持投资项目技术上的先进性、独创性、高进入壁垒以及高成长性提供客观依据。2009 年 10 月起，科技部启动科技成果评价社会化试点工作，2014 年 7 月启动第二批科技成果试点工作。实践证明，科技成果评价社会化试点工作的实施，在初步建立科技成果分类评价方法和评价指标体系的基础上，培养了一支强大的科技成果评价咨询专家队伍和社会专业评价机构，对于我国探索以市场为导向的新型科技成果评价机制具有重要的示范带动作用，也为加快转变政府职能、促进社会专业评价机构发展提供了有益的经验。根据试点工作要求，在试点范围内不再开展科技成果鉴定，全面实施科技成果评价（涉及国家秘密、国家安全、公共安全等国家重大利益的除外）。科技部明确规定，科技成果评价报告可用于科技成果登记和推荐科技奖励的佐证材料，积极推动科技成果评价报告在促进科技成果转化过程中的有效作用。

积极尝试由第三方机构对科技成果的技术指标、效益指标、风险指标等方面进行全方位、多角度、有针对性的综合评价，是科技部为适应政府职能转变、科技评价社会化、评价主体多元化而推行的新型评价方式。中国农学会是经农业部批准、科技部（国家科学技术奖励工作办公室）认定的专门进行农业科技成果评定的全国首批社会第三方科技成果评价的主要机构。中国农学会面向全国农业行业的单位或个人，独立接受农业科技成果评价委托，有偿提供农业科技成果评价服务。国家奖励办和农业部科教司将中国农学会签署的科技成果评价报告，作为科技成果登记、科研计划立项、成果转让交易、资产评估、中华农业科技奖和农牧渔业丰收奖以及国家科学技术奖等科技奖励评审、生产许可证审批、科技成果宣传推广等的重要佐证。2009—2015 年，6 年间中国农学会受托评价评估全国重大农业科技成果 200 多项，累计组织院士专家 1400 多人次（其中院士 220 多人次）。2014 年中国农学会对申报国家奖的农业成果进行评价后，73% 的成果获得了国家科技奖。2015 年获国家奖的农业项目中，50% 以上经过了中国农学会评价。从长远看，农业项目的社会化评价必将成为风险投资选择项目投资的重要依据。

8.2.3.6 专业性融资担保机构

专业性融资担保机构是指由政府出资设立的能为农业科技企业向银行等金融机构申请贷款而提供担保服务的金融机构，这种融资担保具有准公共产品属性，担保服务对农业科技企业引入风险资本具有辅助作用，因为风险企业即使已经得到了风险资本，在一定程度上仍然需要向银行贷款以满足短期融资需要，而多数银行一般缺乏向风险企业提供贷款的热情，此时融资担保公司的介入，能够起到为风险企业融资提供担保的作用。

我国融资担保行业发展起始于 1993 年，由于财政资金短缺等历史原因，我国融资担保行业发展不久，就开始转向以商业性担保为主，截至 2014 年年末，全行业共有法人机构 7898 家，其中民营及外资控股担保机构 5821 家，国有控股担保机构 2077 家，国有控股担保机构占全部机构数量的比例仅为 26.3%。2015 年 8 月，国务院印发了《关于促进融资担保行业加快发展的意见》（国发〔2015〕43 号），对融资担保行业发展进行了系统、全面的规划和顶层设计，旨在通过促进融资担保行业加快发展，切实发挥融资担保的重要作用，破解对小微企业和“三农”融资难融资贵问题，把更多金融“活水”引向小微企业和“三农”等实体经济，促进大众创业、万众创新，保障经济社会健康发展。今年以来，各地纷纷设立政府直接参与的融资担保机构，积极为农业企业融资提供担保，初步形成了有利于农业领域引入风险投资的风险分散机制。

8.2.4 创新型农业科技风险投资中介服务平台

包括两类机构，一类是政府、企业及民间发起的实体类投资性科技创新孵化器，比如创业工场、车库咖啡、青年创新创业服务平台、第一财经创投联盟等等；另一类是民间发起的网络科技创新孵化平台，如风险投资网、创投网、三农资本等。两类机构均属于典型的科技创新与风险投资对接服务平台。

8.2.4.1 实体类科技创新与风险投资对接服务平台

近年来，以北京中关村科技创业园为代表，发起设立了大批的科技创新孵化器，有些孵化器是政府部门倡议或参与发起设立，如中国青年创新创业联盟、第一财经创业联盟；有些是大公司、大企业发起并出资设立，如微软创投、联想之星；有些是民间个人或公司自主创立，比如创业工场、车库咖啡等等。这些孵化器少部分是创设者自筹资金，自己投资，比如微软创投、联想之星等，更多的是搭建平台，为风投投资培育企业并推荐项目，再加上当地政府的政策支持，对接效率高，成功培养出很多知名的企业 培养出著名的联想之星、微软创投、创业工场、车库咖啡、第一财经创业联盟等。如表 8－3 所示。

以联想之星为例。联想之星创立于 2008 年，目前管理着两期总额约 15 亿元人民币的天使投资基金。2015 年，分别被清科集团、投中集团评为中国最佳天使投资机构前三名。作为联想控股的早期投资和孵化板块，为创业者提供“天使投资＋深度孵化”的特色服务，做创业者身边的“超级天使”。联想之星的天使投资，主要投资于 TMT、医疗健康两大领域，并积极布局人工智能、智能机器、互联网改造传统产业、生物技术、医疗器械等前沿领域；其深度孵化，主要是管理和运营“创业 CEO 特训班”，免费为广大创业者提供专业实战的创业培训。此外，还为创业者提供高管招募、产业加速器等深度增值服务。截至 2014 年 12 月 31 日，联想之星已在北京、上海、天津、广州及硅谷为约 1 万名创业者举办 CEO 培训课程及创业大课程，已在中国 63 个项目中投资人民币 343.2 百万元，于境外 16 个项目投资 61.7 百万元港元。为创业者搭建全方位支持的多资源科技创业平台。

表 8－3　典型的实体类科技创新投资孵化器

孵化器名称	服务范围
联想之星	联想之星创立于 2008 年，作为一个孵化器项目，旨在捕捉初创科技企业的机遇，通过协助解决创业公司所面临的资金、人才招聘、培训及其他资源等问题推动其概念及技术商业化。联想之星提供的主要服务项目是创业培训、天使投资、开放平台。

续表

孵化器名称	服务范围
创新工场	由李开复博士创办于2009年9月，是一家致力于早期阶段投资，并提供全方位创业培育的投资机构。创新工场是一个全方位的创业平台，旨在培育创新人才和新一代高科技企业。主要针对早期创业者需求的资金、商业、技术、市场、人力、法律、培训等提供一揽子服务，帮助早期阶段的创业公司顺利启动和快速成长。同时帮助创业者开创出一批最有市场价值和商业潜力的产品。创新工场的投资方向将立足信息产业最热门领域：移动互联网、消费互联网、电子商务和云计算。
微软创投加速器	2013年7月，微软推出的“微软创投加速器”的创业孵化项目落地中国，开始扶植中国的创业企业。微软创投加速器致力于做“最专业的创业服务”，为最创新的早期创业团队度身订造地提供“找钱，找人，找市场，找用户”的全方位服务。为入选的创业团队提供6个月的位于微软亚太研发集团大厦内部的办公空间，并得到由思想领袖、行业专家及技术专家组成的导师团的扶植与指导；同时，每个入选团队还将得到价值300多万元人民币的云服务等多种资源。创业团队一旦入选，所有资源均为免费提供，并有机会享受微软在全球包括西雅图、北京、伦敦、巴黎、柏林、班加罗尔、特拉维夫在内的7个城市的免费办公空间。
车库咖啡	为早期创业者提供开放式的办公环境，并与早期投资机构对接。从某种角度上说，更像民营资本的孵化器。到这里来办公的创业者，只需要每人每天单点一杯咖啡，就可以享受一天的办公环境，可共享iPhone、Android、平板电脑测试机、投影、桌面触屏等设备，这里还有IT界名人推荐的图书。
第一财经创投联盟	第一财经创投联盟由上海第一财经传媒有限公司发起设立并组织、协调、管理的由投资者和创业家自愿加入的组织。旨在充分利用第一财经积累起的投资人、投资机构等各项优势资源以及第一财经创投联盟上齐聚的投资环节中的各方优势，努力为会员提供高效、全面、优质的信息服务和专业化的增值服务，致力于加强大中华区创业者与投资者之间的学习、交流与合作，并推动创业投资在中国的发展。

续表

孵化器名称	服务范围
中国青年创新创业投资联盟	2015年12月成立。创投联盟是由中国青年创业就业基金会筹备成立，第一届首批会员174名，主要由资深投资人，创投机构负责人，创业服务机构负责人组成，联盟成员管理的投资基金规模达1270亿元。创投联盟成立后，将从建立投融资对接平台、成立青年创投基金、服务共青团创新创业大赛、开展投资洽谈活动、开展行业研讨交流活动等方面入手，促进创投资金与创业项目有效对接，实现青年创新创业事业与创业投资行业协同发展。导师团首批创业导师30人，主要是从天使投资人、商界精英、创业典型、相关专家学者中进行的遴选，俞敏洪担任导师团团长。

根据百度资料整理。

微软创投孵化器是一支仅有8人的工作团队，他们用3年的时间孵化了85个项目，其中90%以上获得了新一轮融资，孵化项目总估值达到100亿元。微软创投作为一个平台性公司，主要是通过孵化作用扶植生态系统的健康成长，对于微软公司的长远发展有重要意义。

第一财经创业者联盟自2013年创建以来，始终贯彻“为项目寻找资金、为投资者寻找项目”的中介服务宗旨，两年多的时间成功为340多个项目提供了牵线搭桥、增值服务等方面的服务，培育出大批优质的企业，服务范围包括互联网、电子商务、教育培训、移动互联网、社交网络、电子产品、传媒、消费品、餐饮/酒店、生物科学、电脑硬件、医疗健康、环保新能源、汽车及服务、传统制造业、文化创意、旅游、农业、金融与投资、清洁技术等30多个领域，其中成功连接20多项农业科技创新项目获得风险投资，如表8－4所示。

表8－4　　截至2015年年底第一财经创投联盟投资的农业项目

项目名称（创建时间）	项目领域	项目介绍	城市	投资阶段
本食农业科技（2015年12月25日）	互联网农业	一个综合性的农业产业平台，高效整合农业全产业链。为生产者提供全方位的生产要素支持，为消费者提供安全优质的农产品。	湖南长沙	初创期
甘肃万家丰乐现代生态农业示范基地（2015年11月28日）	农业/环保新能源	黄河源头的有机生态农业示范基地。以有机生态种植、养殖为基础，集旅游、观光、餐饮、住宿、娱乐为一体的现代生态农业示范基地。	甘肃临夏回族	成长期
盆景果树（2015年11月8日）	农业	通过矮化果树，人工控制果树生长周期，可使果树四季开花，四季挂果，将果树制作成为盆景，集观赏与食用于一体。	重庆沙坪坝区	初创期
合阳县丰阜农业观光园（2015年11月7日）	农业	新产品蓝莓种植给农民一个新的渠道，建立科学高效生态有机联网农场，让城市居民通过“互联网＋物联网”足不出户就可以体会到回归自然的种、养殖乐趣和吃上放心食品。经营理念：新的产业才可以带动农业的发展，新的平台才可以创收更多的利润。	陕西渭南	初创期
科学、高效、生态物联网农场	农业/互联网	打造一个客户参与，营销方式如玩农场游戏，利用物联网销售平台推广打造精品农业模式。	安徽淮北	初创期
约菜 2015年9月7日	互联网农业	互联网＋生鲜的O2O的运营模式，其中生鲜是净菜为主，洗好、切好、配好的，目标用户是忙碌的上班族，能够很好的解决用户没有时间回家做饭而又吃腻了快餐的问题，同时配有特色餐，让用户有更好的体验，更好的享受在家吃饭的幸福。	广东深圳	初创期

续表

项目名称（创建时间）	项目领域	项目介绍	城市	投资阶段
绿色生态园区 2014年10月29日	旅游/农业	建立绿色生态旅游采摘区，主要包含两个内容，一是建立动植物体系，依靠山区的地理位置，建立由农作物为主、动物为辅的生态体系，例如建立核桃生态园区、樱桃生态园区、果桑生态园区等；动物主要是以山鸡、野鸡为主的家禽类，水里可建立水中垂钓区，鱼类养殖区；二是旅游采摘的收入，庄园内建立生态农家乐，本地与不远千里的朋友都来参观采摘，以及农家乐消费本地山鸡等动植物等纯绿色食品，带来的不只是简单的产品利润，更是休闲娱乐的周末旅游之地，实现生态产品价值和生态旅游价值的双重价值。	山东日照	初创期
绿色有机枸杞出口和枸杞精华素油胶丸项目 2014年10月25日	农业/生物科学	一个将青藏高原的纯净和发达消费市场有机结合的项目：①绿色有机枸杞干果、高新技术生产的枸杞鲜汁、枸杞籽油、枸杞全粉满足全球中高端市场；面向枸杞种植户销售生物农药。②保健配方产品：含有枸杞多糖和枸杞色素的油胶丸。	青海海西内蒙古	初创期
C2B模式生鲜电商 2014年9月17日	互联网农业	运用C2B销售模式的片区生鲜电商，通过自建物流打造极致的用户体验。	上海徐汇区	初创期
鄱阳湖淡水鱼精深加工产业基地 2014年3月31日	农业/生物科学	公司创新性的开发营养、健康、环保、方便、大众化的淡水鱼类的产品。依托中国最大的淡水湖（国家以及水质）资源优势，打造淡水鱼全产业链体系（含追溯体系），包括鱼面、鱼粉、鱼肉火腿肠、鱼肉包子、胶原蛋白、高钙粉、宠物饲料等，实现鱼的100%利用，大幅度提高利用率。	江西南昌	初创期
“乡思味”炭火烤椒 2014年3月8日	餐饮/酒/农业	柴炭火烤辣椒是我国民间传统风味吃法，本坊以特别设计的专业设备将其开发成工业化。用途：大众餐桌调味品，方便即食。更可用作饭店、宾馆的特色小菜，佐餐佳品。	吉林白城	初创期

续表

项目名称（创建时间）	项目领域	项目介绍	城市	投资阶段
熏鸡产业化生产 2014 年 2 月 24 日	农业/消费品	内蒙古绿色食品深加工卓资熏鸡有约 100 年历史老品牌。品牌无形资产最低 50 亿元。	内蒙古乌兰察布	初创期
新农合纵 b2b 农产品电子商务 2013 年 11 月 2 日	农业/电子商务	打破以产地信息为导向的旧模式，建立以销地服务为导向的农产品 b2b 电子商务销售新模式。这个项目旨在解决农产品信息不对称造成的一系列问题，如农产品滞销、终端价格居高不下。这个平台拟在立足销地，整合销地的小微企事业的农产品需求，实现小微企业抱团采购，打破市场垄断局面。让种植户和消费者都能得到实惠。	上海青浦区	初创期
白马堰生态基地 2013 年 11 月 22 日	农业/消费品	生态，绿色，健康农产品产业链。公司依托白马堰水库和周边山地可进行生态鱼、生态鸡等养殖，山地可种植多种优质水果。依托这些可建立生态农作物品牌，以品牌为依托可进行农产品加工。目标用户是对绿色、生态、健康食品青睐的人群。我们顺应时代发展，解决消费者对这些食品的需求。	河南南阳	初创期
畜牧养殖 2013 年 10 月 27 日	农业	背靠农作物发展牛、羊、驴、家禽养殖项目。安徽省蒙城县是全国黄牛、生猪、山羊生产基地。我们背靠基本无成本的农作物作为基本饲料，打造规模化养殖基地，同山东省济宁养殖企业签订品种支持、回购等合同，并同本地企业合作，由畜牧局领导予以各项支持……	安徽亳州	初创期
慢农优选农业电商 O2O 服务平台 2013 年 10 月 20 日	互联网农业	本服务平台由慢农实业、青浦热线等企业与个人在上海共同发起组建，这是一个全国性的生态农业产销整合营销服务企业，目前以网络、门店、渠道三方面为平台终端销售的通路。力求以上海生态农业电商 O2O 产业服务平台为载体，配合农社对接项目，落实大部分 1000 户以上社区群落的线下社区店，整合全国各地应季性的生态产品，满足城市的消费者需求。	上海青浦区	—

续表

项目名称（创建时间）	项目领域	项目介绍	城市	投资阶段
让农产品吃上舟山海鲜 2013 年 10 月 16 日	农业/生物科学	纳米化海洋生物的生物菌肥	浙江舟山	—

资料来源：第一财经创投联盟网站，http：//www.cofunding.co/pool/project2016/1/24。

8.2.4.2 网络类科技创新与风险投资对接服务平台

随着“互联网+”时代的来临，现代信息技术与服务创新的结合更加电子化、网络化，各种网络投融资服务平台急速扩张，成为创业项目与资金对接的重要服务平台。特别是大众创业、万众创新的发展，创业再也不是属于小部分人群的事情，创业和投资更加普及，传统的投融资方式已经明显低效，创投行业一样需要被互联网和移动互联网改造，一些创新的创投互联网中介服务平台应运而生（如表 8-5 所示）。

表 8-5　典型的互联网科技创新与风险投资对接服务平台（科技创新孵化器）

平台名称	服务宗旨	发起人
中国风险投资网	成立于 1999 年，是中国领先的风险投资行业网站，每年组织多次风险投资对接会，为众多的创业企业和投资机构提供对接、推荐、培训、路演等服务，长期为企业提供投融资顾问服务、财务规化服务以及投资可行性分析，善于发掘具有投资价值和投资潜力的项目，已经成长为中国最有影响力的网络投资融资平台。	深圳市投资公司成立，公司总部地址深设在圳市南山区科技园金融基地 1 栋 3B2
小微企业风险投资网（简称微投网）	主要为中小投资者特别是立志于投身实业的小投资者提供投资信息，为投身小企业特别是有着无限创业激情和创新精神的小企业创业者们寻求共同投资伙伴的信息交流网站。基本投、融资项目标的在 100 万元以内。目标是成为中小投资者和小微企业的投、融资门户。	由“散装风投（Low Venture Capital 简称 LOWVC）”的概念提出者 Daniel 创建

续表

平台名称	服务宗旨	发起人
东方风险投资网	网站由东方泰和创业投资管理有限公司负责经营管理。依托东方泰和创投和东方创业投资联合会的强大广泛人脉资源，为中国众多的创业者及融资企业提供最具专业性的资本项目对接平台。是业界认可的中国最具专业性的风险投资行业门户网站网站。	由多家知名创投机构和投融资行业专家联合发起
中华创投网	Chinacvcn. com 中华创投网致力于为全球各国华人市场的投资机构、投资银行与企业等客户提供专业的第三方信息产品、创投资讯及研究咨询服务。前身为“天普资本网”，成立于2000年3月，是细化定位于中国省域创投信息市场的先行者。中华创投网精准聚焦全球华商阶层，在不断丰富完善财经资讯和创投服务的同时，顺应高端用户日益增长的多层次财富生活的需求，在全球范围内运营举办多种类型投资俱乐部，并举办专业的创投峰会和论坛，同时和全球华商所在地商会建立了广泛的合作，通过商务考察、数据分析、论坛研讨、俱乐部会员沟通等多种方式服务于全球华商。	Chinacvcn. com 中华创投网是世界首家服务于全球华商的专业创投信息资讯机构，隶属于居上国际集团
中国创投服务联盟	是由海内外创投基金、股市股权产权交易所、投行、律师事务所、会计师事务所、基金出资人等创投产业链各领域的领先企业和权威人士组成的互动交流平台。联盟成员们致力于将中国创投服务联盟打造成为具有国际影响力的行业组织，并为推动联盟成员的事业发展提供支持。	海内外创投基金、股市股权产权交易所、投行、律师事务所、基金出资人等建立
创投圈	专注于早期项目的创业投资平台。	由徐小平、雷军、薛蛮子、蔡文胜等中国最优秀的天使投资人联合投资成立
投融界	专业的投融资信息服务平台，拥有多年的投融资服务经验，通过O2O这种线上+线下的个性化服务体系，为客户提供针对性的投融资信息对接和项目搓配服务，解决信用和风控问题，破解信息不对称的难题，针对项目融资需求提供一站式服务。	陈宇飞，杭州投融界网络有限公司创始人

续表

平台名称	服务宗旨	发起人
三农资本	国内首家 PE 背景专注服务“三农”小微互联网金融平台。三农资本获得安徽太平洋基金战略风投，由汇付天下实行资金三方托管，平台以为服务“三农”、中小微企业为宗旨，创新引入实力融资租赁公司、商业保理公司、基金公司、国有担保公司作为债权转让方及担保方，并以风险保障金实时垫付，为雄厚的民间资本提供高效实用的信息对接服务，促进民间资本的高效流通，为投资者创造真正可持续的价值回报。以纯互联网中介平台的身份服务“三农”、中小微企业。三农资本成立至今已发展成为全国互联网金融百强企业，在上海、杭州、苏州、无锡、合肥、长沙、深圳等 30 多个城市设有分支机构。	上海熙明股权投资基金管理有限公司、安徽太平洋产业投资基金管理有限公司、安徽省风险投资研究院及高管运营团队共同打造的互联网金融平台，总部位于上海市陆家嘴核心区银城中路太平金融大厦，运营中心位于合肥滨湖新区高速金融中心。
36 氪融资服务平台	36 氪融资服务平台为你提供创业资讯、科技新闻、投融资对接、股权投资等创业服务，致力成为创业者可以依赖的创业服务平台。是中国真实高效的互联网创业投融资平台，对创业者和投资人进行严格实名审核认证，帮助创业者以最快的速度完成早期融资，为投资人筛选最优质匹配的项目。其主打“极速融资理念”，让创业者与投资者在最短时间内完项目与资金对接，提升了融资效率。同时提供氪空间，孵化创业团队，为全球顶级资本机构提供优质项目。	刘成城，北京协力筑成传媒科技有限公司（36 氪）联合创始人兼 CEO
天使汇众筹平台	天使汇成立于 2011 年，为国内创业者、投资人、投资机构提供在线投融资服务，参考了硅谷股权众筹服务 AngelList 的模式，创业者可以在线提交初创公司项目简介、团队成员、商业计划等，经过认证的投资人、投资机构可以在线浏览创业项目并约谈创业者，投资者甚至可以在线提交投资意向，相应地，创业者可以在线出售股权获得投资。天使汇和 AngelList 的在线创投服务模式常常被称为“股权众筹”。作为“创业者背后的创业者”致力于为中国广大创业者提供优质、高效的创业服务。	兰宁羽，天使汇创始人、CEO

续表

平台名称	服务宗旨	发起人
天使湾创投	成立2010年，是一家专注互联网投资的天使投资基金。天使湾基金自认愿景式风险投资商。投资的财务回报本质来自于其所投资的企业为社会所创造的价值。天使湾基金倡导用互联网模式和理念来做互联网领域的投资。	庞小伟、叶东东、冯丽萍、王磊
I黑马	面向“可资本化创业项目”的创新型综合服务平台，于2012年2月6日上线。致力于帮助创业者从全球范围内获得灵感，获得点子，获得投资，获得人才，获得宣传，获得经验，获得尊敬。	牛文文，创业黑马集团（原创业家传媒）创始人、董事长、黑马学院院长，中国创业社群领跑者、资深商业观察家

资料来源：百度搜索。

8.3 目前我国农业科技创新风险投资中介服务模式

依照目前我国农业科技风险投资中介机构是否以营利为目的，可分为营利性和非营利性两种类型。非营利性的主要是政府部门设立，农民自己出资创办的合作组织、教育及科研机构设立的研究与服务机构，有些是非盈利的，也有些是微利或盈利的；盈利性的主要是企业独立出资或多部门与企业共同出资设立的中介服务机构。实际工作中，非营利模式下的中介服务机构在农业科技创新风险投资中介服务过程中发挥着主要作用。

8.3.1 非营利性中介服务机构的中介服务模式

8.3.1.1 政府部门设立中介服务机构的中介服务模式

利用政府的资源和威信为农业科技风险投资提供各种中介服务的机构或平台。包括三种类型：一是非专业化中介服务组织机构或平台中的国家（包括省市级）农业科技园区、农业高新技术产业园区、农业科技示范区、高新技术开发区、大学科技园区以及其他各类科技创新孵化器等；二是政府管理机构，包括园区的管委会、高新区管委会、地方科技局农村处、或地方农业局等机构，这些政府机构在承担着具体管理职能的过程中也充当起牵线搭桥、信息服务、组织培训等中介服务功能；三是政府出资创建的创新与风险投资对接服务平台，比如，青年创新创业服务平台、第一财经创投联盟等等。这些机构多是公益性机构，承担着贯彻国家政策、引导社会投融资和生产市场行为的社会责任。

这类中介机构的优点是依靠政府优势，建立较为强大的信息数据库和信息网络，利于信息的沟通和传播；充分考虑了农业科技的正的外部性，对社会效益显著的具有公共物品性质的活动提供支持；资金主要来源于国家的财政收入；同时掌握着众多有效信息资源，信誉状况良好，一方面容易吸引客户，另一方面有利于协调高校、科研机构、农业科技企业、风险投资公司等多方社会利益关系。而且具有一定的政策导向作用，利于引导投资，同时也利于在市场的引导下及时给予优惠政策，创造有利的外部环境，有利于国家政策的贯彻，促进农业科技风险投资的发展。但是其也存在着很多缺点：主要依靠政府出资，资金来源渠道过窄，资金短缺现象严重，缺乏利益激励机制的驱使，配置资源效率低成本高，行政干预严重易产生暗箱操作，管理模式僵化，人才短缺，技术经验不足，提供的服务有限。

8.3.1.2 非营利性民间组织提供中介服务的模式

非营利性民间机构在我国目前比较普遍，包括农民专业合作社、大学、科研机构、行业协会等，这些机构提供信息咨询、技术指导等服务，促进一定区域内农业经济的发展服务。以农民合作社为例，合作组织多采用会员方式，经费主要来源于会费，服务对象也主要针对会员，其优点在于区域特征突出，对区域内经济技术条件有较强的了解和洞察力，利于成功经验的传递和吸收，信息传递迅速，非营利性使得其利于吸引客户，利于区域内农业科技风险投资的发展。当然，这种合作组织的中介服务缺点也很明显，主要是辐射范围小、信息资源有限、资金规模小、来源不稳定、不以盈利为目的导致难以吸引高素质的人才加入，与其他经济部门及各组织成员间不易协调、缺乏法律法规和政策支持等等。而一批以教育科研机构为创办主体的中介机构，依托教育科研机构的技术、知识、人才、基础设施、科研设备贯穿于农业科技的研发、试用、转化、推广的全过程。例如农业院校设置的大学生科技园创业园，即可以利用自身的科研技术优势进行研发、试验，又可以靠其威信和信誉吸引企业投资。

8.3.2 营利性中介服务机构的中介服务模式

营利性企业或者合作机构提供中介服务往往是以盈利为目的的。如前述的一般性中介机构包括财务顾问、会计审核、资产评估、法律咨询与保护等服务的中介组织，包括律师事务所、会计师事务所、财务顾问公司、资产评估所、信用中介机构、科技中介机构等机构，这些机构属于社会性中介机构，以营利为目的，服务产品具有普适性，服务收费也具有规范性。还有一些非专业化的提供中介服务的机构组织，包括风险投资公司、投资银行（证券公司）证券公司、信托投资公司等，获取营利是其提供中介服务的惟一目的。另外，一些由政府、企业、高校、科研机构等多方共同出资组建的营利性风投股份制公司或中介服务公司，也是以营利为目的展开经营，实际工作中通过组织协调各机构以及整合经过初步筛选资源，提供有用信息和平台。这种利用现代化公司的管理模式及动作方式，所有权与经营权分离，便于采用激励与约束机制，有利于机构的高效运作。用市场机制来对投资中介机构进行评价、监督和激励，有利于市场规则的建立，配置资源的力度强，有利于吸引高素质管理人才。

8.4 我国农业科技创新风险投资中介服务产品

8.4.1 投融资服务

无论是风险投资机构还是农业科技企业，投融资都是其发展的关键环节。对风险投资公司而言，一方面需要扩充自身的资金来源，增加资金规模；另一方面需要寻找合适的投资对象。对于农业科技企业而言，资金不足问题是其发展的瓶颈，获取资金是企业最想得到的金融服务。投资银行、风险投资机构等是提供投融资服务的主要机构。投资银行不仅直接投资于农业科技风险投资机构，成为直接投资人，而且对处于成长期的企业提供各种融资服务，包括帮助成熟企业私募股权资金、上市融资等；风险投资公司聚集出资人或投资人的资金进行统一投资，在投资者和农业科技企业之间搭起了一个桥梁，作为投资者的代理人代理投资行为。

8.4.2 咨询服务

会计师事务所为风险投资公司和风险企业长期提供财务政策咨询，编制财务报表，进行财务审计和分析，为客户提供具有公信度的财务数据等；律师事务所主要提供对企业的主体资格、债权债务、产权归属等状况进行审查、参与企业章程的起草和修改、协助企业进行谈判和订立合同、审查相关法律文件、出具法律意见书以及对构建公司治理结构提供法律咨询等服务；专门的咨询公司主要收集、传递信息，为相关企业提供信息咨询服务。

8.4.3 担保督导服务

信用评级机构传递信息、控制风险，以降低整个社会的信息成本，为风险投资者提供对风险企业的信用担保等服务；督导机构作为社会力量监督风险投资行业的运行。

8.4.4 评估服务

资产评估机构服务范围涵盖动产、不动产、企业价值、无形资产等各类资产，服务的经济行为涉及企业改制上市、并购重组、抵押担保、工商注册、财务报告以及诉讼等诸多方面；风险投资公司在对企业进行投资前对农业科技企业及其项目的前景进行较为专业的评估，投资于较有市场前景的项目。知识产权评估机构对企业的知识产权包括无形资产进行评估；科技评估机构对科技项目的科技含量、科技的实用性以及推广可能性进行评估。

8.4.5 综合性服务

农业园区、产业园区、示范区、高新技术开发区、孵化器、大学科技园区等，它们向风险投资公司或企业提供投融资、咨询、指导以及简单培训的服务。归结起来这些机构或组织主要提供以下服务：大学科技园区主要是技术研发基地，基础设施较为完备，是技术密集型基地，主要进行技术的研发、转移和转化服务，不具备强大的信息交流网络，也不提供经济咨询、技术与资金匹配等服务内容，其着眼于吸引规模发展到一定程度的成长型企业，促进科技成果转化，实现市场利润；孵化器主要是为新产品、新技术以及小企业或初创期企业提供基础设施、厂房设备租赁、招募职员、质量认证、技术培训、经营管理咨询、市场开拓、新产品鉴定、职业再教育等服务，促进科技成果转化和关注企业成长；风险投资公司提供的中介服务主要包括信息咨询、培训、资金支持等，它以获得高风险背后的高额利润为目的，主动性较强；高新技术开发区与产业园区与孵化器类似，但是提供的服务更加广泛。这些中介机构主要是以满足特定需要为目的，并未充分考虑资源的配置效率与信息的长效沟通和交流，导致职能分散，运行效率低，但是在一定程度上促进了农业科技企业与风险投资的对接。例如2011年由国内26家知名创投机构组成的现代农业创业投资联盟在“农业硅谷”杨凌成立，为创投机构与农业企业搭建了合作平台。2007年深圳高新区创业投融资服务广场正式成立，成立以来组织了大量的项目对接、洽谈活动。定期举办“项目深度剖析沙龙”活动、进行“创业板”知识、“新三板”知识培训、企业培训进行上市辅导等。杭州市创业投资服务中心正式揭牌，通过项目发布会、创投网站及新闻媒体发布融资项目，并在全国率先开通了创业投资电话服务热线，帮助创业者寻求投资。2009年3月，沈阳高新区科技投融资服务平台在浑南新区全面启动，平台通过引进投资银行、基金、审计、评估、律师和咨询顾问等专业机构，为企业提供培训辅导、股份制改造、引进战略投资者、上市融资等系列化专业服务。

8.4.6 增值服务

风险投资公司在进行投融资的过程中，通过参与企业管理、进行管理培训等活动，为企业提供增值服务。首先帮助规范企业公司化运作，例如摩根等帮助蒙牛重组了企业法律结构与财务结构，并帮助蒙牛在财务、管理、决策过程等方面实现规范化。其次，风投品牌入股企业可以帮助提高企业信誉。最后，风投机构在为企业获取政府的支持和其他资源方面也有帮助，例如 2003 年蒙牛投毒的危机就是政府出面主持下解决的。

8.5 我国农业科技创新风险投资中介机构发展中存在的问题

8.5.1 缺少专门服务于农业科技风险投资的中介服务机构

我国农业科技风险投资中介机构在一般中介机构的基础上发展起来，从提供服务的内容和方式来看发展还不成熟，并且缺乏必要的环境支撑。我国现有的一些中介机构如律师事务所、资产评估机构、会计师事务所在运行上已经比较成熟，提供的都是一些社会化中介服务产品，但是对于农业科技风险投资发展中所需的信息服务、专业辅导等专业化服务则少有机构提供。从农业科技企业发展的角度看，需要一个专门的机构提供农业科技企业（或项目）与风险投资的信息，使得风险投资能够以较低的成本获得需要的信息；需要一个专门的机构对其进行培训，使农业科技企业（或项目）能够满足风险投资的筛选要求；需要一个对接平台，在农业科技企业（或项目）与风险投资的对接过程中发挥粘合剂和催化剂的作用；需要专门的农业知识产权估值机构，目前的注册资产评估师的主要任务在于对知识产权的现值进行估值，为企业价值认定提供依据，而不是对产权的未来价值进行估值，而未来价值才是风险投资所关注的，特别是农业知识产权具有遗传性、保护难、更显换代快等特性，如果缺乏农业知识本身的认识和理解，那么，对其未来价值就很难把握。这些服务内容是现有的中介机构不能整体提供的。尽管国家或地方科技部门、以及一些大学科技园区、农业产业园区等能够提供相关信息服务，有的也在一定程度上促成对接，但是这些服务内容都不是这些组织的主要功能，这就在很大程度上阻碍了农业科技风险投资的发展。

8.5.2 组织形式分散，缺乏行业自律机构

虽然社会上已经存在一些中介机构和科技中介，但是专门以实现农业科技企业与风险投资匹配和对接的机构极少。在我国，合伙制和公司制的提供中介服务的组织很多，近几年农业协会和农业合作社广泛建立，科技园区、示范区、产业基地在探索中成长，各中介机构大多各自发展，互不干涉，缺乏统一的行业自律组织规范这些组织形式多样的机构，使得其组织形式分散，服务内容单一、服务方式僵化，缺乏系统性，缺乏从中央到地方的联动性，往往造成“一试定终身”的局面，即无法达到国家级（高级）标准的项目就被放弃，造成很大的浪费和损失，例如首届农业科技创新创业大赛在科技部的组织下吸引了全国众多有潜力的科技企业参赛，也吸引了很多资质条件较好的风险投资公司的加盟，31个省市共有1771个项目参赛，共有119个项目入库。就首次举办大赛来看，数目已经不少，但是就全国范围来看，还有很多有潜力的项目，由于管理落后、商业计划书起草不规范等于原因难以晋级到中央级赛事，而地方并没有举办地方性的大赛，来为一些具有市场前景但达不到中央大赛要求的项目提供融资服务。

8.5.3 服务内容不能满足需要，缺乏专业化的对接平台

目前，我国的中介机构提供的服务多是对接前或对接后的服务或技术性服务如投融资、咨询等服务。尽管会计师事务所和投资银行在企业上市过程中提供一定的培训服务，但是服务内容较单一，服务方式僵化，目前我国还没有专门的中介机构拥有强大的项目数据库，提供项目推介和必要的培训服务，以使农业科技项目能得到风险投资的青睐，不能满足农业科技企业和风险投资公司的需要。尽管农业园区、产业园区、示范区、高新技术开发区、孵化器、大学科技园区在一定程度上为农业科技企业与风险投资搭建平台，但是这种平台也多是以活动为基础的，出发点在于集合各种优势资源以满足特定需要为目的，缺乏一个统一高效的对接平台，提供咨询、培训、信息等服务，促进农业科技企业和风险投资的对接。

8.5.4 信息公开机制不健全

目前我国还没有建立起一个全国性的关于农业科技企业（或项目）的信息数据库，而我国关于农业科技以及农业科技企业的信息大多被农业部、科技部和工商行政部门掌握着，这些资源有很大一部分是非公开的，在缺乏有效地科技信息平台的前提下，风险投资机构较难获得关于投资项目的信息，农业科技项目也难以获得融资需求；另一方面，风险投资机构对农业科技企业的了解也有限，可能由于这些信息的不对称引发“柠檬市场”现象，使得农业科技风险投资效率低，成功率低下，甚至还会影响风险投资投资于农业的信心，减缓我国农业现代化的步伐。在提供服务的方式上，现有中介机构多是以实现自身利益为目的，自身利益与服务对象的利益没有直接的联系，在不是利益相关体的前提下提供服务，服务的增值性较低。

8.5.5 从业人员专业素质不高，技术专家与投资专家从属于不同的利益主体

农业科技风险投资中介机构要求从业人员中有相关领域专家，还需要对农业、农业科技、投资、市场等知识有一定的了解，才能适应相关客户的需求，但是目前我国风险投资业以及中介机构行业中能独当一面的专家很少，复合型人才缺乏，往往从业人员只对某一个领域较为了解，跨领域的知识面窄导致农业科技风险投资中介机构人才结构性不足，结构不合理，难以提供高级服务。在项目的评审过程中，风险投资家注重的是市场前景，往往忽略了技术的可行性，而技术专家又不懂市场，农业科技正的外部性要求在考虑市场前景的同时也应关注农业科技的技术性和公益性，但是目前风险投资机构拥有的大多是投资性人才，而农业科技企业拥有的更多的是技术性人才，二者从属于不同的主体，不利于利益的统一。

8.6 我国农业科技创新风险投资中介机构发展的制约因素

8.6.1 法律法规建设不健全

发展农业科技风险投资中介机构离不开法律的保护，市场体系是农业科技风险投资中介产生的土壤，政策法律环境是其发展的保障。我国相关的法律法规长期滞后使得社会上的中介机构管理不规范，运作不合理，利用制假、贩假、坑农、害农的消息，使风险投资活动受到损害。我国目前还没有专门的关于农业科技风险投资中介机构的法律法规，在《中华人民共和国民法》、《中华人民共和国合同法》等法律法规的部分条款涉及风险投资中介，但还没有一部完整的法律来全面规范农业科技风险投资中介机构的服务职能、范围和行为。法律的不健全也使得委托—代理关系在一定程度上存在风险，中介机构作为代理人，代理投资者寻找项目或者受农业科技企业委托为其寻找投资者，如图8－1所示，怎样避免道德风险，最终实现风险投资与农业科技企业的成功对接，并使双方利益最大化，这就需要严格的法律法规进行规范。但是我国合同纠纷案件较多，法律法规不健全使农业科技风险投资中介机构服务业的服务质量、服务行业产生随意性，也为规范管理带来不确定性。

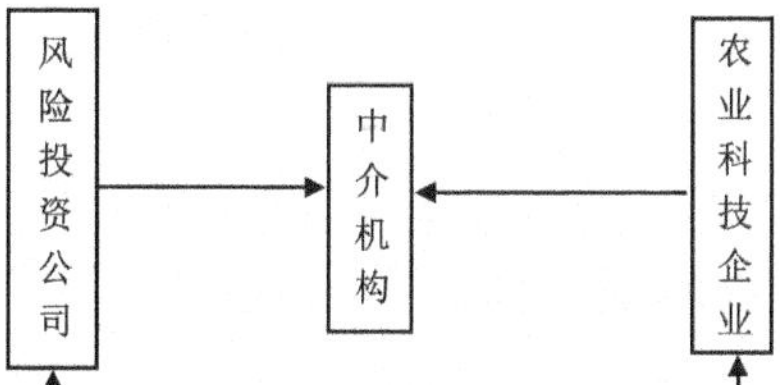

图8－1　中介机构的委托—代理关系图

8.6.2 政策引导力度不够

政策支持对实现农业科技风险投资体系的建设具有至关重要的作用。当前，政府依旧掌握大量关键资源的分配，而且我国的市场经济体系还不完善，再加上农业领域的发展所包含的不确定因素要大于其他行业。我国金融机构业务范围比较保守，缺乏政策引导。我国每年农业科技成果有6000多项，但是能成功转化为现实生产力的并不多，主要原因在于资金供给不足，缺乏政策的引导，农业科技要获得长远发展难以获得资金支持。近年来虽然我国的农业科技投入总量不断增长，但是农业研发经费占整个国家研发经费的比重仅为3%—4%，远远低于世界平均水平10%，而我国农业在国民经济中占到了10%左右的比重，这是极不相符的。农业科技的公共物品性质决定了农业科技的受益者不仅包括农业生产者，还涉及农产品消费者以及社会效益，但是不难发现我国的政策引导力度不够，主要集中在农业生产以及流通上的支持和鼓励，并没有出台相应的鼓励农业风险投资中介机构建立和规范的引导政策。导致我国农业科技风险投资中介机构发展缓慢，专业性中介机构缺失，就目前存在的中介机构缺乏必要的政策引导其投资于农业科技企业。尽管国家或地方出台了一系列政策支持和鼓励农业科技园区、高新技术开发区、大学科技园区等的发展，主要是财政和税收上的优惠，这是政策引导重要的一个方面，但是在建成运作过程中的投资方向引导力度弱，使得很多资金未能投资于农业科技。

8.6.3 信息非公开化，缺乏高效的信息平台

长期以来，我国政府在风险投资领域占主导地位，到目前为止我国许多重要的资源及其分配权还集中在政府部门。政府有专门的产业投资基金，引导基金，科技部掌握了大量科技信息，承担着许多国家科技创新项目，农业部主要拟定一些农业产业政策，制定发展规划等。政府掌握的这些资源都是非常宝贵的资源，这些资源一旦商业化，会增加农业科技企业的成本，增加其交易费用，降低农业科技成果转化的效率，这就需要政府主导建立统一的信息平台，农业部掌握着关于农业资源的信息，有拟定农业产业政策的权利，其他资源，

如科技部掌握着关于农业科技以及国家农业科技项目的相关资源，工商部门掌握着关于农业科技企业的相关信息，各种重要的信息分别被不同的部门掌管，一般的企业和个人很难获得，由于对信息掌握的不完全性，大大增加了企业和风险投资公司的搜寻成本，这也是导致我国农业科技成果转化率仅仅为30%—40%，远远低于发达国家的水平的主要原因之一。

8.6.4 人才结构不合理

一方面农业科技风险投资中介机构提供服务的综合性、全面性、独立性、审慎性都是前所未有的，而我国教育系统专业划分过细，难以培养出综合性人才，社会上的培训机构在规范性和专业性上都有待提高，不利于我国综合性人才的培养；另一方面一直以来，我国实行分业经营，投资领域和科技领域区分过于严格，这使得企业的经营范围比较集中，人才类型比较单一；再者，在项目的评审过程中多是由高校或技术专家先对技术进行审核，符合要求的再提供给风险公司，虽然风险投资与高科技有着天然的联系，但是在科技性与良好的市场前景相比，风险投资更看重市场前景，从本质上来说风险投资是趋利的，并不像人们常常以为的必须投资于高科技，所以在对科技项目的评价过程中缺少投资专家的参与可能会错过很多好的项目，与此同时，风险投资在寻找项目的时候往往更多地考虑增值的空间，对科技的社会效益考虑得较少，对项目评价过程中这种不合理的人才结构也会阻碍我国农业科技风险投资的发展。

8.7 我国农业科技创新风险投资中介服务创新案例分析

8.7.1 科技部组织的全国农业科技创新创业大赛活动

目前，国家科技部已成功举办了两届农业科技创新创业大赛。科技部主办农业创业大赛的目的是通过大赛这种形式，吸引社会资本关注农业创业企业，希望把科技与金融的力量引入农业发展之中，推动内地现代农业产业化的发展。正如科技部副部长张来武所说，“只有为现代农业产业营造了一个成熟的风险投资环境，内地现代农业才会更快的走上正轨”。科技部在组织的两次农业科技创新创业大赛活动中发挥了农业科技创新风险投资中介服务的功能与作用。

8.7.1.1 全国首届（2012 年）农业科技创新创业大赛活动概况

（1）大赛主办方

大赛由科技部牵头首先成立了高规格的大赛组委会和执委会，根据科技部内部的部门职能确立了大赛的主办单位，包括科学技术部农村科技司、科学技术部科研条件与财务司、科学技术部国际合作司、国家科学技术奖励工作办公室、中国农村技术开发中心、科学技术部火炬高技术产业开发中心、科学技术部信息中心等科技部职能单位和部门。

（2）参赛主体

重点以现代生物农业、精准农业、环保农业以及以信息技术和现代管理要素为核心的供应链、物联网等现代农业产业链高端的项目为参赛主体。按照参赛对象的创业阶段，分为企业成长组和初创项目组两个类别。同时，农业科技特派员企业也在相同赛制下，单独参赛、设奖。

（3）大赛的组织实施

大赛组委会通过广泛动员和宣传，最终选定由深圳创新投资、深港产学研创新投资、神华投资、辉银投资等七家风险投资机构联合组成中农科创投资股份有限公司，和陕西杨凌农业高新技术产业示范区一道作为大赛的承办方，直接参与大赛的组织、评审工作。按照中国农业科技创新创业大赛方案，赛事评审分为初选、初赛、复赛和决赛四个阶段，其中初选和初赛采用网上评审方式，以参赛者提交的报名表及商业计划书为准。复赛和决赛实行现场答辩方式进行，采用“6+12”模式（6 分钟现场陈述，12 分钟选手与评委交流互动）进行答辩评选。

为保证大赛评审过程的公平和专业，大赛评委会由 15 名评委组成，其中 10 位评委由中农科创投资股份有限公司股东单位提名，提名原则按照股东单位出资比例来确定。其余 5 名评委由大赛执委会推荐国家“863”计划农业领域的相关专家担任。同时，大赛评委会评委均须签署中国农业科技创新创业大赛保密协议。

评选要点包括创新性（产品、服务、技术、模式等）、行业及企业的行业地位、行业目标定位、管理团队、商业模式、运营评价（研发、技术、产品、销售及物流）、盈利、现金及财务状况、融资方案、企业发展合规合法性等十个方面。

（4）大赛取得的成果

本次大赛共征集到1771个有效报名项目，经过网上初选、初赛和现场复赛和决赛答辩，有120个项目参加复赛答辩并入选“十二五”农村领域科技计划备选项目库。共吸引了8000多万元社会资本投资19个项目和企业，为相关领域农业产业的培育壮大提供了强大的支持，也为将来在金融领域农业板块的运行进行了先期探索。最终来自江苏盐城的“盐土农业植物资源综合开发利用”项目获得初创项目组一等奖，来自北京的“现代农业——规模化牧场建设”项目获得企业成长组一等奖，并分别获得了200万元和1000万元的天使投资。

8.7.1.2 大赛所起到的中介服务功能与作用

（1）搭建对接平台

风投寻找企业、企业寻找风投，都需要很大的交易成本。科技部作为政府部门组织搭建对接平台，具体通过选拔赛的形式推出农业科技企业进入风投视野，提供企业的各种信息，这在很大程度上减少了信息不对称成本，风投在做进一步的调查，包括后期的尽职调查。

通过初选、初赛、复赛、决赛的严格筛选，分别选出了既有市场前景又具备较高科技含量的项目，并分别对这些项目进行了投资，政府引导创投公司将资金逆向流入农业科技领域，对获奖的参赛项目进行不同额度的天使投资，并对优秀的参赛企业提供风险资本支持，大赛从形式和方法上对金融资本投资现代农业起到了积极的引领和示范作用，能够使更多的资本关注农业领域，探索出了一条“政府引导创投、创投带动金融、金融支持农业”的创新投入有效路径，为涉农科技企业的培育打开了良好的局面。本次大赛共吸引了8000多万元社会资本投资19个项目和企业，在风险投资与农业企业之间搭起了一个对接平台。

（2）做好组织宣传工作

在大赛正式开始之前，科技部借助官方机构的力量，对各省市科技部门提出了组织当地企业参加创新创业大赛的工作安排，同时利用新闻媒体、网络进行了宣传工作，使社会上更多的企业了解此活动的作用及其流程。科技部农村发展中心为中心的大赛组委会选定中农科创投资股份有限公司和陕西杨凌农业高新技术产业示范区一道作为大赛的承办方，直接参与大赛的组织和评审工作。大赛宣传组将农业科技与金融资本结合的理念广泛传播。例如科技部张来武副部长做客新华网“金融讲堂”，对大赛的设计构思和意义等进行了全面阐述，引起了较大的反响，在 CCTV2 财经频道就大赛理念进行了专题讲解，并就颁奖节目有关事宜进行了对接。积极做好新闻报道，为扩大影响，在网上评审、项目对接会和复赛结束后，分别撰写了新闻稿件对赛事进展情况进行宣传，人民网、新华网等门户网站转载了有关报道并对赛事进展给予了连续关注，引起了良好的社会反响，大赛不仅引起了涉农企业和项目的关注，也获得了其他风险投资公司的青睐。

（3）注重从中央到地方的联动性

一方面应有政府的参与，另一方面应注重中央到地方的联动性。农业科技创新创业大赛过程中，绝大多数省（区，市）的科技厅下发或转发了科技部的参赛文件，超过 60% 的省（区，市）通过专门的会议进行了赛事动员，如宁夏、重庆等地积极组织科技特派员参赛，并对本地的参赛企业和团队就如何撰写商业计划书进行培训；海南省除了积极组织科技特派员参赛外，还建立了项目库，为今后培育好的项目做储备；福建、四川等省联合本地风险投资公司先期在省里组织大赛，对获奖的项目在省内先期给予奖励，并推荐优秀的项目参加国家创业大赛。在大赛举办过程中也促进了各个省份农业科技风险投资的发展，所以在组织农业科技风险投资中介机构过程中应注意这种自上而下的组织形式。

（4）对参赛企业进行业务培训

在大赛过程中，科技部农村中心对参赛企业进行宣传培训，在大赛宣传推介和决赛阶段，对参赛企业进行了投资方面的培训，引起了参赛企业的广泛兴趣，一方面宣传了大赛理念，另一方面帮助企业适应大赛的要求。

（5）整合各种优惠和支持政策

为激励和鼓舞全社会投身现代农业的创业热情，大赛组委会研究制定了六个方面的配套政策与大赛对接，包括与风险投资对接、与落地政策对接、与科技计划对接、对获奖项目、与“千人计划”对接、与研发平台对接、与项目推介对接。

8.7.2 陕西杨凌农业高新技术产业示范区组织的科技活动

陕西杨凌农业高新技术产业示范区，是中国惟一的农业高新技术产业示范区，1997年7月29日在咸阳市杨陵区成立，纳入国家高新区管理，是我国三大农业示范区之一（杨凌农业高新技术产业示范区、北京现代农业科技城、黄河三角洲国家现代农业科技示范区），规划面积22.12平方公里。由陕西省直辖，并和23个中央部委共管，具有地级行政级别。示范区管委会享有省级经济管理权及部分省级行政管理权，享受国家级高新技术产业开发区的各项优惠政策、国家对农业的倾斜扶持政策及西部大开发各项优惠政策。园区建设中包含风险投资公司的引进，所以，园区在农业科技风险投资中起着基础性的作用。

8.7.2.1 活动概况

陕西杨凌农业高新技术产业示范区组织和参加的科技活动有很多，这里以农业科技培训活动、招商项目推介会、农业高新科技成果博览会、现代农业投资峰会为例。

（1）农业科技培训活动

2012年2月1日上午，由陕西省政府主办，陕西省农业厅、杨凌示范区协办的全省农业科技大培训活动启动仪式在杨凌隆重举行。农业科技大培训活动以农业科技需求为出发点，坚持“政府主导、上下联动、多元参与、广泛培训”的工作机制，充分发挥各类教育培训资源，重点围绕基层农技人员、职业农民、农村实用人才、农业实用技术4个方面开展培训。

（2）杨凌示范区重点项目推介会

2013年4月5日至9日，第十七届中国东西部合作与投资贸易洽谈会（简称“西洽会”）于在西安曲江国际会展中心举行。西洽会上，杨凌分团以“中国农业硅谷、现代田园城市”为主题，通过展览展示、项目推介、招商引资、集中签约、媒体宣传等一系列活动，突出农业科技、现代农业产业等特色，并通过举办杨凌示范区重点招商项目推介会、杨凌分团项目集中签约仪式、杨凌示范区创新创业与投资环境推介会等9个专场投资促进活动搭建招商引资平台。重点招商项目包括华电杨凌热电联产项目、杨凌后河综合开发项目、杨陵区康乐路商业开发项目、杨陵区老城区改造工程、杨凌水上世界项目、杨凌工业园区标准厂房项目、杨凌生物产业集群孵化器项目、种子产业园公共平台及商业开发大型种子公司生产研发基地建设、现代农业示范园区4A级旅游景区建设、疙瘩庙遗址文化公园、杨凌铁路物流园区、杨凌泰陵遗址保护利用、杨凌游客咨询服务中心、西部农业生产资料农业机械及配件交易市场建设。通过举行重点招商项目推介会促成48个项目成功签约，涉及总投资202.6亿元人民币。

（3）中国杨凌农业高新科技成果博览会（简称“农高会”）

农高会创办于1994年，到2014年为止已经成功举办了21届。每年一度的杨凌农高会成为国际知名的科技展会品牌和农业科技推广的重要载体。农高会的规模、效果、水平和影响逐年提高，累计吸引了30多个国家和地区、上万家国内外涉农单位，1085万客商和群众参展、参会，项目投资、实用技术、产品交易额累计1255亿元。特别是近五届，每届参会人数都超过130万人，其中90%以上是农民、农村基层干部和农业企业。组织开展的（中外）农民创业论坛、农业实用技术讲座和专家咨询活动，咨询培训人数超过50万人次。成功举办了2005“一村一品”国际研讨会、2006中加农业科技创新周等国际农业科技交流活动。农高会为农业高新科技成果的转化应用、推广示范搭建了交易的大平台、大市场，成为有效吸纳、转化农业科技成果，进行科技推广示范、实现社会资本与科技企业链接的重要平台，真正成为农业的盛会、农民的节日。农交会早期致力于农产品推介、技术咨询与培训等方面，近年来农高会除了开展传统的名优新产品展览展示、科技成果及植物新品种信息发布、农业技术咨询培训等工作内容外，更加注重国际农业合作交流、项目及技术洽谈与交易、风险资本与农业科技项目的对接等方面的服务工作。

以第19届农高会为例，活动内容主要包括中外农民创业论坛演讲、农业实用技术讲座、百名专家现场咨询、项目与技术洽谈与交易等。以“科技引领，促进现代农业与农村创业”为主题的“中外农民创业论坛”就国内外农民及农村经济组织创业发展成功经验进行交流，为广大农民创业者和农村基层干部搭建学习交流平台。实用技术讲座在讲座内容确定方面，坚持“农民点单、专家配餐”的思路，从2012年9月开始，即通过网络媒体发布信息、利用下乡培训当面征集等方式，广泛征集农民群众培训需求，根据需求精心设计主题、选聘专家，力求使培训内容更加贴近农民生产实际，更好地满足农民发展需求，搭建了专家与群众直接沟通交流平台。在培训形式方面，紧密结合当前经济社会发展实际，邀请了杨凌金薯种业公司、宝鸡金果公司、西安承信信息技术有限公司的技术人员进行技术讲座；利用讲座之际，就马铃薯产业化发展与彩薯加工、矮化大樱桃栽培管理技术、农产品电子商务与网络营销知识等内容进行专题培训，在推介优秀企业的先进服务理念与生产经营模式的同时搭建农户与企业、企业与资本的对接平台。讲座期间，活动组织者还对杨凌远程农业科技服务平台、网络专家大院（“三农”呼叫中心）、农业科技服务网等信息化农业科技推广服务平台进行了推介宣传，以满足群众对农业科技培训的日常需求。第十九届中国杨凌农高会促成44个项目签约，签约总金额达93.23亿元。此次签约项目中，合同项目16个，金额18.92亿元人民币；协议项目28个，金额74.31亿元人民币。

（4）现代农业投资峰会

2010年10月27日，首届中国现代农业投资峰会在杨凌召开。投资大会由清科集团、杨凌示范区管委会主办，达晨创投、东方富海、深圳松禾等200余家国内知名创投机构、证券公司和企业代表参加。会议以地方政府、企业、国内外知名创投机构对农业项目的交流推介、投融资活动为主，并举办精品项目推介会。峰会组委会面向全国征集了200多项优秀的可产业化的项目，涉及生物育种、生物医药、农业机械、农副产品深加工等领域。会议期间对优秀现代农业创业投资项目和企业进行点评。投资峰会的召开标志着创投资本在园区政府的引导下正式进入现代农业发展领域，为将来农业科技自主创新能力的提升、农业科技示范推广的推动和农业产业化打下良好基础，推进多元化、多层次、多渠道的科技投融资体系构建。2012年10月，陕西省农业厅主办第二届中国现代农业投资峰会，并邀请到科技部火炬中心、陕西省科技厅、发改委、金融办、杨凌示范区等政府领导。会议进一步探讨创投资本参与现代农业发展的途径，拓宽创投机构与农业企业合作的对接平台，完善科技金融结合机制。这是一种政府、风投机构、农业龙头企业或涉农企业的一次面对面的探讨，对现代农业的发展具有重要意义。

8.7.2.2 陕西杨凌示范区发挥的作用

（1）农业科技培训

通过农业科技培训，提高基层农技人员以及农民的科技水平，通过办培训班的方式，使农民广泛参与到农业科技知识的学习与应用中来，搭建专家与农户、企业与农户的交流平台，对提高农业劳动生产率起到了积极的作用，从根本上逐渐提高农村的软资源水平。

（2）搭建招商引资服务平台

杨凌示范区通过重点项目推介会和农高会，为优秀的农业科技项目寻求包括风险投资在内的金融资本和社会资本，部分风险投资的介入，为农业科技项目缓解了融资难问题，为在农业科技项目与风险投资之间搭建平台奠定了基础。

8.7.2.3 启示

（1）技术专家与投资专家相结合

农业科技风险投资中介机构的组织成员应由技术专家和投资专家组成，这样利于对农业科技项目的技术创新型及市场可行性同时做出判断，找到既创新又有市场前景的好项目，促成风险投资投资农业科技项目。

（2）加强对农业科技企业的培训

我国农村劳动力科技素质较低，农业科技企业管理较不规范，应通过一定的培训提高农业科技企业技术人员及普通劳动者的科技水平以及农业科技企业的管理水平。在培训内容上，应结合企业的实际需要进行，进行技术培训指导与商业计划书策划；在培训方式上可以选择远程视频、讲座、座谈会、下乡实地培训等方式进行。

（3）注重区域的带动性

陕西杨凌示范区的发展，带动了整个陕西省农村经济的发展，同时辐射到了银川、太原、郑州、西安、兰州、西宁连接点的矩形区域①，如图8-2所示。

① 资料来源：中国·杨凌“国家农业高新技术产业示范区网站”。

图 8－2　杨凌示范区辐射带动范围

8.7.3　中关村国家自主创新示范区的科技金融中介服务平台

8.7.2.1　中关村国家自主创新示范区发展状况

20 世纪 80 年代，中关村地区的科研院所和高等院校出走大批科技人员，他们建立民营高科技企业，构成了“中关村电子一条街”。1988 年，中关村被批准建立北京市高技术产业开发试验区，这是中国第一个国家级高新区。1999 年，为了加快中关村科技园区的建设，国务院将其更名为中关村科技园区。2005 年，国务院出台政策继续支持中关村科技园区的建设，中关村海淀园管理委员会重新挂牌。2008 年，北京市政府发布了《中关村科技园区发展战略纲要（2008—2020）》，将中关村的未来定位为“全球科技创新中心”。2009 年以来，中关村的发展获得了政策层面的更多关注，大批人才和企业以及金融服务机构涌入科技园区，涌现出了中星微、联想、搜狐、亚都、爱国者、水晶石、新奥特、奥瑞金种业、百度等众多的领军企业，中关村企业在纳斯达克上市的企业数量占全国在纳斯达克上市企业总数的一半。经过 20 多年的发展建设，中关村已经聚集以联想、百度为代表的高新技术企业近 2 万家，形成了以电子信息、生物医药、能源环保、新材料、先进制造、航空航天为代表，以研发和服务为主要形态的高新技术产业集群，形成了“一区多园”各具特色的发展格局，成为首都跨行政区的高端产业功能区。

（1）企业发展

截至 2015 年年底，园区内聚集高科技企业 16837 家，其中涉农企业 1483 家，有 1243 家集中在生物工程和新医药领域，240 家主营现代农业技术动植物优良新品种，涉农企业数量占到高科技企业8.8%。企业方面的运营情况见表8－6所示。

表8－6　　2013年按技术领域统计主要经济指标　　单位：个，亿元

技术领域大类	总和	电子信息	生物医药	新材料	先进制造	航空航天	现代农业	新能源	环境保护	海洋工程	核应用	其他
企业数	15455	8718	1055	962	1631	105	196	978	623	11	43	1133
工业总产值	7890.3	1897.1	650.3	677	2338	180	118	1527	287	30.7	8.7	177
总收入	304974	1100	1316.9	3016	4204.2	392.7	248.2	3466	748	34	24.6	6036

资料来源：中关村科技园区网站。

（2）人才培养

中关村处在北京市海淀区，区内有清华大学、北京大学等国内知名学府，每年都会有应届、往届毕业生前往园区内工作。中关村国家自主创新示范区有自己的人才规划。截至2014年年底，园区内共有“千人计划”项目人才874人，“北京海外人才聚集工程”项目人才368名，“高聚工程”项目158名人才及其团队，表8－7是2013年按技术领域统计的从业人员信息。

表8－7　　2013年按技术领域统计从业人员

技术领域大类	总和	电子信息	生物医药	新材料	先进制造	航空航天	现代农业	新能源	环境保护	海洋工程	核应用	其他
企业数（个）	15455	8718	1055	962	1631	105	196	978	623	11	43	1133
年末从业人员（人）	1898756	888903	117641	115876	255797	43516	22212	145917	49390	3205	2677	253622
其中：科技活动人员	499870	284713	27251	26410	62199	11031	4172	28566	12581	218	856	41873

资料来源：中关村科技园区网站。

（3）科技成果

围绕我国科技的发展，中关村国家自主创新示范区取得了大量的技术突破和创新成果。2013年总收入达到30497.4亿元。表8-8所示是中关村国家自主创新示范区2008年至2013年的科技活动情况汇总。

表8-8　　中关村国家自主创新示范企业科技活动情况

项目 \ 年份	2008	2009	2010	2011	2012	2013
总收入（亿元）	10222.4	13004.6	15940.2	19646.0	25025.0	30497.4
研究与试验发展人（人）	174797	152168	96699	111685	125429	152772
获奖成果个数（个）	1448	1909	1811	2329	2509	2852
国家级（个）	282	276	256	323	377	450
省部级（个）	641	1044	1015	1351	1318	1652
专利申请数（件）	17219	17226	18515	24894	34192	44275
拥有有效发明专利（件）	9836	11611	13988	15232	23198	35000
专利授权数（件）	9050	10512	13151	12951	17969	22308

资料来源：中关村科技园区网站。

（4）政策支持

示范区内通行国家、北京市政策法规，同时有多部区内规范政策，如京校十条、海关相关政策解读、“1+6”新政、税收优惠试点政策、高新技术企业认定试点政策、股权激励、科技金融、政府采购、高端人才、中介服务支持资金、协会商会支持资金、其他等政策。

8.7.3.2　中关村国家自主创新示范区创新平台的建设

2010年12月，国家有关部门、北京市共同组建中关村创新平台，平台旨在整合高等院校、科研院所、中央企业、高科技企业等创新资源，采取“特事特办、跨层级”联合审批模式，落实国务院同意的各项先行先试改革政策。中关村创新平台的框架如图8-3所示。

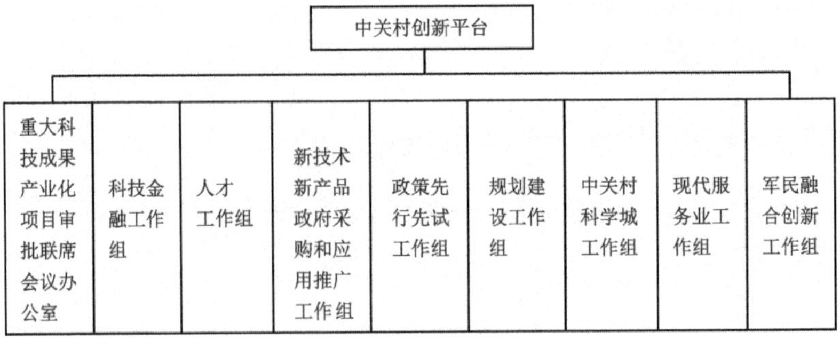

图 8－3　中关村创新平台框架

8.7.3.3　科技金融服务创新

在中关村科技园区建设过程中，北京市政府加大对科技的投入力度，逐渐形成了政府补贴引导金融机构将资金投向科技企业的模式，称为“北京中关村金融服务模式”，即政府设立“信用担保基金＋财政补贴＋股权融资补贴＋商业性金融服务”。目前，中关村拥有我国大约三分之一的风投机构和资金，并且拥有大量银行、上市公司以及融资担保、创投基金等科技金融服务机构。中关村汇集大量的高科技企业和相关人才，发挥了资源聚集和集群效应，特别是中关村模式注重金融服务体系的完善和融资平台的完善，包括努力建设企业信用体系、增加企业融资的能力；启动信用激励机制、风险补偿机制、投保贷联动机制、多方合作机制、分阶段连续支持机制、市场选择聚焦重点机制等，以保障资本与技术的有效对接；提供风险投资、资本市场运作、信贷保险等渠道，促使科技成果转化；构建投融资平台，重组并建立科技创业金融服务集团及金融服务平台，便于各企业共享资源以及融资信息；组建服务联盟，发挥不同成员在资源、技术、资金等方面的优势，推动金融产品和服务的创新。

8.7.3.4　几点启示

（1）园区建设离不开政府政策的支持与积极参与

中关村科技园区建设是在国家政策的不断支持、引导下发展并壮大起来的。随着园区建设规模的扩大、产业的聚集和影响力的提升，园区管委会、北京市政府不断制定发展政策，2012 年连续出台了《海淀区促进重点产业发展支持办法》（海行规发〔2012〕5 号）、《海淀区促进科技金融创新发展支持办法》（海行规发〔2012〕7号）、《关于加快核心区自主创新和产业发展的若干意见》（京海发〔2012〕12号）等指导性文件，旨在贯彻落实区委区政府加强产业发展引导，培育和发展战略性新兴产业；2013年制定《进一步加快核心区科技创新发展实施实施方案（2013—2015年）》，确定将重点实施五大工程，其中产业领航工程确定未来将重点发展移动互联网和下一代互联网，云计算，导航和位置服务，集成电路设计，生物工程与新医药，新材料、新能源和节能环保，文化和科技融合"6+1"战略性新兴产业；2014年7月中共北京市海淀区委、北京市海淀区人民政府提出"关于进一步加快核心区自主创新和战略性新兴产业发展的意见"（京海发〔2014〕10号），强调重点工作是优化创新创业环境、激发创新创业活力、增强企业创新能力、聚焦支持重点产业。除了制定鼓励发展的政策之外，政府部门还直接设立基金参与投资，2013年1月颁布实施《股权投资基金管理办法》，政府直接出资设立专门的海淀区初创期企业股权投资基金（以下简称股权投资基金），中关村科技园区海淀园管理委员会出台"关于印发《海淀区初创期企业股权投资基金实施细则》的通知"（海园发〔2013〕4号）。股权投资基金主要采用直接投资、跟进投资等方式，遵循"政府出资、市场运作、非营利性、参股不控股、适时保本退出"的原则，对海淀区的初创期企业承担的项目进行投资。重点培育战略性新兴产业，支持重大科技成果在海淀区转化和产业化，加速初创期企业成长，鼓励创业投资机构投资海淀区初创期企业。

（2）政府的参与始终将提升园区的服务功能和创业环境放在首位

2014年提出的"关于进一步加快核心区自主创新和战略性新兴产业发展的意见"（京海发〔2014〕10号）明确指出，园区建设的首要任务是全面优化创新创业环境，打造最富吸引力创新创业高地，一是强化科技创新服务支撑，即支持创新服务平台建设，强化技术创新供需对接和技术研发基础支撑服务，加快构建网络化、特色化、专业化的科技创新服务支撑体系。鼓励大学科技园、孵化器、专业园区等各类创新载体建立"创新导师"队伍，按市场化方式为企业开展技术创新提供专业服务，拓展企业端创新前瞻性。二是完善创业孵化服务体系，即鼓励社会资本投资建设创新型孵化器、加速器、集中办公区等各类创业服务载体和整合创业服务资源的公共平台。支持各类创新型孵化器与加速器、大学科技园、产业园等各类创业服务载体合作对接，加快构建面向创业全过程的服务支撑体系，同步形成高成长性毕业企业跟踪筛选和落地机制。

(3) 健全金融服务体系是优化园区创新创业环境的重要内容

①优化创新创业的金融支撑，即支持各类金融机构发展，鼓励引导科技金融特色机构面向科技型中小微企业开展金融产品创新和服务创新，拓宽中小微企业融资渠道、降低融资成本。加快建立支持科技创新的信贷风险补偿机制，促使金融机构加大对早期创新项目的金融服务力度。支持企业上市挂牌、融资交易及并购重组，鼓励企业积极运用资本市场快速发展壮大。

②营造优质的知识产权服务环境。支持知识产权服务与技术转移平台建设，鼓励平台面向企业、高校院所、产业联盟等创新主体，提供信息发布、竞价交易、服务支撑等基础服务。支持企业购买知识产权高端服务，提升企业知识产权保护和运营水平。加速优质知识产权服务和技术转移机构聚集，支持知识产权服务和技术转移机构发展。

③加快信用服务体系建设。加快企业信用信息服务平台建设，搭建开放的互联网信息查询应用平台和专业数据分析系统，为营造诚实守信市场环境提供必要的技术支撑。加快推动信用中介服务机构发展，逐步构建以信用中介服务机构为主体的市场信用服务体系。加快信用产品在政府采购、专项资金申报、工程建设项目招投标、信用融资等领域推广应用，鼓励企业购买信用中介机构的信用产品或服务。

总之，优化园区投融资环境、聚集科技金融服务资源、开展科技金融创新试点、服务企业融资，是提升金融服务水平的重要环节。

8.8 未来我国农业科技创新风险投资中介机构运行机制

8.8.1 设立农业科技金融服务中心（或公司）

建议在科技部下属的农村中心设立专门的农业科技金融服务中心（或公司），负责对农业科技风险投资为主的农业科技金融活动提供中介服务，包括科技金融政策辅导、信息（成果信息、企业信息、涉农风投信息）发布、组织各类对接活动以及对接技能培训、投资咨询与引导、成果水平鉴定、产权价值评估等服务（如图8－4所示）。

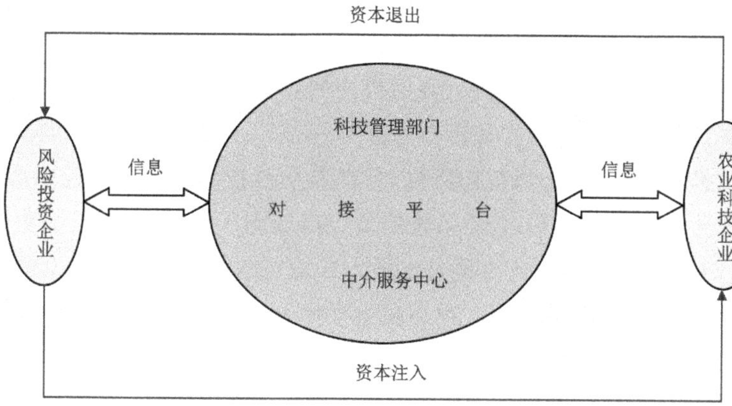

图8－4　农业科技金融服务中心

该中心（或公司）以贯彻国家农业科技金融政策和推动农业科技创新与成果转化为己任，依托科技部拥有的农业科技成果信息资源和掌控的大批农业科技企业，并吸纳农业部批设的农业产业化龙头企业以及从事农业科技领域风险投资的风投机构，建立一个涵盖信息、风投、企业三方的农业科技金融信息数据库，成为农业科技金融服务中心提供服务的基础数据源；中心（或公司）的主要任务是为数据库中的农业科技成果寻找转化渠道、为农业科技企业和风投机构的对接牵线搭桥，成为强化现代农业科技创新与推广体系建设的重要组成部分。中心（或公司）可以采用会员制，吸纳全国的农业科技企业和风投机构成为会员并为其服务。

中心（或公司）为国家出资设立，以服务为宗旨，采用企业化管理和商业化运作，实现保本微利经营，以市场化运作方式打造专业化的农业科技金融服务平台。

该中心的一个重要功能是全国性的农业科技金融信息服务系统。以科技部为中心，自下而上通过科技部门建立信息征集系统，包括建立农业科技“110”系统和专家库，并将信息逐级向上汇总，在科技部形成一个覆盖全国的农业科技信息系统或数据库。

设立该中心是出于以下几点考虑：

（1）进一步推动农业科技成果转化

关于农业科技成果转化问题，截至目前我国有三条重要的转化路径，第一条路径是早年建立的全国农业科技推广系统，广大农村设有农技推广站，属国家政府机构，专职负责农业科技推广。实践中推广效率不是很高，常因推广经费不足导致推广效率低下；第二条路径是近些年来科技部推出的农业科技特派员制度，将科研院所、大专院校、政府机构的农业科技人员以特派员的身份输送到农业科技企业中去，直接实现技术指导与推广，实践证明农业科技特派员制度的科技推广效率较高，但是却难以保证农业科技企业的全覆盖；第三条路径是科技部通过设立农业科技成果转化资金（2001）以及农业科技推广专项基金（2012），农业科技企业以项目申报方式获得农业科技成果转化资金。几种转化途径特别是后两种途径，对提高农业科技成果转化率有很大的助推作用，但我国的农业科技成果转化效率依然不高。中心（或公司）建成后，将采用商业化运作机制对成果进行市场交易，并引进更加创新性的成果转化方式，加大金融服务力度，将会有助于提高农业科技成果转化效率。

（2）将农业科技金融服务工作专职化，减轻科技部相关部门的工作压力

关于科技与金融结合的工作首起于科技部，科技部为此做了大量的工作，不仅出台了一系列的相关文件，而且组织多项科技与金融结合的创新活动。就农业科技与金融的结合而言，2010 年以来，科技部农村中心先后组织了两届全国性的农业科技创新创业大赛，每次大赛都是先在科技系统宣传动员，通过地方性和区域性选拔赛，组织农业科技企业和风险投资的多轮次的对接活动。从赛事筹划到大赛结束并完成总结，至少两年的时间，参与部门多，牵扯精力大。科技部虽也是一个管理服务部门，但事务繁琐，事项庞杂，而农业科技创新大赛活动在农业科技领域的社会影响很大，已经成为农业科技创新领域的一项招牌性工作，再加上其他必需的农业科技信息咨询、投资培训、成果水平鉴定、产权价值评估等金融服务工作，亟待设立一个专门的工作中心，使得农业科技金融服务工作专职化，减轻科技部相关部门的工作压力。

（3）将农业科技金融服务中心设在科技部农村中心

这主要是因为农村中心有举办大赛的经验，熟悉农业科技企业与风险投资双方各自需要什么，特别是了解农业科技企业自身存在的主要问题，中心成立后组织对农业科技企业的培训就会有很强的针对性。另外，农业科技企业的认定工作是由科技部门完成的（部分省市已经开展了此工作），科技管理部门掌握的全国的农业科技企业的基本信息，作为政府出资设立的专业化中介服务机

构，提供农业科技信息咨询、农业知识产权估值、投资咨询、上市路演、风投对接、企业培训等服务。可借鉴全国中小企业科技创新平台建设和江苏、山东、浙江等地的科技金融服务平台建设经验，推动在国家级农业科技园区设置专门的农业科技金融中心，即搭建一个一站式的农业科技金融服务平台，实现农业科技企业、科技项目、科技成果、科技人才、知识产权、天使投资、风险投资、银行、保险、担保、评估、法律、财务和培训等多种信息和服务资源等多方面资源的聚集，为农业科技创新发展提供全面地支持与服务。

8.8.2 以农业科技金融服务中心为核心，构建完善的农业科技风险投资中介服务体系

如前所述，我国已经有一些专业化的农业科技风险投资中介服务机构，包括网上风险投资对接服务平台、一些地方性的风险投资行业协会、农业知识产权评价机构（农学会）、县域融资担保机构等，这些中介服务机构已初步形成了农业科技风险投资中介服务体系。农业科技金融中心建成后，作为由科技管理部门掌控的农业科技项目对接服务平台，将是整个服务体系的核心，它的存在及其引导作用不可或缺，这是由农业科技项目自身的高投入、高风险、试验周期长、经济收益不确定但社会效益广泛等特点决定的。

除此之外，也可以批准设立一些地方性农业科金融（或风险投资）中介服务机构，比如由政府、大学、科研机构、企业共同出资成立股份制农业科技风险投资中介服务机构。考虑到我国农业科技风险投资发展政策依赖性强、发展缓慢的特点，在股份制农业科技风险投资中介服务机构建立之初，政府可以占有较大的股份，拥有较大的发言权，这样可以充分依靠政府引导完善农业科技风险投资发展的法律法规、政策和市场环境发展农业科技风险投资。股份制农业科技风险投资中介机构可以充分享受政府提供的优惠政策，协调风险投资公司与农业科技项目之间的关系。同时，作为信息服务平台，需要建立涵盖多方信息的信息数据库，有政府机构的参与，就能够保证信息资源的全面性、动态性和时效性，并形成良好的信息传递机制，各地风险投资中介机构可利用互联网实现信息资源共享。待农业科技创新领域风险投资获得良好发展的时候，政府可以逐渐放权，减少持股比例，只参股不控股，以董事身份通过股东大会或董事会参与农业科技风险投资中介机构的决策，并充分发挥监督职能，逐步

实现市场化运作。也可以模仿引导基金的运行模式，政府无论参股还是控股，都选择让利于企业的方式，通过转赠股份的方式把资金返还给公司。企业、大学或科研机构的参与一方面提供先进的企业管理制度和经验，另一方面提供理论知识与技术指导和评价。这种官产学一体的组织形式既有政府支持，又能发挥民间机构的积极性，体现了辅以行政管理的企业管理的特点为我国农业科技风险投资中介机构的发展提供了良好的环境。

8.8.3 农业科技金融中介服务中心（或公司）的运行

8.8.3.1 客户资源

客户资源是农业科技风险投资中介机构运作是否成功的关键。两届农业科技创新创业大赛显示出社会上有众多的优秀项目，不仅仅存在于高校和科研单位，而且在农业专业合作社、农业科技园区，现代农业示范区、现代农业产业基地、农业高新技术开发园区等都存在很多优秀的具有市场潜力的项目，通过建立数据库把这些优秀的项目集中起来。可以采取自下而上的方式，由县科技局负责对本地区的优秀农业项目进行筛选，把符合条件的有潜力的项目存入档案，并向市科技局备案，经过市科技局的进一步筛选上报到省科技厅，再由省科技厅上报到科技部，科技部把这些资源提供给风投公司。也可以由企业自己直接报名，由中心（或公司）对农业科技项目进行评估，对有价值的项目进行备案入库。与此同时，吸引业绩较好的涉农风险投资公司加入，了解风险投资公司对项目的要求，以便更好地为其提供合适的投资对象。为使农业科技项目与风险投资的对接更加顺畅，提高成功率，农业科技风险投资中介机构需要对自己的资源质量进行把关，同时也要涉及农业的各个领域，满足不同客户的要求。

8.8.3.2 服务内容

农业科技风险投资中介机构的服务贯穿于从研究和筛选、匹配、谈判、签协议、风险企业运作到农业科技风险投资退出整个过程，主要提供信息和匹配服务以及咨询培训服务。

（1）提供信息、匹配服务

农业科技风险投资中介机构的基层部门负责对客户信息进行研究筛选，建立客户信息数据库，按照需要进行供求匹配，省去了客户自己筛选信息的麻烦，降低了风险企业或农业科技项目的搜寻成本。根据客户需要，可以在先前在政府提供的资源中进行筛选，如果能够筛选到合适的匹配对象就进行下一个环节，如果没有，可以定期出版刊物，刊载客户信息；举办大赛，如我国首届农业科技创新创业大赛，成功实现了多个项目的对接；进行客户集会，使得大家有机会在一起共同探讨寻找合适项目。农业科技风险投资中介机构可充分利用互联网，配合多种方式，或者可直接将投资机会推荐给认为可能的投资者。

（2）顾问培训服务

顾问培训服务可以在任何一个阶段展开，未进行匹配前和进行匹配后都可以根据需要享受这一服务，单独的顾问培训服务有单独收费标准，对一些基础性的服务可以实行公益化，对某些较专业的服务对注册会员免费，对匹配成功后的项目，下面最重要的是促成投资，使匹配双方满意。农业科技风险投资中介机构可以为农业科技企业提供管理经验、提供人才中介服务、提供再融资、贷款的匹配服务，规范企业管理，进一步提供 IPO 等方面的培训指导，有利于企业成长；农业科技风险投资中介机构对投资者提供顾问和辅导服务有助于提高农业科技风险投资的专业水平；实行客户经理制，客户经理直接对客户负责，使客户得到充分关注，参与辅导完成商业计划书，指导谈判现场，监控并及时反馈谈判结果。其他服务农业科技农业科技风险投资中介机构通过举办经验交流会、信息发布会，或通过站、电子期刊或杂志等形式传播业内信息，保证客户信息渠道的畅通。农业科技农业科技风险投资中介机构还可利用强大的信息资源网络和社会网络，为客户提供技术合作、市场合作、投资合作等机会，真正做到“小机构，大服务”。实施无条件的服务保证制度。即向不满意的客户提供补偿、折扣或免费服务。这使农业科技风险投资中介机构专注于客户需求，客户也会积极地反馈服务情况、谈判结果等信息。便于农业科技农业科技风险投资中介机构监控服务质量，并及时改进服务，有利于建立忠诚的客户群。

8.8.3.3 收入渠道

农业科技风险投资中介机构以营利为目的，收费是必需的，而且能剔除

“假”客户（即并不是必须要提供服务的客户）。收费标准的制定，要充分考虑服务对象的性质，对农业科技企业提供服务应从低，充分考虑到农业科技企业利润水平低的实际情况。对风险投资机构的收费也应符合市场价值规律和法律的规定。单项费用的收取应考虑可行性。基本费用包括：①注册费。即客户登录、入库、发布信息、查看信息、出席相关活动所缴纳的费用。②服务费。包括咨询服务、培训服务等，也包括一些特殊服务如定购出版物、电子期刊等费用。③成功费。当客户的需求得到满足，风险投资公司成功选择了投资对象的情况下，要付出对接成功的成本或代价。可按项目的盈利能力制定等级收费标准。④发展基金会员费。农业科技风险投资中介机构成立发展基金，使其具备更多的经费，方便业务的开展。可用以在双方的合作期内，将部分年收入额作为发展基金的会员费，可因此享受优惠待遇。

8.8.3.4 绩效评价

农业科技风险投资中介机构成功的标志是其促成的投资比率，它的存在使本地的投资活动发生的变化，评价农业科技农业科技风险投资中介机构可根据以下指标：①客户得到的投融资机会多少；②投资者资金规模；③客户满意度；④客户得到的经验。评价一个农业科技风险投资中介机构，不能仅凭投资率和风险企业运作成功率，而忽略它的无形作用。除了投融资机会，客户还从培训指导中得到谈判技巧、风险定价等专业能力的培养。农业科技农业科技风险投资中介机构运营中还需要注意的问题有：①建立有效的农业科技风险投资中介机构应对农业科技风险投资市场有比较清晰的认识。农业科技风险投资中介机构建立信誉、关系网络，稳定客户等需要很长时间。②农业科技风险投资中介机构不可能解决融资者所面临的一切问题，它需要与其他中介组织密切合作，如投资银行、证券交易市场、会计师事务所、律师事务所、资产评估机构等。

8.9 本章小结

本章系统梳理了我国农业科技风险投资中介服务组织的发展现状，以是否营利为标准将中介机构分为营利性和非营利性两种发展模式，并指出，实际工作中非营利模式下的中介服务机构发挥着主要作用。进一步分析了中介服务产品以及发展过程中存在的主要问题与制约因素，利用典型案例分析进一步展现了农业科技创新领域获得风险资本中介服务的作用与特征，探讨了未来我国农业科技创新风险投资中介服务机构的设置模式，提出建立农业科技金融服务中心，并以此为核心，构建我国农业科技风险投资中介机构服务体系的设想。

第 9 章

我国农业科技创新风险投资的制度保障

制度是行为约束与规范，也是行为保护与激励。风险投资作为制度敏感性行业，税负、资本管制、产权交易等制度环境对风险投资业的发展影响巨大。通过优化制度设计，可以促进风险资本流动，鼓励和刺激风险投资活动。在制度的规范、保护与激励之下，我国风险投资行业获得了前所未有的发展，为科技创新提供了重要的资金支撑。在科技创新领域发挥了重要作用。受农业产业基础性、公共性、社会性特征的影响，农业领域的风险投资至今发展缓慢，农业科技创新还没有利用好“风险资本”这支重要资金力量。从我国国情出发，有必要从加强制度建设的层面来保护、激励农业科技创新风险投资的发展。本章在梳理30年来我国农业科技风险投资制度演变的基础上，分析了农业科技风险投资在行业自身制度建设中存在着立法滞后、资本筹集受限、退出途径不畅、政府干预不适当等方面的约束，在外部环境制度建设中存在着税收优惠政策不足、引导基金制度建设滞后、缺乏专业化中介服务制度设计、农业产权交易市场不健全等方面的约束；通过梳理国外发达国家农业科技风险投资制度建设方面的经验，总结了部分可借鉴的建设经验；最后从鼓励农业科技创新的角度，提出了农业科技创新风险投资制度的改进建议与对策。

9.1 国内外研究综述

20世纪70年代以后，美国风险投资的快速发展在很大程度上是得益于完善的法律制度和良好的政策环境。德贝蒂尼斯（De Bettignies，2007）认为，风险投资的发展是一个复杂的制度变迁过程，其目标模式是由产权缺损过渡到产权完整；巴特扎尔嘎勒（Batjargal，2007）通过对中国和俄罗斯的风险投资发展情况的分析，得出制度在这些新兴经济体国家风险投资发展中具有举足轻重的作用的结论。

国内关于农业科技创新风险投资制度的研究主要是从以下两个角度入手：一是从克服风险投资发展的障碍性因素角度出发，指出加快风险投资立法、制定税收优惠政策、设立农业产业引导基金、完善多层次资本市场体系等方面的建设（秦秀红2008，魏喜武、陈德棉2009；肖萍2012；等）；二是从控制农业高科技创业投资风险的角度，提出政府应在风险投资运作制度、补助制度、补贴制度、税收优惠制度、政府采购制度方面提供政策供给，同时还提出了政府应建立风险分担机制和监督机制的政策主张（潘洪钢，2008；肖萍2012）；郭立红（2004）从风险投资组织制度、培育农业风险企业家制度、建立和完善中介机构体系制度等几个方面探讨了农业科技风险投资的制度建设问题；张兵（2007）认为，农业科研部门科研创新能力的提高、农业高新技术企业对于现代企业制度建立和农业企业家的培养、政府部门风险投资机构的创建和相关法律法规的制度建设，三个方面必须共同努力，才能建立与我国农业高新技术产业化的发展相适应的风险投资机制。

学者们的真知灼见对于厘清我国农业科技风险投资制度建设思路都有很大的帮助。但是，已有的研究成果基本上呈碎片化，缺乏系统性和深入研究，针对某些制度建设方面还少有提及。所以非常有必要对制约我国农业科技创新风险投资的制度因素进行系统梳理。本章在系统梳理多年来风险投资制度演变的基础上，从行业自身制度建设约束和相关制度建设滞后两个层面探讨了我国农业科技风险投资制度建设中的主要问题，并在此基础上提出完善农业科技创新风险投资制度建设的对策建议。

9.2 我国农业科技创新风险投资制度供给、需求与演变

截至今日，我国政府并未出台专门针对农业科技风险投资的相关制度，农业领域风险投资的发展，主要得益于具有普适意义的风险投资制度的引导、农业科技创新政策的激励和大量惠农政策的吸引。依据发达国家的经验，一国或地区风险投资业的发达程度，与经济发展水平、经济金融化程度、科技创新程度等紧密相关，并内生于市场经济发展过程。但是，我国的风险投资是在经济改革开放背景下因政府的强力推动而产生的，并随着经济的发展、经济金融化程度的提高以及科技创新能力的增强而不断发展。我国风险投资制度演变遵循着自上而下的强制性制度变迁——市场主体发育并产生制度需求——自下而上的诱致性制度变迁的发展路径，具体经历了风险投资思想萌芽与制度的初步形成、制度的全面建设两个发展阶段。

9.2.1 我国农业科技创新风险投资制度供给

制度供给即是制度的生产，它是对制度需求的回应。制度可能由人们有意地设计出来，也可能是逐步演化而自发形成的，这两种不同的制度供给方式有不同的特点，设计创造的制度是正式制度，逐步演化的制度是非正式制度。政府虽然不可能垄断正式制度的供给，但在正式制度供给方面有举足轻重的地位。由于我国的风险投资是由国外引进，是由政府出资先行设立风险投资机构并开展投资工作，所以我国风险投资的正式制度供给早于需求并创造了需求。关于制度供给的变化将在制度演变部分论述。

多年来，我国政府颁布了一系列有利于风险投资发展的制度规章，包括《中华人民共和国合伙企业法》、《风险投资暂行管理办法》等，各级政府部门与其他政府组织积极开展推动风险投资事业发展的工作，比如设立风险投资研究大会，设立中小企业创新引导基金，科技部举办农业科技创新创业大赛，放开创业板市场和设立场外产权交易市场（如中关村产权交易市场）

允许私募股权融资，等等。但是就目前的制度供给状况来看，政府提供的制度多是一些政策性规范，缺乏系统性，这些文件的制定都是与当时的经济环境紧密配合的产物，我国的农业科技创新风险投资制度还称不上“体系”。由于对农业科技创新风险投资的发展缺乏一个长远的规划，虽然某些政策的确起到了一定积极作用，但没有解决实质问题，仍存在很多不利于农业科技创新风险投资发展的约束性规定。

9.2.2 农业科技创新风险投资的制度需求

农业科技创新风险投资活动涉及农业科技企业和风险投资两个主体。在发达的市场经济国家，风险投资是市场经济发展的自然产物，是在经济发展需要创新和社会资金富裕并存的时代背景下自发产生的，风险投资的发展与经济发展水平、经济货币化程度、科技创新程度紧密相关，是在市场竞争机制的作用下产生的一种现代资本运作方式。投资者本身对风险有足够的认识和接受能力，所以对保护制度的需求并不强烈。农业科技创新具有一定程度的公益特征，除政府给予一定的资金支持外，商业性金融并不能满足其融资需求，所以，基于科技与风险投资之间的固有关系而产生了对风险资本的需求。但是，风险资本的本质特征是追逐高风险、高利润，农业科技高收益特征不明显，因技术的保护性不强、容易模仿，但高风险特征明显，所以，风险投资一般不愿给农业科技投资。致使农业科技创新风险投资具有对保护性、鼓励性制度的客观需求。

人们之所以对制度产生需求，是因为制度能够给人们提供便利、保障人们的利益，这种方便和利益就是制度发挥的功能和作用。农业科技创新风险投资制度需求是在一定时期内为促进我国农业科技创新风险投资的发展所需要的一定数量和质量的制度的总和。我国农业科技创新引入风险投资的时间比较短，制度供给不足，还无法较好的支撑我国农业科技创新的发展。在我国农业科技创新引入风险投资的制度变迁过程中，制度需求有以下两方面的影响因素：

第一，已有制度安排的缺陷。已有制度深刻影响创立新的制度安排的预期成本和利益，因而也就能深刻的影响对新的制度安排的需求。我国发展农业科技创新风险投资的正式制度环境存在着很大的不足，创业板市场准入门槛高、农业科技产权交易市场发展不足、农业科技财税政策不合理不系统、风险投资法律法规不健全等，使得我国发展农业科技创新风险投资步伐缓慢。已有的制度安排执行力不足、难以有效发挥作用，制度创新能够有效促进我国农业科技创新风险投资的发展，市场参与主体对制度创新的预期收益大于成本，从而产生了对新制度安排的需求。

第二，市场主体成熟程度。在我国相当长的历史时期，具有利益本能要求的利益主体均被体制所压制，利益主体不够成熟，制度变迁的需求动力不足。随着我国经济的发展，各种利益主体逐渐成长起来。经济运行中最具活力和流动性的市场主体，有强烈的获利意愿和获利能力，要求有良好的制度环境，使这些意愿和能力可以转化成实实在在的经济利益并且为其所实际得到。因此，在发展我国农业科技创新风险投资方面，迫切需要一整套的保护机制，满足各利益主体对风险投资制度中所蕴含的经济利益的追求。

农业科技创新风险投资的制度需求主要来自两方面：一是我国的城镇化发展战略，亟需出现更多农业科技企业，需要通畅的技术转化和交易机制，需要有效的资金筹措和退出市场，需要加大知识产权法规的保护力度，需要健全的中介服务体系等，这是政府的重大前瞻性战略决策引起风险投资领域要求改变制度现状的一种强烈回应，是风险投资制度需求的各种决定要素发挥积极效应的充分体现。风险投资制度需求的另一个重要诱因，就是来自各种风险投资研究机构与相关社团活动的诱致性制度需求。清科创业投资研究中心、成思危亲自推动下设立的中国风险投资研究院、以刘健钧等为首的北京大学创业投资研究中心、刘曼红等参与的中国人民大学风险投资发展研究中心、复旦大学创业与创业投资研究中心、科技部创业投资研究所等，是目前中国大陆较为活跃的从事风险投资研究和推广的专业机构。每年一度的中国风险投资论坛、中国创业投资年度论坛，已成为风险投资家、创业企业家、中介机构以及政策制定者的年度盛会。2002 年以来逐年编辑出版的“中国创业投资发展报告”、“中国风险投资年鉴”、“中国创业投资研究报告”等，则提供了对我国风险投资发展极具参考价值的数据资料。实践证明，这些自发形成的诱致性制度需求，对推进中国风险投资制度环境的完善作出了显著贡献。

通过以上的分析可以看出，在我国存在着发展农业科技创新风险投资的制度缺陷，随着市场主体的成熟，具有逐利动机的市场主体逐渐认识到，改变现有的制度安排，进行制度创新，能够获得在原有制度下得不到的潜在利益。因此，市场主体对风险投资制度变迁具有迫切的需求，他们要求重新安排现有的制度结构，进行制度创新。

从风险投资组织机构培育方面来看，在我国，早期的风险投资机构基本上都是公司制，随着风险投资的市场化发展和1997年《中华人民共和国合伙企业法》的颁布，合伙制风险投资机构迅速增多。2006年8月全国人民代表大会通过了《中华人民共和国合伙企业法》的修订案，增加了法人合伙制和有限合伙制两种组织制度形式，这一法律层面的制度修订对于培育风险投资组织机构起了极大的推动作用。国外发展的实践证明，有限合伙制是风险投资机构采取的主要组织形式。然而，这一制度改进依然满足不了风险投资发展的制度需求。随着市场主体的成熟，具有逐利动机的风险投资资本和风险企业逐渐认识到，改变现有的制度安排能够获得在原有制度下得不到的潜在利益，因此他们对风险投资制度变迁具有迫切的需求。

20世纪80年代中期，我国政府采取了强制性制度设计将风险投资引入高新技术领域，于1985年国务院批准成立了“中国新技术产业投资公司”，这是我国第一家专营风险投资的全国性金融机构，主要对国有高新技术企业进行风险投资。之后各地政府全额出资或联合企业共同出资，设立了一大批地方性政府色彩浓重的风险投资公司。与此同时，中央政府颁布了部分管理规定，来规范风险投资机构的有序发展。1986年颁布的《金融信托投资机构管理暂行规定》和1987年颁布的《中国人民银行关于审批金融机构若干问题的通知》中规定，全国性投资公司的设立由中国人民银行总行审核，报国务院审批；省级风险投资公司的设立由中国人民银行省级分行审核，报中国人民银行总行批准。审批权的明确进一步体现了国家对风险投资机构实行较严格的规范化管理，通过1993年颁布的《中国人民银行关于严格金融机构审批的通知》对风投机构设立的核准制进一步强化。2000年前后，国外资本开始关注中国市场，本土的市场资金也开始关注高新技术领域的投资，创业资本的市场化趋势日趋明朗，为了进一步保护和推动风险投资事业的健康发展，我国政府先后颁布了《外商投资创业投资企业管理规定》（2003）、《创业投资企业管理暂行办法》（2005）、《关于促进创业投资企业发展有关税收政策的通知》（2007）、《科技型中小企业创业引导基金管理暂行办法》（2007）等一系列规章制度，另外还颁布了《中华人民共和国合伙企业法》，修订了《中华人民共和国公司法》、《中华人民共和国企业所得税法》等相关法律条例。这些法律法规的建设，有效的规范和保障了风险投资市场的有序运行，也使风险投资在促进科技创新和经济发展过程中发挥着越来越突出的作用。

总之，风险投资制度建设涉及机构设立、运行管理、组织形式、税收政策、法律法规、交易市场等多个方面，总体而言，我国风险投资制度环境建设不断完善。

9.2.3 我国农业科技创新风险投资制度的演变

9.2.3.1 风险投资思想的萌芽与制度的初步形成（1985—1998 年）

1985 年，在国务院颁布的《关于科学技术体制改革的决定》中我国政府首次使用“创业投资①”这一概念，提出“对于变化迅速、风险较大的高技术开发工作，可以设立创业投资给以支持”，这是我国引入风险投资思想的萌芽时期。之后的十几年中，在国家出台的一系列鼓励科技创新的政策文件中都闪现着利用风险投资的思想，比如 1986 年，原国家科学技术委员会在《科学技术白皮书》中首次提到了发展风险投资事业的战略方针；1991 年国务院颁布的《国家高新技术产业开发区若干政策的暂行规定》、1995 年国务院发布的《关于加速科技进步的决定》、都提到了“探索建立支持科技产业发展的风险投资机制”的思想意见；1996 年颁布实施《中华人民共和国促进科技成果转化法》和《关于“九五”期间科技体制改革的决定》，都再次提出了“设立风险投资基金、探索科技发展风险投资机制，促进科技成果转化”的意见。特别是 1998 年 3 月，成思危在全国政协九届一次全会上提出了《关于加快发展我国风险投资事业》的议案，该提案将对风险投资的认识推向一个新的高度，掀起了全国风险投资热潮，风险投资实践进入快速发展阶段。此时，制定专门的风险投资制度迫在眉睫。这些思想成为推动中国风险投资实践发展的重要力量，也为风险投资制度建设奠定了认识基础。

这期间，关于风险投资制度建设较少，1987 年，中国人民银行下发了《中国人民银行关于审批金融机构若干问题的通知》，规定“全国性投资公司的设立由中国人民银行总行审核，报国务院审批，省级风险投资公司的设立有中国人民银行省级分行审核，报人民银行总行批准”。这是我国早期关于风险

① 国内学者对 venture capital 一词的翻译，有风险投资、创业投资、创业风险投资等多种译法。

投资机构设立审批与监管问题的制度性文件，标志着风险投资制度建设的开端。

9.2.3.2 风险投资制度建设与不断完善时期（1999年至今）

1999年12月30日，国家科技部等七部委联合出台《关于建立风险投资机制的若干意见》，就风险投资的内涵、建立风险投资机制的意义、目的、原则、主体培育、机构性质、服务对象、公司管理、退出机制、中介服务要求、扶持政策与法律法规建设等方面进行了全面的阐述。这是我国首个全面阐述风险投资运行的指导性文件，对我国风险投资制度建设起了极大的推动作用。之后的十几年，进入风险投资制度全面建设时期。

（1）颁布专门的风险投资法律法规

先是地方政府颁布风险投资相关规定：2000年10月深圳市政府颁布《深圳市创业资本投资高新技术产业暂行规定》，2001年1月北京市政府颁布实施《中关村科技园区条例》（条例中专门对风险投资机构在中关村园区内开展风险投资业务、组织形式、注册资本和回收方式等四个方面作出了规定），2001年3月北京市人民政府颁布《有限合伙管理办法》，2003年2月深圳市政府颁布《深圳经济特区创业投资条例》；2003年起，中央部委、国务院开始颁布全国性风险投资管理办法：2003年3月外经贸部颁布实施《外商投资创业投资企业管理规定》，2003年1月国务院颁布实施《中华人民共和国中小企业促进法》，特别是2006年3月1日经国务院批准，由国家发展改革委、科技部、财政部等十部委联合制定的《创业投资企业管理暂行办法》正式施行，这是中国第一部全国性的“创业投资法”，标志着全国性风险投资制度的形成并进入全面建设时期。

（2）消除风险投资企业设立的法律障碍

主要是通过修改相关法律的部分条款来完成。2005年10月27日，第十届人民代表大会常委会第十八次会议通过了《中华人民共和国公司法》、《中华人民共和国证券法》的修正案（2006年起正式施行），修订后的《中华人民共和国公司法》和《中华人民共和国证券法》从组织形式、注册条件、出资方式、投资比例、募资形式、上市资格等多方面体现了对风险投资公司的支持；2007年6月1日，新修订的《中华人民共和国合伙企业法》开始实施，新法在三个方面做了重要调整：扩大了合伙人范围，明确了法人可以参与合伙；增加了有限责任合伙的内容，即增设“特殊的普通合伙”制度；增加了有限合伙企业形式。这些调整为那些更适合有限合伙制的私营风险投资机构的发展提供了法律支撑，也推动了我国风险投资机构在组织形式上与国际惯例的接轨。新修订后的《中华人民共和国合伙企业法》、《中华人民共和国公司法》、《中华人民共和国证券法》与2006年实施的《创业投资企业管理暂行办法》一起，共同构成了中国风险投资法律体系，为风险投资行业的发展提供了比较完备的法律保障。

（3）制定财政税收支持政策

通过设立创业投资引导基金和实施创业投资税收优惠政策，引导和鼓励风险资本向科技型中小企业、科技成果转化领域进行投资。1999年5月科技部启动“科技型中小企业技术创新基金”计划，2003年11月国家发展改革委启动在北京等10个试点“中小企业融资、担保、资金运作等方面给予优惠”措施，2007年1月上海市科委、上海市发改委和上海市财政局共同发布《上海市试行创业投资风险救助专项资金管理办法》，2007年2月财政部和国家税务总局联合发布《关于促进创业投资企业发展有关税收政策的通知》，2007年3月16日《中华人民共和国企业所得税法》中作出了“创业投资企业增加抵扣应纳税所得额”的相关规定，2007年7月6日财政部和科技部联合发布《科技型中小企业创业投资引导基金管理暂行办法》，北京、天津、苏州、深圳、上海等地方政府纷纷成立不同形式的股权投资基金、创业投资引导基金，2014年8月8日科技部与财政部联合颁布《国家科技成果转化引导基金设立创业投资子基金管理暂行办法》。这些政策措施是推动风险投资业发展的重要激励机制。

（4）拓宽风险投资退出渠道

通过建立产权交易所等场外交易系统、在主板市场设立创业板块、股权分置改革等拓宽了风险投资退出渠道。2006年3月开始实施的《创业投资企业管理暂行办法》明确规定，“创业投资企业可以通过股权上市转让、股权协议转让、被投资企业回购等途径，实现投资退出。国家有关部门应当积极推进多层次资本市场体系建设，完善创业投资企业的投资退出机制”，这是我国首次通过法规的形式正式确认创投资本的退出方式。在此之后，国家和各地方政府为此做了大量的努力，先后批准设立了北京产权交易所（2004）、天津股权交易所（2006）、上海股权托管交易中心（2012）、武汉股权托管交易中心

（2011）等，都是为非上市高新技术企业股权、私募基金股权提供转让交易的系统，这些场外交易系统是风险资本退出的重要渠道。除此之外，2004年深圳证交所中小企业板和2009年创业板的推出，以及2006年资本市场的一系列重大改革（如股权分置改革）都为风险投资退出开辟了重要通道。

9.2.3.3 农业领域风险投资制度建设

受农业科技自身特性的制约，具有普适意义的风险投资制度对于农业科技风险投资而言很难形成应有的激励与保护。事实上，在风险投资业起步与发展的前20年，农业科技领域发生的风险投资案例并不多，直至2005年全国大部分地区取消了农业税，政府不断加大财政补贴力度，风险投资才开始较多的关注农业，特别是2008年金融危机之后，风险资本在农业领域的投资快速增长。因此，风险投资进入农业科技创新领域，更主要的是得益于两方面的政策激励：一是国家对现代农业和农业科技创新的政策激励，比如农业产业发展基金、农业科技成果推广引导基金、国家星火计划和火炬计划的实施、现代农业高新技术产业园区建设、农业科技园区建设、现代农业综合示范区建设等；二是国家惠农政策的强力吸引，包括种粮补贴、农机具补贴、农产品保护价收购等。如表9-1所示。表中显示了2004年以来我国政府实施的农业科技创新计划与支农惠农政策。

表9-1　2004年以来我国政府实施的农业科技创新计划与支农惠农政策

年份	农业科技创新发展	年份	支农惠农政策
1985	星火计划	2004	种粮补贴
1986	农业高科技发展计划	2004	农机具补贴
1987	丰收计划	2005	畜牧良种补贴
1988	火炬计划	2006	取消农业税
1997	国家农业高新技术产业园区	2007	农业保险保费补贴
1999	农业综合开发高新技术示范区	2013	规模化经营补贴
2001	国家与省、市农业科技园区		农产品收购价格保护
2001	现代农业综合开发示范区		

续表

年份	农业科技创新发展	年份	支农惠农政策
2001	农业科技成果转化资金		
2007	中小企业创业投资引导基金		
2012	农业科技推广专项基金		
2013	农业产业发展基金		

总之，在农业科技及现代农业发展政策的保护和激励之下，农业投资环境不断改善，农业科技企业对风险投资认识的不断增强，再加上多层次资本市场体系的不断完善，直接降低了风险企业的生产成本，也减少了风险资本的投资风险。这些非正式制度环境建设成为推动农业科技风险投资发展的主要力量。

9.3 我国农业科技创新风险投资行业自身制度的缺失与约束

风险投资的运作包括资金筹集、项目筛选与投资、投资后续管理、退出四个环节。在我国农业科技风险投资发展过程中，受制度约束较多的是资金筹集和退出两个环节。项目筛选与投资、投资后续管理两个环节主要是缺乏制度保障。除此之外，风险投资行业法律制度的缺失和政府干预过度也对农业科技风险投资发展形成制度约束。

9.3.1 有关农业科技风险投资法律法规的缺失

风险投资发达的市场经济国家，基本上都有专门的风险投资法，以保护和规范风险投资行业的有序发展，如美国1958年颁布并在之后多次修订的《小企业投资法案》、《中小企业法案》，英国的《公司投资法规》、《风险投资信托法规》、《公司风险投资法规》，中国台湾地区《创业投资事业管理规则》等，这些法律制度在组织形式、投资范围、资金筹集渠道、投资管理、退出渠道等多环节给予风险投资机构以法律权利与制度保护。我国风险投资发展 30 年来，尽管颁布了《创业投资企业管理暂行条例》，但立法层次不高，遇到与其他法律相冲突时不得不让行，使得部分法律条款难以实施；同时，法律条款中缺乏专门针对农业科技风险投资的保护与激励。提升风险投资管理的法律层次，增加鼓励农业科技创新风险投资的保护性条款，将有利于在更高层次上保护、激励与规范风险投资行业发展，推动农业科技进步和现代农业建设。

9.3.2 风险投资运行中资本筹集制度约束

丰富的资本和有激情的投资人是风险投资的精髓所在。我国风险资本的筹集受到有限合伙人数量限制和机构投资者进入限制的双重约束。2006 年 8 月全国人民代表大会通过了《中华人民共和国合伙企业法》的修订案，增加了法人合伙制和有限合伙制两种组织制度形式，这一法律层面的制度修订对于培育风险投资组织机构起了极大的推动作用。国外发展的实践证明，有限合伙制是风险投资机构采取的主要组织形式。然而，这一制度改进依然满足不了风险投资发展对资金多渠道的需求。如表 9－2 所示，不论是《中华人民共和国合伙企业法》对有限合伙人的限制，还是《中华人民共和国全国社会保障基金投资管理暂行办法》和《中华人民共和国社会保险法》对机构投资者的限制，都严重阻滞了风险资本的筹集渠道和筹集规模，特别是对投资规模大、周期长、风险大的农业科技项目而言，更难以获得风险资本的支持。

表 9－2　　相关法律对资金筹集渠道的限制性条款

<table>
<tr><th>法　律</th><th>条款内容</th><th>不利影响</th></tr>
<tr><td>《中华人民共和国合伙企业法》（2006 年修订）</td><td>第六十一条规定，“有限合伙企业由二个以上五十个以下合伙人设立；但是，法律另有规定的除外”。</td><td rowspan="2">第一，资金规模小，难以取得规模效益；第二，较小的资本规模，将无法形成投资组合，无法达到分散风险的目的；第三，没有足够的资金去投资于涉及高金额、高风险的农业科技项目。</td></tr>
<tr><td>《中华人民共和国全国社会保障基金投资管理暂行办法》（2001 年颁布）</td><td>规定，“作为战略储备养老金的社保基金投资范围限于银行存款、买卖国债和其他具有良好流动性的金融工具，包括上市流通的证券投资基金、股票、信用等级在投资级以上的企业债、金融债等有价证券”。</td></tr>
</table>

续表

法律	条款内容	不利影响
《中华人民共和国社会保险法》（2011 年颁布）	“包括基本养老保险基金在内的社会保险基金在保证安全的前提下，按照国务院规定投资运营实现保值增值，这里规定的投资渠道仅为购买国债和银行存款”。	

众所周知，国外风险投资的资金来源是相当广泛的，以美国为例，养老基金、银行资金、保险基金等是风险资本的主要来源，个人投资只占百分之十几。因此，法律的限制使得我国的风险资本来源大大受到约束。

政府在风险投资运行中的作用是有限的。风险投资运行过程中，无论筹集风险资本或评估风险资本或投资风险资本以及退出风险资本各环节，政府都不是主要角色。但政府可以利用税收来调节经济，引导产业发展方向。为了扶持高技术产业的迅速成长和发展，各国政府都运用了税率这一调节工具，值得我们借鉴。如新加坡规定：最初 5—10 年的风险投资的税收完全减免；风险投资的项目如果失败，可以从本公司收入中免交相当于投资金额 5% 的所得税；风险投资公司可以从所得税中扣除由于购买被批准的风险企业的股票而造成的损失。又如，美国曾经在 1969 年把资本增值税率从 21% 提高到 49%，这一规定导致创业资金的来源锐减。1978 年美国国会修改了上述规定，资本增值税率从 49% 降到 28%，1981 年进一步降到 20%，这一法案实施的结果是 1982 年末私人创业投资金额急升，达到 14 亿美元，是 1970 年的 8 倍。法国在 1985 年颁布的 85－695 号法案中规定，风险投资公司从持有的非上市股票中，获得的收益或资本净收益，免缴所得税。

为了鼓励银行向风险投资业贷款，世界各国普遍采用政府担保的办法。如美国 1993 年规定银行向风险企业贷款额可占项目的 90%，如果企业风险破产，政府负责赔偿。日本通产省 1975 年设立了研究开发型企业培植中心，主要是对风险企业向金融机构贷款时提供担保，担保的比例为 80%。

通过税收优惠、政府担保等，政府发挥了对风险投资的扶持作用，细致、及时地帮助了风险投资的发展。

9.3.3 农业科技创新风险投资的退出机制不完善

风险投资的退出即风险资本最终的变现方式和撤出途径，对于逐利的风险资本来说，退出渠道不畅，风险投资就无法实现资金增值和良性循环。一般而言，风险投资通过公开上市、出售股权和协议回购、破产清算四条渠道退出，其中IPO是公认的风险投资价值实现的最佳途径。对于农业科技企业来说，上述几种退出渠道都不通畅。首先，公开上市退出难度大。2009年10月中国证监会在深圳证券交易所成立了创业板市场，为具有高成长性的中小企业和高科技企业提供融资渠道，同时也为风险资本提供了退出窗口。但是，创业板市场首次公开发行股票的条件依然很高，除规模较大的农业科技企业如蒙牛乳业、辉山乳业、南京雨润等之外，其他大部分农业科技企业很难达到上市标准。其次，企业回购渠道受到法律的限制。公司回购有利于风险企业对于本公司控制权的把握，但是我国《中华人民共和国公司法》第一百四十二条规定“公司不得收购本公司的股票”，这就使得农业科技风险投资通过回购方式退出渠道受到阻碍。最后，近几年发展起来的场外交易市场包括中关村代办股份转让系统和其他地方产权交易市场，虽说原则上是为那些不能上市交易的私募股权和风险资本提供了退出渠道，但是，事实上这些场外交易市场的运作与管理还都还不规范，再加上农业产权界定难，很难能为规模较小的农业科技企业股权转让提供应有的便利。

9.3.4 政府过度干预制约了农业科技风险投资的发展

在国外，风险投资的发展是由市场自由化走向政府一定程度的干预，体现了政府对风险投资行业的规范、支持与鼓励。在我国，风险投资的发展是由政府直接推动，国家政府运用强制力量动员财政资金和其他社会资金进入风险资本市场，因此，我国风险投资发展具有政府主导特征，表现在实际工作中则是大量的风险投资公司都有政府机构的参股。我们知道，风险投资本质上属于市场行为，是对高风险、高成长、高收益的追逐，于是，我国的风险投资事业发展呈现“政府出资、市场化运作”的发展特征。事实上，政府扶持产业的政策目的与公司经营利润目标之间冲突不断发生，冲突的结果要么资本的投向偏离政府预期方向，要么出现亏损政府买单。另外，实践中由于主管风险投资公司的是政府官员，而不是风险投资家，很容易出现权力寻租、以徇私舞弊代替市场规则的问题。初步调查显示，各地方政府早期设立的风险投资公司大多处于赔本运行状态。正是由于政府的不适当干预，导致风险资本更加远离那些资金投向风险大、投资周期长、收益低的农业科技项目。我们认为，随着高风险投资事业的发展和法律制度的不断完善，政府应转变对风险投资业的干预方式，尽早退出直接投资，将更多的精力转入健全法律与市场体系建设、提供政策支持与各种其他服务上来。

9.4 我国农业科技创新风险投资相关制度建设严重滞后

9.4.1 缺少针对农业科技风险投资的税收优惠制度

我国风险投资发展过程中的税收优惠政策包括两类：一类是对风险投资机构本身的税收优惠政策；另一类是对风险投资投向起引导作用的税收优惠政策。其中，针对风险投资机构本身的税收优惠具有普适性，对风险投资的产业选择影响并不大；针对风险投资投向起引导作用的税收优惠是“鼓励风险资本参与某产业（或某领域）发展”的激励性措施，由于我国政府制定的这类税收优惠政策主要是针对高新技术产业投资和中小科技企业创业投资而设计[①]。尽管高新技术企业、中小型科技企业中也包含了农业企业，即投资于农业科技企业的风险机构也享受者国家税收优惠政策，但是，在庞大的农业科技企业队伍中，真正有能力、有条件吸引到风险资本的农业高科技企业或者中小农业科技企业也是凤毛麟角，换言之，国家制定的鼓励风险资本进行高新技术

① 2007年2月，财政部、国家税务总局联合下发了《关于促进创业投资企业发展有关税收政策的通知》（财税〔2007〕31号），《通知》指出，创业投资企业采取股权投资方式投资于未上市中小高新技术企业2年以上（含2年），符合规定条件的，可按其对中小高新技术企业投资额的70%抵扣该创业投资企业的应纳税所得额。另外，一些地方政府包括上海、北京、天津、深圳、重庆等城市也设立了专门的地方性风险投资税收优惠政策。

领域和中小科技企业投资的税收优惠制度安排，在保护和激励农业科技创新风险投资方面所起的作用非常有限。

9.4.2 缺乏农业科技创新风险投资中介服务机构的制度设计

风险资本选择科技创新项目时需要多个中介服务组织的介入，以便获得准确的项目信息和做出科学的投资判断。这些中介机构既包括一般性的中介服务组织，如律师事务所、会计师事务所、财务顾问公司、资产评估所等机构，也包括专业性的中介服务组织，比如技术标准或水平认证机构、知识产权估值机构、项目市场潜力调查机构、信用担保公司、督导机构、履行监管和自律职能的行业协会等，其中，专业性的中介机构提供的专业服务水平是一个国家或地区风险投资发达程度的重要标志。依照国外风险投资发展经验，这些中介服务组织主要都是靠市场来配置的，其产生与发展基本上都遵循着市场竞争规律。但是，我国作为农业生产规模化经营程度与农业科技贡献水平都不高的农业大国，农业领域的科技与产业、金融的结合机制远不完善，因此，如若将农业科技创新风险投资发展所需的各类专业服务推向市场并依靠市场手段来解决，必然存在市场失灵。事实上，多年来我国农业科技风险投资领域的专业性中介服务的任务都是由政府机构来承担的，比如，大部分的农业科技成果信息交流平台是由科技部、农业部提供，全部的农业科技成果水平鉴定与评价是由各省市科技管理部门完成，大部分的农业科技企业信用担保机构是由政府出资主导建设，只有少量的专业性中介服务包括农产品价值估值、农业项目投资咨询等由市场提供。实践证明，各类政府部门承担的专业化服务不仅管理成本高，而且容易滋生腐败，服务效率低；而市场主体承担的部分也常常因专业要求过高导致服务不到位。因此，现阶段我国农业科技风险投资的专业化中介服务缺乏科学合理的制度设计，导致农业科技风险投资项目信息交流不畅，担保不到位，农业知识产权估值难，与风险投资对接难。

9.4.3 农业科技创新风险投资引导基金的制度建设滞后

目前，我国政府出资设立的与农业科技创新有关的引导性质的基金有三个，即农业科技推广与服务补助资金、农业产业发展基金、中小企业创业投资引导基金。其中，农业科技推广与服务补助资金（2012 年设立）是国家财政的无偿拨款，限定用于以下农业科技创新与推广领域：农作物、畜禽、水产良种的繁育、改良、种植、养殖，主要农产品储藏、保鲜、干燥、包装初加工技术，农作物病虫草鼠害、动物疫病防控、污染防治，农技推广体系建设等。农业产业发展基金（2013 年设立），由财政部联合中国信达、中信集团和中国农业发展银行共同发起设立，首期规模 40 亿元，采用市场化运作方式，重点支持农业产业化龙头企业，旨在通过支持龙头企业提高资本实力，吸引更多的资本、技术和人才，以充分发挥龙头企业辐射面广、带动力强的作用，进一步提升农业产业化的整体发展水平。该基金是我国第一支国家级农业产业基金，是财政促进金融支农方式的一次新“探索”。科技型中小企业创业投资引导基金（2007 年设立），由科技部主管，采用政府出资、市场化运作的方式，引导风险资本投向科技型中小企业（包括农业科技企业）的政府资金。科技部网站公布数据显示，2013 年全国中小企业技术创新项目的引导基金数额为 362117 万元，其中，现代农业获得引导基金数额为 37940 万元，占全部资金的 10.48%①。除此之外，2013 年由中国农业科学院发起并投资设立的中农科产业发展基金，也是投资于农业科技领域的半民半官方性质的农业产业引导基金，这是国内首支农业科技领域的私募股权基金，该基金第一期规模 15 亿元人民币，主要投资境内农业领域高新技术孵化以及高成长、创新型、科技型企业。该基金主要是立足于支持和推动我国农业科研院校农业科技成果产业化、促进农业科技企业管理、融资、股份制改造等多方面的提升，切实解决农业科技成果转化和企业发展过程中的资金、管理等问题，促使企业走上科技与资本融合的快速发展道路、有效推动全国农业科研院校的科技成果产业化进程，用科技和资本服务“三农”。除此之外，国家政府每年还要通过科技部、农业部、财政部综合开发办等部门利用各种建设项目形式为农业产业发展提供大量的直接拨款补贴，这对农业科技风险投资也有间接地引导作用。

尽管如此，农业科技企业发展资金紧缺的现实依然不能改变，换句话说，现有的财政支持规模与支持方式不足以成为提升农业科技企业吸引社会

---

① 科技部网站：科技型中小企业技术创新基金 2013 年度报告，2014 年 9 月 9 日，http：//www.innofund.gov.cn/2/ndbg/201409/972000d0e5a343dcb2a5e46438479c51.shtml。

资本投资能力的有效筹码，特别突出的问题是，随着国家财政支持力度的加大，大量的中小型农业科技企业自身建设缺乏动力与市场压力，一些企业甚至是把拿到国家的财政补助当作首要目标，而不顾及企业自身的经营效益，这不仅会大大降低财政资金的使用效率，而且不利于农业科技企业的培养和我国农业科技进步贡献率的提升，甚至影响着我国农业现代化、农村城镇化发展的进程。基于此，在现阶段国家财政资金比较困难的条件下，非常有必要整合部分支持农业发展的财政资金，改变无偿资助方式，建立专门的农业科技风险投资引导基金制度。这样，既能够提高财政资金的使用效率，又能够发挥政府资金的引导作用，将金融资本、民间资本、外国资本等社会上大量的闲置资本引入农业科技创新领域。社会资本的进入会增强农业科技企业的发展动力，促使其提高经营管理水平。因此，农业科技风险投资引导基金制度的缺失，使农业科技风险投资缺少了一道强有力的制度保障，降低了吸引风险资本的能力。

9.4.4 农村产权交易市场不健全，制约农业科技创新风险投资的退出

农村产权交易市场建设，涉及农业知识产权的认定和农村产权交易市场两个方面。

9.4.4.1 我国农业知识产权认定难，保护力度不够

农业知识产权包括涉农专利、商标、版权，以及植物新品种、地理标志、农业生物遗传资源与传统知识、农业商业秘密等多个方面，为了保护农业知识产权，我国政府也先后颁布了一系列法律法规，包括1997年颁布了《植物新品种保护条例》、1999年我国加入《国际植物新品种保护公约》（UPOV公约）、2005年出台了《地理标示产品保护规定》、《农产品地理标志管理办法》、《林产品地理标志管理办法》，但是，由于农业知识产权具有地域性强、研发周期长、技术保密性弱、更新速度快等特点，农业知识产权保护制度又包括立法、审批登记、执法、机制与能力等多个环节，因此，尽管出台了一系列的法律及相关保护措施，但受产权鉴定难、执法难度大、技术要求高、保护环节多等限制，农业知识产权的保护常常会遇到很大的困

难。以种子的产权鉴定为例，农业和林业生产中种植或繁殖所用的种子包括籽、果实、根、茎、苗、芽、叶等多种形态，一旦发生侵权行为，从专业技术角度对其鉴定过程是相当复杂的，甚至是难以辨别。因此，尽管执法力度不断加大，但各地种子侵权案例还是频频发生。据国家知识产权局公布的《2010年中国知识产权保护状况》数据显示，在2010年全国打击侵犯知识产权和制售假冒伪劣商品专项行动中，各地方农业部门共查处了37件侵犯种子品种权和制售假冒伪劣种子的案件[①]。

正是由于农业知识产权保护难度大，农业科技企业往往花费了巨大的时间、精力和金钱开发出来的新技能或新产品，还未来得及带来巨额收益，就被大量地模仿，市场上很快就充斥着低于新技能和新产品的开发成本的低价格产品，使农业科技企业和早期介入的风险投资机构蒙受巨大损失。不仅如此，由于缺乏完备的农业知识产权保护法律法规，农业科技企业的阶段性研究成果因得不到有效的保护，在与风险投资者的后续融资谈判中就会处于不利地位。风险投资公司可能会以终止契约做要挟，要求增加收益，剥夺农业科技企业剩余，导致农业科技企业失去努力引入风险资本的积极性和主动性。总之，产权保护制度与风险投资紧密相关，风险资本选择投资项目时是以独立的知识产权为首要条件的，产权不明晰或者保护不严格，会给投资者带来不必要的风险，因而将大大减少投资机会。

9.4.4.2 农村产权交易市场自身不完善

产权包括物权、债权、股权等各类财产权，农村产权交易市场主要是围绕“农村土地承包经营权、林权、水域滩涂养殖权、农村集体股权、农业知识产权等流转交易服务及农村产权抵（质）押贷款权证、农村产权资产评估、农村集体资产招投标、农产品信息发布、信息发布等配套服务”诸多方面开展工作。长期以来，由于农村产权认定难度大、交易市场落后，导致农村土地、资本、知识产权等资源配置效率低下，交易市场发展滞后严重影响着风险资本的退出渠道和投资热情。以土地产权及其交易为例，农业科技企业的生产实验和技术推广都离不开大规模的集约土地，这就涉及农村土

① 中华人民共和国国家知识产权局. 2010年中国知识产权保护状况，http://www.nipso.cn/onews.asp? id=11394。

地产权及其交易问题。在我国农村土地属于集体所有，农户具有长达70年的土地承包经营权。由于土地的资本属性长期被忽视，土地不能直接进入交易市场，所以，我国长期缺乏农村土地交易的制度规范与制度保障，这对投资规模较大的农业科技企业引入风险资本具有明显的约束性影响。近年来，我国政府围绕土地流转问题，连续推出了多项鼓励性措施，实践中各地不断尝试多种土地流转方式，比如在四川、江苏、河北等地的地方政府尝试建立土地流转担保机构、土地银行、土地信托，以保证土地流转的安全性、收益性和稳定性。在武汉、天津、北京、温州等经济发达地区还出现了农村产权（包括土地）交易市场，但是，由于缺乏相关法律保护和制度约束，交易纠纷不断，不但农民的权益得不到保障，而且土地流入单位处置土地的权利得不到应有的保护。总之，农村土地产权制度不明晰，缺乏法理条款，产权（包括土地）交易市场不健全、管理制度不规范，使得土地流转受到限制，地区隔离严重，影响了风险投资在全国范围内以股权出售方式顺利退出，更难以激励逐利的资本进入农业科技风险投资领域。

9.5 国外农业科技创新风险投资制度建设实践经验

依据制度移植理论，一国要借鉴他国的制度，不能照搬照抄，要结合本国的具体国情。国外风险投资发达国家的农业在风险投资进入之前就已经实现农业现代化，而且不同的国家由于科技创新始发资源、产业基础、企业模式、投资环境、人文环境等的不同，对风险投资的接受能力存在较大差异。我们需要借鉴国外先进制度，建立适合我国农业科技创新风险投资发展的制度环境。由于风险投资发达的国家在将风险投资引入农业科技领域时，农业已经实现了现代化，所以这些国家并不将农业科技作为一项特殊的产业，而是将农业科技创新风险投资和其他科技创新风险投资一同进行制度创新。

9.5.1 美国政府介入风险投资的主要形式

9.5.1.1 美国的农业发展条件及其技术选择

美国是世界上最大的农业发达国家，土地肥沃，气候温和，人均土地资源丰富，是一个典型的地广人稀的国家。工业领先发展的优势使得美国使用土地和机械的相对价格低于人力资源的价格，这在一定程度上进一步促进了美国农业科技的发展，使美国农业实现全盘机械化。相同的科技选择还发生在加拿大、澳大利亚、俄罗斯等地广人稀的国家。

9.5.1.2 美国农业科技创新风险投资发展的制度建设

风险投资进入美国农业领域时，美国农业已经实现了现代化，农业科技的贡献率已经达到了较高水平。因此，农业科技从来没有成为美国风险投资的重点领域，但是美国政府还是通过出台一系列的宏观政策保障本国的农业科技风险投资的顺利发展。

第一，加强农业基础设施建设，大型农村基础建设项目由政府出资，中小型基础建设项目由农场主个人或者政府给予一定补助的联合投资方式进行。第二，重视农业科技的研发和推广。在美国，农业科研体系分为公共研究机构和私立研究机构。美国农业研究局负责推广农业信息、知识和技术，尤其是国家优先考虑的农业技术问题。美国由政府主导本国的农业技术推广工作，推广经费主要来源于政府。第三，政府为农业提供各种保险。由政府主导农业保险，推出农业政策性保险。经过多年的发展，美国已形成可以为100多种农作物进行保险的农业保险体系。第四，美国政府向农业提供政府补贴。美国从1933年就开始对农业实行政府补贴政策且其强度越来越大，补贴项目也逐年增添，逐渐成为农场经营的支撑性收入来源。第五，建立政府引导资金，鼓励小企业投资公司投资于风险企业。美国政府于1958年开始实施小企业投资公司计划，规定小企业投资公司每向小企业投资1美元，政府就可以向其提供4美元的低息贷款，并享受特殊的税收政策。此后，小企业管理局以政府信用为基础，为小企业投资公司发行长期债券提供担保，并代为支付长期债券定期利息。第六，为风险投资的发展实行税收优惠政策。1981年美国对研究开发投资税减半征收，对开发研究仪器设备加速折旧，对从事高科技产品创新的企业给予加速折旧、投资抵减、5年免税等税收优惠政策。第七，设立相关法律政策，促进风险投资产业有序发展。例如1958年美国就通过了《小企业投资法》，为风险投资企业的设立与运行提供法律依据；1994年美国修订了《统一合伙法》，使得合伙制平衡了风险与收益、责任与权力。此外，美国还对风险投资的税收优惠进行了一系列的立法，降低其不确定性。第八，建立多层次的资本市场体系。美国的多层次资本市场体系是迄今为止全球最完善的资本市场体系，包括发达的纽约股票交易一板市场和全球纳斯达克二板市场以及天使交易网络，这些都为风险资本的顺利退出奠定了良好的基础。纳斯达克市场交易门槛低，符合风险投资企业初创特点。美国的天使交易网络也十分发达，这对种子时期的企业发展作用显著。同时政府还为交易信息的沟通采取必要的措施，包括天使投资人、企业以及技术方面的信息。

9.5.2 西欧各国政府对风险投资的介入

9.5.2.1 西欧的农业发展条件及其技术选择

英国是世界上最早实现工业化的资本主义国家，国土面积小，人口密度大，约78%人口为城市人口，城市化水平居发达国家前列。农业人口和农业经济活动人口分别占总人口的3.7%和1.8%，在所有资本主义国家里处于偏低的水平。人均耕地面积不足0.1公顷，但有永久性牧场比较适宜发展畜牧业。法国是西欧国土面积最大的国家，法国人口数量在欧盟各国中排名第二。人均占有耕地数高于世界平均水平，但人均占有永久性牧场数是世界平均水平的1/3。荷兰位于西欧北部，国土面积狭小，是欧洲人口最稠密的国家之一。荷兰属于典型的人多地少的资源贫乏国家，由于所处纬度较高，光热条件较差，因此发展农业的基础条件很差。

从总体上来说，英国、法国、荷兰等西欧的资本主义国家，既不像美国那样劳动力短缺，也不像日本那样耕地不足，因此在农业现代化过程中选择了机械与生物技术并进的方法，把农业生产技术现代化和农业生产手段现代化放在了同等重要的地位上，实行“智力投资”与“物力投资”并举，既提高土地生产率，又提高劳动生产率。虽然如此，由于各国基础条件不同，在发展本国农业科技风险投资的过程中采用的具体方式也不完全一致。

9.5.2.2 西欧农业科技创新风险投资发展的制度建设

虽然早在15世纪末，在西欧的一些国家中就出现了风险投资的雏形，但真正现代意义上的风险投资是在第二次世界大战以后，特别是在风险投资的作用在美国得到初步发挥以后才得以发展起来的。从风险投资的各主要评价指标来看，欧洲的风险投资活动主要集中在英国、法国、德国和荷兰。所以我们只简要介绍英国、法国和荷兰三个国家的风险投资发展状况并总结其发展经验。

（1）英国的风险投资实践与经验

在1980年以前，英国的风险投资业发展得相当缓慢，1979年撒切尔夫人上台后，政府认识到欧洲的高技术产业落后于美国的根本原因在于欧洲的风险投资落后美国至少10年。于是英国政府颁布了一系列税收减让措施，实施发展商业计划，公民投资新公司税收减免，成立担保市场，发展场外交易市场等一系列政策措施。这些措施使得英国的风险投资逐渐走向成熟，直至发展成为世界上第二大风险投资国。风险投资发展的一个重要条件是充足的资本来源。早期英国的风险投资资本主要来源于银行及其附属机构，后来出现了私人风险投资公司、政府创办的风险投资公司以及保险公司、养老基金等多种机构投资者。20世纪80年代以来，英国的风险投资资本出现集中的趋势，大约25%的风险投资机构掌握了78%的风险投资资本。英国风险投资的一个重要特点是对国外投资者投资于英国的风险投资资金实行特别税收优惠，因此国外资金纷纷流入英国，并占据风险投资基金相当大的比重，在2005年超过了2/3。此外，英国的风险投资资本的回报率远远超过可比较的资产的3年期、5年期和10年期的回报率。同时从投资阶段来看，通过管理层并购投资的回报率要比投资于初创期或发展早期的回报率高的多。从投资领域看，英国的风险投资领域比美国宽泛，英国的风险投资并没有像美国那样主要集中在计算机相关领域，而是集中在与消费品有关的领域、制造业和农业等传统领域，也包括计算机相关领域。

（2）法国的风险投资实践与经验

法国的风险投资业的发展赶不上英国。法国的风险投资业起步于20世纪70年代，80年代时，法国意识到本国产品缺乏竞争力的一个重要原因是产品缺乏创新能力，于是开始下力气激发本国的科技创新并鼓励风险投资对科技创新的支持，例如加大国家财政对科技创新的支持力度，对民间风险投资采取减免税措施，允许金融机构、大公司、保险公司及养老基金参与风险投资，创建场外交易市场等。这些举措使得法国的风险投资得到了极大的发展。法国的风险投资资本来源多样，包括银行、个人、基金中的基金、保险公司、养老基金、大公司、政府和外国投资者等，商业银行的资金是投资资金的主要部分。在风险资本退出方面，法国有发达的法兰西股票交易所，并在交易所内设置了“法国新市场”，法国还有发达的企业并购市场，为风险资本的顺利退出提供了多元化的退出渠道。法国的风险资本大都投向企业的并购与回购，所以资本退出时也大都通过并购或其他方式，通过IPO方式退出的比例不高。

（3）荷兰的风险投资实践与经验

尽管人们提到风险投资时很少有人能够联想到荷兰，但是荷兰的风险投资环境确实堪称一流。在荷兰存在着一个风险投资联合会，它是风险投资企业的保护组织，代表着本行业处理政府与其他机构的关系。在风险投资联合会的保护下，荷兰的风险投资发展很快。政府为了促进本国风险投资的发展，出台了一系列激励政策和税收优惠政策，鼓励风险资本投资于小型初创企业，对投资于初创企业的个人在8年内可免征一部分收入税，政府还直接拨款成立科技创始基金参与投资。荷兰的风险资本退出方式主要是商业购买，其次是管理者购买，第三种退出方式才是IPO。

从以上的分析中可以看出，英国、法国、荷兰等西欧国家的风险投资尚未成熟时就已经实现了农业的现代化，因此农业科技创新借助风险投资来发展的诉求并不是很强烈，也就没有出台一些专门针对农业科技创新风险投资发展的政策措施。但是即便如此，英、法、荷等西欧国家为发展本国风险投资而采取的一些办法对于目前农业科技创新风险投资初步发展的中国来说还是具有很大的参考价值。

9.5.3 日本风险投资市场发展中的政府介入

9.5.3.1 日本的农业发展条件及其技术选择

从国土面积看，日本人口众多，国土狭小，人口密度大，远远高于其他发达资本主义国家。日本的可耕地面积也很小，与美国、加拿大、澳大利亚、俄罗斯相比，属于典型的人多地少国家。从地形特征看，日本平地狭小而零碎，山地众多而陡峭。而且，由于日本列岛属于新的造山活动地带，山地多呈坡度大的壮年山地特征，在面积本已十分狭小的平地中，分布极其零散，其中面积最大的关东平原也仅 1.5 万平方公里。从土壤质量看，日本土地总体不甚肥沃，一方面地形斜坡较多，易造成水土流失；另一方面，以火山灰为主的酸性土壤缺乏磷酸而地力低下。

由此我们可以看出，日本的农业发展条件是十分苛刻的，农业发展受到多方面约束。因此，日本的农业技术选择路径与欧美发达国家和地区不一样，它是根据本国社会经济和自然条件，在实现水利化、化肥化、良种化后再发展机械化的。

9.5.3.2 日本农业科技创新风险投资发展的制度建设

在风险投资发展的早期，日本政府并没有采取任何措施。直到 20 世纪 70 年代中期，日本政府甚至整个日本社会开始认识到风险投资对高科技企业的巨大促进作用，于是开始针对性地制订了一系列的制度政策来改变本国的外部环境，从而有利于风险投资的发展。第一，创设了一系列的法律条文在制度上促进本国风险投资的发展。例如 1995 年推出的《中小企业创造活动促进法》，由政府直接向风险投资财团提供资金，支持民间风险投资活动。1997 年又修改了养老基金运用法规，允许其向风险企业或是有限责任合伙基金投资。对大学等学术机关进行改革，使其参加经济活动；引入天使投资优惠税率制度；启动零注册资本金制度等。第二，出台措施完善风险投资机构的组织形式。在 1982 年以前，日本的风险投资公司是公司制企业，这极大地限制了投资规模和投资对象。1998 年政府出台了《有限责任合伙制基金法》，并公布了有限责任合伙制的合同样本。第三，设立特殊板块市场，完善风险资本退出机制。

1995 年，日本在二板市场内设立特殊板块，首次允许赤字企业上市；1997 年，在 Green Sheet 市场的新兴板块内又专门为不能在证券交易所上市的企业提供股票交易；1999 年和 2000 年一系列全国性和地方性的二板市场相继设立，由此形成了风险资金顺畅的退出渠道。

9.5.4 国外农业科技创新风险投资发展实践的启示

9.5.4.1 国情是发展农业科技创新风险投资的前提

风险投资作为一种支持创业的制度创新，其作用的发挥需要一定的文化与市场经济条件，没有一种法规是在任何国情下都适用的。因此，20 世纪七八十年代，各国在看到美国风险投资产生的巨大效益后纷纷效仿美国模式发展本国的风险投资。各国都是在结合本国国情的基础上，经过一段时间的摸索创新之后，确立了适合本国风险投资发展的路径和模式。例如，美国的风险投资资本最初主要来源于富有的家庭与个人，目前却主要依赖养老基金，资金趋向于投资企业的初创阶段；而英法等国的风险投资资本主要来源于银行等金融机构，其国民的创业积极性也远远没有美国国民那样强烈，所以资金投资于企业初创阶段的不多，大部分用于企业间的并购。在农业科技创新风险投资方面也是如此，各国的国情差异很大，美国、加拿大等国家地广人稀、劳动力价格高，日本人多地少，一些西欧的国家的国情则是介于美国与日本之间，所以发展本国农业科技创新风险投资必须立足于本国国情，否则不会取得理想的效果。

9.5.4.2 适当的组织形式有利于风险投资发展

在对风险投资这种投资方式的研究中，可以发现其有两个重要特点：一是风险投资家不仅对风险企业提供资金支持，还参与到企业的经营管理活动中，指导企业的发展壮大；二是有限合伙制是处理风险投资运转过程中信息不对称问题的最有效组织形式。信息的不对称是由于风险投资的双重委托—代理问题产生的，如果说风险投资家运用参与企业管理的方式解决了第二重委托代理关系的信息不对称问题的话，那么第一重委托代理关系不能通过传统的组织形式得以解决，就必须创新企业的组织形式，有限合伙制就应运而生。通过有限合伙制度不仅能够很好地解决投资者和风险投资家之间的利益分配，而且很好地解决了两者之间的风险分担问题。所以，有限合伙制成为发展风险投资的有效组织形式。而从上述分析中我们发现，各国在发展本国风险投资时都对有限合伙制进行了深入的探讨与分析，出台一系列规章保障有限合伙制在本国的推广。

9.5.4.3 农业科技创新离不开政府的大力支持

提高农业劳动生产率的关键在科技，要想推进农业现代化，必须具有较高的农业科技水平。而农业的弱质性和其研究开发周期长、投入高、风险大等特点决定了农业科技的发展必须得到政府的大力支持。政府通过制定各种法律法规保证了风险投资的发展。此外，几乎所有的发达国家在推行农业科技创新的过程中，都给予了财力支持。例如，法国的农业部提供了全国90%的农业科研经费；加拿大每年划拨给农业部的科研经费高达数亿美元，用于进行农作物、资源、动物和食品等方面的科学研究。此外，发达国家政府还通过税收优惠、政府采购、人才培养、信贷优惠等激励措施来发展本国农业科技产业。发达国家的一个共同特征是具有发达的证券交易所和建立适合风险投资发展的新板块市场。这一方面，虽然我国建立了创业板市场和中小企业板块，但是我国资本市场的发展仍然任重而道远。

9.5.4.4 农业科技创新需要政府积极参与分担风险

农业科技创新是一种高风险的经济行为，在不同阶段面临不同的风险。在农业科技创新的基础研究阶段，技术风险是最大的风险，政府除加强自身投资力度、支持基础研究外，还可以对微观主体参与研发给予一定的补偿和税收减免。这样就将部分农业科技创新研发风险由微观主体转移给了政府，提高微观主体参与农业科技创新的积极性。在农业科技创新的技术推广与应用阶段，自然风险与市场风险是农户面临的重要风险，为此发达国家形成的政策性农业保险体系对推进我国农业科技创新具有重要借鉴意义。

9.5.4.5 各国的其他经典制度值得借鉴

例如美国政府建立的发达的天使交易网络，专门介绍天使投资人和企业的信息以及技术方面的信息，这为加强交易主体的信息沟通提供了便捷的途径，减少了信息不对称的发生。日本于1997年修改了养老基金运用法规，允许其向风险企业或是有限责任合伙制企业投资，启动零注册资本金制度等制度创新以促进风险投资发展。英国对国外投资者投资于本国的风险投资资金实行特别税收优惠，于是国外资金纷纷流入英国境内，并占据英国风险投资资金相当大的比重。荷兰设立的风险投资联合会是风险投资企业的保护组织，代表着本行业处理政府与其他机构的关系。在风险投资联合会的保护下，荷兰的风险投资业的意愿会最大程度受到政府的关注与满足。

9.6 我国农业科技创新风险投资的制度改进

实践表明，发达国家风险投资运行效率高的根本原因在于其在权力设计、税赋、收益分配与激励方面在法律上做出了精心的制度安排。借鉴国外经验，我国农业科技创新风险投资制度的改进可以从两个层面考虑：一是加强立法，包括出台“风险投资法”、完善《中华人民共和国公司法》与《中华人民共和国商业银行法》等，并在“风险投资法”中增加关于农业科技风险投资的保护性条款；二是适当干预，主要是政府出面建立农业科技创新风险投资引导基金、设立农业科技创新风险投资中介服务机构、加大税收优惠与财政补贴力度、建立农业科技风险投资政府采购制度等方面。

9.6.1 加快风险投资立法，提升法律层次，增加涉农风险投资保护性条款

9.6.1.1 风险投资立法的条件已趋于成熟

任何经济事件的出现都不是偶然的，它必定是某一经济体内部矛盾运动的结果。任何一项经济活动领域里的创新实践要上升为一项制度性的成果，必须经过政府行为的确认。并不是所有创新实践都会引致政府的关注，而要成为制度性的成果，则至少需要三个条件：其一，广泛的适应性，即该经济体运行的内生性需要；其二，起初的效率性，即在经济活动实践中这一点已得到显著表现；其三，系统的成熟性，即本身已具备了成为一项制度的雏形，从而容易被

政府认可①。

我国风险投资发展30年，已经形成了包括机构设置、机构组织形式、资金来源渠道、投资管理方式、经营者之间的相互代理关系、退出方式等在内的完整运行系统，随着风险投资行业市场化发展的深入，风险投资的各类主体包括投资者、经营者以及创业企业都对法律规范都有着强烈的内在需求；同时，风险投资运行过程中所涉及的各种问题不断暴露，各级政府则不断采取措施加以纠正、解决并给予规范，包括2002年商务部颁布的《外商投资创业投资企业管理规定》、2005年国家发展和改革委员会颁布的《创业投资企业管理暂行办法》，对外资、内资创业（风险）投资均予以指导与规范，保证了整个风险投资运行系统的稳定和行业自身的顺利系发展，风险投资法律制度的雏形已基本形成。迫切需要提升风险投资法律层次，完善风险投资法律体系。

9.6.1.2 拓宽风险资本筹集渠道，转变政府参与风险投资的方式

在当前我国大力倡导依法治国的时代背景下，依法改革、依法推进制度建设，是经济领域深化市场经济体制改革的唯一路径。在更高层次的法律框架内，允许一定比例的养老基金、保险基金、银行资金等进入风险投资领域，鼓励居民储蓄向风险资本的转化，拓宽风险资本资金来源渠道；取消对风险投资合伙人数的限制；明确政府参与风险投资的制度边界，推动我国风险投资发展方式由政府主导、政府直接参与型向政府引导、市场决定型转变，各类政府主导的风险投资机构逐渐退出风险投资领域。

9.6.1.3 利用补充条款形式，在未来“风险投资法”中增加农业科技创新风险投资保护性条款

法律具有普适性。“风险投资法”作为整个风险投资法律制度的核心，可以指导任何一个领域的风险投资实践活动。但是，这种普适性的法律制度如若不设置特殊条款，那么，一些特殊领域的发展往往会受到法律的约束或限制，或者是得不到应有的制度保护，如高新技术领域、中小型科技创新领域、农业科技创新领域等。因此，建议在风险投资法律框架中增加对农业科

① 吕炜.风险投资的制度创新意义［J］.经济学家，2001（5）.

技风险投资的保护性条款，对农业科技风险投资的筹集渠道、引导基金设立与运行方式、专业性中介服务组织与运行、投资监管、退出渠道等予以特殊规定。

9.6.1.4 完善与风险投资相关的法律法规

在考虑制定专门的“风险投资法”的同时，也要进一步完善与风险投资相关的法律法规，使得各项制度之间能够达到立法一致和相互协调，形成有利于风险投资事业发展的法律保障体系，包括《中华人民共和国公司法》、《中华人民共和国证券法》、《中华人民共和国破产法》、《中华人民共和国公司收购兼并法》等，只有完善的法律法规体系才能够为风险投资的顺利发展提供保障，国外资金、个人资金、社会其他资金才能够在各自的风险偏好度内投入到风险投资领域中去。此外，适时修订《中华人民共和国保险法》、《中华人民共和国商业银行法》等相关法律条款，以保证一定规模的保险基金、银行资金进入风险投资领域；同时考虑修订养老基金有关投资管理的办法，允许一定比例的养老基金进入风险投资领域，进而逐步放宽各种社会资金进入风险投资领域的条件，使风险投资的资金来源渠道多元化。

9.6.2 规范农村产权交易市场发展，完善风险投资退出机制

目前，我国农村产权特别是土地产权的流转程度低，已经成为制约农业科技企业发展和农业科技风险投资的首要障碍。首先，要大力扶持农村土地流转市场，在土地集体所有权不变的法律背景下，鼓励各地方政府建立省域或县域范围内的土地产权交易市场；其次，建立科学的土地流转与管理制度，加强对土地流转的监管，比如成立专门的利益协调机构，为土地流转中的纠纷提供便捷的调解渠道；再次，建立土地交易中介组织，为农村土地流转提供畅通的信息渠道，以便被投资企业找到合适的交易对象，提高土地流转效率；复次之，促动金融机构开办土地银行、土地信托，为土地流转提供信用保障。最后，北京中关村股权交易市场是一个全国性的场外交易市场，主要交易对象是非上市股份公司和有限公司的股权，倾向于高科技企业。应充分发挥这一市场功能，为农业科技创新风险投资发展提供便利。建议在北京中关村股权交易系统中开辟专门的农业科技企业股权转让板块，并为进入该系统的农业科技股权交易制

定更加优惠的交易条件，便于农业科技风险资本的顺利退出。

9.6.3 制定鼓励农业科技风险投资发展的税收优惠政策和财政补贴制度

9.6.3.1 制定税收优惠政策

实践表明，税收优惠政策在美国风险投资发展过程中发挥了巨大作用。为了鼓励更多的风险资本进入我国农业科技创新领域，不妨借鉴国外税收优惠政策经验，比如，对农业风险投资企业在免税两年的基础上继续延长免税年限以降低应纳税所得额；对于风险投资所得利润进行再投资的，可以退还之前所缴纳的一定比例税款或全部税款；还可以通过扩大农业科技企业免税产品的税收减免范围的办法，来加大对农业科技创新风险投资的支持力度；通过继续扩大实施农业税收优惠政策，来吸引社会上的闲置资金投入农业科技领域，增加对农业科技创新的投资。

9.6.3.2 实施财政补贴制度

农业科技风险投资补贴制度是指政府为鼓励农业科技创新风险投资的发展，向农业科技风险投资者、农业风险企业提供的一种制度化的无偿补助。可以从三个环节予以补贴：一是直接给予风险投资者一定的补助。对于向国家农业高新技术或者创新创业领域进行大量投资的风险投资机构，给予其相当于投资总额一定比例的补助金。二是对于获得风险资本支持的农业科技创新企业给予研发补助，支持农业科技风险企业的技术创新活动。三是给予农业科技风险投资的各方参与者一定的亏损补贴。补贴制度是一种事后补助，能够在一定程度上减轻风险投资机构和农业科技企业的后顾之忧，不仅能够降低风险投资各利益主体的投资风险，而且也对风险资本的投资取向起到了导向作用。除此之外，还可通过对农业风险投资实行贴息贷款、发行农业科技开发债券、设立农业科技开发基金等方式，以促进农业科技风险投资的发展。

9.6.4 设立国家级农业科技创新风险投资引导基金

总结科技部设立中小科技企业创业投资引导基金的成功运作与管理经验，

建议科技部、农业部、财政部、中国农业发展银行等部门联合起来，共同发起设立国家级农业科技风险投资引导基金。从科技部角度讲，将每年列入中小企业创新基金中的农业项目单列出来，纳入专门的农业科技创新风险投资引导基金支持范围，可以让农业科技企业获得更多的稳定的资金支持；从农业部、财政部角度讲，每年通过税收减免、财政补贴、发展项目等形式拨付大量的资金支持农业，但是，总体上看这种无偿援助方式在激励农业企业提高技术创新能力方面的作用很有限，不仅导致农业企业发展后劲不足，对财政扶持产生依赖性，而且还降低了财政资金支农效率；从农业发展银行而言，作为农业领域的政策性银行，有责任从政策引导的层面，为国家不断推动的农业科技企业创新提供政策性金融支持。因此，上述几个部门联合起来设立农业科技创新风险投资引导基金，将有利于农业科技企业获得风险资本支持，特别是将会推动农业科技企业加强科技研究与开发的主动性和积极性，同时也大大提升财政资金的使用效率。引导基金可以采取参股、担保、风险补助等形式参与风险资本的运行与管理。改变政府参与方式，将直接投资转变成设立引导基金的形式，发挥财政资金的杠杆作用，提高财政资金的使用效率。

9.6.5 设立专门的农业科技风险投资专业化中介服务组织

设立一个专门的农业科技信息与投资咨询服务机构（暂定为农业科技金融服务中心），该机构与各部委、研究机构达成农业科技成果信息共享机制①，业务内容主要是信息发布、项目介绍、投资咨询、风投对接、IPO辅导等服务。该服务机构采取“政府设立、公司化管理、市场化运作”方式，并获得投资咨询及其他服务收益。风险投资是一项专业性和综合性都很强的经济活动，需要中介组织提供可靠的途径。从某种意义上讲，风险投资成功与否，很大程度上取决于有无良好的中介机构参与实施。从实践工作来看，国家科技部

① 截至今日，国家各政府部门的农业科技成果信息并没有形成全社会共享机制，导致大量的科技成果躺在各部门的成果库中。科技部、农业部、国家发展和改革委员会、国家农业开发办公室等部门可以联手，先试行将农业科技成果纳入信息公开范围，具体来讲，就是以无偿方式定期提供给专门设立的专业性信息咨询机构，再要求信息咨询机构以免费方式提供给投资者筛选。信息咨询机构属于市场化运作主体，其收入来源主要是通过提供投资咨询服务而获得，包括项目介绍、投资咨询、风投对接、项目辅导等服务。

已经连续组织了两届农业科技创新创业大赛，旨在为农业科技企业和风险投资机构提供对接平台，收到良好效果。在两次大赛中，直接组织者——科技部农村中心起到了这种专业服务作用。但是，政府部门直接开展此项工作需要花费大量的人力、物力和财力，不是长久之计。另外，还有一些民间组织，比如中国风险投资大会、中国风险投资研究院等机构，也在一定程度上起到了对接创业企业与风险资本的作用。实践表明，非常有必要设计一个专门服务于农业科技创新与创业投资链接的市场化运作机构来发挥长效作用，这需要制度层面予以保障。

9.6.6 完善我国农业科技创新风险投资政府采购制度

政府采购是影响风险投资方向和发展速度的重要政策工具，是各国政府保护和支持高新技术产业，促进风险投资业发展的重要手段。早在20世纪初，我国农业科技推广就已进入政府采购行列。实际工作中我国政府采购目录是由各省每年进行单独编制，其中关于农业方面的主要包括农用物资、农作物储备种子、动物药品、动物疾病防控疫苗、农用机械设备、农业综合开发治理工程等。农业科技产品政府采购制度，能够为农业科技产品和农业科技企业提供一个稳定的、可以做出清晰预期的市场，因而大大降低了技术创新过程中与市场相联系的诸多不确定性。因此，将风险投资与农业科技产品政府采购制度结合起来，不仅会降低风险资本的投资风险，吸引风险投资，而且还会在很大程度上克服政府农业科研投入不足和科研产出效率低、技术推广率低的问题，进而提高农业科技水平，推动农业科技化、金融化、现代化的发展。

9.7 本章小结

本章以梳理我国农业科技创新风险投资制度演变为基础，从制度建设的角度研究了制约我国农业科技风险投资发展的制度问题，包括制度缺失、现有制度约束、相关制度建设滞后等问题，在借鉴国外经验的基础上提出我国的制度改进建议。制度建设是我国农业科技风险投资发展的保障，正是源于制度建设滞后，农业科技创新风险投资发展缺乏保护与激励，导致发展缓慢，致使风险投资在促进我国农业科技创新与成果转化方面的作用不突出。因此，对制约我国农业科技创新风险投资的制度约束进行总结，并提出相应的制度改进策略，对促进我国农业科技创新、推动现代农业发展有重要的实践意义。

主要参考文献

[1] 赵昌文，陈春发，唐英凯. 科技金融 [M]. 北京：科学出版社，2010.

[2] 李颖. 科技与金融结合的路径和对策 [M]. 北京：经济科学出版社，2011.3.

[3] 房汉廷. 中国创业风险投资发展中的七大问题 [J]，中国科技论坛，2007 (4).

[4] 杜朝运，郑瑜. 海峡西岸经济区发展创业投资引导基金研究——兼析台湾创业投资引导基金研究 [J]，福建金融，2009 (5).

[5] 尚福林. 科技与资本结合，以资本市场促进科技创新发展 [J]. 高科技与产业化，2010 (5).

[6] 马九杰，耿帅. 农业科技创新不同阶段的融资特征与金融服务模式，中国农村科技，2013.5.15.

[7] 房汉廷. 科技金融：理论、实践与政策 [J]. 中国科技论坛，2010 (11).《新华文摘》2011 年第 2 期全文转载。

[8] 刘健钧. 境外创业投资引导基金运作模式与启示 [J]. 中国科技投资，2006 (10).

[9] 约瑟夫·熊彼特. 经济发展理论 [M]. 1912 年用德文发表，全称：《经济发展理论——对于利润、资本、信贷、利息和经济周期的考察》。孔伟艳译. 北京：北京出版社，2000.

[10] 卡萝塔·佩蕾丝，技术革命与金融资本（中译本）[M]，北京：中国人民大学出版社，2007.

[11] 国外如何推动农业信息化建设，来源：经济日报，2015－8－19.

[12] 高锁平.农业利用创业投资问题研究 [D].北京：中国农业科学院，2006.5.

[13] 潘洪刚，王礼力.中国农业创业投资发展轨迹及趋势 [J].电子科技大学学报，2008 (4).

[14] 房德东.农业高新技术创业投资风险管理研究 [D].陕西·杨凌：西北农林科技大学，2007.

[15] 段联合，杨帆.美国 R&D 经费投入强度分析及对我国的启示.中国科技论坛 2008 (10).

[16] 中国风险投资网.http：//www.vcinchina.com/

[17] 中国风险投资研究院网站. http：//www.cvcri.com/

[18] 投资界. http：//www.pedaily.cn/

[19] 投融界. http：//www.trjcn.com/

[20] 许登峰，刘志雄.中国农业高新技术产业风险投资的发展及国际借鉴 [J].广西社会科技.2013 (12)：102－107.

[21] 杨凌.农业高新技术产业示范区管委会等.2012 中国农业产业投资报告 [M].北京：科学出版社，2013.

[22] BobZider 编写，潘焕学译.风险投资业 [M].北京：中国人民大学出版社，2003.13.

[23] 王元等.2014 年中国创业风险投资发展报告 [M].北京：经济管理出版社，2014.

[24] 冯中圣、沈志群、刘健均、洪显明主编.中国创业投资行业发展报告 2010、2011、2012，中国计划出版社.

[25] 朱玉春，霍学喜.我国农业科技成果转化的制约因素及对策研究 [J].农业技术经济，1999 (03)：20－23.

[26] 杨同芝.发展农业高新技术风险投资的意义及对策 [J].农业技术经济，2000 (04)：28－30.

[27] 郭立红.农业高新技术产业化与风险投资 [J].农业经济问题，2004 (11)：47－51.

[28] 许桂红，刘钟钦，郭忠孝.农业高新技术企业引入风险投资的可行性研究 [J].农业技术经济，2003 (03)：17－22.

[29] 张兵. 农业高新技术产业化与风险投资机制研究 [J]. 现代农业，2007 (01)：28 -32.

[30] 刘明辉. 农业高新技术产业创业投资及其代理风险控制 [J]. 农业经济问题，2008 (05)：39 -43.

[31] 江华，邹帆. 农业高科技开发风险投资探析 [J]. 南方农村，2002 (01)：37 -38.

[32] 秦秀红. 我国农业风险投资发展的制约因素及对策 [J]. 农村金融，2004 (05)：54 -56.

[33] 杨敬华. 农业科技园区创业与创新发展机制与模式研究 [D]. 中国农业科学院，2005.

[34] 潘洪刚，王礼力，王君萍. 中国农业创业投资发展轨迹及趋势 [J]. 电子科技大学学报，2008 (4)：24 -28.

[35] 陈彦玲，王景艳. 广东省建立农业风险投资引导基金的研究 [J]. 广东农业科学，2011 (04)：213 -215.

[36] 王斌，王建忠，王秀芳，张富. 关于农业科技风险投资理论体系的构建 [J]. 江苏农业科学，2014 (04)：387 -391.

[37] 张本照，万伦来. 美国风险投资的运作模式及其对中国的启示 [J]. 世界经济，2002 (05)：52 -54.

[38] 张波. 农业高新技术风险投资项目评估研究 [D]. 内蒙古：内蒙古农业大学，2010.

[39] 付蓉. 我国风险投资市场需求导向型制度供给模式的建立 [D]. 成都：西南交通大学，2005.

[40] 刘曼红，胡波. 风险投资理论：投资过程研究的理论发展和前沿 [J]. 国际金融研究，2004 (3)：8 -14.

[41] 田美焕，王秀芳. 我国农业科技风险投资发展的必要性和可行性分析 [J]. 河北金融，2013：12 -15.

[42] 吕冰，李铭. 风险投资在农业科技成果转化支撑体系中的应用 [J]. 安徽农业科学，2010 (10)：5371 -5372.

[43] 邢大伟. 试析政府在农业风险投资中的作用 [J]. 经济论坛，2008 (10)：118 -120.

[44] 王梅，王秀芳，田美焕，石冉. 农业科技风险投资内部运行机制研

究［J］.湖北农业科学，2015（02）：501－505.

［45］王梅，石冉，王秀芳.我国农业科技创新的政府支持研究［J］.河北软件职业技术学院学报，2014（03）：72－76.

［46］吴亚男，王秀芳，田美焕.设立农业科技创新风险投资引导基金的思考［J］.贵州农业科学，2013（04）：228－230.

［47］杜英娜，路剑，王晓燕.风险投资与农业科技中介的有效对接机制分析——以河北省为例［J］.商业时代，2013（18）：74－75.

［48］郑良芳.金融和财政“两轮驱动”，合力推动农业科技跨越发展［J］.区域金融研究，2012（8）：15－19.

［49］国家发展改革委中小企业司等.中小企业服务体系国际经验比较［M］.北京：中国经济出版社，2003（10）.

［50］高子涵，吕华侨，李娟.科技中介服务机构发展的国际比较与借鉴［J］.理论与探索，2011（9）.

［51］仁杰，霍晶.关于构建中国大学科技园中介服务体系的思考［J］.河北学刊，2010（9）.

［52］罗斌.构建以信息平台为依托的合伙制中介组织——促进我国风险投资业的发展［J］.金融领域，2006（11）.

［53］万哨凯，宋晓丹.基于科技园平台的科技企业与市场资金结合模式研究［J］.经营谋略，2012（3）.

［54］赵欣宇.中介机构——风险投资发展的“情报器”［J］.辽宁师范大学学报（社会科学版），2011.5（3）.

［55］丁丽.论我国风险投资业发展中存在的问题与对策［J］.综合论坛，2009（9）.

［56］王希良，柳洲.科技中介机构“市场化”发展的需求与对策［J］.科学管理研究，2011（5）.

［57］李文博.我国科技中介服务体系与发达国家的差距及对策［J］.中国科技论坛，2011（7）.

［58］李柏洲，孙立梅.创新系统中科技中介组织的角色定位研究［J］.科技与管理，2010（9）.

［59］梁灵艳.河北省科技中介服务机构发展研究［J］.河北师范大学学报（哲学社会科学版），2011（4）.

[60] 黄传慧，郑彦宁.科技成果转化中的信息不对称问题研究 [J].科技管理研究，2011 (23).

[61] 林佳丽，李润钿，谢飞.科技中介服务机构网络化的构建方法研究 [J].科技管理研究，2011 (9).

[62] 张明明.区域创新系统中科技中介组织的角色 [J].科技进步与对策，2011 (20).

[63] 高丽娜，卫平.科技中介机构的异质性对区域创新能力的影响 [J].中国科技论坛，2011 (5).

[64] 李俊，于会萍.科技中介机构运作模式及发展走向 [J].科学与管理，2008 (2).

[65] 姜霄.论科技中介组织在农业产业化发展中的运用 [J].农业经济，2012 (9).

[66] 任杰，霍晶.关于构建中国大学科技园中介服务体系的思考 [J].河北学刊，2010 (9).

[67] 龚建立，徐炳炳，王飞绒.政府性创业投资引导基金的运作模式研究 [J].经济纵横，2007 (8).

[68] 赵成国，陈莹.政府创业投资引导基金运作管理模式研究 [J].上海金融，2008 (4).

[69] 高子涵，吕华侨，李娟.科技中介服务机构发展的国际比较与借鉴 [J].理论与探索，2011 (9).

[70] 韩长赋.大力发展节水型现代农业 [N]，农民日报，2014-4-1.

[71] 赵勇."京津冀一体化要农业先行"，2014 年 4 月份河北省副省长赵勇在走访廊坊永清现代农业时表示 [DB/OL] 网址：http://stock.pingan.com/a/20140402/3900339.shtml.

[72] 冯中圣，沈志祥.《中国创业投资行业发展报告 2012》[M].中国计划出版社 2012.8.

[73] 刘健钧，借鉴国际经验发展我国创业投资引导基金 [J].中国金融，2007 (21).

[74] 黄国平，孔欣欣.金融促进科技创新政策和制度分析 [J].中国软科学，2009 (2).

[75] 吉洁，季景满.美国政府在美国风险投资中的作用［J].管理现代化，2001（4).

[76] 房汉廷，王伟光，郭戎.创业投资母子基金模板比较及启示，高科技与产业化，2004（11).

[77] 柏高原.创业投资引导基金动作机制研究——基于共同代理关系视角［D].天津大学，2010.

[78] 张亦春，王国雄.借鉴成功经验发展大陆创业投资引导基金［J].武汉金融，2010（12).

[79] 王旭，刘玉国，科技型企业生命周期及其特征分析［J].工业技术经济，2003（4).

[80] 杜朝运，郑瑜.海峡西岸经济区发展创业投资引导基金研究——兼析台湾创业投资引导基金的运作模式［J].福建金融，2009（5).

[81] 龚建立，徐炳炳，王飞绒.政府性创业投资引导基金的运作模式研究［J].经济纵横，2007（8).

[82] 谭祖卫，胡芳日，创业投资引导基金运作模式探讨［J].中国科技投资，2008（8).

[83] 庞跃华，曾令华.创业投资引导基金运作模式的国际比较与中国选择［J].湖南大学学报，2011（03).

[84] 陈晓枫.中国政策性创业风险投资运作的现状与对策思考［J].福建师范大学学报（哲学社会科学版)，2008（2).

[85] 鲁柏祥.基于知识的国家农业技术创新体系研究——宏观理论与微观实践［D]，浙江大学管理学院，2007.

[86] 廖有明.农业科技推广与金融支持［M].北京.中国金融出版社，2009.

[87] 中国风险投资院.《2011年上半年中国风险投资行业调研报告》.http：//wenku.baidu.com/view/ec67024af7ec4afe04a1dfaf.html.

[88] 《2011年中国农业产业投资报告》.http：//wenku.baidu.com/view/1110b23067ec102de2bd8957.html.

[89] 林善浪，张国.中国农业发展问题报告［M].北京.中国发展出版社，2003.

[90] 陈佳贵，李扬，李平等.中国经济前景分析：2012年春季报告

[M]. 北京，社会科学文献出版社，2012.

[91] 2010政府引导基金专题研究报告. 清科研究中心，2010.

[92] 焦军利. 关于国内外风险投资引导基金的比较分析报告 [J]. 科技情报开发与经济，2007 (3).

[93] 刘健钧. 境外风险投资引导基金运作模式与启示 [J] 中国科技投资，2006 (10).

[94] 张晓晴. 中国创业资本引导基金治理模式研究 [J]. 生产力研究，2008 (23).

[95] 赵成国，陈莹. 政府创业投资引导基金运作管理模式研究 [J]. 上海金融，2008 (4).

[96] 魏喜武，陈德棉. 创业投资向农业流动的障碍因素研究 [J]. 科学管理研究，2009 (02)：111 -115.

[97] 肖永平，彭丁带. 从美国经验看我国风险投资法律制度的完善 [J]. 法学评论，2005 (02)：81 -86.

[98] 祖惠. 中国民间资本进入风险投资的制度供给研究 [D]. 南京：南京师范大学，2008.

[99] 谢胜强，陈盈盈. 我国风险投资法律制度建设的问题和对策研究 [J]. 科学管理研究，2007 (06)：69 -72.

[100] 杨如冰. 我国风险资本市场的现状评述 [R/OL]. http：//www.chinavalue.net，2005 -12 -18.

[101] 科技部. 科技型中小企业技术创新基金2013年度报告 [R/OL]. http：//www.innofund.gov.cn，2014 -09 -09.

[102] 和讯创投. 中农科产业发展基金成功设立 第一期规模达15亿元 [R/OL]. 2011 -08 -01. http：//pe.hexun.com/2011 -08 -01/131954458.html.

[103] 孙国庆. 齐鲁农村产权交易中心简介 [R/OL]. 齐鲁农村产权交易中心. 2014 -06 -12. http：//www.qlaee.com/news_info.jsp? number =1043&columnnumber =307&codemyid =qlpreweb02.

[104] 叶兴庆. 合理界定农地所有权、承包权、经营权 [R/OL]. 国研网. http：//s1.drcnet.com.cn. 2013 -12 -05.

[105] 刘纯阳，周军. 小议居民储蓄向风险投资转化的障碍 [J]. 江西农

业大学学报（社会科学版），2003（03）：39－41.

［106］魏喜武，陈德棉.创业投资向农业流动的障碍因素研究［J］.科学管理研究，2009，（02）：111－115.

［107］田美焕，王秀芳等.我国农业科技创新风险投资中介机构发展现状及对策［J］.贵州农业科学，2013（10）：226－229.

［108］王秀芳，唐娅楠，石冉.我国农业科技创新风险投资发展的制度约束与改进，农林经济管理学报，2015（3）.

［109］肖海龙.国内主要金融城市风险投资优惠扶持政策比较分析，2009.

［110］中华人民共和国国家知识产权局.2010年中国知识产权保护状况.http：//www.nipso.cn/onews.asp? id＝11394.

［111］郑鉉.资本市场、产权市场与场外交易市场的政策边界.经济体制改革，2013（5）.

［112］李建民，吴文庆.国外农业高新技术发展与风险投资（上、下）［J］.世界经济，2001，（01－02）.

［113］Watkins，D.，Horley，G.，1986.Transferring technology from large to small firms：the role of intermediaries［J］.In：Webb，T.，Quince，T.，Watkins，D.（Eds.），Small Business Research. Gower，Aldershot，pp.215－251.

［114］Shohert，S.，Prevezer，M.，1996. UK biotechnology：institutional linkages，teehnology transfer and the role of intermediaries［J］. R&D Management 26，283－298.

［115］MeEvily，B.，zaheer，A.，1999.Bridging ties：a source of firm heterogeneity in competitive capabilities［J］.Strategic Management Journal 20，1133－1156.

［116］Hargadon，A，.Sutton，R.I.，1997.Technology brokering and innovation in a product Development firm［J］.Administrative Science Quarterly 42，718－749.

［117］Van der Meulen，B.，Rip，A.，1998.Mediation in the Dutch seience system［J］.Research Policy 27，757－769.

［118］Lynn，L.H.，Reddy，N.M.，Aram，J.D.，1996.Linking technology and institutions: the Innovation community framework [J]. Research Policy 25, 91 - 106.

[119] Smits R and Kuhlmann S. The rise of the system in instruments in innovation policy [J]. International Journal of Foresight and Innovation Policy, 2004, 1: 4 - 30.

[120] Heidrun, C., Hoppe, Odzneorne. Intermediation in innovation [J]. International Journal of Industrial organization, 2005, 23: 483 - 503.

[121] Shahid Yusuf. Intermediating know ledge exchange between universities and businesses [J]. Research Policy, 37: 1167 - 1174.

[122] Lok lerkx, CoLeeuw IS. Matching demand and supply in the agricultural know ledge infrastructure: Experiences with innovation intermediaries [J]. Food Policy, 2008, 33: 260 - 276.

[123] Rahm Dianne. 1999. Teehnology Policy 2000 University to Industry Transfer. International Journal of Public Administratlon. 8: 22.

[124] Watkins, D., Horley, G., 1986. Transferring technology from large to small firms: The role of intermediaries [J]. In: Webb, T., Quince, T., Watkins, D. (Eds.), Small. Business. Research. Gower, Aldershot, pp. 215 - 251.

[125] Seaton, R. A. F., Cordey - Hayes, M., 1993. The development and application of interactive Models of industrial technology transfer [J]. Technovation13, 45 - 53.

[126] Hicks. J. A theory of economic history [M]. Oxford: Clarendon Press, 1969.

[127] King R, Levine B. Finance, Entrepreneurship and Growth: Theory and Evidence [J]. Journal of Monetary Economics, 1993, (32): 513 - 542.

[128] Levine B, Louyza N, T Beck. Financial International and Growth: Causality and Cause [J]. Journal of Monetary Economics, 2000 (46): 31 - 77.

[129] Gary Dushnitsky. When does corporate venture capital investment create firm value? [J]. Journal of Business Venturing 21 (2006) 753 - 772.

[130] Hogskolen Hedmark, Venture capital and innovation, Tore Anstein

Dobloug, Notatnr. Vol. 6, 2008.

[131] Bronwyn H. Hall and Josh Lerner, The Financing of R&D and Innovation, August 2009, Handbook of the Economics of Innovation, Elsevier – North Holland.

[132] Donia Trabelsi Ghasem Shiri, Venture Capital and the Financing of Innovation [R]. PRISM_Sorbonne November, 2010.

[133] Bygrave W, Timmons J. Venture Capital at the Crossroads [M]. Harvard Business School Press.

[134] Mumy G G. Evolution and Change: an Analysis of the First Decade of the UK Venture Capital Industry [J]. Joumal of Business Finance and Accounting, 1995, 22 (8).

[135] Leslie A. Jeng, Philippe C. Wells, The determinants of venture capital funding: evidence across countries, Journal of Corporate Finance, 2000 (6).

[136] Benoit Leleux and Bernard Surlemon, Public versus private venture capital: seeding or crowding out A pan – European analysis, Journal ofBusiness Venturing, 2003, 18 (1).

[137] European Commission, Best practices of public support for early – stage equity finance: Final report of the expert group, DG Enterprise and Industry, European Commission, Brussels, 2005 (4).

[138] Clarysse B, Wright M, Mustar P, Behavioural additionality of R&D subsidies: A learning perspective, Research Policy, 2009 (10).

[139] Maula, M, Murray, G., Finnish Industry Investment Ltd.. an International Evaluation, Helsinki: Ministry of Trade & Industry, 2003 (2).

[140] Cumming, D. J., MacIntosh, J. G., Crowding out private equity: Canadian evidence, Journal of Business Venturing, 2006 (5).

[141] Maula, M, Murray, G., Finnish Industry Investment Ltd.: an International Evaluation, Helsinki: Ministry of Trade & Industry, 2003 (6).

[142] Kaplan, S. N, and Stromberg, P. Financial Contracting Theory Meets the Real World: An Empirical Analysis of Venture Capital Contracts. Review of Economic Studies, 2002: 1 – 35.

[143] M Akino, Y Hayami. Efficiency and Equity in Public Research: Rice

Breeding in Japan's Economic Development. American Journal of Agricultural Economics, 1975: 1 -10.

[144] Griliches Z. Research Costs and Social Returns: Hybrid Com and Related Innovations [J]. General Information, 1958, 66 (5): 419.

[145] Lerner, J., The syndication of venture capital investments, Financial Management, 1994 (3).

后　　记

本书为作者承担的2013—2015年河北省社科基金资助项目，项目名称为“农业科技创新风险投资运行机制研究”，项目编号为HB13JJ042。

2011年，我们共同承担了科技部农村中心委托项目“2010年全国农业科技创新创业大赛的经验总结”的任务，历经两年的调研、分析和在京专家论证，于2012年10月完成了“农业科技创新风险投资理论与实践——基于首届中国农业科技创新创业大赛的案例分析”研究报告（28万字）。该报告得到科技部相关部门的高度重视，后经过几番修改和理论提升后，于2013年6月份以学术专著——《农业科技风险投资理论与实践》的形式由中国劳动和社会保障出版社出版（贾敬敦、王建忠、孙晓明、白启明、王秀芳、王斌合著）。两年多的调研、研究报告起草、论证与修改过程，使我们深深领悟到农业科技创新与金融相结合是未来我国农业科技发展的必由之路，也是现代农业所蕴含的产业化、科技化、信息化、金融化发展的潜力所在。基于此，我们共同讨论决定成立一个研究小组，持续关注我国农业科技与金融结合的发展实践，探讨研究农业科技与金融深层次结合的机制与政策环境等问题。2012年至2015年，本系列内容的研究先后得到了河北农业大学、河北省科技厅、河北省社科规划办公室、河北省教育厅等主管部门共9个项目的科研立项支持。2014年，我们共同主持的河北省科技厅软科学课题“河北省农业科技金融创新体系研究”（13457514D）获得河北省社科优秀成果三等奖。同时，本部著作作为“农业科技创新风险投资问题”的专项内容，是农业科技金融理论体系的重要组成部分，也是《农业科技风险投资理论与实践》的姊妹篇。

本部著作由王秀芳、王建忠、王斌共同完成。著作的完成历时三年，期间我们所带的研究生们付出了大量的艰辛与努力，参阅了国内外相关领域的大量图书与文章，走访了河北省大部分农业科技园区并对典型的农业科技企业进行实地调查，发放了1200份调查问卷。先后有8名硕士研究生参与了研究工作，完成了8篇硕士研究生论文，本书的部分内容是在研究生硕士论文的基础上修改完善而成。各章初稿完成情况如下：第1章王秀芳，第2章王秀芳、王建忠，第3章程成、王秀芳，第4章王秀芳、王建忠，第5章王梅、孙明明，第6章田美焕、王斌，第7章张兆亮、田美焕、赵凌云，第8章吴亚男，第9章石冉。全书由王秀芳修改、定稿。

中国财政经济出版社的刘五书博士、林治滨编辑为本书的出版付出了大量的心血，在此表示衷心的感谢！本书的出版得到河北农业大学经济贸易学院、河北省"三农"软科学社科基地、河北农业大学现代农业发展研究中心、河北省农业农村协同创新中心的大力支持，在此表示感谢！

本书吸收了国内外部分研究成果，并按规定在参考文献中列出，在此对他们表示衷心的感谢！由于数据资料和我们的水平有限，书中难免出现纰漏，敬请读者批评指正。

作　者

2016年3月9日